KB125911

지역경제와 대형마트

アメリカの大型店問題

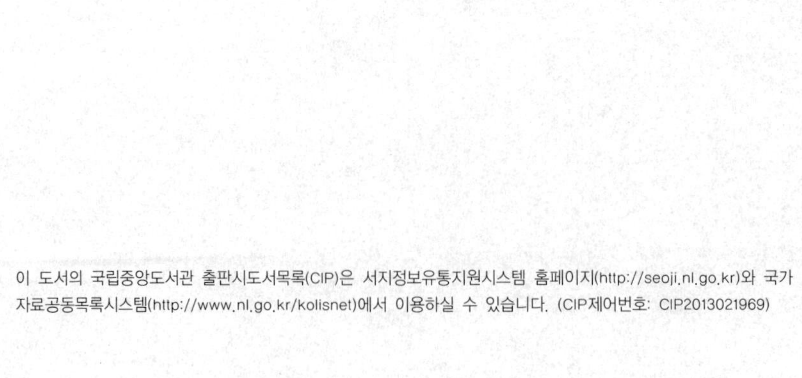

이 도서의 국립중앙도서관 출판시도서목록(CIP)은 서지정보유통지원시스템 홈페이지(http://seoji.nl.go.kr)와 국가자료공동목록시스템(http://www.nl.go.kr/kolisnet)에서 이용하실 수 있습니다. (CIP제어번호: CIP2013021969)

미국의 대형마트를 둘러싼
공적 제도와 시장주의의 환상

지역경제와 대형마트

BIG-BOX PROBLEMS IN AMERICA

하라다 히데오 지음 | 김영기·김승희·강성한 옮김

한울
아카데미

"AMERICA NO OOGATA-TEN MONDAI/BIG-BOX PROBLEM IN AMERICA"
by Hideo Harada

First published in Japan by YUHIKAKU PUBLISHING Co., Ltd., Tokyo

This Korean edition published by arrangement with YUHIKAKU PUBLISHING Co., Ltd., Tokyo in care of Tuttle-Mori Agency, Inc., Tokyo Through Imprima Korea Agency, Seoul

옮긴이 서문

1996년 국내 유통시장이 개방되면서 다국적 대형 유통업체가 국내에 밀려들어 오고, 기업형 대형 유통업체가 빠르게 발전했다. 이때부터 전통시장이라는 상권에 서서히 위기가 찾아와 중소 상인들이 심각한 생존의 위협을 느끼면서 대형 유통업체들의 출점에 대한 법적 규제를 요구하는 목소리가 강해졌다.

외국 대형 유통업체들은 풍부한 자금력, 다양한 상품구색, 첨단 유통시스템, 국제적인 구매력과 공급처 등을 바탕으로 빠르게 진출하였다. 그러나 자국 내에서의 명성에도 불구하고 한국 내에서는 고전을 면치 못했는데, 이는 국내 유통업체들의 저항과 납품업체와의 갈등, 현지시장에 대한 이해 부족 등에 기인한 현지화의 실패라고 볼 수 있다.

특히 국내 유통업체들의 강력한 저항은 국내 업체들의 지방 중소도시 매장부지 확보 및 진출을 가속화하는 계기가 되었으며, 이에 따라 대도시 및 중소도시뿐만 아니라 그 배후 지역의 전통시장 상권을 위축시키는 결정적인 원인으로 작용했다.

시장경제의 효율적 측면의 논리로 보면 대형 유통업체에 밀려난 전통시장 및 전통 상권의 자연 도태는 당연한 것으로 생각할 수도 있다. 시장주의에서 시장은 오로지 자본의 논리에 의해서만 움직이는 자유 시장이어야 하며, 모든 경제 분야에서 정부의 간섭과 규제는 배제되어야 한다. 즉, 시장경제는 시장 메커니즘 기능을 통한 최적의 자원배분 실현이라는 사고방식을 대원칙으로 운영되기 때문에, 이론적으로는 공공이 유통과정이나 유통활동에 개입하거나 규제하는 것은 가능한 한 자제하는 것이 바람직하다.

그러나 현실적으로는 시장 메커니즘에만 의존할 경우 최적의 자원배분이나 사회 전체의 효율성이 저해될 수 있다. 실제로도 규모의 이익이나 정보의 편재 등을 배경으로 독점적이고 과점적인 기업이 출현하고 있다.

그렇다면 대형 유통업체, 즉 대형마트 등을 규제하면 전통 상권이 살아날 수 있는가?

유통시장은 경쟁업태 간 제로섬(zero-sum) 방식이 적용되는 시장으로서 대형 유통업체의 증가는 영세 중소 유통업체의 매출 감소로 직결되고, 따라서 이러한 현상은 필연적으로 지역상권의 쇠퇴 및 지역의 공동화 현상으로 이어진다.

대형 유통업체의 확산은 가격인하와 서비스 질의 제고를 통해 소비자의 후생을 증가시키고 유통산업의 발전을 촉진한다는 일부 긍정적인 효과도 물론 존재한다. 반면 해당 지역의 상권을 장악하면서 지역의 중소 유통업체가 쇠퇴할 뿐만 아니라 대형 유통업체는 본사를 외지에 두고 있어 지역소득과 부가 역외로 유출되는 현상이 심화되는 부정적 효과도 있다. 또한 쇼핑욕구 유도에 따른 불필요한 지출이 증가하여 과소비 심화, 대형마트 간 과다투자와 출혈경쟁으로 인한 자원낭비가 소비자에게 전가될 가능성도 존재한다. 이처럼 거대한 자본력을 가진 대형 유통점 확산에 따른 피해는 1차적으로 지역 중소 유통업체의 소상공인에게 타격을 주지만, 이러한 타격은 결국 지역의 소비자에게도 전가될 가능성이 아주 높다.

대형 유통업체의 출점 규제에 반대하는 측에서는 시장경제의 자율과 경쟁을 강조한다. 즉, 대형 유통업체의 출점으로 인해 다양하고 우수한 품질의 제품을 저렴한 가격으로 제공할 수 있기 때문에 소비자의 선택권이 보호되며 편익이 증가한다고 주장한다. 또한 대형 유통업체의 출점은 지역의 새로운 고용 창출 및 투자 효과 유발, 지방세 납부 등으로 인한 세수 증대로 지역경제 활성화에 기여하며, 중소 납품업체의 판로 확대에도 기여하고 있다고 한다. 그리고 무엇보다 출점 규제가 시장경제 원리에 위배된다고 한다. 즉, 대형 유통업체의 출점 제한은 규제개혁이 아닌 규제강화로 시장경제원리 및 정부의 정책과 상충되며, 헌법과 WTO 협정에도 위배된다는 것이다. 이들은 중소 유통업이 침체한 원인이 대형 유통업체에 있다는 전제하에 모든 해결책을 대형 유통업체 규제를 통해서 찾으려는 접근법에 문제가 있다고 주장한다.

한편 대형 유통업체의 규제에 찬성하는 측에서는 대형 유통업체의 출점으로 인한 지역경제 및 중소 유통업의 붕괴 우려와 공정한 경쟁여건 조성의 필요성 등의 논리를 앞세운다. 대형 유통업체의 중소도시 진출은 해당 지역의 자영업자와 전통 상권의 생존을 위협한다는 것이다. 즉, 상권이 제한된 지역에 대형 유통업체가 출점하게 되면 경쟁관계에 있는 전통시장 및 영세·단독 점포는 고사 위기에 직면하며, 지역경제의 근간인 중소 상인들이 몰락하고 이로 인해 지역상권이 붕괴되어 지역경제가 심각하게 악화된다는 것이다. 또한 대형 유통업체의 불공정거래로 납품 중소기업의 경영여건이 악화되며, 국내외 자본 및 국내외 기업에 차별을 두지 않는 일률적 규제는 WTO 규정에 위반되지 않는다고 주장한다. 이들은 구도심 또는 원도심에 전통적인 중소 소매점포가 존재함에도 인근 또는 교외에 대형 유통업체가 계속 증가한다면 소매업 전체적으로 볼 때 점포의 과잉으로 인한 사회적 낭비가 초래될 가능성이 높기 때문에, 소매업 균형을 도모하기 위해서는 대형 유통업체의 규제가 필요하다는 입장이다.

이 책은 일본 유통경제대학교의 하라다 히데오(原田英生) 교수가 십수 년에 걸쳐 미국의 대형점 문제에 대해 연구한 결과물이다. 현재 한국에서도 대형마트, SSM 출점 및 규제가 사회적인 이슈가 되고 있다. 「유통산업발전법」에 의한 영업시간 제한 및 의무휴업일 지정과 전통상업보존구역의 지정, 「대·중소기업 상생 협력 촉진에 관한 법률」에 의한 사업조정제도 등 규제를 실질적으로 시행하고 있다. 이러한 규제가 실질적으로 효과가 있는가에 대해서는 학자에 따라 다양한 의견과 주장이 제시되고 있다.

하라다 교수에 의하면 미국의 경우 소비자의 입장에서 과연 대형 유통업체의 등장으로 인한 저가격 제품의 만연이 좋은 것인가에 대한 의문이 대두되고 있다고 한다. 즉, 월마트 진출로 인해 해당 지역 및 인근 지역의 물가가 싸질지는 모르지만, 그로 인해 사회적 비용이 발생할지도 모른다는 사실을 염두에 두어야 한다는 것이다. 저가격 중국 제조품의 대량 유통은 미국 제조업의 도산 및 노동자 해고를 수반하여 미국 내 노동자와 기업의 희생을 필수적으로 동반한다는 것이다.

또한 앞에서도 언급했듯이 소매업은 제로섬 게임이기 때문에 대형 유통업체의 무분별한 진출로 인한 제품 가격의 하락은 지역 전체의 고용감소와 재정수입의 감소로 이어져 지자체의 재정에 악영향을 미친다고 한다. 그리고 1990년대까지는 대형 유통업체가 중심시가지에 입점을 하며 해당 중심시가지 활성화에 도움이 된다는 사회적 인식이 확산되었으나, 1990년대 말부터 대형 유통업체는 지역 어디에 입점하더라고 지역경제에 도움이 되지 않는다는 인식이 확산되고 있다고 주장한다. 물론 이는 하라다 교수의 개인적인 견해이며, 이에 대해서는 이론의 여지가 많을 것으로 예상된다.

이 책의 연구대상 지역이 미국이라는 점, 그리고 분석대상이 월마트라는 점을 고려하면 이 책에서 설명하거나 주장하고 있는 바가 한국의 실정과 분명히 다를 수 있다. 그러나 미국의 대형 유통업체를 둘러싼 여러 가지 문제를 살펴봄으로써 현재 한국에서 쟁점이 되고 있는 대형마트 및 SSM 관련 영업 규제를 둘러싼 논란에 일정 부분 참고가 될 것이라는 생각에서 이 책을 소개한다.

2013년 10월

김영기, 김승희, 강성한

차례

서문

제2차 세계대전 이후의 일본에 대한 평가가 어떠하든 일본이 미국을 모델로 하여 뒤좇아 추월하는 것을 목표로 해왔다는 것에 대해서는 이론이 적을 것이다. 이것이 1960년대 고도경제성장의 원동력이 되었으며, 1980년대에는 미국과 어깨를 나란히 견주거나 혹은 추월하였다는 풍조까지도 발생시켰다. 그러나 그 직후의 버블 붕괴와 "잃어버린 10년"으로 대표되는 1990년대에 미국의 '실력'과 '저력'을 보게 된다. 그리고 미국의 강점은 공적인 규제가 없는 자유로운 시장에 있으며, 이에 비해 일본은 규제가 많기 때문에 기업의 자유로운 활동이 저해되고 있고, 이대로는 미국뿐만 아니라 세계 경제발전에 뒤처질 수밖에 없다는 규제완화론이 대두되기 시작했다. 이에 모델로 상정된 것이 미국의 시장주의 또는 시장원리주의라고 보아도 무방하다.

최근 시장원리주의에 대해서는 소득격차의 확대 등을 둘러싼 비판이 많은데, 이 책에서는 그러한 비판과 시장원리주의의 시비는 잠시 접어두고자 한다. 그것보다 우선적으로 생각하지 않으면 안 되는 것이 미국의 경제·사회는 정말로 시장원리주의에 근거하여 움직이고 있는가 하는 것이다. 물론 이 질문에 대한 정답은 경제활동의 어떤 분야와 범위를 조정(措定)하느냐에 따라 달라질지도 모른다.

이 책에서는 주로 소매업에서의 대형점과 중소점과의 관계, 대형점 출점에 대한 규제와 관련된 문제를 살펴보고, 적어도 이 분야에서 미국의 시장주의 또는 시장원리주의가 구현하고 있는 것은 환상에 불과하다는 것을 명백하게 밝히고자 한다. 즉, 한편에서는 주(州)정부의 세제 등이 대기업에 매우 유리하게 작용하며, 지자체 중에는 보조금 등을 제공하여 대형점을 유치하고자 하는 곳이 적지 않다. 대형점 측도 각 주의 공적 제도의 차이를 최대한 이용하고 있으며, 출점 시 보조금 등의 제공을 요구하는 것이 보편적이라고는 할 수 없지만 매우 일반화되어 있다. 거기에는 자유롭고 공정한 시장에서의 경쟁과는 매우 괴리된 상황이 나타나고 있다.

한편 1990년대에 들어서부터 많은 실증연구나 조사가 이루어졌는데, 월마트 등 대형점의 진출은 고용이나 세수의 감소, 사회관계자본의 악화 등을 초래할 가능성이 높으며, 지역 또는 지역의 경제·사회에 반드시 플러스가 되는 것은 아니라는 연구결과가 나타나기 시작했다. 따라서 1990년대 말부터 대형점 출점에 대한 규제를 강화하는 지자체가 급속하게 증가하고 있다. 그중에는 재래형(비식료품) 할인점과 슈퍼마켓이 결합한 형태인 슈퍼스토어의 출점을 전면적으로 금지하는 지자체도 있다.

여기서 미국의 대형점 출점 문제, 그리고 소매점 이외의 공장이나 주택을 포함한 일반적인 개발 문제와 토지이용 문제를 생각할 때 주의하지 않으면 안 되는 것이 규제를 하든 용인 또는 촉진을 하든 워싱턴 D.C. 연방정부에는 이 문제에 관한 직접적인 권한이 없다는 것이다. 즉, 미국 정부는 출점규제(보다 일반적으로 개발규제)를 하고 있지 않는 것이 아니라 실시할 권한을 부여받지 못한 것이다. 규제를 하고자 해도 본래 그 권한이 없는 것이다. 다만,

보조금 등으로 주나 지자체 등을 어떤 방향(예를 들면 규제)으로 유도하는 간접적인 것만 가능하다.

그렇다면 권한은 어디에 있는가? 표면상으로는 주정부에 있다. 그러나 대부분의 주정부는 이 권한의 대부분을 시·군·구 등의 지방정부에 위양(委讓)했다. 권한을 위양받은 지방정부는 미국 전역에 4만 개에 이른다. 그 각각이 (큰 틀은 주의 법률에 구속되어 있지만) 독자적인 법을 제정하여 집행하고 있다. 따라서 규제의 내용이나 강도가 제각각이라고 보아도 무방하다. 단, 그 의도가 어디에 있든 앞에서 언급한 최근의 슈퍼스토어 규제 등을 채택하기 훨씬 전부터 출점규제와 개발규제는 이루어져왔다. 대부분의 지역에서 일본보다 강한 규제가 이루어졌다고 해도 과언이 아니다. 동시에 현장 담당자에게는 훨씬 강한 규제제도와 수단을 요구하는 목소리가 있었다.

예를 들면 제2장에서 소개하는 버몬트 주에는 「Act 250」이라는 환경보호·개발규제법이 존재하며, 쇼핑센터나 대형점의 개발도 규제하고 있다. 이 법에 의해 중심 상점가를 보호하기 위해 교외의 월마트 출점을 불허하기도 했다.

1998년 11월 버몬트 주의 주도 몬트필리어의 주 상업·커뮤니티 개발청(Agency of Commerce and Community Development) 장관 몰리 램버트(Molly Lambert) 여사를 방문한 적이 있다. 여사는 하워드 딘(Howard Dean) 지사(당시)의 요청으로 장관에 취임했는데, 그 이전 여사가 버몬트 주 벌링턴 시의 중심상점가활성화조직(BID)의 전무이사를 역임하고 있을 때부터 친했던 사이로 필자의 방문을 환영해 주었다. 그러나 긴급회의로 인해 젊은 담당자에게 필자의 응대를 부탁하고 자리를 떠났다.

필자의 방문 목적도 모른 채 급하게 대응하게 된 담당자는 당연히 왜 멀리서 일부러 미국까지 방문하였는가를 질문했다. 일본에는 「대규모소매점포법」이라는 대형점 출점규제법이 있었으나 폐지되어 향후 제도를 만드는

데 참고하기 위해 미국의 제도를 조사하려고 방문했다고 하니, 대형점 출점 규제 자체를 목적으로 하는 훌륭하며 꼭 필요한 제도를 왜 폐지하였는가 하고 질문을 해왔다. 제도 자체의 문제도 있지만 미국 정부의 폐지 요구도 이유 중의 하나라고 대답하자, 그는 워싱턴 연방정부가 미국 내에서도 주나 지자체에 필요한 제도에 클레임을 걸기도 하지만 외국의 훌륭한 제도에까지 관여하는 데에 분개했다. 그러던 중 램버트 장관이 돌아왔기 때문에 그와의 대화는 끝이 났으며, 그가 「대규모소매점포법」의 내용과 문제를 어느 정도 이해하여 미국 정부를 비판했는가는 명확하게 알 수 없다.

그러나 버몬트 주정부의 젊은 담당자뿐만 아니라 이전부터 각 지역에서 인터뷰한 주정부나 지방정부의 담당자 중에는 더욱 강한 규제를 요구하는 목소리가 적지 않았다. 대형점에만 국한하면 판단이 어렵지만 그 당시에도 일반적 또는 종합적인 도시계획·토지이용규제라는 관점에서 말한다면 대부분의 지역에서 일본보다 훨씬 엄격한 제도였음에도 불구하고 강한 규제를 주장한 것이다.

미국에서는 대형점의 개발 등이 매우 자유롭다는 해석이 일본에서는 일반적인 것 같고, 이는 마치 신화처럼 여겨지고 있다. 그러나 이는 완전히 잘못 알려진 것으로 개발·토지이용규제제도 중심이라고 할 수 있는 조닝(zoning) 제도로 영업시간 규제나 업종·업태 규제, 체인점 규제, 빈 점포 대책의 의무화 등 경제활동, 영업활동에 대한 규제를 하고 있는 경우도 적지 않다. 결과적으로 경쟁제한효과를 발생시키는 경우도 있지만 통상적으로 이는 재판소에서 지지를 받고 있다. 대형점 등의 개발 및 토지이용뿐만 아니라 많은 경제활동 분야에서, 한편에는 규제 등이 존재하는 동시에 다른 한편에는 대기업에게 유리한 구조도 존재한다.

적어도 소매업에 관해 미국은 정부의 개입이 없는 자유로운 시장과는 거리가 멀다. 미국에서는 자유롭고 공정한 경쟁이 이루어지고 있다고 생각한다면 그것은 픽션이다. 일본에서는 이 '픽션으로서의 미국'의 모습이 너무나 일반화되어 있는 것은 아닐까? 그리고 그것이 일본의 정책선택이나 각 레벨에서의 경제활동에 영향을 미쳐 일본이 나아갈 길도 잘못 선택하고 있는 것은 아닐까?

예를 들면 소매점뿐만 아니라 주택 등을 포함한 각종 개발과 토지이용에 대해서, 일본에서는 하찮다고 해도 좋을 규제는 많지만 본질적인 규제는 없다고 볼 수 있다. 최근 이를 더욱 완화하고 있다(2007년 11월 개정된 「도시계획법·건축기준법」의 시행에 의해 일부 기존보다 강화된 것도 있다). 또한 아무런 전제 없이 지방분권은 옳다고 여겨 추진하고 있다. 그러나 미국의 예를 살펴보면 그러한 정책 선택이 일부 대기업에게는 크게 플러스가 되지만, 대부분의 사람과 사회에는 마이너스의 면이 더 크다는 것이 명백하게 밝혀질 것이다.

20년 전 미국의 출점규제, 토지이용규제에 대한 연구를 시작할 때에는 당연히 인터넷은 존재하지 않았다. 따라서 앞에서 언급한 지방정부가 실시하는 조닝규제에 대해서 알아보고자 하면, 그 법률을 입수하는 단계에서 좌절하는 일이 많았다. 각 지방정부가 제정하는 조닝법은 규제내용을 문장으로 표현한 텍스트와 관할 지역 내 모든 부지를 각각의 용도 등을 지정한 지도로 구성되어 있는데, 중소도시의 텍스트라도 200~300페이지, 뉴욕 시의 경우에는 2,000페이지가 넘는다. 물론 이것들을 전부 열람시켜주는 곳은 없다. 또한 뉴욕 시 등 극히 일부를 제외하고는 거의 모든 지방정부가 신용카드로 결제하고 텍스트를 송부해주는 서비스도 제공하지 않았다. 직접 방문하면 인쇄물을 현금으로 판매했으며, 또한 그다지 비싼 금액이 아니었기 때문에 조사로 방문한 마을에서 조닝 텍스트를 구입했는데 이러한 방법으로 모을 수 있는 자료의 수에는 한계가 있었다.

그러나 오늘날에는 대부분의 시·군·구 및 지방정부가 홈페이지에 조닝 텍스트를 공개하고 있다. 다만 조닝법, 특히 각 부지의 용도 등의 지정은 매우 빈번하게 변경된다. 따라서 텍스트는 공개하고 있지만 지도는 공개하지 않는 경우가 대부분이다. 그러나 미국에서 대형점의 출점뿐만 아니라 개발 및 토지이용에 대해 얼마나 많은 규제가 매우 상세하게 이루어지고 있는가는 텍스트를 읽는 것만으로도 충분히 알 수 있다. 이에 꼭 몇 군데 도시의 조닝법을 인터넷에서 다운로드하여 읽어보기를 권한다. 자유로운 시장이라는 해석이 변할 것이다.

그러나 앞에서 설명한 바와 같이 뉴욕 시의 조닝법 등은 2,000페이지가 넘기 때문에 다운로드하거나 프린트하는 것도 일대 작업이며, 그것을 다 읽기 위해서는 엄청난 각오가 필요할 것이다. 또한 중소도시 중에는 일본의 법률에서 말하는 조(條)·항(項)·호(號)의 호에 해당하는 것으로 생각되는 문(Sentence) 단위로만 다운로드해야 하는 형식도 많이 존재한다. 그렇게 되면 전체가 200~300페이지일지라도 전문을 다운로드하기 위해서는 매우 많은 노력과 시간이 필요하게 된다. 그래도 외국에 가지 않고 많은 도시의 조닝 텍스트를 읽을 수 있으므로 반드시 어떤 도시의 조닝법을 읽어보기를 권한다.

인터넷의 보급은 조닝법의 입수만 가능하게 한 것은 아니다. 본문에서도 언급하겠지만 본래 미국에서는 신문이 시·군·구 단위라고 해도 좋을 정도로 좁은 지역단위로 발행되어왔다. 이로 인한 플러스 측면도 있겠지만 대형점 등의 출점에 따른 경험을 지역을 초월하여 공유하는 것을 어렵게 했으며, 출점자 측과 지역과의 정보의 비대칭성을 발생시켜 출점자 측에게 유리한 상황을 만들어내는 요인으로도 작용했다. 그러나 인터넷으로 인해 각 지역의 신문을 볼 수 있게 되었다. 신문뿐만이 아니라 각 지역의 시민단체 등이 제공하는 정보도 지역을 초월하여 유포되고 있다. 이것이 미국 내에서는 대형점 출점에 대한 규제제도의 보급으로 연결되었으며, 일본에서는 직접

볼 수 없었던 신문이나 각종 정보·데이터도 과거에서 최신의 것까지 포함해서 멀리 떨어진 외국에서도 입수할 수 있게 되었다. 이 책을 집필하는 데에도 이를 최대한으로 활용했다.

이러한 의미에서 인터넷이 없었다면 이 책을 완성할 수 없었을 것이다. 따라서 우선 고마움을 표현해야 될 대상은 바로 인터넷이 아닐까 생각한다.

인터넷 외에도 이 책을 완성하는 데 많은 사람들의 도움을 받았다. 이 책의 제1장과 제2장은 그 후의 상황변화나 새롭게 얻은 정보 등에 의해 전면개정이라고도 할 수 있을 정도로 가필과 수정을 하였는데, 2004년 4월부터 12월에 걸쳐 (재)유통경제연구소의 기관지인 ≪유통정보≫에 연재한 논문 「미국의 대규모 소매를 둘러싼 제 문제(アメリカにおける大規模小賣をめぐる諸問題)」 ＜Ⅰ＞ ～ <Ⅸ>에 의한 것이다. 이 논문의 집필을 권유한 다쿠쇼쿠 대학(拓殖大學)의 네모토 시게유키(根本重之) 교수에게 우선 감사의 마음을 표하고자 한다. 또한 연구회 등의 기회를 통하여 여러 자극을 주고 이 책의 완성을 위하여 질타와 격려를 해주신 간세이가쿠인 대학(關西學院大學)의 이시하라 다케마사(石原武政) 교수에게도 감사드린다.

또한 이 책의 기획에서 완성까지 당초 예정되었던 시간을 초과했는데, 그 기간 동안 편집작업을 해주신 유히카쿠(有斐閣) 편집부의 시바타 마모루(柴田守) 선생님에게도 감사드린다.

그리고 이 책에서 논한 내용은 기본적으로는 2008년 6월 집필 시까지의 것이다. 듀크스(Dukes) 재판을 비롯한 상황이나 각 도시의 조닝법이 변했을 수도 있다. 집필 후의 변화에 대해서는 이해를 구하고자 한다.

2008년 9월

하라다 히데오

자유롭고 공정한 경쟁시장이라는 신화

1. 서론

미국 시장에서는 자유롭고 공정한 경쟁이 이루어지고 있으며, 이것이 미국 경제를 발전시켜온 원동력이라고 일본에서는 믿고 있다. 이러한 견해는 소매업 및 소매시장에도 해당된다. 맥나이어(M.P. McNair)의 '소매업의 수레바퀴 이론', 홀랜더(S.C. Hollander)의 '소매업 아코디언 이론', 닐센(O. Nielsen)의 '진공지대 이론' 및 기타 이론에 의거하여 19세기 중반 백화점[1] 출현

1) 일본에서 백화점은 1852년 파리에서 개점한 봉마르셰(Le Bon Marché)에 의해 시작되었다는 해석이 일반적이다〔예를 들면 鹿島茂(1991), 佐藤肇(1971) 등〕. 그러나 미국에는 1846년 뉴욕에서 개점한 A.T. 스튜어트(A.T. Stewart)가 백화점 제1호라는 해석도 많다〔예를 들면 Bean(1996: 22), Strasser(2006: 36), Zukin(2004: 117). 단, Strasser(2006)는 A.T. 스튜어트가 최초의 백화점으로 개점한 것은 1860년대라고 주장한다. 또한 Zukin(2004: 21)은 A.T. 스튜어트의 개점 시기를 1848년이라고 주장한다〕. 단, A.T. 스튜어트는 종합적으로 물품을 구비하고 있다는 점을 빼고는

이후 통신판매, 체인스토어, 슈퍼마켓,[2] 할인점, 쇼핑센터로 이어지는 미국 소매업의 근대화(현대화) 또는 혁신은 자유롭고 공정한 경쟁시장에 의해 이루어졌다는 평가에 대해서 대체로 일치하고 있다.

과연 이러한 평가가 타당한지 최근의 몇몇 사례를 통하여 구체적으로 살펴보고자 한다.

1990년대 이후 전자상거래(electronic commerce)와 인터넷 통신판매가 급속하게 증가했는데 대표적인 사례가 아마존(Amazon)이다. 1995년 아마존이 판매를 시작하기 이전, 그리고 1990년대 초반에 반스앤노블(Barnes & Noble)

백화점의 경영·영업요소를 모두 갖추고 있으며 백화점보다 20~30년 앞섰지만 어디까지나 거대한 의류점이지 백화점은 아니라는 비판도 있다(Resseguie, 1965: 303). 레지귀(Resseguie)에 의하면 백화점 역사의 3가지 문헌 중 2가지〔Paul H. Nystrom, *The Economics of Retailing*(1917); Hrant Pasdermadjian, *The Department Store*(1954)〕에서 봉마르셰가 최초라고 하지만, 봉마르셰가 실시한 경영·영업요소의 대부분이 사실은 19세기 말에 이미 실행한 것이며, 또한 봉마르셰가 제1호라는 문헌은 에밀 졸라(Émile Zola)의 소설에 의거한다고 비판하며 백화점의 시초를 뉴욕의 메이시(R. H. Macy)의 개점(1860년경)이라는 제3의 문헌〔Ralph M. Hower, *History of Macy's of New York*(1858~1919, 1943)〕이 타당하다고 주장한다(Resseguie, 1965).

2) 德永豊(1990)이 지적하는 것처럼 최초의 슈퍼마켓이 언제, 어디서 시작되었는가에 대해서는 의견이 나뉠 수도 있다. 슈퍼마켓에 대한 이해가 일반화된 것은 나중의 일이며 당초에는 상품구성이나 판매·영업형태 등과 관계없이 많은 식료품점이 슈퍼마켓으로 불렸다(Stewart and Dewhurst, 1939: 95~96). 단, 마이클 컬렌(Michael J. Cullen)이 뉴욕 시 외곽에 킹컬른(King Kullen)을 개점한 후 75년이 경과한 2005년, ≪뉴욕타임스≫를 비롯한 많은 미디어에서 "슈퍼마켓의 발명으로부터 3/4세기"라는 특집을 게재한 이후부터 미국에서도 킹컬른이 슈퍼마켓의 제1호라는 평가가 일반화되었다. 또한 슈퍼마켓의 탄생 및 발전에는 흑인(아프리카계 미국인)이 깊이 관여되었다든지 대형회사가 슈퍼마켓의 보급에 역할을 했다는 등의 연구성과도 있지만, 이에 대한 검토는 다른 기회에 하기로 하겠다. 여기서는 흑인 소비자가 악랄한 비흑인 점주나 점원의 개별 낱개 판매를 신뢰하지 않고 미리 포장된 상품이 그들을 지켜준다고 환영한 점(Cohen, 1989: 23), 그것이 바로 슈퍼마켓 발전에 기여했을 것이라는 것을 지적하고자 한다.

이라는 대형 서점이 체인점을 전개하기 이전의 미국의 서적통신판매는 효율성과 서적의 구색 면에서 일본과 비교하여 매우 열악한 것이 사실이었다.

필자는 1989년부터 1990년까지 펜실베이니아 대학에 객원교수(Visiting Faculty) 자격으로 체재했는데, 대학이 위치하고 있는 당시 미국에서 네 번째로 큰 규모의 대도시인 필라델피아에서도 대학의 서적부와 대학 부근의 고서점을 제외하면 만족할 만한 서점은 거의 없었다고 해도 과언이 아니다. 당시 대학의 서적부에는 꽤 많은 책들이 구비되어 있었지만, 원하는 서적이 없는 경우가 많았기 때문에 서적부에 발주를 하거나 출판사에 직접 전화주문을 하는 경우가 많았다. 어느 날 주문한 책이 도착하지 않아 시카고의 출판사에 확인 겸 독촉전화를 했는데, 담당자가 주문날짜가 언제인가를 물으면서 "아직 7주밖에 지나지 않았네요. 미국에서는 주문하고 도착하기까지 평균 8주 정도 걸린다"라고 퉁명스럽게 대답했다.

이에 필자가 대학원생에게 책을 어떻게 구입하는지 물어보니, 우선 학교 서적부에 재고가 없을 경우 도서관에 가서 찾아보고, 거기에도 재고가 없을 경우에는 책 구입을 단념한다고 했다. 물론 대학 서적부에는 전문서적을 중심으로 많은 양의 책이 구비되어 있으며, 미국 10대 도서관 중 하나라고 불리고 있는 대학 부속 도서관에도 많은 양의 책이 구비되어 있었다. 그러나 매일 수업에서 부여되는 많은 과제로 인해 보고서를 작성하지 않으면 안 되는 대학원생들에게 서적부나 출판사에 주문한 책이 도착하기를 기다린다는 것은 거의 불가능한 일이었다.

이러한 미국의 서적유통 실태를 고려하면 아마존을 비롯한 인터넷 판매가 소비자나 독자로부터 호응을 받는 것은 쉽게 이해할 수 있다. 지역이나 재고상황에 따라 다르지만 주문한 다음 날 또는 수일 후 배달해주는 시스템의 배경 뒤에는 이러한 시스템을 가능하게 하는 워킹푸어가 존재했다는 점, 또한 창업 후 상당 기간 동안 판매가 급속하게 증가했으나 경영적자 및 영업적자가 이어져 현실성이 없는 비즈니스 모델이었다는 비판을 제외하면, 아마존의 성공은 "책을 원할 때 즉시 읽고 싶다"라는 소비자의 니즈(needs)에 맞추어 새로운 시스템을 도입한 혁신적인 모델이며, 자유롭고 공정한 경쟁시장이 창출한 혁신이라는 평가를 받고 있다. 과연 이러한 평가는 올바른 것일까?

최근 미국에서 성공한 소매업을 포함한 기업에는 많은 액수의 공적보조를 받고 있거나, 반대로 공적규제를 교묘하게 빠져나간 사례가 적지 않다. 따라서 최근 월마트(Wal-Mart) 등과 같은 대형 소매업이 급속하게 성장한 것은 단지 소비자가 많이 선택했기 때문만이 아니고 공적정책의 결과이기도 하다는 것을 무시할 수 없다.

아마존을 비롯한 전자상거래 및 인터넷 통신판매에 국한하여 말하자면, 이러한 거래 및 판매에 대한 영업세(sales tax) 또는 사용세(use tax)가 부과되지 않은 경우가 많기 때문에 점포소매와 비교하여 세액분만큼의 가격우위에 있다는 문제가 발생하고 있다. 구체적으로 어떤 문제점이 발생하고 있는지 좀 더 상세하게 살펴보도록 하자.

2. 전자상거래의 발전과 영업세

1) 미국의 조세제도

미국은 연방제도 국가이며, 연방제도를 채택하고 있는 다른 국가보다 주정부의 권한이 훨씬 강하다. 합주국(合州國)[3] 성립 경위를 고려해볼 때

3) The United States of America는 미합중국으로 번역되는 것이 일반적이지만, 본래가 스테이트(State, 州)의 연합체라는 의미이기 때문이 아니라, 제4장에서 논하고자 하는 토지이용·개발규제에 대해서는 기본적인 권한이 거의 주정부에 귀속하고 있기 때문

주가 출발점이며, 주 단독으로 실시하는 것보다 연방 형태로 실시하는 편이 효율적이고 효과적인 외교와 국방기능 및 주와 주 사이의 관계 조정기능을 연방정부에 위임하는 형태이다.[4)]

합주국 헌법에 의해 탄생한 연방정부는 한정된 권한만 보유하고 있다. 수정 제10조가 의미하는 것처럼 헌법 제1조 제8절에 열거된 연방정부의 권한 이외는 주와 인민이 보지(保持)한다는 것이 기본이다. 따라서 헌법에

에 주마다 제도가 매우 다르다는 점, 이 장에서 논하고자 하는 조세제도도 주에 따라서 매우 다르며 이로 인해 기업의 행동 등을 크게 좌우하고 있다는 점을 강조하고자 하는 의미에서 이 책에서는 미국 합주국(合州國)이라고 표기하고자 한다. 또한 주 밑에는 일본의 시·정·촌과 같은 종합적인 기능을 수행하는 지자체(municipality) 이외에 공립 초·중등 교육을 담당하는 학교구역(school districts)이나 특별행정구(special district)와 같은 정부도 존재한다. 이에 이 책에서는 시·정·촌 이외도 포함한 정부기관·행정기관을 지방정부(local government)라고 총칭하고자 한다. 또한 지방정부 중에는 통상 카운티(county)가 포함된다. 일본에서는 카운티를 군(郡)이라고 번역하는 경우가 많지만, 오늘날 일본의 군(郡)이 주거표시 이상의 기능은 거의 수행하지 못하고 있는 데 반해 미국의 카운티는 전혀 상황이 다르다. 코네티컷 주와 로드아일랜드 주와 같이 카운티가 주거표시의 의미만 있는 주도 있지만, 대부분의 주에서 카운티는 행정기관·정부기관으로서 독자적인 조직을 가지고 활동을 하고 있다. 토지이용 및 개발에 관련된 규제주체가 되는 경우도 있다. 또한 미국의 알코올음료 판매의 경우, 주 직영점포만 인정하는 컨트롤(control) 주와 민간업자를 대상으로 면허제도를 도입하고 있는 논-컨트롤(non-control) 주로 나뉜다. 그러나 메릴랜드 주에서는 몽고메리 카운티(Montgomery county)만 컨트롤 카운티(control county), 즉 카운티 정부 직영의 점포 이외에서의 판매가 인정되지 않는 데 반해 같은 주의 기타 지역에서는 민간 면허업자가 알코올음료를 판매할 수 있다. 이처럼 카운티는 일본의 군(郡)과는 달리 자율성을 가지고 있으며, 그 자율성에 근거한 기능과 활동을 하고 있다.

4) 연방정부, 주정부, 지방정부의 상호관계에 대한 일반론은 Wright(1988) 및 阿川尙之(2004) 등을 참조할 것. 또한 제4장에서 논하고자 하는 토지이용·개발규제에 관해서는 "이론적으로 모든 권한과 기능은 주정부로부터 발생된다. 연방정부에는 주에 의해 명시적으로 부정되지 않는 것을 실시할 권한이 부여되어 있다"(Smith, 1983: 27).

반하지 않는 한 각 주는 주민(州民)의 안전, 건강, 복지 등을 증진시키기 위하여 자유롭게 법률을 제정하여 규제할 수 있다(阿川尚之, 2004: 91~92).

이는 조세제도에 대해서도 마찬가지이다. 연방 수준의 조세제도가 미국 전체에 일률적인 것은 물론이지만, 주세(州稅) 및 기초 지자체(시·군·구) 등과 같은 지방정부의 조세제도는 지역에 따라 전혀 다르다고 해도 과언이 아니며, 이는 개인이 부담하는 세금은 물론 법인이 부담하는 세금에도 해당된다. 여기서는 개인이 최종적인 부담자가 되는 세금을 개인세, 법인이 최종 부담하는 세금을 법인세로 부르기로 한다. 법인세의 경우 지역별로 법인세 제도가 달라서 미국 내에 조세피난처(tax haven)를 만들 수 있기 때문에 소매업을 포함한 대기업이 이를 이용하는 문제가 발생하고 있는데, 이에 대해서는 다음 절에서 살펴보기로 하고 우선 개인세에 대해서 알아보도록 하겠다.

미국의 개인세에는 개인소득세, 영업세 및 사용세, 자산세(property tax) 등이 있다. 물론 자산세에는 법인세도 있지만 개인세 부분도 상당히 존재한다. 바로 이 점이 대형 소매점의 출점에 매우 유리하게 작용하는데, 이에 대해서는 나중에 언급하도록 하겠다. 또한 영업세는 일본의 소비세와는 달리 법인이 최종적인 부담자가 되는 경우도 있다. 즉, 영업세의 대상이 되는 것은 최종소비자에게 소비재를 소매로 판매하는 것뿐만 아니다. 산업재의 거래에 대해서도 상품에 따라 과세대상이 되는 경우가 있다. 그러나 어디까지나 주된 대상은 소비재이며 최종부담은 개인이다.

위의 3가지 종류의 세금 중 자산세는 대부분의 주에서 주로 지방정부가 과세하며, 세금 산출방법 등은 주마다 상이하지만 거의 미국 전역에서 선택하고 있다. 이에 반해 개인소득세 및 영업세는 채택하고 있는 주도 있고 채택하지 않은 주도 있다. 예를 들면 뉴햄프셔 주는 개인소득세와 영업세가 없기 때문에 개인이 조세피난처로 이용할 수도 있다. 그 대신 공공요금이 중시되고 있지만,[5] 인접한 버몬트 주 등과 비교하면 공공 서비스 수준이 낮다. 공공 서비스 수준은 낮지만 세금 등의 부담이 적은 것을 선택하는 사람은 뉴햄프셔 주로 전입하고, 세금 등의 부담은 비록 크지만 높은 공공 서비스 수준을 선택하는 사람은 버몬트 주로 전입하기 때문에 양 주의 정책은 보다 차별화를 강화하고 있으며, 특히 환경보전과 조세부담에 대해서는 이러한 경향이 더욱 심화되고 있다. 이러한 경향이 정확한지에 대해서는 확인할 수 없지만, 만약 그러하다면 제공하는 공공 서비스와 그 가격(세금)을 둘러싸고 지자체 간에 경쟁이 일어난다는 티부(Tiebout) 모델은 타당하다고 말할 수 있을 것이다(Tiebout, 1956).[6]

뉴햄프셔 주가 조세피난처라는 것을 차치하더라도 미국 50개 주 중에서 뉴햄프셔 주와 알래스카 주, 델라웨어 주, 몬태나 주, 오리건 주에는 영업세가 없다. 이 5개 주 외 45개 주와 워싱턴 D.C.에서는 영업세를 징수하고 있다. 그리고 45개 주 대부분에서는 일정한 조건하에 시·군·구 등의 지자체(municipality), 또는 학교구(school district)나 특별행정구(special district)[7]가 영

---

5) 뉴햄프셔 주는 주류 판매를 주 직영사업으로 하는 소위 컨트롤 주이지만, 재정수입 목적으로 주류판매점을 동쪽은 메인 주, 남쪽은 매사추세츠 주, 서쪽은 버몬트 주와의 주 경계에 배치하여 인접 주의 주민(州民)들이 많이 이용하고 있어 허가 없이 주(州) 간에 주류를 이동할 수 없다는 규칙을 어기고 있다고 각 주정부로부터 항의를 받고 있다(Bingham, 1986: 193~194. 원문은 Thomas Ferrick, Jr., "N. H.: A Tax Paradise Is under Siege," *Philadelphia Inquire*, July 6, 1983).

6) 티부 모델에 대해서는 미국 내에서도 적지 않은 비판이 존재한다. 이 책에서 이에 대해 상세하게 논할 여유가 없기 때문에 Briffault(2000)가 티부에 대해서 적절하게 비판하고 있다는 점을 지적해두고자 한다.

7) 지자체가 공공 서비스에 관한 행정 전반을 담당하는 것에 비해, 특별행정구는 지방정부의 한 종류이기는 하지만 공항의 건설·운영, 항만의 건설·운영, 도시 내 공공교통 서비스, 상하수도의 건설·운영, 전기·가스의 공급, 쓰레기의 수거·처리, 공영주택의 건설·관리, 공립병원의 운영, 공립대학이나 커뮤니티 칼리지의 운영, 공립도서관 서비스, 공원의 건설·관리 등 다양한 공적 서비스나 기능 중에서 1개 또는 극히 소수로

업세를 과세하는 것을 인정하고 있다. 그 결과 영업세를 과세하는 정부(주정부 및 지방정부)의 수는 2002년 현재 7,500개에 달하고 있다(National Governors Association, 2002a).[8] 그리고 과세대상이 되는 상품이나 서비스, 세율 등은 정부에 따라 다르다.

영업세는 판매업자가 부담하는 세금이 아니라, 구입자·사용자·소비자가 부담하는 세금이다. 판매업자가 구매하는 사람으로부터 징수하는 것은 어디까지나 구매자의 대리납세, 또는 세무서의 대리징수 성격이라고 할 수 있는데 여기서 문제가 발생한다. 즉, 판매업자가 어느 범위까지 대리납세 또는 대리징수의 임무를 수행할 것인가라는 문제이다.

역사적으로 판매업자와 구매자가 동일한 주 내에 존재하는 경우에는 판매업자는 영업세를 징수할 의무가 있다고 여겨져왔다. 이때 주의 영업세에 대해서는 문제가 없지만, 판매업자의 소재지와 구매자의 거주지·주소지가 상이한 지방정부의 경우 판매업자 소재지의 지방정부의 과세기준에 의해 징수되어 해당 지방정부에 납세된다. 바로 이것이 시·군·구 등 지방정부가 월마트 등과 같은 대형점에 보조금을 지급하면서까지 유치하고자 하는 요인 중의 하나가 된다.

여기서 문제는 판매업자와 구매자가 상이한 주의 경우, 즉 주와 주 사이에

특화하여 실시하는 조직·기관이며, 지구·지역(District) 이외에 당국(Authority)이나 위원회(Board)라고 불리는 경우도 많다. 서비스 대상지역은 1개 지자체 내의 특정 지구에 한정되어 있는 경우도 있으며, 복수의 지자체에 걸쳐 있거나 주 전역에 미치는 경우도 있다. 뉴욕항만관리청(New York Port Authority)과 같이 뉴욕과 뉴저지주, 복수의 주에 걸쳐 있는 경우도 있다. 자세한 내용은 Porter et al.(1992) 참조.

8) 또한 전미지사협회(National Governors Association: NGA)하에 영업세 제도의 합리화를 도모하기 위하여 설치된 Streamlined Sales Tax Project(SSTP)의 자료(날짜 없음)에 의하면, 영업세를 과세하는 것은 45개 주와 워싱턴 D.C. 이외에 4,696개 시, 1,602개 카운티, 기타 과세주체가 1,113개라고 한다(http://www.streamlinedsalestax.org/Cost%20of%20Collection.pdf).

서 거래가 일어나는 경우이다. 이에 대해서는 1967년 연방최고재판소 판결〔National Bellas Hess v. Department of revenue of Illinois, 386 U.S. 753(1967)〕 등에 의해 판매업자가 대리징수·납세하는 의무를 지는 것은 과세 주와 어떠한 형태로든 관계가 있는 경우로 한정한다고 규정했다. 이때 관계란 해당 주 내에 어떠한 시설이나 점포·창고·유통센터 등과 같은 시설, 즉 물리적인 관련(physical presence)을 가지는 것을 말하는데, 역으로 말하자면 해당 주에 어떠한 시설이나 설비도 보유하지 않는 판매업자〔remote(non-physically present) seller 또는 vendor. 이하 주 외(外) 판매업자라고 한다〕는 징수의무가 없다는 해석이 일반적이다.

이 기준은 넥서스(Nexus)라고 불리고 있다.[9] 넥서스가 있는 판매업자에 영업세를 포함한 과세 등의 공정권한을 행사하는 것은 법의 적정한 과정을 규정한 적정과정조항(適正過程條項, due process clause: 연방정부에 대한 규정은 합주국 헌법 수정 제5조, 주정부에 대한 규정은 수정 제14조) 및 연방의회가 '외국과의 통상 및 각 주 간 또는 인디언 부족과의 통상을 규제하는' 입법의 권한을 보유한다고 한 주제통상조항(州際通商條項, commerce clause: 합주국 헌법 제1조 제8절 제3항)[10]에 반하지 않는다고 해석되고 있다.

단, 각 주마다 넥서스에 대한 정의가 상이하며, 일부 주에서는 해당 주

9) 다만 넥서스의 명확한 개념은 규정되어 있지 않다. 점포, 공장, 웹사이트, PC에 축적되어 있는 데이터나 그 제공, 물류업무 등이 필요요건인 경우도 있는가 하면, 그렇지 않은 경우도 있다(Bruce et al., 2003: 26의 n.4).

10) 미국의 유통활동(또는 경제활동)에 대해서 생각해보면 이 주제통상조항은 공적인 구조로서 매우 큰 의미를 가진다. 단, 이 규정이 존재함에도 불구하고 1930년대 대공항이 발생했을 때 많은 주가 다른 주로부터 상품이입(판매)에 과세하거나, 주 내의 부품조달을 의무화하거나, 동식물 검역을 이유로 농축산물의 이입금지조치 등 1970~1980년대의 국제무역 마찰과 유사한 상황이 주 간의 거래에서 발생했다. 이에 대해서는 Stewart and Dewhurst(1939), 특히 p. 279 이후의 "Barriers against Interstate Trade"의 항에서 구체적으로 분석하고 있다.

내에 판매원이 1명 있는 것만으로 넥서스가 성립하기도 하며, 또한 판매원이 순회하는 것만으로도 넥서스가 성립하는 주도 있다(Matthews, 2005).

예를 들면 뉴욕 주는 2008년도부터 세수증대를 목적으로 영업세의 징수범위를 기존의 점포 등을 보유하는 업자에서, 웹사이트나 상품제공업자 등 해당 인터넷 판매 관계 업자(affiliate)가 1개 사라도 주 내에 존재하는 경우에는 해당 인터넷 판매업자의 주 내 전체 판매로 확대하여 영업세를 징수하기로 했다. 5,000만 달러의 세수증대 효과를 볼 수 있는 새로운 제도의 주된 대상이 아마존이기 때문에 '아마존세'라고도 불리고 있는 이 제도에 대하여 아마존은 즉시 위헌이라고 주 재판소에 제소했다. 관계 업자의 정의가 너무 광범위하고 애매하다는 것이 아마존의 주장이었는데, 이는 넥서스의 개념을 둘러싼 문제이기도 하다(Hansell, 2008b).[11]

아마존은 7,500에 달하는 과세 주체가 각각의 제도로 운용되고 있기 때문에 미국 전역에서 판매하고 있는 상황을 고려하면 수용할 수 없다고 주장하고 있다. 그러나 이러한 주장에 대해서 상품 전반을 미국 전역에 인터넷 판매하고 있는 월마트(후술하는 바와 같이 영업세를 징수하게 된 것은 2003년도부터다)나 타깃(Target)은 영업세를 내고 있는데, 타깃의 인터넷 판매부분은 아마존이 운용하고 있기 때문에 징세에 응할 수 없다는 것은 설득력이 없다는 비판도 존재한다(Hansell, 2008a).

사실 오늘날 전자상거래, 인터넷 판매와 영업세와의 관계를 고려하는데 상기 벨라 헤스(Bellas Hess) 판결 이상의 영향을 미치고 있는 연방최고재판소 판결이 퀼(Quill) 판결이다.

1987년 노스다코타 주가 관련 법률의 판매업자(retailer)의 정의를 개정하

11) 또한 뉴욕 주에서 인터넷 판매를 하고 있는 사업자 상위 10개 사 중 현재 영업세를 징수하고 있지 않는 기업은 1위의 아마존과 10위 기업뿐이며, 2위부터 9위까지의 기업은 징수하고 있다(Lee, 2008).

여, 주 안에서 정기적이고 조직적으로 판매촉진활동을 하는 업자를 영업세 징수 대상으로 했다. 이에 델라웨어 주에 본사를 두고 일리노이 주, 캘리포니아 주, 조지아 주에 사무소와 창고를 가지고 있는 사무기계 통신판매업체인 퀼(Quill)사에 주 내 판매에 대한 영업세 상당액을 청구했다. 이에 대해 퀼사는 넥서스의 기준에 일치하지 않는다고 연방재판소에 제소했고, 1992년 연방최고재판소는 퀼사 승소 판결을 내렸다〔Quill corporation v. North Dakota, 504 U.S. 298(1992)〕.

여기서 퀼 판결을 자세하게 언급하지는 않겠지만, 요점은 기존 넥서스 기준이 너무 엄격하기 때문에 시대나 환경의 변화에 적절하게 대응하고 있지 못하며 주 내에 물적 시설이 없는 주 외 판매업자일지라도 해당 주의 시장에서 이익을 올리고 있는 업자는 과세대상으로 할 수 있으나, 현재의 영업세는 주 또는 지방정부마다 내용이 크게 상이하기 때문에 모든 업자가 이에 대응하고자 한다면 납세 비용이 막대하여 주 간 거래를 저해하므로 주제통상조항에 비추어볼 때 위헌이라는 것이다. 판결은 또한 각 주 사이의 거래에 관한 규제는 연방의회에 결정권한이 있기 때문에 연방의회가 적절히 대응하여야 한다고 했다.

의회의 대응에 관한 것은 차치하더라도, 이 퀼 판결에 의해 주 외 판매업자로부터 영업세를 징수할 수 없다는 것이 재차 확인된 것이라고 할 수 있다.[12)]무엇보다도 넥서스에 대한 애매한 부분이 존재하는 판결이기 때문에 주에 따라서 해석이나 운용이 달라진다.

12) 퀼 판결을 중심으로 벨라 헤스 판결 등을 포함한 넥서스 기준, 주제통상조항 등에 관한 검토는 다수 발표되어 있지만, Nellen(2004)의 Ⅳ(특히 pp.17~19)에 매우 쉽게 설명되어 있다. 또한 퀼 판결의 판결이유(opinion) 등은 코넬 대학 법과대학원의 법률정보연구소(Legal Information Institute)의 사이트(http://supct.law.cornell.edu/supct/html/91-0194.ZO.html)에서 열람할 수 있다.

퀼 판결은 구매자 또는 소비자의 입장에서 보면 전자상거래뿐만 아니라 우편·전화 등과 같은 재래형 판매를 포함하여 주 밖의 무점포 판매업자를 이용한 경우, 해당 업자가 구매자가 거주하는 주 내에(해당 거래와의 관계 여부를 불문하고) 어떠한 형태로든 물리적인 관계가 없는 한 영업세를 지불하지 않아도 된다는 것을 의미한다.

영업세를 채택하고 있는 45개 주와 워싱턴 D.C.에는 본래 사용세 제도가 존재하고 있다. 주 밖에서 구입하여 영업세가 과세되지 않는 경우 구입자나 사용자로부터 영업세 상당 부분을 사용세로 징수하는 제도이다(Congress of the United States/Congressional Budget Office, 2003: 1). 즉, 영업세는 주 내에서 사용하기 위하여 해당 주 내에서 구매하는 물품에 부과되는 세금이며, 사용세는 주 내에서 보관·사용·소비하기 위하여 주 밖에서 구입한 물품에 대해서 과세되는 세금이다(Bruce et al., 2003: 26). 일부 주에서는 개인소득세의 확정신고 서류에 사용세 신고란을 두고 있는 경우도 있다.

그러나 신고란 유무와 관계없이 실제로 신고하는 사람은 거의 없을 것으로 판단된다. 자율적으로 사용세를 신고하는 것은 자동차나 보트 등과 같이 소유등록 또는 사용등록이 의무화되어 있는 극히 일부 상품을 구입한 경우에 한정된다(Bruce and Fox, 2000: 1375).

그렇다고 하더라도 세무 당국이 모든 주민(州民)과 사업소를 대상으로 사용세 납세의무의 유무를 조사하여 징세하는 것은, 설령 개인 사생활 보호 문제 등이 발생하지 않는다고 하더라도 경비 측면을 고려할 때 불가능하다. 따라서 주 외 판매업자로부터 구입하는 경우의 대부분은 실질적으로 면세라고 보아도 무방하다.

예를 들면 아이다호 주의 경우 전자상거래에 과세되지 않는 상품을 구입한 구매자에 대하여 신고납세를 의무화하고 있음에도 불구하고, 2005년도 납세액은 자율신고된 35만 달러에 불과하다(Dey, 2006).[13] 참고로 2006년도에 전자상거래에 의해 징수되지 않은 같은 주의 영업세액은 1.5억 달러로 추정된다(Bruce and Fox, 2001: 9). 또한 테네시 주의 경우 2002년도 주 밖에서 구입한 물품에 대해서 납세한 주민은 5,000명 이하였다(Frank, 2003). 그리고 세무관연맹(稅務官聯盟, The Federation of Tax Administrators)이 9개 주를 대상으로 조사한 결과에 의하면, 자율납세율이 원래 높았던 위스콘신 주의 경우에도 납세액은 총 140만 달러로, 납세자가 납세의무가 있다고 응답한 합계액의 1%에도 미치지 못했다(Bruce et al., 2003: 27의 n.5).

2) 영업세 제도가 전자상거래에 미치는 영향

미국에서 최초로 영업세가 도입된 것은 1930년대이기 때문에(Congress of the United States/Congressional Budget Office, 2003: 2; National Governors Association, 2002b) 전자상거래가 출현하기 전에도 이미 상기와 같은 문제는 존재하고 있었지만, 최근까지 무점포 판매에 의한 거래액이 그다지 많지 않았다는 점, 당초 세율이 그다지 높지 않았다는 점[14] 등과 함께 당시 대표적인 통신판매기업인 시어스(Sears)나 몽고메리 워드(Montgomery Ward) 등은 미국 전역에 점포 판매도 병행하고 있었기 때문에 그다지 문제가 되지 않았다.

그러나 인터넷에 의한 전자상거래의 출현 및 급성장과 함께 기존 미디어에 의한 다이렉트 마케팅(direct marketing)의 급성장 등으로 인해 징수되지 않는

13) IdahoStatesman.com은 아이다호 주 최대의 지방지 ≪아이다호 스테이츠먼(Idaho Statesman)≫의 전자미디어 판이다.

14) 예를 들면 캘리포니아 주에서는 1933년 8월 1일 영업세가 도입되었는데 당초 세율은 2.5%였다. 1962년 1월 1일 4%로 높아지기 전까지는 3% 이하를 유지했다. 이후 1991년 7월 15일에 7.25%로 높아지기 전까지는 6% 전후를 유지했다. 오늘날에는 주 전체 7.25% 외에 많은 지자체가 독자적인 영업세를 이중과세하고 있다.

영업세 및 사용세가 크게 증가하고 있다. 테네시 대학의 폭스(William Fox)에 의하면 전자상거래를 통한 구입으로 인하여 주정부가 징수하지 못한 영업세는 2005년도에 180억 달러 이상이라고 한다(Tedeschi, 2005).

또한 같은 테네시 대학의 브루스(Donald Bruce)와 폭스(William Fox)의 2004년도 연구에 의하면 전자상거래(재래형 무점포 판매에서 전자상거래로 대체한 것도 포함)로 인해 징수되지 않는 45개 주 및 워싱턴 D.C.의 총세액은 2003년 최소 155억 달러, 최대 161억 달러이며, 2008년에는 최소 215억 달러, 최대 337억 달러에 달한다(모두 지방정부의 영업세를 포함)(Bruce and Fox, 2004).

또한 이들은 2001년에 전자상거래뿐만 아니라 재래형 무점포 판매분에 대해서도 추계를 했다. 그에 의하면 2001년에는 164억 달러(이 중 재래형 무점포 판매에서 전자상거래로 대체된 것을 포함한 전자상거래에 의한 합계가 133억 달러이며, 전자상거래의 신규 시장 개척분이 70억 달러), 2006년에는 447억 달러(앞과 같은 분류에 의한 금액이 각각 452억 달러와 242억 달러), 2011년에는 662억 달러(앞과 같은 분류에 의한 금액이 각각 548억 달러와 292억 달러)에 달한다고 했다(Bruce and Fox, 2001).[15] 그리고 합주국 회계검사원에서는 주 외 구입에 의한 2003년 영업세 손실 총액은 미국 전역에서 204억 달러이며, 그중에서 인터넷 판매에 의한 것이 124억 달러라고 추계하고 있다(U. S. General Accounting Office, 2000: 20~21).[16]

2000년 브루스와 폭스의 추계에 의하면 영업세 제도를 채택하고 있는 주의 개인소득액의 합계와 과세대상이 되는 거래액 합계의 비율은 1979년

---

15) 2004년도 추계가 2001년도보다 적은 것은 2001년도 추계 이후 전자상거래 실적이 예측을 밑도는 경향을 보여 그 부분만큼 수정이 이루어졌기 때문이다.

16) 단, B to B 거래액을 전제로 하면 손실총액은 49억 달러(인터넷에 의한 것은 26억 달러)까지 감소할 가능성도 있다고 한다.

51.4%였으나, 1998년에는 42.8%로 크게 감소했다. 그 이유로는 앞에서 언급한 바와 같은 전자상거래를 포함한 주 외 판매(remote sales)의 증대, 대부분이 비과세 대상인 서비스 소비의 증대, 산업진흥이나 사회정책 등의 목적을 위해 비과세 대상이 된 거래의 증가 등을 들 수 있으나, 특히 서비스화의 진전이 가장 큰 요인으로 작용했다(Bruce and Fox, 2000: 1374~1376). 단, 주 외 판매의 증대 또한 큰 이유인 것은 틀림없는 사실이다.

이유가 어떠하든 영업세의 과세대상이 되는 것이 소비지출 중에서 40% 전후에 불과했다는 것은 다른 학자들도 지적하고 있다(National Governors Association, 2002b). 이것이 재정에 미치는 영향은 해당 정부의 세수 전체에서 차지하는 영업세의 비율에 따라 달라진다. 인구 20만 명 이상의 시를 보면 그 비율이 필라델피아 시 5.4%, 시카고 시 9.5% 등으로 비교적 낮은 곳도 있지만, 반대로 오클라호마 주 털사 시 82%, 오클라호마시티 74.9%, 콜로라도 주 덴버 시 55.6% 등과 같이 50%를 초과하는 도시도 있다(Congress of the United States/Congressional Budget Office, 2003: 6).[17] 50%를 넘는 경우 영업세 및 사용세를 징수할 수 없을 수도 있으며, 이러한 현상이 증가하고 있다는 것은 재정상 심각한 문제를 야기할 것으로 판단된다.

이러한 세수감소에 대해 영업세 세율을 높이는 방법을 선택하고 있는 주나 지방정부가 늘고 있다. 그러나 세율을 높이면 영업세를 징수하지 않는 전자상거래 등 주 외 판매업자의 점포소매업자에 대한 가격우위성은 계속 증가할 것이며, 영업세가 비과세인 서비스 부분도 유리하게 된다. 즉, 영업세 징수 → 세율 상승 → 과세대상 거래의 가격 불리성 증대 → 비과세 거래의 증가 → 영업세 감소의 확대라는 사이클에 빠져들 위험성이 있다.

17) 다만, 시 재원에는 독자적인 세수 이외에 주정부로부터 받는 보조 등도 있기 때문에 이 지표가 반드시 재정수입 전체에 대한 비율을 의미하는 것은 아니다.

주제(州際)거래(주 외 판매업자에 의한 판매) 때문에 영업세를 징수하지 못함으로써 발생하는 문제는 이러한 주정부 및 지방정부의 세수 문제뿐만이 아니다.

우선 역진제가 발생할 수 있다. 특히 전자상거래의 경우 저소득층이 어느 정도 인터넷에 접속할 수 있는가라는 문제가 존재한다. 합주국 회계검사원이 2006년에 실시한 조사에 의하면 전 세대의 42%가 컴퓨터를 보유하고 있지 않으며, 설령 보유하고 있더라도 대부분 인터넷이 깔려 있지 않아 접속할 수 없다고 한다(Reich, 2007: 162). 또한 저소득층은 신용카드를 가지고 있지 않다는 문제점도 존재한다. 판매자는 물론 구매자도 배달원을 신용하지 않는 미국사회에서 일본과 같은 택배업자에 의한 거래 시스템은 통용되기 어렵기 때문에 전자상거래는 반드시 신용카드로 결제하고 있다. 이에 신용카드를 가지고 있지 않는 저소득층은 근처 점포에서 현금으로 물품을 구입할 수밖에 없는데, 이 경우에는 영업세를 징수할 수 있으나 인터넷을 이용하여 신용카드로 물품대금을 지불하는 중류층 이상에서는 영업세를 징수할 수 없는 사태가 발생하게 된다.

이 역진성도 큰 문제이긴 하지만, 점포소매와 전자상거래를 포함한 무점포 판매와의 경쟁에서 공평성·공정성 또한 큰 문제가 된다. 즉, 구매자나 소비자는 무점포 판매로 구입할 경우 영업세 상당액 부분만큼 싸게 구입할 수 있기 때문에 이러한 가격우위성으로 인해 전자상거래와 무점포 판매의 경쟁력은 강화된다.

예를 들면 수년 전 전자상거래를 대상으로 실시한 시카고 대학의 굴스비(Austan Goolsbee)의 조사에 의하면, 만약 영업세가 과세되면 온라인에서 구입하는 고객 수는 24% 감소할 가능성이 있는 반면, 전자상거래에 영업세가 과세되지 않는 경우에는 영업세율이 1% 상승하면 온라인에서 구입할 확률이 0.5% 증가한다고 한다(Goolsbee, 2000: 562, 565).

한편 노스웨스턴 대학의 앤더슨(Eric Anderson), MIT의 퐁(Nathan Fong) 등은 주 외 판매업자가 어떤 주에 점포를 설치함으로써 넥서스가 성립하여 영업세를 징수당하게 될 경우 어떠한 현상이 발생하는가에 대해 분석했다. 그 결과에 의하면 인터넷이나 카탈로그 등의 무점포 판매, 신규 출점한 점포 판매 등 해당 판매업자의 총판매량은 그 이전과 비교하여 5% 감소했으며, 인터넷 판매만을 보면 16%나 감소하는 결과가 나타났다(Anderson et al., 2006: 12). 이들 분석에서는 세율이 4~6%인 주를 상정하고 있기 때문에 세율이 더욱 높은 주나 지역이라면 판매 감소폭은 더욱 커질 것으로 예상된다.

3) 영업세의 가격효과: 전자상거래의 우위성

영업세 과세 유무가 어느 정도 가격(경쟁)에 영향을 미치는가를 알아보기 위해 우선 세율이 어느 정도인가를 살펴보도록 하자.

주와 지방정부의 영업세 평균 세율은 6.5%이지만(Bruce and Fox, 2000: 1347),[18] 주나 지방정부에 따라 큰 차이가 존재한다.[19] 주에 따라서는 예외적으로 낮은 2.9% 정도 세율의 콜로라도 주가 있는 반면, 캘리포니아 주의 7.25%(1%는 모든 주가 공통으로 부담하는 지방정부 과세분)를 필두로 미시시피·로드아일랜드·테네시 등 3개 주가 7.0%, 워싱턴 등 14개 주가 6%대이다. 지방정부도 영업세를 부과하고 있는 경우에는 이에 덧붙여 영업세가 징수된다. 그 결과 시카고 시는 9.50%(식료품, 의약품, 의료기구에 대해서는 2%,

18) 각 주 세율의 중간값은 1970년 3.25%에서 1980년 4%, 1990년 5%로 상승하고 있다(Bruce and Fox, 2000: 1376).

19) 식료품이나 의약품 등을 비과세로 하는 등 상품에 따라 세율이 변하는 주가 많기 때문에 과세대상 상품·서비스를 엄밀하게 정의하여 지방정부마다 다른 세율을 정리한 『영업세 매뉴얼』을 발행하고 있는 주도 많다.

자동차는 7%), 댈러스 시 8.25%, 로스앤젤레스 시 8.25%, 뉴올리언스 시 9%, 뉴욕 시 8.375%, 샌프란시스코 시 8.5% 등의 영업세를 징수하고 있다. 세율이 높은 것은 대도시뿐만 아니라 중소도시 중에서도 10%를 초과하는 경우도 있으며, 최고세율은 11%이다.[20]

이처럼 도시의 구매자·소비자에 영업세 징수의무가 없는 주 외 판매업자가 판매를 한다고 하면, 기업 차원에서의 노력이나 경영노력 없이 구매자 주변의 점포 판매업자(그리고 해당 주와 넥서스 관계에 있는 무점포 판매업자)와 비교하여 10%에 가까운 가격경쟁력을 가지게 되기 때문에 전자상거래업자는 이러한 가격경쟁력을 최대한 활용하고자 할 것이다. 예를 들면 전자상거래의 모델이라고 불리는 아마존의 창업자인 제프 베조스(Jeff Bezos)에 의하면, 대부분의 구매자 및 소비자가 영업세를 부담하지 않는 것을 목적으로 우선 본사와 창고를 상대적으로 인구가 적은 워싱턴 주에 배치하고, 동부지역을 마켓 대상으로 한 두 번째 창고는 영업세 제도가 없는 델라웨어 주에, 세 번째 창고는 대소비지인 캘리포니아 주의 영업세 징수를 피하기 위해서 캘리포니아 주를 벗어난 인접 네바다 주의 초입부분에 배치했다고 한다 (Bayers, 1999).[21]

20) 세율은 2006년도 말 기준이며, 빈번하지는 않지만 변경되거나 인상되는 경우도 있다. 예를 들면 시카고 시의 식료품을 제외한 일반상품의 경우 2008년 7월 1일부터 10.25%로 인상되었다.

21) 이 내용은 대형 소매업자의 각종 조직, 독립소매점의 각종 조직, 쇼핑센터 개발업자 등의 조직, 월마트를 비롯한 대형 소매기업에 의해 조직된 '전자상거래 공정화 연합(e-Fairness Coalition)'의 발기인이자 대표자인 피터 로위(Peter Lowy: Westfield America의 CEO)가 2001년 3월 14일 연방 상원의 상업·과학·운수위원회(Senate Commerce, Science and Transportation Committee)에서 실시된 증언에서 참고자료로 제시한 *E-commerce Tax Alert*, Vol.1, Issue1(March 2000)의 기사에도 실려 있다(Testimony of Peter Lowy, 2001: 12~13). 또한 웨스트필드 아메리카(Westfield America)를 포함한 웨스트필드 그룹은 미국, 오스트레일리아 등에 쇼핑

영업세를 피해 가격경쟁력을 확보하고자 하는 행위를 하는 것은 아마존과 같은 전자상거래 또는 무점포 판매부문의 기업이나 업자뿐만이 아니다. 예를 들면 아마존과 마찬가지로 서적소매분야에서 대형 점포의 전국 체인화를 추진하고 있는 반스앤노블과 보더스(Borders)가 아마존에 대항하기 위해 전자상거래업에 진출했을 때, 전자상거래 사업을 형식적인 별도 회사로 설립하여 전자상거래의 수주센터 및 유통센터가 소재하는 주 이외에서는 설령 점포 판매부문 회사의 점포가 존재하더라도 전자상거래에 관해서는 넥서스가 없는 주 외 판매업자라고 주장하여 대부분의 주에서 영업세를 내지 않았다.

이러한 현상은 서적소매부문에만 국한된 현상이 아니다. 백화점 업계나 할인점을 포함한 많은 대형 소매기업이 영업세를 피하기 위해서 전자상거래 부문을 별도의 자회사 형태로 운영하고 있다. 점포소매를 주축으로 한 기업이 통신판매부문을 별도의 회사 형태로 운영하여 영업세를 피하는 것은 1980년대 후반 삭스 피프스 애비뉴(Saks Fifth Avenue)와 블루밍데일스(Bloomingdale's)에 의해 시작되었다고 알려지고 있다(Pomp, 2005: 47).

2001년 연방의회 증언에 의하면, 월마트닷컴은 아칸소 주, 캘리포니아 주, 오하이오 주, 뉴욕 주 등 4개 주, K마트 온라인스토어는 캘리포니아 주, 오하이오 주 등 2개 주에서만 영업세를 납부했다(Testimony of Peter Lowy, 2001: 5).

스스로 세계 제일의 탐험장비업체(outfitter)이자 미국 최대의 다이렉트 마케팅 업체라고 칭하고 있는 아웃도어 용품업체인 카벨라스(Cabela's)의 경우, 점포 판매부문, 인터넷 판매부문, 카탈로그 판매부문 등 3개로 회사를 나누어 운영하고 있다. 또한 이 회사는 1만~2만m^2의 대규모 점포를 출점할 때 해당 점포의 존재로 인해 그 주 내의 인터넷 판매 및 카탈로그 판매에

센터를 보유하고 있는 세계 최대의 소매시설 소유자이다.

대해서는 영업세를 부과하지 않는다는 확인서를 받지 않는 한 출점하지 않는다는 방침으로 매사추세츠 주 등 19개의 주정부로부터 확인서를 받았다(Roberts, 2006a).

2006년 8월 아이다호 주 보이시에 출점할 때에도 사전에 주정부로부터 이와 같은 확인서를 받았다. 이에 대해서 회사 대변인은 출점이 해당 주에 경제적인 이익을 주기 때문에 무점포 판매부문과는 분리해서 생각해야 된다는 것을 근거로 영업세 징수 불필요 확인을 요구했다. 무점포 판매부문에서 영업세를 내지 않는 이유는, 첫째, 카탈로그나 온라인 거래로 구매하는 소비자는 영업세를 부담하고 싶지 않아 하며, 둘째, 영업세를 징수하고 있지 않는 다른 온라인업자와 경쟁상 불리하지 않기 위해서라고 한다(Dey, 2006).

또한 많은 소매기업이 점포 내에 인터넷용 단말기를 구비한 부스를 설치하여 점포 내에서 상품을 선택한 후 점원의 도움으로 부스에서 닷컴 자회사에 발주하는 방법으로 영업세를 피하는 경우도 있다고 한다(Testimony of Peter Lowy, 2001: 5). 그리고 이러한 점포소매와 전자상거래를 겸업하고 있는 대형 소매기업은 전자상거래에서 구입한 상품을 주변의 가까운 점포에서 반품할 수 있도록 하고 있다.

반스앤노블의 경우 25달러의 연회비를 납부하면 점포 및 전자상거래 모두 할인혜택을 받을 수 있다. 필자도 회원으로 가입하여 인터넷으로 할인 쿠폰을 받기도 한다. 확실히 점포 판매와 전자상거래는 일체화되어 있음에도 불구하고 전자상거래는 대부분의 지역에서 영업세를 납부하지 않고 있다.

이에 대해 중소 독립소매점 등이 불공평·불공정거래라고 비판하고 있지만 주정부는 특별한 대응을 하지 않는 것이 일반적이다. 다만 캘리포니아 주에서는 보더스가 주 내에 다수의 점포를 전개하고 있음에도 불구하고 점포 판매부문(Borders Inc.)과는 별도 회사이기 때문에 영업세를 징수하지 않았던 전자상거래부문(Borders Online LLC: 델라웨어 주)에 대해서, 1999년 주정부

세조정평준위원회(稅調定平準委員會, Board of Equalization)가 전자상거래로 판매한 상품의 반품을 점포가 하고 있다는 것을 근거로 전자상거래에 대해서도 영업세를 징수할 것을 결정했다. 보더스는 이에 불복하여 주 재판소에 제소했지만 2005년 주 최고재판소는 기각했다(Carr and Griffith, 2006: 766~767).

또한 일리노이 주에서는 캘리포니아 주와 거의 유사한 이유를 근거로 2002년 이후 민간 변호사가 월마트, 타깃, 오피스디포 등 95개 사를 제소했으며, 주정부도 이에 합의하여 재판이 진행되었다. 그 결과 2004년 12월 상기 3개 사는 2000년 1월부터 2003년 2월까지의 영업세 미납금과 손해배상금으로 240만 달러를 지불하는 것으로 화해했다(Matthews, 2005; Rose, 2004 등).[22)]

2005년 카벨라스가 메인 주 포틀랜드 교외 스카보로에 출점을 계획하면서, 이전과 마찬가지로 출점하여도 전자상거래 및 카탈로그 판매에 대해서 영업세는 부과하지 않겠다는 확인을 주정부에 요청했다. 이에 대해 고용증가 및 세수증가 등을 목적으로 출점을 환영하며 이 요청을 인정하는 것이 바람직하다고 주장하는 주 의회 유력 의원과, 공평·공정이라는 관점에서 인정하는 않는 것이 바람직하다고 주장하는 주 상공회의소를 중심으로 한 경제계와 일부 주 의회 의원이 첨예하게 대립했다. 1년 정도 분쟁의 결과, 2006년 10월 카벨라스사가 요청을 철회, 이 회사로서는 처음으로 전자상거래 및 카탈로그 판매에 대한 영업세 납부를 인정했다(Roberts, 2006a, 2006b, 2006c).[23)]

22) 해당 변호사는 일리노이 주 법규정에 따라 손해배상금의 25%를 보수로 받기 위하여 재판을 제기했으며, 동일한 규정이 있는 테네시 주, 버지니아 주 등에서도 재판을 제기했으나 이들 주에서는 주정부가 재판에 동의하지 않아(주의 권리보전의 규정이 일리노이 주와 달랐기 때문에) 실패했다(Matthews, 2005).

23) 메인 주에는 세계적인 아웃도어용품 판매기업인 엘엘빈(L. L. Bean)이 있다. 이 회사는 이러한 문제에 대하여 일절 언급을 하지 않았지만, 영업세를 납세하고 있는 이 회사와의 공평·공정 확보에 대하여 경제계와 일부 의원들 사이에서 매우 강하게 주장되었다.

이상과 같은 예외는 차치하더라도 전자상거래 등 무점포 판매는 사실상 무세(無稅) 또는 면세(免稅) 상태이기 때문에 유점포 판매업자의 입장에서는 당연히 경쟁에서 공평·공정성이 매우 심각하게 훼손되고 있는 현실이다. 앞에서 지적한 바와 같이 만약 인터넷 거래에 영업세가 과세된다면 온라인 구매자 수는 24% 이상 감소한다는 분석결과도 있다. 다만 주의하지 않으면 안 되는 것이 이러한 불공정·불공평의 책임이 모두 무점포 판매기업이나 업자에 있다고는 할 수 없다는 점이다. 바로 이 점이 이 문제의 핵심이다.

4) 개선 여지

이미 지적한 바와 같이 영업세를 부과하고 있는 주정부 및 지방정부는 7,500여 개이며, 세율이 동일하지 않고 각각 상이함은 물론 과세대상이 되는 상품이나 서비스의 범위 또한 매우 상이하다. 또한 식료품이나 의료품에 대해서는 과세하지 않거나 기타 상품과 비교하여 낮은 세율을 적용하고 있는 경우가 많으나, 이러한 경우 식료품의 정의나 범위 또한 다르다. 1개 주 내에서도 과세하는 지방정부에 따라 매우 다르다. 따라서 앞의 '각주 19)'에서 기술한 바와 같이 대부분에 주에서는 매우 두꺼운 분량의 매뉴얼을 작성하고 있다.

퀼 판결로 인해 연방의회에 의한 입법조치에 따라서는 주제(州際)거래를 저해하지 않으면 넥서스가 없더라도 주 외 판매업자에 영업세 징수의무를 부과하는 가능성이 인정된 점, 주정부 및 지방정부의 재정상태가 악화되는 상황 속에서 영업세 및 사용세를 징수할 수 없는 것을 방치할 수 없다는 점 등을 이유로 전미지사협회(National Governors Association: NGA)는 2000년 '영업세 합리화 프로젝트(Streamlined Sales Tax Project: SSTP)' 추진을 검토했다. 검토 당시 NGA의 SSTP 소개 홈페이지의 첫 화면에는 오렌지 주스가 넘치는 컵 사진 위에 "오렌지 주스는 과일인가 음료인가?"라는 문구를 삽입했다. 즉, 과일은 식료품으로 비과세 또는 저세율이지만, 음료는 통상 세율로 과세하고 있는 주나 지방정부가 적지 않으나, 오렌지 주스를 과일(식료품)로 분류하고 있는 곳이 있는 반면, 음료로 구분하고 있는 곳도 존재한다. 그 결과 오렌지 주스를 식료품으로 취급하여 비과세(또는 저세율 과세)하거나 음료로 취급하여 일반상품과 같은 세율의 과세를 하는 곳이 있으며, 식료품으로 구분하더라도 기타 상품과 같은 세율로 과세하기도 한다. 이처럼 복잡한 과세대상 및 세율에 일일이 대응하면 막대한 납세 비용이 필요하게 된다.

퀼 판결 후 연방의회가 수차례 공청회를 개최하여 영업세 제도의 문제점을 해결하기 위해 노력했으나 현재까지도 구체적인 방향이 제시되지는 못했는데, 이는 납세의무화를 추진하면(적어도 주제거래의) 전자상거래가 상당히 위축 또는 쇠퇴하기 때문이다.

SSTP는 원칙적으로 세율을 일원화하는 등 영업세 제도를 합리화·간소화하고 납세사무처리용 소프트웨어를 무상제공하는 등 주 외 판매업자의 납세 비용을 최소화하는 데 노력하고 있다. 단, 연방 차원에서의 입법조치가 없기 때문에 현재는 주 외 판매업자가 임의로 참가하는 형태에 그치고 있기 때문에 영업세의 징수·납세의무는 없다.

또한 현재 참가한 주가 20여 개에 불과하며, 특히 캘리포니아나 뉴욕 등 인구나 상업규모가 큰 주의 경우 논의에는 참가하지만 적극적으로 실시하지는 않고 있는 실정이다.[24)]

다만 SSTP가 제대로 역할을 수행하고 있지 않다고 하더라도 조만간 주 외 판매업자로부터 영업세를 징수할 것으로 예상된다. 주정부 및 지방정부의

24) SSTP의 문제점에 대해서는 Tavilla and DelBianco(2003)가 자세하게 분석하고 있는데, 특히 지방정부에 유리한 점 및 불리한 점이 발생한다는 문제가 존재한다.

재정 문제, 점포소매와의 공평성·공정성 논의를 고려하면 주 외 판매업자가 언제까지나 가격우위성을 유지할 수 없기 때문이다.

이러한 사회적인 추세, 특히 일리노이 주 등의 제소로 인하여 앞의 4개 주에만 영업세를 징수하고 있지 않다는 것을 지적한 월마트의 전자상거래에 대해서도 2003년 2월부터는 모든 주에서 영업세를 징수하고 있으며, 타깃 및 같은 그룹의 마셜 필드(Marshall Field's)도 2002년부터 영업세를 징수당하고 있다. 또한 카벨라스가 전자상거래·카탈로그 판매부문의 영업세 징수면제 확인이 없으면 점포 진출을 하지 않는다는 기존의 방침을 변경하여, 2006년 가을 영업세 징수면제 확인 요청을 철회하고 메인 주의 출점을 결정한 것도 이러한 사회적인 흐름에 영향을 받은 것이다.

이러한 움직임과 함께 가까운 미래에는 주 외 판매업자도 넥서스와 관계없이 영업세를 징수·납세하는 것을 의무화하는 연방법이 제정되어, 전자상거래의 영업세액 상당분의 가격우위성은 소멸할 가능성이 있다.

그러나 전자상거래와 같은 새로운 사업을 전개하는 데 구매자·소비자의 이해와 지지를 얻지 않으면 안 되는 초동기에, 지역에 따라서는 기존 소매점과 같은 경쟁 상대에 비해 10%에 가까운 가격우위성을 경영혁신이나 사업노력 등과는 관계없이 얻어왔다는 것이 매우 유리하게 작용했다는 것은 틀림없는 사실이다.

물론 미국의 서적판매에 아마존의 혁신성에서 지적한 바와 같이, 전자상거래 혹은 무점포 판매 일반의 기술혁신·경영변혁이 소비자의 지지를 얻었다는 것을 부정하는 것은 아니지만, 법제도 등의 불비를 이용하여 성장·발전해 온 면이 있다는 것 또한 부정할 수 없다.

3. 조세피난처(Tax Haven)의 존재

미국에서 조세제도가 소매업 등의 경쟁에 미치는 영향은 앞 절에서 살펴본 영업세에만 국한된 현상이 아니다. 즉, 점포 판매 대 무점포 판매에만 국한되지 않고 소매업 전체 또는 산업 전체에 영향을 미치고 있는 것이 조세피난처의 존재이다.

조세피난처라고 하면 우선 케이맨 제도 등과 같은 지역이 연상되는 것이 일반적이다. 미국의 대형 소매기업의 경우 국외 조세피난처의 이용은 기업에 이익이 되기 때문에 실제로 활용되고 있다. 예를 들면 파산한 에너지 회사 엔론(Enron)이 케이맨 제도에만 692개, 터크스 케이커스 제도 등의 조세피난처에 200개 이상의 자회사를 가지고 있었다(Brittain-Catlin, 2005: 55). 또한 월마트도 케이맨 제도에 3개의 자회사를 설립했으며, 이들 자회사가 사채(社債)를 발행하여 국제적으로 사업을 전개하기 위한 자금을 세금부담 없이 마련했다(Brittain-Catlin, 2005: 44).

이러한 해외 조세피난처의 존재가 대기업에 유리하게 작용하고 있다는 것은 확실하지만, 여기서 지적하고 싶은 것은 오히려 미국 내 조세피난처의 존재와 대기업이 이를 이용·활용하고 있다는 점이다.

전술한 바와 같이 미국 내에는 뉴햄프셔 주와 같이 개인소득세는 물론 영업세도 없어서(단, 연방 소득세 등은 다른 주와 동일하지만) 개인의 조세피난처인 주도 있지만, 기업의 조세피난처도 존재한다. 예를 들면 네바다 주에서는 법인소득에 대해서 과세를 하지 않는다. 또한 델라웨어 주와 미시간 주에서는 상표(trademark)와 같은 기업의 무형자산에서 발생하는 이익에 대해서는 과세를 하지 않는다. 따라서 K마트는 미시간 주에, 홈데포(Home Depot)는 델라웨어 주에 상표 등의 보유회사를 설립하고, 다른 주에서 영업을 하는 각 점포는 상표 등의 사용료를 보유회사에 지불하는 형태로 명목상의 이익(각 주의 과세대상 법인소득)을 절세하고 있다. 그리고 델라웨어 주의 자회사가 모기업에 자금을 대부하는 형태로 이자 상당분을 과세에서 피하고 있는 체인기업도 있다(Mitchell, 2006a: 173).

토이저러스(ToysRUs)가 대대적으로 활용한 것을 계기로 이 회사의 마스코트인 제프리(Geoffrey)를 빗대어 일반적으로 '제프리 도피로(Geoffrey Loophole)'라고 쓰이는데, 오늘날에는 토이저러스, K마트, 홈데포 이외에도 서킷시티(Curcuit City), 갭(Gap), 이케아(Ikea), 콜스(Coles), 리미티드(Limited), 로스(Lowe's), 월마트 등 거의 모든 대형 체인기업이 '제프리 도피로'를 이용하고 있다(Mitchell, 2006a: 172).

조금 오래된 데이터이지만 '제프리 도피로'를 구체적인 수치로 살펴보고자 한다.

- 델라웨어 주에 있는 토이저러스 상표 보유회사가 토이저러스라는 명칭, 상표 및 MD 사용료로 1990년에 미국 전역 점포에서 5,500만 달러를 거두어들였다.
- 델라웨어 주의 리미티드 상표 보유회사는 1992~1994년까지 상표 사용료로 9억 5,000만 달러를 거두어들였다.
- 미시간 주에 있는 K마트 상표 보유회사는 1991~1995년까지 12억 5,000만 달러를 거두어들였다.

즉, 이들 3개 사만으로도 상표 사용료 등의 명목으로 자회사에 평균 7억 5,000만 달러나 지불했는데, 결국 이 금액이 과세 대상에서 제외되었다는 결과를 의미한다(Mazerov, 2003: 7).

물론 이러한 '제프리 도피로'를 이용하는 것은 소매업뿐만이 아니다. 월마트 이외에도 GM, 포드(Ford), 보잉(Boeing), 시티그룹(Citigroup), 쉐브론텍사코

(Chevron Texaco), 코카콜라(Coca Cola) 등의 기업도 명목상 본사는 델라웨어 주에 있다. 뉴욕 등 미국 내 증권거래소에 상장한 기업의 약 60%, ≪포천(Fortune)≫지 상위 500대 기업의 절반 이상 등 총 50만 개 이상의 기업이 델라웨어 주에 본사를 두고 있다(Brittain-Catlin, 2005: 80).

델라웨어 주 최대 도시인 윌밍턴 중심부 가까운 곳에 700개 사 이상의 본사가 입주한 빌딩이 있는데, 이 빌딩 13층에는 500개 사 이상이 입주하고 있다고 한다. 1998년 말 시점으로 델라웨어 주에는 상표 보유 등만을 목적으로 한 회사가 6,000개 사 이상이며, 매년 600~800개 사가 새롭게 설립된다고 한다. 이들 회사 중에는 1개월에 100만 달러 이상의 절세 또는 면세를 하는 회사도 존재한다고 한다(Mazerov, 2003: 7).

그 결과 주정부 조세정책 담당부문 연합체인 다주간 세금 위원회(Multistate Tax Commission)의 추계에 의하면, 미국 전체에서 주 법인세의 절세·면세는 전체 산업 합계로 연간 83억 2,000만~123억 8,000만 달러에 달한다고 한다(Multistate Tax Commission, 2003: 2).

월마트의 경우 다른 대형 소매기업과 마찬가지로 델라웨어 주에 상표관리 자회사인 WMR Inc.를 설립하여, 상표 및 브랜드 사용료를 WMR에 지불하는 방법으로 많은 세금을 지불하지 않고 있다. 그러나 이러한 '제프리 도피로'에 의한 세금 미납부에 대하여 소송을 제기하는 주가 증가하여 패소하는 경우도 발생하고 있기 때문에 1997년 WMR을 본사에 흡수했다. 그 대신 1996년 부동산투자신탁회사(Real-Estate Investment Trust: REIT)인 월마트 부동산사업 신탁회사(Wal-Mart Real Estate Business Trust)를 델라웨어 주에 설립하여, 점포 등의 소유권을 이 회사에 이행하고 임대료를 지불하는 방법으로 변경했다. ≪월스트리트 저널(The Wall Street Journal)≫지의 추정에 의하면 1998년부터 2001년까지 4년간 3억 5,000만 달러의 주 세금(주 세금이 감소하는 만큼 연방세 공제가 감소하기 때문에 최종적으로는 2억 3,000만 달러)을 납부하지 않았다.[25)] 또한 메릴랜드 주 엘리콧 시티의 점포 소유권을 델라웨어 주의 REIT로 이전할 때 금전 이동은 없었다고 한다(Hancock, 2007). 이는 엘리콧 시티에 국한된 것이 아니라 다른 사례에서도 공통적으로 나타나는 현상일 것으로 판단된다.

이러한 월마트의 전략에 대하여 ≪볼티모어 선(The Baltimore Sun)≫지는 월마트 사의 선전문구인 "Always Low Prices(항상 낮은 가격)"를 "Always Low Taxes(항상 낮은 세금)"라고 비판하고 있다(Hancock, 2007).

나중에 자세하게 설명하겠지만 월마트는 이러한 세금 회피뿐만 아니라 출점을 할 때 많은 공적보조(corporate welfare)를 받고 있다. 따라서 "월마트는 진정한 의미의 자유시장에서는 존속할 수 없다"(Tasini, 2005), "월마트에 관한 것은 실제로는 자유방임 자본주의와 정반대이다"(Bainbridge, 2006) 등과 같은 지적도 있다.

지금까지 지적한 주 세금과는 별도로 연방 세금에서도 대기업 우대가 존재한다. 그 결과 1999년 2억 5,000만 달러 이상의 자본을 보유하고 있는 대기업 1만여 개의 합계 순이익은 7,579억 달러였음에도 불구하고, 연방세의 실효세율(實效稅率)은 20.3%였다. 이에 비해 보유자산이 2,500만~5,000만 달러인 1만 3,500개 사의 합계 순이익은 104억 달러이지만 실효세율은 36.7%였다(Brittain-Catlin, 2005: 90).

또한 ≪포천≫지 500개 사 중 2001~2003년 사이에 이익을 계상하고 있는 275개 사에 대하여 조사를 한 결과, 납세액이 0은 물론 마이너스(즉, 정부로부터의 보조)인 기업도 적지 않으며, 연방 법인소득세율 35%인 것에 비하여 275개 사 납세액(2002~2003년) 평균은 17.2%에 불과하다는 조사결

25) REIT 설립 경위 및 이를 활용한 월마트의 복잡한 세금 회피 등에 대해서는 Drucker(2007)가 상세하게 분석하고 있다.

과도 있다. 단, 이 조사에서 산업별(20분류)로 납세상황을 살펴보면, 소매·도매업 48개 사의 실질적인 3년간 평균 세율은 27.7%로 매우 높다(가장 낮은 것은 항공·방위산업 6개 사의 1.6%)(McIntyre and Nguyen, 2004: 6).

즉, 주 세금이나 지방정부 세금의 경우 제도·세율 등이 주정부나 지방정부에 따라 차이가 있기 때문에 미국 내에서 점포를 다수 전개하고 있는 월마트를 비롯한 소매·서비스 대형 체인그룹은 이러한 차이를 이용함으로써 절세 또는 세금을 회피하고 있다. 그러나 연방정부 세금의 경우에는 미국 내에 이러한 지역차가 존재하지 않기 때문에 절세가 어렵다. 연방세의 감면이나 마이너스화(보조금)는 다른 목적이나 의도로 진행되고 있는 것이다.

1930년대 급속하게 점포를 확장한 체인스토어에 대한 특별세 부과 여부가 연방정부, 주정부, 지방정부의 각 단계에서 큰 정치적인 문제가 되어, 많은 주정부 및 지방정부가 체인스토어 조세제도를 도입했으며, 연방정부의 체인스토어 세법도 성립 직전까지 간 것은 이미 알려진 사실이다. 그러나 체인스토어세 도입 배경으로서, 체인스토어가 조세제도상 유리한 입장에 있었다는 사실은 주의 깊게 살펴볼 필요가 있다. 즉, 모리스(Bruce Morris)에 의하면 체인스토어세를 부과하는 동기로는 (중소점 보호를 위한) 체인스토어에 대한 규제, 세수증대, 기존의 세금과 평등이라는 3가지가 있다고 한다. 이 중 세 번째 조세평등화란, 예를 들면 위스콘신 주 등에서는 특히 고정자산세가 체인스토어에 비해 독립점포에 대해 무겁게 부과되었기 때문에 체인스토어세를 징수하여 조세평등화를 이루고자 했다(Morris, 1979: 45~46).

결국 대형 소매 체인점은 물론 방위산업도 포함하여 "자유시장을 볼 수 있는 유일한 장소는 정치가의 연설 속뿐이다"(Milchen, 2003)라는 지적에 대해 다시 한 번 생각할 필요가 있다.

4. 쇼핑센터의 보급과 공적 제도

1) 쇼핑센터의 보급과 조세세도

제2차 세계대전 후 미국 소매업의 중심은 중심시가지(downtown)의 상점가에서 교외 쇼핑센터로 이동했다. 그 결과 1976년까지는 자동차 및 건축자재를 제외한 소매업 전체 매출액 중 적어도 44%를 쇼핑센터가 차지할 정도였다(Schear and Sheehan, 1976: 609).[26)]

그러나 쇼핑센터는 제2차 세계대전 후에 갑자기 나타난 것이 아니다. 쇼핑센터 제1호가 언제 설립되었으며, 또한 제1호점이 무엇이냐에 대해서는 다양한 학설이 존재한다. 예를 들면 기네스북은 1896년 롤랜드 파크(Roland Park) 쇼핑센터를 세계 최초의 쇼핑센터로 인정하고 있다(Jackson, 1985: 258). 이 쇼핑센터는 옴스테드(Olmsted) 형제와 조지 케슬러(George Kessler)에 의해 볼티모어 중심부에서 5마일 정도 떨어진 교외에 계획된 것이다(Rybczynski, 1995: 204). 또한 1907년 볼티모어에서 롤랜드 파크사(Roland Park Co.)의 사장인 에드워드 보턴(Edward Bouton)이 도로에서 떨어진 곳에 마차를 멈출 수 있는 공간을 마련하고 통일된 건물을 세워 점포를 입점 시킨 것이 최초라는 설도 있다(Beyard et al., 1999: 25). 그러나 이 당시에는 불과 6개 점포밖에 없었기 때문에 롤랜드 파크를 쇼핑센터로 인정할 것인가에 대해서는 이론이 존재한다(Rybczynski, 1995: 204).

한편 1916년 시카고 교외 레이크 포레스트(Lake Forest)에 건설된 마켓 스퀘어(Market Square)가 "최초의 계획적 소매집적(planned shopping district)"

26) 이 비율은 지역차가 크며, 1973년 조사에 의하면 사우스다코다 주는 12.1%, 위스콘신 주는 16.9%인 데 비해 델라웨어 주는 74.2%, 오하이오 주는 52.7%이다(Eagle, 1974: 590의 n.34).

으로 미국의 등록사적(the National Register of Historical Places)으로 되어 있기 때문에 이를 쇼핑센터 제1호로 간주하는 주장도 있다(Kowinski, 1985: 104).

쇼핑센터 제1호점이 어떤 것이든 본격적인 쇼핑센터의 시초는 미주리주 캔자스시티 교외의 주택지구에 개발업자인 니콜스(J. C. Nichols)가 1992년에 개점한 컨트리 클럽 플라자(Country Club Plaza)라는 것에 대해서는 별다른 이견이 없다. 마켓 스퀘어와 마찬가지로 컨트리 클럽 플라자도 자동차 시대의 도래를 준비한 소매집적으로서 계획되었다.

그러나 여기에는 몇 가지 의문점이 존재한다. 첫째, 이미 자동차 시대를 맞이한 미국에서 이에 대응하기 위하여 마켓 스퀘어나 컨트리 클럽 플라자를 건설했음에도 불구하고, 이후에 설립된 쇼핑센터가 매우 적었던 이유는 무엇인가?[27] 둘째, 현대적 쇼핑센터의 아버지라고 불리는 빅터 그루엔(Victor Gruen)[28]이 미니애폴리스 교외에 폐쇄형 쇼핑센터의 제1호라고 불리는 사우스데일 몰(Southdale Mall)을 건설한 1956년 이후 갑자기 쇼핑센터가 급증한 것은 왜일까 하는 점 등이다.[29]

27) 1920~1930년대 개점한 쇼핑센터는 필라델피아의 어퍼 더비 센터(Upper Derby Center, 1927년), 댈러스의 하이랜드 파크(Highland Park, 1931년), 휴스턴의 리버 워크 센터(River Walk Center, 1937년) 등 매우 소수였다고 한다(Gillette, 1985: 449).

28) 빅터 그루엔에 대해서는 최근 Hardwick(2004)이 평전을 간행했으며, 또한 사진과 도면을 이용하여 그루엔의 업적평가를 한 Wall(2005)도 간행되었다.

29) 미국의 쇼핑센터 수에 대해서도 여러 가지 설이 존재한다. 다운타운 활성화에 주도적인 역할을 하고 있는 NTHP(National Trust for Historic Preservation)의 회장 리처드 모(Richard Moe)에 의하면, 제2차 세계대전 종료 시의 교외형 쇼핑센터는 8개, 1950년에는 100개였으나 1960년대까지 3,000개로 늘어났으며, 1985년에는 2만 2,000개, 미국 최대 몰 오브 아메리카(Mall of America)가 개점한 1992년에는 4만 개로 증가했다고 한다(Moe and Wilkie, 1997: 144). 그리고 1950년 100개였던 쇼핑센터가 1973년에는 1만 3,240개까지 증가했다는 설도 있다(Eagle, 1974: 586). 한편 제2차 세계대전 종료 시 200~300(a few hundred)개에서 1958년에는

이러한 의문을 제기한 역사학자 토마스 한쳇(Thomas Hanchett)은 첫 번째 의문에 대한 해답을 비용 때문이라고 주장한다. 즉, 어떤 토지를 주택용지로 판매하면 즉시 이익을 볼 수 있지만, 같은 토지에 쇼핑센터를 건설하여 운영하면 이익을 얻기까지 많은 시간이 필요하게 된다. 컨트리 클럽 플라자가 건설된 것은 개발업자가 그 지구에 주택용지를 판매하여 이미 이익을 확보했는데, 거기에 사람들을 끌어모으기 위한 목적으로 쇼핑센터를 건설하면 보다 많은 택지가 판매될 것이라고 생각한 결과였다(Hanchett, 1998).

그렇다면 1950년대 중반 이후 급속하게 쇼핑센터가 증가한 것은 무엇 때문일까? 이에 대해 한쳇은 연방정부에 의한 조세제도의 변경에 있다고 주장한다. 즉, 1954년에 도입된 가속상각제도(加速償却制度)에 의한 것이라고 한다. 이로 인해 모든 업종의 기업이 절세를 목적으로 교외 쇼핑센터 건설에 투자를 하기 시작했기 때문에 쇼핑센터가 급속하게 보급되었다는 것이다(Hanchett, 1996).[30)]

한쳇의 이러한 주장에 대하여 교외화 연구의 제1인자인 케네스 잭슨(Kenneth Jackson)은 가속상각제도의 도입이 교외형 쇼핑센터 보급을 촉진한 중요한 요인이 되었다는 것은 인정하지만, 그것은 어디까지나 쇼핑센터 공급측의 요인이며 그것뿐만 아니라 소비자 측의 요인도 크게 작용한다고 비판했다(Jackson, 1996).

이에 대해 한쳇은 쇼핑센터 보급의 요인으로 지적되고 있는 자동차의 보급, 일반적인 주택 교외화, 백인의 도시중심부 탈출이라는 3가지 요인에

2,900개, 1963년에는 7,100개, 1980년에는 2만 2,000개, 1999년에는 4만 4,426개로 증가했다는 설도 있다(Gillette, 1985: 450; Satterthwaite, 2001: 52).

30) 1954년에 도입된 연방세의 가속상각제도가 주(州)간 고속도로(interstate highway)의 건설과 함께 쇼핑센터 등 상업시설의 신규개발을 촉진했다는 것은 Farrell(2003: 7)에서도 지적하고 있다.

대하여[31] 노스캐롤라이나 주 샬럿 등 규모나 성격이 상이한 3개 도시의 쇼핑센터 개발과 이들 요인과의 연관성을 조사한 결과 인과관계는 없었다고 한다. 특히 일반적으로 주장되고 있는 인구의 교외화와도 관련이 없다고 한다. 도심부와 교외 모두 인구가 감소하고 있는 시기에 교외형 쇼핑센터가 진출한 경우도 있기 때문이다(Hanchett, 1998).

일반적으로 미국의 쇼핑센터는 인구나 주택을 뒤따라가는 형태로 교외화가 진행되었다고 알고 있기 때문에 위에 언급한 내용은 매우 의아하게 생각될 것이다. 그러나 이러한 내용은 이미 1970년대 말부터 지적되어왔다. 도시연구소(Urban Institute)의 도널드 스테니스(Donald Steinnes)는 "소매거래는 인구와는 관계없이 분산화되며, 사람들은 소매거래를 뒤좇아 교외화된다. 사람들은 제조업이나 서비스업이 아니라 소매거래를 뒤따라간다"라고 지적하며, 데이터에 의하면 쇼핑센터는 인구를 뒤따라가기보다 인구를 선도하고 있다고 한다(Kaplan, 1981: 76~77).[32]

최근에도 "제2차 세계대전 이후 쇼핑센터는 실제로 인구나 직장보다 먼저 분산화되었다"(Satterthwaite, 2001: 52)는 지적이 있으며, "소매출점이 주택개발의 결과로 이루어지는 것이 아니라 출점이 주택개발에 선행하는 패턴은 의심할 나위 없이 미국적이다"(Satterthwaite, 2001: 101)라는 지적도 있다.

또한 개발업자는 소매점은 이미 주택개발이 이루어진 지역에 진출한 것뿐이라고 주장하지만, 실제로 대형 소매업자는 스프롤(sprawl) 개발의 선두적인

31) 법률가인 렌츠너(Jay Lentzner)는 초기 쇼핑센터의 성공은 소비자의 이동성 상승, 주간 고속도로망의 정비, 다운타운 상점가 접근성이 어렵고 혼잡하며 이렇다 할 매력이 없는 장소라는 인식이 확산되었기 때문이라고 지적했다(Lentzner, 1977: 7).

32) 또한 1970년대 전후의 교외 소매활동은 경제의 기본을 이루고 있는 것으로, 사무소의 약 2/3, 고용의 1/3이 소매부문이었으며, 10년 전과 비교하면 도매부문이나 제조부문보다 종업원 수의 증가가 빨랐다고 한다(Schneider, 1986: 25).

역할을 했다는 지적도 있다(Mitchell, 2006a: 111).

여기서 우리는 1950년대 중반 이후 쇼핑센터가 급속하게 증가한 요인을 가속상각제도 도입 이외에는 찾기 어렵다. 교외화된 이유를 살펴보면 가속상각의 대상은 건물·설비이며, 토지 취득은 대상 외였기 때문에 많은 기업이 지가가 싼 교외에 쇼핑센터를 건설하여 절세효과를 보고자 했기 때문이다. 즉, 무료 주차장을 구비한 새로운 쇼핑센터를 소비자가 환영하는 것은 틀림없는 사실이지만, 연방정부의 조세제도가 쇼핑센터 보급에 미친 역할을 간과해서는 안 된다(Hanchett, 1998).

또한 쇼핑센터를 매각해서 얻는 이익은 대부분의 경우 매각차익(capital gain)으로 취급되었기 때문에 세율이 통상 이익에 비해 절반 이하이며, 이러한 점 때문에 쇼핑센터에 대한 투자가 유리했다(Jacobs, 1984: 52).

조세제도뿐만 아니라 쇼핑센터 개발에는 연방정부를 비롯한 공적보조가 제공되는 경우가 적지 않았다. 공적보조를 받아 건설·개업한 쇼핑센터가 중소 소매업자를 압박하는 경우도 있었기 때문에 어떤 중소 소매업자는 "나를 죽이기 위해 내 돈(세금-인용자 주)을 사용하지 말라"(Kowinski, 1985: 155)라고 울분에 찬 항변을 하기도 한다. 단, 이러한 종류의 공적보조는 이후 월마트를 비롯한 소위 빅 박스(Big Box)나 슈퍼스토어에 제공된 경우가 많아져서 문제가 보다 심각해졌기 때문에 제1장 이후에 최근의 빅 박스 등의 문제에 대하여 검토하고자 한다.

여하튼 아이젠하워 정권은 연방 고속도로 프로그램과 내국세입청의 조세제도로 쇼핑센터 개발에 박차를 가했다. 고속도로는 쇼핑센터에 대한 접근성을 향상시켰으며, 가속상각세제는 절세수단을 강구하고 있던 많은 투자가의 부동산 투자를 유발했다. 가속상각으로 인해 실제로는 이익이 발생하는 사업일지라도 장부상에는 적자로 할 수 있기 때문이다. 절세대책으로서의 쇼핑센터 투자가 매력적인 수단이 됨으로 인해 이전까지 소매업과는 관련이 없었던 많은 투자가가 소매시설 개발에 뛰어들게 되었다. 그 결과 쇼핑센터 개발은 외견상으로는 사적인 사업이면서도 정부로부터 직·간접적인 막대한 지원을 받아 이익을 창출하게 되었다(Satterthwaite, 2001: 52~53).

이러한 쇼핑센터 개발에 유리한 투자환경은 수십 년간 지속됐는데, 이후 조세제도의 변경, 새로운 경쟁자의 출현, 부동산시장의 몰락 등으로 인해 많은 쇼핑센터가 침체되는 결과로 이어졌다(Satterthwaite, 2001: 55).

교외형 쇼핑센터의 증가에 대하여 소비자가 선호한 부분과 절세를 목적으로 한 부분과의 관계를 살펴보기 위하여 한쳇은 가속상각제도가 없었던 캐나다(특히 자동차 보급률이나 인구의 교외화율이 미국과 비슷한 온타리오주)와 미국을 비교분석했다. 그 결과에 의하면 미국에 가속상각제도가 도입된 1950년대 중반 이전에는 미국과 캐나다 인구 1인당 쇼핑센터 수는 거의 같았는데, 1960년대 말 미국은 캐나다의 거의 2배 수준으로 증가했다. 이러한 경향을 고려할 때 미국의 쇼핑센터의 절반은 소비자의 수요나 선호에 의한 것이며, 나머지 절반은 절세대책의 결과로 유추된다고 결론을 내렸다(Hanchett, 1998).

한쳇이나 새터스웨이트(Ann Satterthwaite)가 지적한 바와 같이 조세제도가 1950년대 중반 이후 미국의 쇼핑센터가 급속하게 증가하는 데 큰 역할을 했다는 점에는 동감한다. 또한 토지 취득이 가속상각의 대상 외였다는 점이 쇼핑센터 교외화의 큰 요인이었다는 것도 틀림없는 사실이다. 다만 쇼핑센터의 급증에 대한 완벽한 설명이 되지는 못하지만, 쇼핑센터의 교외화에 대해서는 조닝(zoning)이라는 강력한 개발·토지이용규제의 존재가 큰 역할을 했다. 즉, 조닝으로 인해 교외로의 스프롤이 발생했으며, 조닝으로 토지의 용도가 단순화되었기 때문에 사람들은 소매점 가까운 곳에 거주할 필요가 없어졌다(Kunstler, 1996: 110~111).

조닝은 본래 거주생활에 마이너스 영향을 미치는 공장에 대하여 정치적으로 대응하기 위하여 시작되었는데, 소매시설도 공장과 마찬가지로 생활에 마이너스 영향을 미친다고 간주하고 주택으로부터 떨어지게 되었다. 즉, 철공소와 스틸캐비닛 판매점을 구별하지 않게 된 것이다. 조닝은 인간생활의 여러 활동 장소를 분리하는 것을 의무화하는 것으로, 이로 인해 필연적으로 스프롤을 야기했다(Kunstler, 1996: 123).

물건구입에 관해 언급하자면 자동차 보급으로 인해 쇼핑행동이 소음이나 악취를 발생시키게 되었으며, 이것이 소매시설을 주택지로부터 분리시키는 한 요인으로 작용하게 된 것이다(Kunstler, 1993: 117).

여하튼 조닝은 당초 대도시에서 진행된 혼잡이나 밀집에 대한 대응으로서 시작되었으나, 곧 교외개발을 위한 중요한 법적 수단이 되어버렸다. 즉, 조닝에 의해 바람직하지 않은 개발이나 주변의 변화를 배제하게 되어 해당 커뮤니티의 미래의 물리적·사회적인 발전방향을 확실하게 하는 것으로 개발업자의 투자 리스크를 낮추었기 때문이다(Briffault, 1990b: 366~367).

조세제도나 토지이용규제제도 이외에 주간 고속도로(interstate highway)의 건설이 쇼핑센터 등 소매시설의 교외화에 미친 영향은 여기서 언급할 필요도 없다. 주간 고속도로는 납세자 부담에 의한 스프롤 가속장치이며, 인터체인지마다 쇼핑센터의 입지를 가능하게 함으로써 도시의 소매업을 쇠퇴시켰다(Durning, 1996: 34).

여하튼 쇼핑센터 등과 같은 소매시설뿐만 아니라 주택을 포함한 모든 개발에 관해 조닝은 경관을 보전할 수 없게 되었을 뿐만 아니라, 실질적으로 반드시 스프롤을 발생시키게 되는 요인으로 작용했다. 이는 부지의 최소규모 규정, 셋백(setback) 규정, 도로 폭 규정 등에 대응하기 위해서는 개발이 전원지대로 분산할 수밖에 없었기 때문이다. 그 결과, 예를 들면 뉴잉글랜드 지방에서도 전통적인 거리경관을 재현하는 것은 위법이며 로스앤젤레스와 같은 거리경관을 조성하는 것만 인정하게 되었다(Kunstler, 1993: 264).

2) 스프롤의 진전과 공적정책

스프롤의 정의 및 개념은 학자에 따라 매우 상이하다. 예를 들면 길햄(Oliver Gillham)은 "분산적이며, 저밀도, 간선도로변의 상업개발, 용도별로 분리된 토지이용, 자동차 의존, 그리고 극히 일부의 공공용지로 특징되는 도시화의 형태"(Gillham, 2002: 23)[33]로 정의하고 있다. 또한 더닝(Alan Durning)은 저밀도이며 점포·주택·오피스·공장 등이 경직적으로 분산되어 방사선형 도로 패턴을 가진 도시 형태라고 정의하고, 또한 고비용적이며, 위험성이 높고, 환경에 마이너스적이며, 반사회적이라는 4가지 문제가 존재하는 개발이라고 한다(Durning, 1996: 22). 이들 학자들은 명시적으로 언급하고 있지는 않지만, 레윈(Michael Lewyn)이 지적하고 있는 것처럼 스프롤을 생각할 때에는 개발이 어디까지 될 것인가와 어떻게 이루어질 것인가라는 2가지 현상을 함께 고려할 필요가 있다(후자의 어떻게 이루어질 것인가는 특히 자동차 지향적인가 보행자 지향적인가의 의미)는 것도 언급하고자 한다(Lewyn, 2006: 5~6).

인구의 교외화가 쇼핑센터의 급증과 관련이 있는가라는 문제는 차치하더라도 인구·주택의 교외화가 사람들의 자유로운 선택에 의해 이루어졌다는 해석이 일반적일 것이다.

그러나 실제로는 이러한 현상이 연방정부의 주택정책에 의한 것이라는 것이 밝혀지고 있다. 특히 1934년 「연방주택법(National Housing Act)」에 근거하여 설립된 연방주택국(Federal Housing Administration: FHA)이 신규 주택개발에 대한 융자보증을 실시한 것, 또한 1944년 「군인재조정법(Servicemen's

33) 길햄(Gillham, 2002)은 미국 스프롤의 실태 및 그 이유와 문제 등을 체계적으로 정리하고 있으며, 스프롤에 대해 연구할 때 반드시 읽어야 할 필독서이다.

Readjustment Act, 통칭 GI법)」에 의해 재향군인청(Veterans Administration: VA)이 1,600만 명을 상회하는 재향군인 주택개발에 융자보증을 실시함으로써 경우에 따라서는 임대료보다 적은 부담으로 자기 소유의 주택을 신축할 수 있게 되었다. 제도상으로는 융자 대상이 교외로 한정되어 있지는 않지만 실질적으로는 교외에서는 신축이 보조 대상이 되었으며, 이것이 인구·주택의 교외화가 진행되게 한 요인으로 작용했다(Jackson, 1985).[34]

즉, 우선 뉴딜정책에 의해 스프롤화의 기초가 다져졌다고 볼 수 있다. 1929년부터 제2차 세계대전이 끝날 때까지 미국 북서부지역의 자동차 대수는 거의 증가하지 않았다. 그러나 뉴딜정책에 의한 주택개발과 도로건설은 이 지역을 크게 변화시켰다(Durning, 1996: 32). 만약 뉴딜정책이 없었다면 발생하지 않았을 이러한 변화·변모는 북서부지역뿐만 아니라 미국 전역의 모든 지역에서 발생했다고 해도 과언이 아니다.[35]

또한 1947~1957년 사이에 판매된 신규 주택의 거의 절반은 FHA와 VA가 채무보증을 했으며, 양자 모두 교외 개발에 매우 적극적이었다(Farrell, 2003: 7). 그리고 1950년에는 하루 4,000세대의 비율로 젊은 세대 가족이 교외 신규 주택으로 이사를 했다(Reich, 2007: 28).

전쟁 후 새롭게 나타난 교외주택지는 소비자가 자유로운 조건하에서 자유롭게 선택한 결과라고 일반적으로 말하지만 이는 잘못 알려진 것이다. 실제로는 대부분의 가족의 경우 몇 가지 선택사항 중에서 살 곳을 결정하는

34) 특히 FHA, VA의 시책과 그 효과에 대해서는 Jackson(1985: 203~218)에 자세하게 설명되어 있다. 또한 Rusk(1999: chapter 5 특히 pp. 86~92)에는 주택정책뿐만 아니라 연방정부의 교통정책이나 하수도와 관련된 정책까지 언급되어 있다.

35) 阿川尚之(2004, 下: 158)에 의하면 루스벨트가 대통령으로 재임한 기간에 7만 7,000개의 다리, 285개의 공항, 66만 4,000마일(107만km)의 도로 등이 건설되었다고 한다.

선택의 자유는 없었다. 교외화에 박차를 가하는 공적정책으로 인해 교외만이 경제적으로 선택이 가능했던 것이다(Jackson, 1985: 293).

스프롤은 신이 규정한 것도 아니며, 자동차를 좋아해서 교외에 단독주택을 꿈꾸는 미국인의 특질이 표출된 것도 아니다. 대부분은 공적정책으로 인해 발생된 것이다. 보이지 않는 신의 손에 의한 것도 아니며, 아메리칸 드림도 아닌 단지 정부가 만들어낸 결과물이다(Durning, 1996: 40).

즉, 교외화라는 현상은 지리적 또는 기술적, 문화적인 요인에 의해 불가피한 현상으로 나타난 것이 아니라 정부에 의한 정책의 산물인 것이다. 그 결과로서 저밀도 생활로 인한 사회적 비용을 교외생활자뿐만 아니라 납세자 전체가 부담하게 된 것이다(Jackson, 1985: 293).

많은 지역에서 볼 수 있는 도시의 풍경은 단순히 개개인이 어디에 살며 어디서 사업을 할 것인가를 선택한 결과가 아니라, 대부분은 정부 정책의 산물인 동시에 반복되는 교외 스프롤의 결과로서의 직장과 거주지의 원격화, 빈곤한 아프리카계 미국인 거주지구와 부유한 백인층의 교외주택지구와의 분리 등과 같은 문제가 연방정부, 주정부, 지방정부의 개입이 없었다면 발생하지 않았을 것이라는 지적도 있다(Frug, 1996: 1048, 1107).

즉, 스프롤은 대부분 자유시장보다는 압도적인 국가통제(statism)의 결과이며, 시가지와 교외 모두의 스프롤과 자동차 의존 체제는 시장이 만들었다기보다는 정부에 의한 결과물이라는 측면이 더욱 크다고 할 수 있다(Lewyn, 2000: 304, 329).

이때 스프롤은 지역 내에 소재하는 많은 지방정부가 각각 합리적인 판단을 했을지는 모르나, 지역 전체의 통합 차원에서 보면 불합리한 결과를 창출하게 된 정책결정을 한 결과이기도 하다(Beatley and Manning, 1997: 41).

즉, 지방정부 시스템도 스프롤 진행에 기여를 했다. 그러나 스프롤 촉진의 보다 큰 요인은 연방정부의 각종 정책이다. 고속도로 건설이나 신규 교외개발에 따른 사회기반정비의 보조, 각종 보조금 등으로 인해 자동차 운행에 수반되는 사회적 비용을 인지할 수 없게 된 점, 교외 신축 주택의 구입이 유리하게 된 조세우대조치 또는 대출보증 등과 같은 연방정부의 정책으로 인해 개인 및 기업이 역사적인 도시(중심부)를 떠나 교외로의 이동을 촉진하게 되었다(Briffault, 2000: 8~10).

교외화 및 스프롤화의 요인이 무엇이든 그 결과로 도시 중심부의 공동화현상이 발생했다. 이에 대해 연방정부는 '도시재생(urban renewal)'이라는 명목하에 광대한 토지를 수용할 수 있는 권한을 시장에게 부여했는데, 이는 40만 이상의 주거와 10만 개 소매점포 등과 같은 소규모 사업소를 파괴했으며, 활기찬 지구(district)를 '범죄천국'으로 변모시키는 결과로 이어졌다(Lewyn, 2000: 310).

또한 위에서 지적한 개개 지방정부의 합리적인 결정이 지역 전체로 보면 불합리한 결과를 창출하게 되었다는 것은 주택개발보다는 소매시설의 개발에서 더욱 심각하다. 이는 캘리포니아 주를 비롯한 많은 주에서 고정자산세에 제약을 가했던 지방정부가 그 대신에 영업세 수입 증가를 목적으로 대형 소매시설의 유치를 적극적으로 도모하는 '토지이용의 재원화(fiscalization of land use)'가 진행되어 인접한 지자체 간에 '합리성의 패러독스'가 발생하기 때문이다. '토지이용의 재원화' 문제에 대해서는 제2장 제2절에서, '합리성의 패러독스' 문제에 대해서는 제3장 제8절에서 각각 자세하게 검토하고자 한다.

3) 소매점포의 과잉개발

미국에서는 1980년대에 쇼핑센터, 할인점 등 교외형 단독 대형점을 포함한 소매점포가 급증했다. 구체적으로 살펴보면 1980년 인구는 10% 증가했는데 비해 소매면적은 80%나 증가했다(Beaumont, 1994: 3).[36] 또한 1990년에는 불과 1년 동안 3억 제곱피트(약 2,800만m²)나 증가했으며, 미국 소매면적 합계는 46억 제곱피트(4.3억m²)나 되었다. 이는 국민 1인당으로 환산하면 20제곱피트(1.86m²)가 된다(Beaumont, 1994: 3).[37]

국민 1인당 소매면적은 1960년 4제곱피트(0.37m²)(Moe and Wilkie, 1997: 147),[38] 1980년 5제곱피트(0.46m²)(Beaumont and Tucker, 2002: 9)에 불과했던 것이, 1986년에는 14.7제곱피트(Norman, 1999: 24)[39](1.37m²)로 증가한 사실을 보더라도 1980년대에 급증한 것은 틀림없는 사실이다. 결과적으로 1990년대에 1960년 대비 5배, 1980년 대비 4배가 증가했다. 여기서 4배, 5배 증가한 것은 총면적이 아니라 국민 1인당 소매면적이라는 지표로 환산한 수치라는 것에 주의할 필요가 있다.

이에 비해 일본의 1999년 소매점의 총 매장면적은 1.3억m²이며, 국민 1인당으로 환산하면 약 1.06m²가 된다. 일본과 미국은 매장면적을 조사하는 소매점의 대상범위가 상이하며, 매장면적 또는 소매면적의 개념 또한 다르다. 따라서 단순히 비교하면 잘못된 해석을 할 우려가 있지만, 미국의 1.86m²와 일본의 1.06m²라는 것은 유의한 차이가 있다고 보아도 무방하다. 즉, 미국의 1인당 소매면적은 1980년대 이후 급속하게 증대했으며 오늘날에는 일본보다 2배 가까이 된다고 결론을 내려도 잘못된 해석은 아닐 것으로

36) 원문은 Ian F. Thomas, "Reinventing the Regional Mall," *Urban Land*, February 1994.

37) 원문은 Robert Goodman, "The Dead Mall," *Metropolis*, November 1993.

38) 또한 이 책에서는 1990년대 국민 1인당 소매면적을 20제곱피트가 아니라 19제곱피트라고 주장한다.

39) Mitchell and Milchen(2001)이 2000년대 초반 국민 1인당 소매면적을 20제곱피트라고 하고, 12년 전의 15제곱피트보다 34% 증가했다는 것도 이 데이터에 근거했다고 볼 수 있다.

판단된다.

이처럼 1980년대에 점포가 급증한 이유 중 하나는 레이건 정권이 1981~1986년에 걸쳐 건물의 상각기간을 기존의 40년에서 15년으로 단축했기 때문인데, 이것이 미국 전체에서 소매점포를 포함한 과잉 건설은 물론 주변도시(Edge City)[40] 현상을 야기했다(Hanchett, 1998).

또 다른 요인으로는 레이건 정권이 실시한 금융완화정책, 이른바 금융 빅뱅으로 인해 불필요한 대규모 개발이 촉진된 결과이며, 소매시설에 관해서는 쇼핑센터에 대한 과잉투자로 인해 과잉개발이 이루어졌다는 지적도 있다(Kunstler, 1993: 110~111). 즉, 이전까지 개인을 위한 주택대출을 중심으로 한 대부로 일반은행과는 분리되어 있었던 S & L(Savings and Loan Association: 저축대부조합)이 일반은행과 동등하게 경쟁하면서 '고위험 고수익(High Risk, High Return)'의 상업시설 개발에 투·융자를 적극적으로 추진하게 된(추진하지 않을 수 없게 된) 결과이다. S & L은 양질이라고 할 수 없는 부동산에도 경쟁적으로 투자를 했는데, 이것이 쇼핑센터 과잉을 야기한 최대 요인이라고 할 수 있다(Kunstler, 1996: 217). 그 결과 1980년대 중반에는 4시간에 1개의 비율로 새로운 쇼핑센터가 개점했다고 한다(Durning, 1996: 35).

또한 1980년대 이후 앞에서도 언급한 바와 같이 고정자산세에 제한을 가했던 지방정부가 영업세 수입을 목적으로 한 대형점 유치경쟁에 뛰어들게 된다. 바로 이것이 점포과잉을 유발한 요인이라고 할 수 있는데, 이에 대해서는 제2장 제2절에서 상세하게 검토하도록 하겠다.

이러한 점포과잉은 필연적으로 빈 점포를 양산하는데, 그 결과 S & L이 투·융자한 자금이 회수불능 또는 채권불량화되어 1980년대 말 금융위기를

---

40) 주변도시의 개념 및 워싱턴 D.C. 교외의 타이슨즈 코너(Tysons Corner)를 중심으로 한 사례보고는 Garreau(1991)를 참조.

불러일으킨다.

금융위기는 차치하더라도 1950년대 중반부터 시작된 교외형 쇼핑센터의 급증, 거의 같은 시기에 현저하게 나타난 인구의 교외화, 그리고 1980년대 소매시설 및 점포의 격감 등과 같은 현상이 외부로부터 압력이나 영향을 받지 않고 자유로운 시장 거래에 의해서 발생했다고는 말할 수 없다. 물론 소비자나 주민이 선택한 측면도 있지만, 의도적이었는지는 또 다른 문제로 간주하더라도 정책에 의해 유도된 측면이 매우 크다고 보는 것이 타당하다.

그리고 쇼핑센터를 포함하여 캐나다에서는 교외화 및 스프롤화가 미국만큼은 진행되지는 않고 있는데, 가장 큰 요인이 양국의 개발규제제도에 차이가 존재하기 때문이다(原田英生, 1999: 제6장 2).

5. 쇼핑센터와 체인화의 진전

그 요인이 무엇이든 쇼핑센터의 증가는 단순히 소비자의 구매장소, 미국의 풍경 및 경관에 변화를 불러일으킨 것뿐만이 아니라 전국적인 체인스토어와 지역 로컬점포와의 경쟁관계에서 전국적 체인스토어에 유리한 상황을 창출했다. 즉, "쇼핑센터는 매우 큰 사업이다. 대부분의 경우 지역자본이 아니라 보험회사 등 원거리 대규모 대주(貸主)의 투·융자로 사업이 이루어진다. 대규모 대주는 시어스나 몽고메리 워드와 같은 대형 체인점을 선호한다. 그 이유는 가령 그 쇼핑센터의 경영이 어렵게 되더라도 대형 체인점이라면 빌린 자금을 지불할 능력이 있기 때문이다. 그 결과 쇼핑센터는 지역 소매점에서 전국 체인점으로 세력의 이동을 촉진시킨 것"(Hanchett, 1998)이 된다.

이러한 문제를 해명하기 위해서는 우선 쇼핑센터 개발에서 미국과 일본의 차이에 대해 이해할 필요가 있다.

최근에는 일본에도 개발전문기업이 개발한 쇼핑센터가 있다. 또한 역(驛) 빌딩 등은 이전부터 전문 개발업자가 기획하고 개발을 주도해왔다. 그러나 교외형 쇼핑센터는 양판점 등 대형 소매기업 또는 그 계열사 개발업자에 의해 개발된 것이 대부분이었다.

이에 반해 미국에서는 대형 소매기업이 직접 기획·개발한 사례가 없지는 않지만, 대부분의 경우 전문 개발업자에 의해 기획·개발되었다. 이들 개발업자의 대부분은 개발에 필요한 자금을 미리 확보하고 있는 것이 아니라 쇼핑센터 개발계획을 수립한 후에 그 계획에 대한 투·융자를 모집한다. 그리고 실제로 개발 및 건설은 종합건설회사에 발주하고, 복수의 투자가로 구성된 조인트벤처(joint venture) 또는 컨소시엄(consortium)에 해당 쇼핑센터를 매각하는 경우가 많다. 개점 후 매니지먼트는 개발업자 또는 그 계열사의 매니지먼트 전문회사가 담당하는 경우도 있으며, 매니지먼트 전문기업에 위탁하는 경우도 있다. 즉, 미국의 쇼핑센터 개발업자는 기획기능 또는 설립기능을 기본으로 하고 있다고 할 수 있다.[41]

따라서 쇼핑센터 개발업자의 경우 얼마나 유리한 조건으로 투자 및 융자를 모집할 수 있는가가 사업의 성패를 좌우하게 된다. 한편 투자가·융자가의 입장에서 보면 해당 투·융자에 의한 예상이익 및 안전성을 쉽게 판단할 수 있는 지표가 바로 테넌트(tenant)[42]이다.

빅 박스(Big Box)라고 불리는 할인점, 카테고리 킬러가 증가하여 대규모 쇼핑센터가 한계에 도달하게 되는 1990년대 중반 이전까지의 상황을 살펴보면, 대규모 쇼핑센터의 경우 테넌트는 앵커 테넌트(anchor tenant) 또는 메이저 테넌트(maser tenant)와 기타 테넌트로 구별되는 것이 일반적이었다. 앵커란

41) 미국의 쇼핑센터 개발업자에 대해서는 (財)流通經濟研究所(1992, 1994)를 참조.

42) 세입자 또는 임차인이라고도 하며 쇼핑센터나 빌딩 등에 임대료를 지불하고 세든 점포를 말한다. — 옮긴이

키 테넌트(key tenant)에 해당하는 것으로 점포가 임대형태가 아닌 자기소유 형태가 많기 때문에 매니지먼트 오피스에 의한 통일적인 매니지먼트에서는 제외되는 것이 일반적이다. 넓은 의미에서 백화점(department store)이 이에 해당한다고 볼 수 있다.

앵커 테넌트와 메이저 테넌트를 같은 것으로 간주하는 경향이 많지만, 메이저 테넌트는 앵커 테넌트를 포함한 좀 더 넓은 의미로 취급하는 견해, 앵커 테넌트와 메이저 테넌트를 완전히 구분하는 견해도 존재한다. 후자의 경우 메이저 테넌트라는 그 호칭에서 알 수 있듯이 상대적으로 큰 매장을 임대하고 있는 경우가 많지만, 이것보다는 오히려 점포의 지명도에서 메이저로 불리는 면이 강한 것으로 판단된다. 결국, 유명한 전국체인이 메이저 테넌트라고 볼 수 있는 것이다.

그래서 투자가·융자가가 투·융자에 대한 판단을 할 때 고려하는 것이 앵커 테넌트나 메이저 테넌트이다. 특히 유명 백화점은 대출방식이 아니라 자기소유(투자) 형태로 앵커가 되기 때문에 해당 쇼핑센터 계획의 성공 및 수익성에 대한 신뢰도는 매우 높아진다. 왜냐하면 소비자 시장의 전문가인 유명 백화점이 투자를 하여 입점하고자 한다고 판단되기 때문이다.

쇼핑센터의 규모가 크면 클수록 기관융자가는 일정 수 이상의 'Triple-A' 테넌트[43]가 장기임대계약을 체결하고 있는 것을 융자의 조건으로 하고 있다. 특히 대형 백화점이 적어도 1개 이상 장기계약 형태로 입점하고 있는 것이 중요하다(Marsh, 1981: 842).

이러한 조건을 충족하기 위해 개발업자는 통상 쇼핑센터 점포부분의 70% 이상을 Triple-A 테넌트에 임대하지 않으면 안 된다. 지역점포에서 Triple-A의

43) Triple-A 테넌트란 100만 달러 이상의 순자산을 보유하고 있는 기업을 말하며, 적어도 중규모 이상의 체인을 말한다.

평가를 얻고 있는 곳은 거의 없기 때문에 백화점은 지방 쇼핑센터의 자금조달에 없어서는 안 되는 존재인 것이다(Frieden and Sagalyn, 1989: 79~80).

이러한 테넌트는 상기와 같이 직접 점포를 건설하고 소유하여 테넌트 요금을 지불하지 않는 경우가 많다. 그리고 소규모 체인이나 독립점포를 구속하고 있는 불이익 리스협정에 구애받지도 않는다(Jacobs, 1984: 43).

이 경우 전형적인 교외형 쇼핑센터 계약에서는 앵커가 점포를 건설하기 위한 토지는 무상 또는 원가로 제공되며, (점포면적비율 등으로 산출되어야 하는) 주차장의 비용부담 또한 무료이다(Frieden and Sagalyn, 1989: 94).

즉, 백화점을 입점시키기 위해서 개발업자는 장기적으로 적자가 될 수도 있는 계약을 체결하는 경우도 종종 있다. 유명 백화점이 입점하는 것은 개점 후 쇼핑을 하는 소비자뿐만 아니라 입점을 검토하고 있는 소규모 소매업자에게도 매력적인 것이며, 개발업자는 소규모 소매업자(테넌트)를 이익의 원천으로 보고 있다(Marsh, 1981: 842).

개발업자가 쇼핑고객에게 쾌적한 환경을 제공하는 것은 그것이 이익과 바로 직결되기 때문이다. 왜냐하면 개발업자의 이익은 몰에 입점한 소규모 점포 앞의 통행자 수와 그들에 의한 충동구매에 의존하기 때문이다. 앵커인 백화점과 체결해야 하는 간단한 리스계약(bare-bones leases), 매우 저렴한 임대계약(sweetheart deals)으로는 개발업자는 전혀 이익을 볼 수 없다. 개발업자는 비용환수 및 이익창출을 몰에 입점한 점포에 의존하고 있다(Frieden and Sagalyn, 1989: 66).

앵커가 리스방식으로 입점하는 경우에도 항상 해당 쇼핑센터 중에서도 가장 싼 리스료를 지불하고 입점할 수 있다. 예를 들면 1972년 데이터에 의하면 1제곱피트(0.09m²)당 연간 임대료가 전국적인 백화점인 경우 1.46달러인 것에 비해, 지방의 상품권(Card Gitf) 점포와 전국상권 양복점의 경우에는 6달러 이상이다(Eagle, 1974: 600). 백화점이 1.29달러인 것에 비해 보석점은 4.95달러인 데이터도 있다(Note, 1973: 1206의 n.19).

이는 이전에 필자가 현지조사를 할 때 들은 "조건이 다르기 때문에 간단히 비교할 수는 없지만, 개발업자에게 앵커는 적자, 메이저 테넌트는 본전, 일반 테넌트는 이익의 원천이 된다"라는 이야기와 일치한다.

이러한 것을 고려하면 앵커나 메이저 테넌트를 입점시키기 위하여 개발업자는 리스료 이외에도 다양한 면에서 유리한 조건을 제공하고 있을 가능성이 매우 크다는 것은 쉽게 추측할 수 있다.

이는 지방 쇼핑센터의 성공을 위해서는 앵커나 메이저 테넌트가 중요하다는 사실이 개발업자와의 교섭에서 그들에게 매우 강력한 교섭력을 가지게 하기 때문이다(Marsh, 1981: 842의 n.19).

따라서 앵커나 메이저 테넌트는 쇼핑센터 오너가 다른 테넌트와 실시하는 교섭에 관여하는 경우도 종종 존재한다. 그리고 일부 테넌트의 마케팅 활동을 제약함으로써 경쟁을 억제할 수도 있다. 제약 내용은 다양하지만 백화점의 직접적인 경쟁 상대가 되는 테넌트를 배제하거나, 경쟁 상대의 경쟁행위를 제한하는 등의 방법으로 경쟁을 최소화하고 있다는 점은 공통적이라고 할 수 있다(Savitt, 1985: 57~58).

적어도 1970년대 전후까지의 쇼핑센터의 리스계약에는 「반트러스트법」상 문제가 될 만한 각종 제약조항이 포함되어 있는 것이 일반적이었다. 구체적으로 살펴보면 앵커나 메이저 테넌트가 기타 테넌트의 입점을 승인하는 권리를 인정한 '승인조항(approval clause)', 앵커나 메이저 테넌트 또는 개발업자가 테넌트에 제공하는 상품의 품질이나 가격을 컨트롤하는 권리를 인정한 조항, 경쟁 상대를 입점시키지 않는 '배타조항(exclusive clause)', 일정 기간 해당 쇼핑센터에서 일정한 거리 이내에서 테넌트가 동일한 영업을 하는 것을 금지하는 '거리조항(radius clause)' 등이 바로 그것이다(Marsh, 1981: 840).

가격 컨트롤 조항의 일환이라고 할 수도 있지만, 테넌트가 할인영업을 하는 것을 금지한 '반 디스카운트 조항(no discounter clause)'을 승인조항과 함께 2대 제약조항으로 하고 있는 경우도 있다(Schear and Sheehan, 1976: 611).

연방거래위원회(Federal Trade Commission: FTC)로부터 배제권고를 받게 된 당시 전국 체인점이었던 백화점인 김블스(Gimbels)가 체결한 리스계약의 경우, 다른 테넌트 계약을 거부할 수 있는 권리, 다른 테넌트의 매장면적을 제한할 수 있는 권리, 중소 테넌트(satellite tenants)의 영업방법에 대하여 계속적으로 컨트롤할 수 있는 권한이 인정되었다(Eagle, 1974: 603).[44)]

여하튼 다른 테넌트에 대한 승인권을 인정한 승인조항은 쇼핑센터업계에서는 일반적(표준)이었다고 해도 과언이 아니다(Eagle, 1974: 604).

한편 거리조항에 대한 내용은 모든 계약에서 동일하지 않다. 보다 강력하고 (개발업자에게) 바람직한 테넌트와는 교섭을 통해 완화된 규제내용이나 또는 전혀 규제가 없도록 변경한 경우도 있다(Marsh, 1981: 854).

제이 렌츠너(Jay Lentzner)의 리스계약 내용에 관한 조사에 의하면, 제한거리가 5마일인 경우가 50%, 3마일인 경우가 34%이며, 이러한 제한은 리스계약기간 중 존속한다는 것이 67%나 되었다. 그러나 강력한 테넌트는 거리제한을 2~3마일로 축소하고 제한이 미치는 기간을 단축하거나, 거리조항 자체를 삭제한 경우도 많았다. 그러나 경제적인 힘이 없는 중소 소매업자는 상기와 같은 불필요한 조항에 의해 부당하게 구속되어 있다(Lentzner, 1977: 11). 즉, 백화점은 앵커를 필요로 하는 개발업자에게 저렴한 리스료 및 각종 혜택을 강요했다. 이러한 혜택은 매우 매력적이었기 때문에 1960년대 초반까지 지방에 쇼핑센터를 건설할 경우, 개발업자와 백화점 사이에 매우 밀접한

44) 김블스(Gimbels) 사례 외에 FTC의 배제권고로 유명한 사례로 타이슨즈 코너 지역 쇼핑센터의 사례가 있으나 이에 대해서는 Savitt(1985: 66~67)을 참조. 또한 Note(1973)는 김블스, 타이슨즈 코너를 포함하여 재판, FTC 권고의 주된 사례에 대하여 정리하고 있다.

관계가 형성되었다(Frieden and Sagalyn, 1989: 64).

그 결과 경쟁 상대이어야 할 소매기업·업자가 같은 시장 구조 속에서 경쟁할 수 없는 결과를 초래하게 되었다(Marsh, 1981: 854).

이러한 제약조항은 「반트러스트법」 위반으로 제소되는 경우도 있지만, 소매거래는 기본적으로 주 내(內) 거래로 주제(州際)거래를 규제하는 「연방 반트러스트법」의 대상이 아니며, 임차권은 상품(commodities)이 아니기 때문에 「로빈슨-패트만법(Robinson-Patman Act)」의 대상이 아니라는 이유로 위법성이 인정되지 않았다. 따라서 리스계약의 제약조항은 합법이라고 간주하는 경우가 많았다.[45]

그러나 FTC가 적극적으로 단속했던 점,[46] 1980년대 말경부터 쇼핑센터 개발에 소요되는 자금조달방법이 변경된 점[47] 등으로 인해 앵커나 메이저 테넌트에 유리한 제약조항은 폐지되어갔다.

한편 앵커의 리스료가 중소 테넌트에 비해 매우 저렴한 것은 앵커가 고객을 유인함으로써 중소 테넌트의 경영이 성립하기 때문에 부정적으로만 볼 것이 아니라는 의견도 있다(Eagle, 1974: 600~601).

쇼핑센터의 대부분을 왜 전국 체인점이 점유하게 되었는가에 대해 개발자금 조달을 둘러싼 문제보다는 다운타운 기존 점포의 약점, 즉 자본의 과소성(過小性), 열악한 점포시설 등에 기인하고 있다는 주장(Frieden and Sagalyn, 1989: 237)은 부정할 수 없는 사실이다. 그러나 동시에 쇼핑센터업계에서 당연한 것으로 여겨지고 있는 교섭력의 편재(Frieden and Sagalyn, 1989: 95) 또한 큰 요인이기도 하다.

45) 1960년대부터 1970년대 초까지의 재판에 대해서는 Eagle(1974), Lentzner(1977), Marsh(1981), Schear and Sheehan(1976) 등을 참조.

46) 같은 글.

47) 쇼핑센터의 자금조달방법에 대해서는 Beyard et al.(1999: 74~82)를 참조.

결과적으로 오늘날에는 대규모 쇼핑센터 매장의 90%는 체인점이 임대하고 있다. 이러한 체인점·체인기업의 확장은 단순히 시장 선택에 의한 것이 아니라 공적정책, 특히 1950년대 후반에 시작된 연방정부의 정책에 의한 결과이다(Mitchell, 2006a: 5).

여하튼 앵커나 메이저 테넌트가 된 기업이나 체인이 어떻게 그러한 위치에 설 수 있었던가는 차치하더라도, 가속상각세제로 인해 쇼핑센터가 발전했으며 개발에 필요한 자금조달방식(넓은 의미로 공적·사적 양면에 걸친 금융제도)이 대형 소매기업·체인에 매우 유리했던 것은 틀림없는 사실이다. 즉, 쇼핑센터는 강한 것은 더욱 강하게, 약한 것은 더욱 약하게 되는 장치 또는 구조로서 기능을 했다. 1960년대 이후 미국의 체인스토어의 발전요인을 쇼핑센터의 이러한 기능만으로 찾을 수는 없지만 매우 큰 요인으로 작용한 것 또한 사실이다.

6. 미국에서 대형점 문제와 공적정책

1) 로스앤젤레스 시의 출점규제

다음은 대형점(빅 박스 또는 슈퍼스토어)이 출점할 때 지역에 미치는 영향에 대해서 정리한 것이다(Rodino Associates, 2003: 12~14).

- 어떤 상권에서 발생하는 소매판매액은 소비자의 수지(收支) 패턴에 의해 결정되는 것으로, 특정 소매점 또는 소매점 그룹의 존재에 의해 결정되는 것이 아니다.
- 빅 박스와 슈퍼스토어는 노동조합에 가맹한 종업원을 보다 적은 수의

저임금 종업원(비조합원)으로 대체함으로써 해당 지역 소매노동시장에 마이너스 영향을 미치게 될 것이다. 임금(wages)과 부가급부(benefits)를 포함한 총보수(overall compensation)에서 양자의 차액은 시간당 8달러 정도이다.

- 빅 박스 및 슈퍼스토어에서는 많은 종업원이 의료보험에 가입할 수 없기 때문에 공립병원의 응급실을 이용하게 되어 막대한 공적비용 부담이 발생하며, 소매종업원에 대한 적절한 치료를 할 수 없는 결과를 초래한다.
- 빅 박스와 슈퍼스토어는 소매동업자 간의 경쟁(their tendency to cannibalize competing retail businesses)에 의해 종종 소비자의 선택의 폭을 좁히는 결과를 초래한다.
- 지자체의 세수는 빅 박스와 슈퍼스토어에 의해 실제로는 감소한다. 그 이유는 아래 2가지로 요약할 수 있다.
  ① 빅 박스의 저가격으로 인해 금액적인 면에서 소매판매는 실제로는 감소할 것이다.
  ② 다른 소매점에 미치는 마이너스 영향으로 인해 지역점포가 폐점하는 현상이 나타날 것이다. 이는 (빅 박스와 슈퍼스토어에 의해 발생하는 이상의) 영업세와 고정자산세의 감소 현상을 초래할 것이다.
- 로스앤젤레스 시는 '활성화지구(incentive zone)'에 비즈니스나 소매점포의 진출을 유도하기 위하여 지금까지 총 4,364만 달러의 공적투자를 실시했다. 만약 빅 박스나 슈퍼스토어에 의한 마이너스 영향이 현실화되면 이러한 투자는 심각한 위험에 빠질 것이다.
- 빅 박스나 슈퍼스토어가 폐쇄되어 거대한 빈 점포가 발생하면, 장기간 피폐·슬럼화 현상이 발생함은 물론, 해당 점포나 부지 및 주변의 부동산 가격이 폭락하는 현상이 발생한다. 이는 또한 지역의 비즈니스에 심각한

타격을 미치게 된다.

- 빅 박스와 슈퍼스토어는 전혀 매력적이지 않은 건물과 아스팔트로 조성된 거대한 주차장을 배치하여 저소득지구의 보행자를 중시한 커뮤니티 조성의 노력이나 해당 장소에 대한 애정(a sense of place)과 자긍심을 파괴해버린다.
- 이상과 같은 결과로 미국의 많은 지자체 및 행정당국은 빅 박스 및 슈퍼스토어가 커뮤니티에 미치는 잠재적 또는 현실의 마이너스 효과에 대해 매우 큰 우려를 나타내고 있으며 많은 규제를 만들고 있다.

그리고 이미 각지에서 제도화되어 시행되고 있는 (빅 박스와 슈퍼스토어의 마이너스 효과) 완화를 위한 공적조치는 아래의 6가지 카테고리로 분류할 수 있다(Rodino Associates, 2003: 44).

① 영향평가(assessment of impacts)와 영향완화부과금(impact mitigation fees)의 징수
② 점포규모의 제한 및 (일정 규모 이상의) 금지
③ (점포 등의) 디자인에 대한 규제와 가이드라인
④ 폐점 시 재리스 의무(re-leasing requirements)
⑤ 빅 박스 소매업(부담)의 지역 소매업자를 위한 조성책 요청
⑥ 영향완화책에 대한 광역 차원에서 지자체(행정기관) 간의 협력

이 중에서 가장 일반적으로 채택되고 있는 완화책은 빅 박스의 출점을 금지 또는 제한함으로써 발생이 예상되는 마이너스 효과를 방지하는 것이다(Rodino Associates, 2003: 45).

인용문 중 미국, 로스앤젤레스 시, 또는 ㅇㅇ달러와 같은 표기를 생략하고

있지 않기 때문에 이것이 미국 중에서도 로스앤젤레스와 관계된 기술이라는 것은 알 수 있다. 정확하게 말하자면 다음 해에 로스앤젤레스 시가 제정하게 된 슈퍼스토어 규제의 필요성을 판단하기 위하여 시의 지역진흥부(Community Development Department) 산업·상업진흥과(Industrial and Commercial Development Division)가 2003년에 조사 컨설턴트회사인 로디노(Rodino)사에 위탁한 조사보고서의 일부이다. 그러나 만약 위와 같은 말을 언급하지 않았다면 일본의 경제산업성이나 중소기업청의 보고서라고 해도 믿을 수 있을 정도이다.

또한 상기 완화책, 즉 공적정책에 대해서는 나중에 자세하게 논하기로 하겠지만, ⑤ 이외의 내용은 거의 이해할 수 있을 것으로 판단된다. 그러나 ⑤번의 지역 소매업자를 위한 조성책 요청이 무엇을 의미하는지 좀 더 자세하게 설명하고자 한다.

> 이러한 종류의 활동은 (출점 시) 1회로 끝나는 것이 아니라 계속적으로 이루어져야 한다. 지역 소매업자를 위한 조성책으로는, 예를 들면 몬태나주 보즈먼 시에서 실시되었던 것처럼 상점가(retail district) 주변의 소비자를 위한 이동 및 교통체계의 개선책을 (출점한 빅 박스 소매업에게) 요구하게 될지도 모른다. 조성책은 아래의 한 가지 또는 복수의 방법으로 이루어지게 된다. 그리고 출점허가의 일부로서 해당 소매업자와 교섭을 하게 된다.
>
> ① 해당 소매업자는 로스앤젤레스 시의 허가 절차에 따라서 예산을 포함한 독자적인 지역 소매업자를 위한 조성계획을 제출하여 실행하지 않으면 안 된다.
>
> ② 해당 소매업자는 지역 소매업자 조성책을 위한 자금으로서 영향완화부과금을 지불한다. 부과금액은 미리 정해진 최고액과 최저액의 사이에서 해당 출점이 지역 소매업에 미칠 것으로 예측되는 영향을 근거로 교섭에 의해 결정된다. 이 부과금은 BID(business improvement district)[48)]

의 활동자금으로 사용할 수 있으며, 상공회의소가 실시하는 지역 소매업 지원사업에도 활용할 수 있다. 또한 지원·조성에 관련된 민간의 영리·비영리조직의 활동비에도 충당할 수 있다(Rodino Associates, 2003: 49~50).

위에서 언급하고 있는 보즈먼 시의 사례를 좀 더 구체적으로 설명하면 다음과 같다. 즉, 보즈먼 시내에 있는 월마트가 기존 12만 5,000제곱피트(11,600m²)에서 20만 5,000제곱피트(19,000m²)로 면적 증가를 신청했는데, 월마트가 경비를 부담하고 시가 실시한 영향조사의 결과로 월마트와 상점가(downtown) 지구를 연결하는 셔틀버스를 운행하도록 하고 그 경비의 일부를 부담하든지, 상점가의 기타 프로모션 및 캠페인이나 이벤트의 경비를 부담할 것을 월마트에 요구하도록 했다(Bay Area Economics, 2001: iv).

2) 높아지는 대형점 시비 논의

미국의 소매업에 관한 문제는 전자상거래의 영업세 문제, 쇼핑센터와 관련된 문제에 국한된 것이 아니라, 위에서 언급한 바와 같이 월마트로 대표되는 빅 박스, 슈퍼스토어와 관련된 문제도 존재한다. 오히려 이들 문제가 훨씬 광범위하고 중대하게 미국사회에 영향을 미치고 있다.

---

48) BID란 과세권·공공요금 징수권을 가진 다운타운(중심시가지) 활성화를 위한 조직으로, 각 주의 특별법이 규정한 절차에 근거하여 시의회의 승인을 받은 후, 예를 들면 관계자의 2/3 이상의 찬성 등과 같은 엄격한 조건으로 설립된다. 설립되면 관계자는 전원 강제가입(특별세의 납입의무 등)을 해야 한다. 실제로 활동하는 조직 형태는 시 정부 1개 부문에서 특별행정구, 제3섹터, 비영리민간단체까지 여러 형태가 존재한다. 1980년대 후반부터 보급되기 시작하여 오늘날에는 1,500개 전후의 BID가 활동하고 있다. 상세한 내용은 原田英生(1999: 제5장)을 참조.

예를 들면 저임금·저부가급부와 이에 기인한 소위 워킹푸어(working poor)의 대량출현, 이를 해결하기 위한 사회복지비용의 증대, 그리고 지역(상권) 전체의 영업세·고정자산세 및 고용감소의 가능성, 지역 내 경제환경의 악화, 제조업의 해외이전(미국 내의 산업공동화) 촉진, 이와 관련된 해외에서의 착취공장(sweatshop) 활용 등의 문제가 소매시설의 스프롤화에 의한 자연환경의 악화 등과 함께 지적되고 있다. 이뿐만이 아니다.

> 미국인은 디스카운트(discount)에서 쇼핑을 하는 것이 자신들의 생활을 보다 윤택하게 하는 것이라고 믿고 있다. 헤어드라이기를 구입하는 데 7달러를 절약하는 것이 미국을 보다 좋은 나라로 만드는 것이라고 생각하고 있다. 그러나 이러한 생각은 틀린 것이다. 월마트나 타깃, 베스트바이는 (H. G. Wells의) <우주전쟁>의 화성인 모선과 같이 침투해왔다. 그리고 최근 30년간 미국의 토지를 무료 주차장과 나트륨램프로 둘러싸인 황폐화된 토지로 변질시켰다. 우리 지역의 인프라는 완전히 썩어버린 채 버려졌다. 지역 내의 경제적인 상호의존관계라는 네트워크는 의도적으로 해체되었다. 어쩔 수 없이 폐점한 지역 경영자들은 지역의 경제적·사회적인 역할을 담당하고 있던 중류계급층이었다. 그들은 지역 여러 조직의 주역이었다. 그들은 병원이나 도서관 등의 이사를 역임하고 있었다. 어린이 야구단의 운영비를 부담하고 있었다(Kunstler, 2004).[49]

이것은 저널리스트이자 평론가로서 뉴어바니즘(New Urbanism) 주창자의

49) 쿤스틀러(Kunstler, 2004)의 글이 게재된 ≪오리온 매거진(Orion Magazine)≫은 매사추세츠 주 그레이트 바링톤(Great Barrington)에 본부를 두고 있으며, 주로 환경보전을 위한 활동을 하고 있는 NPO, The Orion Society가 제공하고 있는 잡지로서, 이 글은 온라인 판에 게재된 것이다.

한 사람이며, 이 책에도 인용하고 있는 『이름 없는 곳(The Geography of Nowhere, Home from Nowhere)』 등의 저자인 제임스 쿤스틀러(James Kunstler)가 한 말이다. 즉, 월마트 등에서 헤어드라이기를 7달러 싸게 구입함으로 인해 지역의 점포가 도산하고, 지역의 점주들이 담당하고 있던 사회적인 역할을 대신 수행할 사람이 없어져, 결과적으로 주민(소비자)은 보다 심각한 대가를 치르지 않으면 안 된다는 주장이다. 쿤스틀러는 이것을 '헤어드라이기 7달러의 거짓말(the $7 hair-dryer fallacy)'이라고 부르고 있다〔Ortega, 2000: 302(일본어 번역서 503)〕.

쿤스틀러의 '헤어드라이기 7달러의 거짓말'은 감각적 또는 감성적인 주장이라는 비판도 있지만, 최근에는 월마트와 사회관계자본(social capital)[50)]과의 관계에 대한 분석도 이루어지고 있다. 예를 들면 새롭게 월마트가 출점한 커뮤니티나 1990년대 초까지 월마트가 출점하고 있던 커뮤니티에서는 다른 커뮤니티에 비하여 사회관계자본의 축적이 적다. 즉, 월마트의 존재는 사회관계자본을 저하시키는 결과로 이어졌다(Goetz and Rupasingha, 2006: 1304, 1309).

또한 커피숍, 레스토랑, 미용실, 이발관, 식료품 잡화점 등과 같은 소규모 점포는 사람들이 커뮤니티에 애착을 형성하는 원천이 되는 사람과 사람의 비일상적인 접촉의 기회를 제공함으로써 사회적인 유대관계를 형성하는 기능을 담당한다는 실증연구도 있다(Irwin et al., 1997: 44).

이러한 점을 고려하면 "큰 것이 반드시 좋은 것만은 아니다(Bigger Isn't Better)"(Irwin et al., 1997: 46)라는 평가도 가능해진다.

여하튼 일본에서 자주 언급되고 있는 "미국에서는 대규모 소매상 대 독립

50) 사회관계자본의 개념 및 정의는 통일되어 있다고는 볼 수 없지만, 월마트 또는 넓은 의미의 빅 박스 진출이 그 지역의 사회관계자본을 저하시키는 것에 대해서 제3장 제6절에서 검토할 때 함께 언급하고자 한다.

점(獨立店)의 문제는 사회정책의 측면이 아닌 경제 문제로 간주되고 있다"[51] 라는 평가는 미국의 실태를 전혀 파악하지 못한 피상적인 분석이다. 문제는 정반대로 사회정책적인 논의가 활발하게 일어나 규제적인 정책도 시도하고 있는 실정이다.

이에 대해서는 이 책을 통해 좀 더 명확하게 살펴볼 예정이지만, 우선 대형 출판사인 톰슨 게일(Thomson Gale)이 미국사회에서 논쟁을 불러일으키고 있는 주제에 대해 대립되는 주장을 일목요연하게 정리한 이슈 시리즈(At Issue series)에 이라크 전쟁, 에이즈 문제, 빈곤 문제, 게이·레즈비언 문제, 비디오게임의 시비 등과 함께 체인스토어의 문제를 논한 한 권의 책이 2006년도에 발간되었다는 것을 지적하고 싶다(Engdahl, 2006).

그럼에도 불구하고 한편에서는 보조금을 주면서까지 대형점을 유치하고자 하는 지역도 적지 않다. 이는 맹목적인 유치경쟁에 의한 것인데, 여기서 경쟁은 기업이 결정한 경쟁의 원칙에 근거하여 지방정부가 상호 경쟁하는 것이지 결코 기업 간의 경쟁이 아니라는 상황이 형성되어 있다(LeRoy, 2005: 137).

또 한편으로는 출점을 규제하는 움직임도 강화되고 있다. 미국에는 원래 조닝에 의해 대형 쇼핑센터를 포함한 개발 전체 및 토지이용 전체에 대해 강력한 규제를 하고 있는 지역이 많이 있다. 일본의 「대규모소매점포법(大規模小賣店鋪法)」이 대형점의 출점을 규제하고 있는 시기였기 때문에 필라델피아 시의 담당자가 필자에게 지적한 바와 같이 "조닝규제로 일본의 「대규모소매점포법」 이상의 대형점 규제는 이론적으로 가능"했다(原田英生, 1999: 71).

출점규제는 조닝에 의해서만 이루어진 것이 아니다. 「환경보호법」 등에 의해서도 출점규제는 이루어졌다. 예를 들면 버몬트 주에는 1970년에 제정

51) 川辺信雄, 『新版セブン-イレブンの経營史』(有斐閣, 2003), p. 409.

된 「토지이용·개발계획법」, 통칭 「Act 250」이라는 포괄적 토지이용규제 및 환경보호를 위한 법률이 존재하는데, 이 법률에 의해 버몬트 주의 벌링턴 시 교외에 출점이 계획되었던 쇼핑센터 — 벌링턴 피라미드 몰(Pyramid Mall of Burlington), 나중에 계획이 변경되어 메이플 트리 플레이스(Maple Tree Place) — 의 경우, 1976년 제출된 최초의 개발계획 신청으로부터 1986년 최종 개발허가가 나올 때까지 20년 이상 출점분쟁이 되풀이되었다.

통상적으로 우리가 생각하는 '자연환경'을 보전하기 위한 배려를 대부분 실시했기 때문에 전혀 문제가 없을 것으로 여겨졌던 이 쇼핑센터 계획이 왜 환경보호를 둘러싼 분쟁으로 인해 그처럼 장기화되었는가 하면, 도로혼잡 발생 등과 같은 사회적인 환경악화나 분산적인 개발에 의한 사회기반정비에 비용이 발생한다는 점도 있었지만, 최대의 쟁점은 벌링턴 시의 중심부(downtown) 상점가에 대한 영향이었다. 즉, 쇼핑센터의 개점 → 벌링턴 시 등 지역 내 다운타운의 소매매출 격감 → 다운타운의 부동산가치 하락 → 벌링턴 시 등의 고정자산세수 감소라는 경제적인 환경의 악화라는 점이었다.[52)]

또한 버몬트 주에서는 1993년 세인트알반스(St. Albans)의 월마트 출점 계획이 유사한 이유로 1995년 각하되었다(주 최고재판소에서의 각하 지지 판결은 1997년).

이와 같은 출점분쟁은 매우 많으며, 출점이 중지되는 사례는 일본과는 비교가 되지 않을 정도로 많다. 이 중에는 출점·개발신청이 제출된 후 규제 제도를 만들거나 변경하여 출점·개발을 인정하지 않은 경우도 있다.[53)]

이전부터 이와 같은 강한 출점규제가 이루어지고 있는 경우가 많지만,

---

52) 이 분쟁의 경위나 논점 등에 대해서는 原田英生(1999: 33~49)에 상세하게 정리되어 있지만, 이 책 제4장 제5절 1에서도 간단하게 논하고 있다.

53) 그 대표적인 사례라고 알려진 뉴욕 주 롱아일랜드의 브룩헤이븐의 카르푸(Carrefour) 출점분쟁에 대해서는 原田英生(1999: 72~71)을 참조.

최근 월마트 등의 출점공세와 전술한 빅 박스의 진출에 의한 사회적인 마이너스가 명확해짐에 따라 1990년대 말부터 보다 강한 규제가 이루어지게 되었다. 예를 들면 대형 할인점과 슈퍼마켓이 합체한 형태인 슈퍼스토어의 경우, 샌프란시스코 시 및 오클랜드 시에서는 시내 전역에 출점이 금지되어 있다. 또한 로스앤젤레스 시에서는 앞에서 인용한 로디노(Rodino) 보고서 등의 내용을 받아들여, 특정 지역에 출점하고자 할 경우에는 교통, 고용, 세수, 기존 소매점 등에 미치는 영향에 대해서 사전영향평가를 하는 것이 의무이며, 그 결과를 토대로 개별 조사를 실시하게 되었다.

이전부터 일본에서는 미국은 소매점의 출점에 대한 규제가 없으며 출점은 자유롭다고 알려져 있다. 최근에 출판된 책 중에도 "미국에는 출점과 관련된 규제는 거의 존재하지 않는다고 이해해도 무방하다. …… 법적 규제가 전무하다고 해도 좋은 미국에서는 ……. 널리 알려진 바와 같이 미국에서는 소매개발에 관해서는 거의 법적인 규제가 설치되어 있지 않다"[54]라고 주장하고 있는데 이는 사실과 전혀 다르다. 학자 또는 연구자로서 사회적인 영향 등을 고려하면 매우 무책임한 발상이라고 할 수 있다.

이 책에서는 우선 제1장에서 제3장까지 소위 빅 박스를 비롯한 미국의 대형점 문제를 명확하게 파악한 후 제4장에서 이에 대한 규제제도를 살펴보고자 한다.

또한 이 책에서 대상으로 하고자 하는 것은 쇼핑센터나 빅 박스 등과 같은 대형 점포로 한정하지 않는다. 특히 규제제도의 경우 편의점(convenience store)에 대한 규제와 같이 (프랜차이즈 시스템이기 때문에) 기업으로도 점포로도 소규모인 것이 규제 대상이 된다. 이 장 제2절에서 살펴본 전자상거래의

54) Andrew Alexander and Ross Davis, 「グローバル小賣競爭の新展開」, 矢作敏行 編, 『中國·アジアの小賣業革新』(日本経済新聞社, 2003), pp. 298～299.

경우에는 점포가 존재하지 않는다. 그러한 의미에서는 정확하게 대형점 문제라고 말할 수는 없을 것이다. 그러나 탈세 문제나 불거져 나온 각종 문제를 포함하여 대형점이라고 총칭하는 경우가 많기 때문에 이 책에도 이를 따르기로 한다.

이 책에서 주된 분석대상으로 하고 있는 것은 월마트이다. 그러나 월마트의 경영전략과 전술, 비즈니스 모델은 대부분의 대형 소매기업과 유사할 것으로 판단된다. 최근 미국에서는 월마트화(Wal-Martization)라는 용어가 널리 사용되고 있는데, "월마트가 없는 월마트화(Wal-Martization without Wal-Mart)"(Rigney and Welch, 2007: 1267)라는 우려가 확산되고 있다. 물론 이 책에서 고찰한 대상은 월마트뿐만이 아니다. 월마트는 대형점의 전형적인 사례로서 취급하고자 한다.

또한 1975년 「소비자가격법(Consumer Goods Pricing Act)」에 의해 재판매가격유지행위가 금지되어, 점두에서 정보제공 등의 서비스를 최소화 또는 거의 방치하고 있던 체인점이 광고 등과 같은 제조회사의 정보제공에 무임승차하여 크게 발전한 반면, 서비스를 실시하고 있던 중소점은 쇠퇴하는 무임승차 문제를 발생시켰다는 분석도 있지만(Boyd, 1997), 이 책에서는 그러한 문제도 있다는 것을 지적하는 수준에 머물고자 한다.

대형점의 경쟁력과 노동조건

1. 남캘리포니아의 슈퍼마켓 노사분쟁: 월마트화를 둘러싼 분쟁

1) 2007년 분쟁

2007년 봄부터 7월 말까지 멕시코 국경에서 샌루이스오비스포(San Luis Obispo)까지 캘리포니아 주 남부에서 영업을 하고 있는 앨버트슨(Albertsons), 크로거(Kroger; 이 지역에서는 Ralphs), 세이프웨이(Safeway; 이 지역에서는 Vons, Pavilions) 등 전미 3대 슈퍼마켓 약 700개 점포의 국제식품상업노동조합(United Food and Commercial Workers International Union: UFCW) 산하 약 7만 명의 종업원은 파업을 할 것인가, 또한 경영 측은 이에 대응하여 직장폐쇄(lockout)를 할 것인가를 둘러싸고 반년 가까이 미국 정부의 조정관과 함께 교섭이 벌어져 미국 전역의 주목을 받았다. 캘리포니아 주 내에서는 교섭의 추세, 파업권 확립 등과 같은 노동조합의 동향, 시민·소비자의 반대 등이 매일 신문지상을 장식했다. 결과적으로 파업과 직장폐쇄는 피했으나, 왜 이 사태가 그처럼 주목을 받았을까?

당시 교섭(분쟁)은 2004년 3월 체결되어 2007년 3월 5일에 기한이 종료되는 노사협정에 대하여 대폭적인 개정을 요구하는 노동조합 측의 주장과 가능한 한 현행 협정을 유지하고자 하는 경영 측과의 대립이었다. 2004년 협정은 2003년 10월 11일부터 4개월 반 이상 걸린 '미국 사상 최장 슈퍼마켓 파업'(Peltz, 2004a)으로 임금·의료보험 부담 등에서 사실상 노동조합 측이 패배한 내용으로 타결되었다.

사실 미국 슈퍼마켓업계는 소매업계에서는 이례적이라고 할 수 있을 정도로 노동조합의 조직화가 강했기 때문에 이 협정 이전의 임금(시급)이나 경영 측이 제공하는 의료보험 등 노동조건은 매우 양호했다. 따라서 슈퍼마켓의 종업원은 중류계급에 속한다고도 여겨졌다.

특히 남캘리포니아의 슈퍼마켓업계는 반세기 이상 조합이 유지되어 윤리적(high road) 경영의 상징이었다. 경영 측과 노동조합과의 신뢰관계가 형성되어 25년 이상 분쟁 없이 노사협정이 체결되어왔다. 대형 슈퍼마켓 체인은 통일된 노사협정으로 동일 임금 및 부가급부를 받기 때문에 상호 간의 경쟁은 서비스와 품질에 의존했다. 종업원 착취, 즉 임금 삭감 등으로 가격경쟁을 하거나 이익을 확보하는 등의 행위는 하지 않았다(Milkman, 2004).

한편 최근 급속하게 성장하고 있는 디스카운트계 대형 체인점, 소위 빅 박스는 코스트코(Costco) 등 극히 일부를 제외하고 노동조합을 인정하지 않으며 종업원의 대우 또한 매우 열악하기 때문에 결과적으로 총인건비를 매우 낮게 책정하는 것이 일반적이다. 이러한 것들이 빅 박스의 저가격을 가능하게 하는 주요 요인이라고 할 수 있는데, 그 전형적이 예가 월마트이다. 후에 자세하게 설명하겠지만 노동조합과의 협정에 얽매여 있는 대형 슈퍼마켓 체인의 경우 가장 낮은 임금이라도 월마트보다 20~30% 정도 높으며, 바로 이러한 점이 식료잡화분야(슈퍼마켓 분야)에서 월마트가 경쟁력을 가지는 가장 큰 요인이 되고 있다(Bianco, 2006a: 200~201). 예를 들면 이러한 분쟁의 당사자가 되는 3대 슈퍼마켓의 하나인 랠프스(Ralphs)의 사내 자료에 의하면, 노동조합이 조직되어 있는 자사의 종업원 평균 시급이 13.51달러인 것에 비해 월마트의 평균 시급은 7.62달러라고 한다(Bay Area Economic Forum, 2004: 39~40).

남캘리포니아에서 슈퍼마켓 경영자가 상기와 같은 노동협정노선 대신 협정을 대폭 변경(종업원에게 불리한 내용으로)하고자 한 이유는 빅 박스(구체적으로는 월마트)와의 경쟁에 직면하여 빅 박스와 동일한 수준으로 종업원의 인건비를 끌어내리는 방법으로 대항하고자 했기 때문이다. 이러한 의미에서 분쟁의 직접적인 당사자는 슈퍼마켓의 경영자나 노동조합이 아닌 월마트라는 것은 2003~2004년도 파업에 관한 기사나 보고서 등에서 지적하고 있다.

이러한 경영 측의 주장은 전혀 근거가 없는 이야기가 아니다. 과거 10년간 미국에서는 29개의 슈퍼마켓 체인이 파산절차에 들어갔는데, 그중 25개 체인의 도산은 월마트와의 분쟁이 계기가 되었다고 한다(Fishman, 2006: 160). 역사적으로 보면 원래 식료잡화점의 체인스토어(대부분이 나중에 슈퍼마켓 체인으로 전환한다)는 낮은 수준의 임금을 유지하기 위해 조합을 인정하지 않았다. 예를 들면 당시 최대 체인스토어였던 A & P는 1930년대 초 조합이 결성된 클리블랜드의 점포를 폐쇄할 정도였다. 그러나 1930년대 말 '사형선고(Death Sentence)' 법안이라고 불리는 체인스토어 세법안이 연방의회에서 논의가 되었는데, 이를 저지하기 위한 광범위한 사회적인 지지를 확보하기 위해 노동조합과의 협조도 구하게 되고 종업원의 조합결성을 인정함은 물론 시급 등의 대우도 대폭 개선하게 된다(Tedlow, 1990: 221). 그 결과 당초 제정이 확실시되던 체인스토어 세법안은 폐지되었으며,[1] 슈퍼마켓 체인 종업원은 양호한 노동조건을 획득했다. 노동조합을 절대로 인정하지 않고 또한 A & P와 같이 조합을 결성한 점포를 폐쇄해버리는 월마트의 공세로 인해 어쩔 수 없이 종업원의 대우를 열악하게 할 수밖에 없었다는 점은 실로 아이러니하다고 할 수 있다.

여하튼 우선 2003~2004년에 걸친 대분쟁의 경과를 간단히 살펴보도록 하자.

2) 미국 소매업 사상 최대의 파업: 2003~2004년의 분쟁

(1) 분쟁의 경위

2003년 10월 6일에 실효된 캘리포니아 주 남부의 슈퍼마켓 체인과 UFCW의 노사협정 개정을 둘러싸고, 같은 해 여름부터 노사가 대립했으나 결국 10월 6일까지 타결하지 못했다. 노사 간의 의견차가 매우 컸기 때문에 대화는 결렬되고 파업·폐쇄로 치달았는데, 파업 후의 움직임을 정리하면 아래와 같다(Vrana and White, 2004).

2003년 10월 10일: UFCW의 남부 및 중부 캘리포니아의 7개 지구 조직이 경영 측의 최종 제안을 거부하고 파업 돌입을 결의

10월 11일: 세이프웨이 체인(Vons와 Pavilions)이 파업 돌입

10월 12일: 앨버트슨과 랠프스(크로거) 등 2개 체인이 세이프웨이와 공동으로 교섭하기 위해 UFCW의 조합원을 대상으로 직장폐쇄. 캘리포니아 주 남부와 중부의 총 852개

---

1) 체인스토어세 도입을 둘러싼 연방 차원에서의 공방에 대해서는 Bean(1996), Ingram and Rao(2004), Lee(1939), Morris(1979), Palamountain(1955), Ross(1986), Schragger(2005) 등을 참조.

점포(일설에는 859개 점포)[2]에서 5만 9,000명(6만 5,000명 또는 7만 명이라는 설도 있음)이 파업상태가 됨

12월 5일: 앨버트슨이 분쟁 개시 이후 3개 체인의 매출감소가 총 5억 달러라고 발표

12월 19일: 조합 측이 타협안 제출, 경영 측이 거부

2004년 1월 11일: 비공식 비밀교섭이 이루어졌으나 합의 실패

1월 30일: 캘리포니아 주 빌 록커(Bill Locker) 사법장관이 파업에 대항하기 위해 체결한 3개 체인의 상호원조협정은 「연방 반트러스트법」에 위반한다고 제소

2월 11일: 연방조정관 동석하에 분쟁 개시 7주 경과 후 처음으로 경영 측과 조합 측의 공식교섭 개시

2월 12일: 세이프웨이가 제4사분기 방대한 손실 공표, 분쟁기간 중 3개 체인의 손실 합계가 15억 달러를 상회한다고 추측

2월 26일: 16일간 연속교섭 결과, 3년간 가협정(a tentative agreement)에 양자 합의

2004년 2월 26일 대표자 간에 체결된 가협정은 2월 28~29일 조합원 투표가 실시되어 86%라는 압도적인 지지를 얻었으나, 많은 조합원이 마지못해 지지(grudging at best)했다고 한다(O'Dell, 2004). 그 후 조합원의 직장복귀 및 상품보충이 이루어졌는데, 지역 유력지인 《LA타임스》가 자사의 인터넷 사이트에 "식료품 구매자들은 주목하라: 이제 점포를 방문해도 안전하다

2) 대부분의 신문기사 등에서는 852개 점포라고 되어 있으나, 859개 점포라고 되어 있는 것도 있다(Associated Press, 2004a).

(Attention, grocery shoppers: It is now safe to go back to the store)"라는 단신(Los Angeles Times, 2004a)을 실은 것이 3월 7일이다. 2003년 10월 11일 파업에 돌입한 후 148일 만의 결과였다. 당시 캘리포니아 주의 3개 사 슈퍼마켓 수가 총 1,546개 점포인 것을 고려하면(Hiltzik, 2003), 파업이나 직장폐쇄의 대상이 된 슈퍼마켓이 852개 점포이든 859개 점포이든 전체의 절반 이상을 차지하고 있었던 셈이다.

이 기간 중 많은 소비자가 조합원의 피켓라인(picket line)을 무시하고 슈퍼마켓에서 장을 보는 것을 포기하고 다른 구입처나 구입방법으로 바꿈으로써 3개 사의 매출손실 합계는 15억~20억 달러에 달한다는 추측도 있다(Associated Press, 2004a).[3] 또한 분쟁 전에는 로스앤젤레스 카운티의 모든 슈퍼마켓의 매출액에서 차지하는 랠프스, 본스, 앨버트슨 등 3대 체인의 비율이 57%였으나, 분쟁 후 급격하게 떨어져 2007년 49%로 이전의 점유율을 회복하지 못하고 있다(Hirsch, 2007c).

한편 조합 측의 부담은 파업기간 중 하루 100만 달러로, 총 파업기간이 139일이었다는 것을 고려하면 투쟁자금이 거의 바닥이 났다고 한다(Milkman, 2004).[4] 조합원 개개인의 상황에 대해서는 정확하게 파악할 수 없지만, 4개월 반에 걸친 파업기간 중에는 정규수입이 없었기 때문에 경제적으로 매우 심각한 상황이었다는 것은 틀림없는 사실이다.

그렇다면 왜 이처럼 심각한 분쟁으로 이어진 것일까? 경영 측 주장에 의하면 가장 중요한 문제는 월마트와의 피할 수 없는 경쟁에 대응하기 위해서

3) 이후 2007년 분쟁 시의 보도를 포함하여 《LA타임스》 등은 3대 체인의 손실 합계를 15억 달러라고 추정했으나, Associated Press는 20억 달러라고 추정했다.

4) 파업기간을 UCLA 노동·고용연구소장인 밀크만(Ruth Milkman) 교수나 《샌프란시스코 크로니클(San Francisco Chronicle》지는 139일이라고 했으나, 《LA타임스》지는 141일이라고 했다.

라고 한다. 즉, 월마트가 미국 최대의 식품소매업자가 된 요인들 중 하나는 종업원들에게 표준 이하의 임금만 지불했으며, 또한 의료보험 등 부가급부를 무정하다고 할 만큼 줄였기 때문이다. 식료품을 취급하지 않는 종래형 할인점으로서는 이미 많은 수가 출점은 하고 있었지만, 종래형 할인점과 식료품을 판매하는 슈퍼마켓을 하나의 점포로 통합한 형태인 슈퍼센터를 아직 캘리포니아 주에 출점하고 있지 않았던 월마트가 2006년까지 40개 점을 출점하겠다는 계획을 발표했기 때문에, 그 영향을 직접적으로 받을 것이 예상되는 세이프웨이를 비롯한 슈퍼마켓 체인으로서는 월마트의 슈퍼센터에 대항하기 위하여 종업원의 임금이나 부가급부를 삭감하지 않을 수 없었던 것이다(Hiltzik, 2003).

(2) '2층' 시스템 도입에 의한 타결

월마트의 임금 등의 문제에 대해서는 다음 절 이후에 상세하게 검토하도록 하고, 여기서는 타결된 신 노사협정 중에서 크로거(랠프스)와 앨버트슨이라는 미국의 2대 슈퍼마켓 체인의 간부가 "식료잡화 분야에서 급속하게 확장을 하고 있는 월마트와 같은 저비용 경영의 대량 판매점(Mass Merchandiser)과 경쟁을 하기 위하여 노동비용 절감의 수단을 확보했다"라고 평가하는(Peltz, 2004b), 이 협정의 핵심이 된 '2층(two-tier)' 시스템에 대하여 설명하고자 한다.

'2층' 시스템이란 현재의 종업원과 향후 채용되는 종업원의 임금체계 등이 다른 것을 의미한다. 구체적으로 살펴보면, 신규 종업원의 임금을 평균적으로 연간 2만 5,000달러를 수령하고 있는 현재 종업원보다 시간당 90센트~2.8달러 적게 한다. 따라서 연금도 적어지며, 현재 종업원에게는 시간당 평균 3.8달러의 의료보험료를(적어도 협정체결 후 2년간은 이전과 마찬가지로) 전액 회사가 부담하는 데 비해 신규 종업원에게는 회사 부담을 평균

1.1달러로 하여 차액을 종업원이 부담하여야 한다. 그 결과 신규 종업원은 현재의 종업원과 비교하여 임금과 부가급부를 합한 총보수가 가장 적게 견적을 내어도 시간당 4달러 적어진다. 종일 근무자의 경우 연간 8,000달러가 적어진 것이다(LeDuff and Greenhouse, 2004).

식료잡화점(슈퍼마켓) 체인이 종업원에게 의료보험료 지불을 요구한 것은 사상 처음이었다고 알려져 있다(Quisumbing, 2005: 119). 슈퍼마켓 등과 같은 소매업에만 한정되는 것이 아니라 미국 산업 전체를 보더라도 최근 노동조합에 의한 파업의 대부분은 임금이나 연금, 직장환경에 의한 파업이 아니라 의료보험을 둘러싼 문제로 인해 발생하고 있다고 지적되기 때문에(Quisumbing, 2005: 124의 n. 73), 월마트의 출점이라는 특수한 요인이 있다고 하더라도 미국사회 전체의 흐름과 맥락을 같이하고 있다고 볼 수 있다.

기타 산업의 경우는 차치하더라도 남캘리포니아의 슈퍼마켓 노사협정에서 유의할 점은 조합으로 조직화된 대형 슈퍼마켓 전국 체인에서는 2003년 가을 시점의 시간당 평균 총보수가 19달러로 월마트의 평균 9달러보다 10달러나 높기 때문에(Cleeland and Goldman, 2003), 신규 종업원의 대우가 4달러 낮아져도 월마트와 비교할 경우 아직 높은 수준이다. 역으로 말하자면 월마트의 임금이 얼마나 낮은가를 알 수 있다.

월마트와의 비교는 논외로 하더라도 '2층' 시스템 도입에 대해서는 취업 중인 종업원(조합원)이 미래의 종업원을 희생시켜 자신들의 기득권을 고수하고자 한다는 비판도 있다.[5] 또한 결과적으로 조합 측의 패배라는 평가도 적지 않았다.[6]

---

5) 예를 들면 "최대 손실을 보게 되는 것은 아직 고용되지 않은 사람들이다"(Cleeland and Peltz, 2004)라는 지극히 당연한 지적도 존재한다.

6) 예를 들면 UCLA 노동·고용연구소장인 밀크만 교수는 "중요한 점은 (노사) 양방 모두 손해를 보는 점도 있지만, 조합 측이 훨씬 손실을 보았다"라고 논평했다(LeDuff

(3) 타 지역의 분쟁

이러한 평가는 논외로 하더라도 이후 노사협정의 개정시기를 맞이하는 미국의 많은 지역에서 UFCW에 의한 파업 등 남캘리포니아와 마찬가지로 격렬한 분쟁이 일어날 가능성이 높다는 예측도 있었다(Associated Press, 2004a). 사실 2004년 8월 이후 노사협정의 개정시기를 맞이한 캘리포니아 주 북부, 오하이오 주 남서부, 켄터키 주 북부, 인디애나 주 남동부 등에서 3대 슈퍼마켓 체인과 파업권을 확립한 조합 측과의 분쟁이 발생했다. 그러나 파업 돌입 직전까지 간 경우도 있었지만, 적어도 대형 슈퍼마켓 체인에 관해서는 남캘리포니아의 대분쟁 이후 노사협정 개정을 둘러싼 파업 사태는 일어나지 않았다.

초대형 슈퍼마켓 체인 회사인 크로거의 본사가 있는 신시내티를 중심으로 한 오하이오 주 남서부 지역에서는 2004년 10월 협정 개정기를 맞이하여 노사협상을 했으나 노사 측의 압도적인 파업 찬성투표와 회사 측의 대응책 착수 등 남캘리포니아와 같은 분쟁사태 수준까지 갔다. 그러나 최종적으로는 UFCW가 파업을 철회하여 대폭 양보를 한 수준에서 해결되었다(Bianco, 2006a: 209~210).

남캘리포니아에서 분쟁이 일어난 지 반년 후 같은 주 내의 샌프란시스코 지구를 제외한 북캘리포니아에서는 7월, 샌프란시스코 지구에서는 9월에 각각 3대 슈퍼마켓 체인과 UFCW와의 노사협정이 개정되었는데, 양 지구

and Greenhouse, 2004). 또한 "이 노사협정은 노동자 측에서 보면 명백하게 이전(2003년 10월에 실효한) 협정보다 나빠졌을 뿐만 아니라 몇 가지 점에서는 파업 전에 조합 측이 수용을 거부한(경영 측이 제안한) 협정안보다 더 나빠졌다"라는 평가도 있다(Hiltzik, 2004). 또한 캘리포니아 대학 산타바바라교의 리히텐슈타인(Nelson Lichtenstein)은 "조합 측의 결정적인 패배로 마무리되었다"라고 결론 내렸다(Lichtenstein, 2006: ix).

모두 노사교섭이 반년 가까이 진행되었으나 파업이나 직장폐쇄와 같은 실력 행사 없이 전자는 12월 말, 후자는 2005년 1월에 각각 타결되었다(Raine, 2004a, 2004b, 2005; Peltz, 2004c; Girion, 2005 등). 당초 양 지구 모두 경영 측은 남캘리포니아 지구와 같은 협정을 제안했다. 특히 '2층' 시스템 도입과 의료보험료의 일부를 종업원이 부담하는 것을 강력하게 주장했다. 그 근거가 세이프웨이의 CEO가 지적하고 있는 것처럼 "노동조합을 인정하지 않는 경쟁 상대와 경쟁을 해야만 하는 비용상의 불리함"(Raine, 2004a)을 어떻게 극복할 것인가였다. 이러한 점에서는 반년 전의 남캘리포니아와 거의 일치한다. 그럼에도 불구하고 최종적으로는 '2층' 시스템 도입이나 보험료의 종업원 일부 부담을 철회하고, 개정 전의 협정과 비교하여 최고임금(시급)이 될 때까지 최저근속기간의 장기화나 의료비의 일부 자기부담 등을 도입하는 내용으로 타결되었다.

이러한 경영 측의 양보에 대해서는 샌프란시스코 지구의 경우 노동자 측을 지지하며 경우에 따라서는 슈퍼마켓을 보이콧하는 세이프웨이의 고객 8만 5,000명의 서명이 노동조합 측에 유리하게 작용했던 것으로 판단되나, 이보다 더 큰 이유로는 남캘리포니아에서의 분쟁이 경영 측에도 매우 힘든 경험이었기 때문이라고 판단된다.

즉, "경영자는 분쟁으로 인해 발생하는 비용을 염려하고"〔윌리엄 굴드(William Gould) 스탠퍼드 로스쿨 명예교수·전 전국노동관계위원회(NLRB) 위원장〕(Girion, 2005) 있으며, "경영자는 다시 파업에 직면하는 것을 두려워한다"(UFCW 지부장)(Peltz, 2004c)라는 의미로도 해석될 수 있을 것이다. 여하튼 "로스앤젤레스의 경험(남캘리포니아의 분쟁)은 미국의 슈퍼마켓 종업원에게 도움이 되었다"〔켄트 왕(Kent Wong)·UCLA 노동문제(Girion, 2005) 연구교육 센터장〕는 것은 틀림없는 사실이다.

3) 분쟁의 배경

다만 남캘리포니아에서의 장기 파업·직장폐쇄에 의해 15억 달러 혹은 20억 달러 정도의 손실이 발생했으며, 그 기간 중 다른 소매점으로 구입처를 변경한 고객을 다시 되돌리기 위해 고생했다는 경험이 있기 때문에 북캘리포니아에서 경영 측이 노동조합과 타협을 했다는 것은 충분히 이해가 된다. 그러나 3대 슈퍼마켓 체인은 미국 각지의 UFCW 지부와 노사협정을 체결하여 1년 동안 수차례 개정교섭에 임했기 때문에 '2층' 시스템 등 노사협정 개정을 제기할 기회는 얼마든지 있었다. 그렇다면 왜 남캘리포니아에서만 이러한 문제가 발생했을까?

이에 대해 사회학자이며 UCLA의 노동·고용연구소(UC Institute for Labor and Employment) 소장인 루스 밀크만은 단순히 시기 문제였을 것으로 추측하고 있다. 즉, 우연히 3대 슈퍼마켓 체인이 종업원 대우의 악화경쟁(the race to the bottom)에 뛰어들 것을 결정하고 난 후 처음으로 실시한 협정 개정이었기 때문이라는 것이다. 만약 시기상의 문제 이외의 다른 이유가 있다면, 기존 남캘리포니아의 협정은 노동조합의 시점에서 보면 미국에서도 가장 뛰어난 협정이었으며, 또한 최대의 조합원 수를 자랑하는 지역이었기 때문이라는 추측도 있다(Milkman, 2004).

이유가 시기 문제였다고 하더라도 결과적으로 '2층' 시스템이 도입된 남캘리포니아의 신규 종업원(협정 후에 채용된 종업원)의 노동조건은 다른 지역의 종업원과 비교하여 악화된 것은 사실이다. 3년 후인 2007년 봄 시점에 3대 체인 종업원의 약 절반은 제2계층(신 협정 후에 채용된 종업원)으로 분류된 사람들로, 협정 출발 시 그들의 시급은 법정 최저임금에 가까웠으며, 의료보험에 가입하기 위해서는 12~18개월 동안 근무해야만 했다(Hirsch, 2007b).

이를 좀 더 자세하게 살펴보자(Jacobs et al., 2007; Hirsch, 2007a). 의료보험 가입이 인정되는 조건이 근속 4개월에서 12개월(직종에 따라서는 18개월)로, 가족의 가입이 인정되는 것은 30개월로 연장되어 보험료의 20% 정도의 부담이 가중되었으며, 통원 시 자기부담비율 등도 증가했다. 의료보험뿐만 아니라 임금도 악화되었다. 그 결과 2003년 9월에는 조합원의 94%가 체인이 제공하는 의료보험에 가입하고 있었던 것에 비해 2006년 9월의 가입률은 54%까지 하락했다(같은 시기 북캘리포니아의 가입률은 96%에서 79%로 하락했다). 신 협정 후에 채용된 종업원 중 가입자격이 있는 사람이 29%임에도 불구하고 실제로 가입한 사람은 7%에 불과했다. 슈퍼마켓 체인 종업원의 연간 회전율은 분쟁 전 19%였던 것이 분쟁 후에는 32%로 상승했다. 채용 후 1년 이내의 종업원만을 살펴보면 30%에서 52%로 상승했다.

이러한 상황 속에서 2007년 3월 5일로 기한이 종료되는 노사협정의 개정에 대해서, 기본적으로 현행 협정을 유지하고 싶은 3대 체인[7]과 이전 협정으로 되돌리고 싶은 UFCW와의 사이에서 2007년 초부터 교섭이 시작되어 최종적으로는 7월 17일에 4년 기간의 신 협정으로 타결되었다.

신 협정은 의료보험에 가입할 수 있는 기간을 대폭 단축했으며, 제1계층보다 1~3달러나 적었던 제2계층 시급의 최고액 격차를 폐지했음은 물론 최고액에 달하기까지의 근속연수도 단축하여 전 종업원의 시급을 상승하는 등 노동조합 측의 요구에 가까운 내용으로 구성되었다(Hirsch, 2007e; Verrier and Hirsch, 2007).

7) 3대 체인 중 하나인 앨버트슨은 2006년 1월 식료잡화 도매업으로 슈퍼마켓도 경영하는 슈퍼밸류(Supervalu), 드러그스토어 체인(Drugstore Chain)인 CVS, 투자펀드 회사인 서러버스(Cerberus) 등 3개 그룹에 의해 매수되어, 점포명은 같지만 남캘리포니아의 슈퍼마켓은 슈퍼밸류 산하, 북캘리포니아에서는 서러버스 산하로 각각 다른 경영주체가 되었다.

이는 2003년 분쟁 당시 캘리포니아 주에서 급속하게 확산될 것이라고 예상되었던 월마트의 슈퍼센터가 시민 등 지역의 출점반대운동이 높아짐에 따라 많은 지방정부가 출점을 금지하거나 출점에 엄격한 조건을 부가하는 제도를 설치하는 등으로 인해 계획대로 출점이 되지 않았던 점, 남캘리포니아에서의 점유율 감소는 차치하더라도 3대 체인 모두 수익이 증대하고 있는 등 노동조합 측의 요구를 거절할 수 있는 근거가 부족했기 때문이다(Hirsch, 2007d).

그러나 가장 큰 이유로는 막대한 희생을 감수하고 도입한 '2층' 시스템으로 인해 새로운 종업원은 3개월이 경과하면 더 이상 일할 가치가 없는 직장이라고 여기며 퇴직해버리는 정착률의 악화(Verrier and Hirsch, 2007)가 있었기 때문일지도 모른다.

여하튼 어떤 의미에서는 실험이었다고 할 수 있는 남캘리포니아의 슈퍼마켓의 노동조건 및 고용조건의 저하, 이에 따른 슈퍼마켓 종업원의 워킹푸어화는 제동이 걸리게 되었다.

이 기간 동안 '2층' 시스템으로 슈퍼마켓이 순조롭게 이익을 올리고 있었음에도 불구하고, 저임금으로 인해 의료보험에 가입할 수 없는 종업원들은 세금(공적부담)으로 유지되는 의료 서비스에 의존했다. 이에 대한 재검토로 인해서, 저가격과 막대한 이익 창출을 가능하게 했던 요인의 일부가 저임금과 종업원을 위한 허술한 의료보험제도라는 월마트와 유사한 구조였다(Lopez, 2007)는 상황에 일단 제동이 걸린 것이다.

또한 여기서 지탄을 받고 있는 극단적이라고도 할 수 있는 월마트의 저임금·저부가급부와 이에 근거한 저가격판매와 고이익 경영모델은 기타 소매기업에서도 경쟁적으로 도입되었으며, 물건 구입처에 저가격을 강요함으로 인해 납입업자·제조업자에게도 확산되었다. 이것이 바로 '월마트화(Wal-Martization)'라고 불리는 현상인데, 우선 그 원조인 월마트 종업원의 대우에 대해서는 새로운 절에서 설명하도록 하겠다.

여담이지만 2003~2004년의 분쟁 시 UFCW에 의한 세이프웨이의 파업에 대항하기 위하여 UFCW 구성원에 대한 직장폐쇄를 실시한 일부 점포에서 조합원을 거짓고용하여 직장폐쇄기간 중에도 작업을 했다는 혐의로 랠프스가 기소되었는데, 벌금 2,000만 달러와 종업원 및 조합에 대한 배상금 5,000만 달러라는 유죄판결이 내려졌다(Cho, 2006; Zimmerman and White, 2006).

또한 3대 체인 중에서 1개 체인이라도 파업에 돌입하면 나머지 체인은 직장폐쇄로 대응(파업이 일어난 체인을 지원)할 것, 파업·직장폐쇄기간을 대비하여 대폭 감소할 것으로 예상되는 매출을 비축했다가 3대 체인이 분배하는 것 등을 규정한 상호원조협정이 파업이 실시되기 2개월 전에 체결되었으나, 「연방 반트러스트법」에 위반된다고 하여 파업기간 중인 1월 말에 캘리포니아 주(사법장관)가 로스앤젤레스 연방 지방재판소에 제소하여(Bloomberg News, 2006) 2007년 말 현재 계쟁(係爭) 중이다.

2. 월마트의 저임금 문제

1) 밀러 보고서(Miller Report)

2003년 10월부터 시작된 남캘리포니아의 슈퍼마켓 파업이 종반을 맞이할 무렵인 2004년 2월, 미국 의회 하원의 교육·노동위원회(The Committee on Education and the Workforce)에서 민주당이(대표자는 캘리포니아 주 출신의 George Miller 의원) "매일 낮은 임금: 우리는 숨겨진 가격을 월마트에 지불하고 있다(Everyday Low Wages: The Hidden Price We All Pay for Wal-Mart)"라는 25페이지 분량의 보고서(George Miller, 2004)(이하 밀러 보고서)를 공표했다.

이 보고서의 타이틀인 "매일 낮은 임금"은 월마트의 캐치프레이즈인 "매일 낮은 가격"을 비꼰 것이다.

밀러 보고서가 공표되기 전인 1990년대 말경부터 월마트의 종업원 대우와 이것이 지역사회 및 지역경제에 미치는 영향, 그리고 월마트의 출점이 지역경제 및 지역사회에 미치는 영향에 대한 분석이 매우 활발하게 이루어졌다. 초기에는 약간 감정적인 분석도 있었지만 점차 광범위한 시각에서 분석이 이루어졌다. 또한 밀러 보고서 이후에도 경제학, 사회학, 도시계획 등 많은 분야에서 우수한 서적이나 논문, 보고서 등이 출간 또는 발표되었다. 단, 밀러 보고서는 연방의회의 멤버가 제기했다는 점에서 정치적인 의미가 매우 크다고 할 수 있다. 또한 월마트에 의한 종업원의 처우와 관련된 다양한 문제에 대해 매우 상세하게 언급되어 있다.

보고서에서는 우선 월마트에 의한 "저가격판매가 소비자이익을 다소 창출하고 있는 것은 사실이지만, 국내에서 수집된 증거에 의하면 그러한 이익이 미국의 노동자, 합주국의 노동법, 커뮤니티의 생활 수준에 미치는 믿기 어려운 피해의 대가로 실현되고 있다"(George Miller, 2004: 3)고 지적하고, 바야흐로 "월마트는 일하는 사람들의 대우에서 최저기준을 대표하고 있다. (이에) 이 보고서에서는 국내외 월마트의 노동관행을 검토하고 미국 소매업의 새로운 기준 제시자(월마트)에 의해 발생된 모든 문제에 대하여, 일하는 미국인과 이에 연대하는 의원들이 어떻게 대응하면 좋은가에 대하여 살펴보고자 한다"(George Miller, 2004: 3)고 언급하고 있다.

또한 이 보고서 작성에 중심적인 역할을 수행한 밀러 의원은 신문 인터뷰에서, 연방의회에서 다시 민주당이 주도권을 잡게 된다면 월마트에 대한 공청회를 실시하겠다고 했다(Barton, 2004). 그리고 2006년 가을 중간선거에서 승리한 민주당은 월마트만을 대상으로 하지는 않았지만 「노동조합 결성 절차를 개혁하는 법률(Employee Free Choice Act)」안을 하원에서는 밀러 의원이 중심이 되어 2007년 2월에, 상원에서는 에드워드 케네디(Edward Kennedy) 의원이 중심이 되어 같은 해 3월에 제안했다. 그러나 하원에서는 통과되었으나 상원에서는 심의중지 동의를 가결할 만큼의 의석을 민주당이 확보하고 있지 못했다는 점, 부시 대통령의 거부권 발동 시사에 대해 민주당은 하원에서도 대통령의 거부권을 뒤엎을 만큼의 의석을 확보하지 못했다는 점 등으로 인해 2007년 6월 26일 실시된 표결에서 51대 48로 부결되었다.

여하튼 이 보고서에서는 월마트의 종업원에 대한 처우와 관련된 문제로서 아래와 같은 항목을 언급하고 있다.

- 종업원의 단결권
- 저임금
- 불평등한 임금과 처우
- 시간외노동
- 아동노동 및 휴식과 관련된 위법행위
- 종업원과는 거리가 먼 보건의료(unaffordable or unavailable health care)
- 납세자에게는 높은 부담을 의미하는 저임금
- 불법노동자의 사용
- 노동의 해외이전으로 인한 미국 내에서의 실업발생(trading away jobs)
- 장애인 차별
- 종업원의 안전성

이 보고서에 대하여 월마트는 워싱턴의 유력 PR회사를 통하여 미주리 대학의 케네스 트로스키(Kenneth Troske)에 자금을 제공하여 반론을 제기했다(Barton, 2004). 또한 PR 담당 부사장인 모나 윌리엄스(Mona Williams)는 "자신이 직접 조사하지 않고 신문 타이틀을 그냥 수집한 것에 불과하다"라고 비판했다(Barton, 2004).

물론 밀러 보고서는 대부분 2차 자료에 근거하고 있다. 그러나 월마트의 저임금 등에 대해서는 밀러 보고서에서 인용된 논문·기사뿐만 아니라 매우 많은 수의 언급과 지적이 있다. 이에 월마트의 종업원 대우 문제에 대해서 밀러 보고서 이외의 자료도 검토하면서 항목별로 상세하게 살펴보고자 한다.

2) 저임금 사례

밀러 보고서는 우선 종업원의 단결권이라는 항목으로 월마트의 반노동조합정책과 반복되는 노동법 위반행위에 대해 비판하는 것으로 시작하고 있다. 그리고 2004년 1월에 연방노동통계국(The Bureau of Labor Statistics)이 공표한 데이터에 의하면, 노동조합원의 주급 중앙치가 760달러인 것에 비해 비노동조합원은 599달러로 26%나 차이가 나는 점, 또한 ≪시카고 트리뷴(Chicago Tribune)≫(2003년 11월 12일 자)을 인용하여 슈퍼마켓업계로 한정하면 조합원과 비조합원의 격차는 30%나 된다고 지적하고 있다(George Miller, 2004: 3~4).

월마트의 반노동조합정책에 대해서는 나중에 언급하기로 하고, 여기서는 우선 저임금에 대해서 알아보도록 하겠다.

밀러 보고서에서는 이 주제에 대해서 독자적으로 조사하기보다는 신문 등을 인용하여 다음과 같이 정리하고 있다(George Miller, 2004: 4). 즉, 슈퍼마켓의 종업원 평균 시급이 10.35달러인 것에 비해 월마트 점원의 평균 시급은 2001년 기준으로 8.23달러로 연간 1만 3,861달러에 불과하다.[8] 또한 다른

8) 2001년 평균 임금이 시간당 8.23달러, 연간 1만 3,861달러로 3인 가족의 빈곤레벨에도 미치지 못한다는 수치는 계쟁 중인 재판에 제출된 자료에서 추계된 것이며, 원자료는 Bianco and Zellner(2003)에 소개되어 있다.

통계에 의하면 시급은 7.5~8.5달러의 범위이며, 점원의 평균 노동시간은 주 32시간이기 때문에 1개월에 1,000달러 이하에 불과하다. 이들 추계치 중에서도 가장 높은 연 수입 1만 3,861달러의 경우에도 연방정부가 규정하고 있는 2001년 빈곤라인(the federal poverty line)인 1만 4,630달러보다 낮다.

이미 지적한 바와 같이 월마트 종업원의 임금이 낮다는 것은 밀러 보고서뿐만 아니라 각종 신문이나 잡지, 학술논문 등에서 매우 많이 지적되고 있다.

앞에서도 인용한 ≪LA타임스≫의 논문에서는, "월마트는 임금과 부가급부에서 전국 규모의 대형 슈퍼마켓보다 시간당 10달러 정도 적은 금액을 식료잡화부문 종업원에게 지불하고 있다. 즉, 19달러 대 9달러이다"(Cleeland and Goldman, 2003)라고 지적했다. 이 기사는 총 3회 시리즈 중 최종회로, 연재 1회차에서는 월마트의 슈퍼센터 출점이 큰 사회적 문제가 된 네바다 주 라스베이거스의 전 종업원과 인터뷰 조사한 사례를 게재했다(Goldman and Cleeland, 2003).[9)]

예를 들면 캘리포니아에 본거지를 두고 있는 슈퍼마켓 체인 랠리스의 점원이었던 다섯 아이의 어머니이자 한 가족의 가장이었던 36세 여성은 연금 및 가족용 의료보험을 포함하여 시급 14.68달러를 받았다. 그러나 라스베이거스 지구에 월마트 슈퍼센터가 진출함에 따라 랠리스는 2002년 12월에 이 지구의 18개 점포 모두를 폐쇄하고 종업원 1,400명을 해고했다. 월마트의 식료잡화부문의 시급은 9달러 이하에 불과하다고 한다.

또한 라스베이거스의 카지노에서 일하기 위해 2001년 가을 오리건 주 포틀랜드에서 이주한 46세와 43세 부부는 9·11테러 이후 관광객 감소로 인해 예정되어 있던 직장을 얻을 수 없게 되어, 지구 내의 월마트에서 근무할

9) 여담이지만 Cleeland and Goldman(2003)(제3회)과 Goldman and Cleeland(2003)(제1회) 및 제2회째의 Cleeland, Iritani and Marshall(2003)을 합한 월마트 문제에 관한 3회 시리즈는 2004년 퓰리처상을 수상했다.

수밖에 없는 상황에 처했다. 소매업계와 마찬가지로 저임금업계인 호텔업계나 게임업계이기는 하지만 2명이 받을 예정이었던 임금은 각각 시급 15달러 이상과 연금, 의료보험이었다. 그러나 월마트 내 레스토랑의 카운터 서비스에 종사하게 된 부인과 상품보충과 관련된 일을 하게 된 남편의 임금은 각각 시급 8달러에 불과했다.

다른 기사에 의하면 텍사스 주 패리스의 월마트 슈퍼센터에 근무하는 1살 된 아이를 둔 22세 여성은 3년간 근무한 현재(2003년) 연 수입이 1만 6,800달러임에도 불구하고 본인은 주변과 비교하여 높은 임금을 받는다고 생각하고 있다. 월마트의 시급 종업원의 평균 연 수입은 1만 8,000달러에 불과하다(Olsson, 2003).

또한 1990년대 후반의 사례이기는 하지만 시급이 6.14달러, 6.5달러, 또는 연 수입 9,000달러와 같은 사례도 있다(Norman, 1999: 44~46).

3) 평균 임금: 드로진 보고서(Drogin Report)

월마트의 임금이나 부가급부와 같은 종업원 대우에 대해서는 이상과 같은 개별 사례에 대한 파악은 가능하지만 전체적인 상황 파악은 어렵다. 그러나 밀러 보고서에서도 인용된 ≪비즈니스 위크(Business Week)≫의 비앙코와 젤너(Bianco and Zellner, 2003)의 논문 등의 자료에서 이에 대하여 추계하고 있다.

우선 1997년 ≪월스트리트 저널(The Wall Street Journal)≫이 조사한 내용이 있는데, 이 내용은 밥 오르테가(Bob Ortega)의 책에도 인용되어 있다. 즉, "평균 시급 7달러 50센트로 주 40시간(월마트 종업원에게는 가장 좋은 근무조건) 일하면, 1년에 1만 5,600달러가 된다. 4인 가족 세대인 경우 이는 정부가 규정한 빈곤레벨과 동일하다"(Ortega, 2000: 361).

〈표 1-1〉 월마트 관리직의 평균 연간 급여(2001년)

(단위: 달러)

직종	수(명)	평균 연간 급여	
		남성	여성
지역담당 부사장(Regional VP)	39	419,435	279,772
지구 매니저(District Mgr)	508	239,519	177,149
점장(Manager)	3,241	105,682	89,280
점장 대리(Co-Mgr)	2,336	59,535	56,317
부점장(Asst Mgr)	18,731	39,790	37,322
관리직 후보(Mgmt Trainee)	1,203	23,175	22,371

자료: Drogin(2003: 17), Table 9.

월마트의 임금에 관한 다른 기사에 의하면, 일하기 시작한 처음의 시급은 6.25달러이며 아무리 높아도 8달러 이상인 경우는 없다. 종업원의 대다수는 의도적으로 파트타이머 취급을 당하고 있으며, (전 종업원 140만 명 중) 매년 50만 명이 그만두고 있다. 종업원의 절반 가까이는 연방정부가 규정한 3인 가족 빈곤라인인 연 수입 1만 5,300달러 이하이다(Peirce, 2003).[10]

좀 더 많은 데이터를 활용한 수치를 살펴보도록 하자. 현재 월마트에 대해서는 여성종업원으로부터 임금·승진 등에서 여성이 차별을 받고 있다는 재판이 제소되어 있다. 이 중에서도 캘리포니아 주 샌프란시스코의 연방지방재판소에 제소된 건(Dukes v. Wal-Mart)의 경우 원고 측이 전·현직 여성종업원 150만 명 이상을 대표하는 집합대표소송(Class Action)으로 심리할 것을 요구하고 있다. 만약 재판소가 집합대표소송으로 인정하면 「시민적 권리에 관한 법률(Civil Rights Acts)」[11]과 관련된 집합대표소송으로서는 사상 최대

10) 종업원의 과반수 가까이가 빈곤라인 이하의 수입이라는 것은 Davis(2003) 등에서도 지적하고 있다.

11) Civil Rights Acts는 「공민권법」으로 번역되는 경우가 많지만, 이는 정확하다고

〈표 1-2〉 월마트 시급 종업원의 평균 연간 임금(4대 직종, 2001년)

(단위: 달러)

직종	수(명)	평균 연간 임금	
		남성	여성
부문장(Dept Head)	63,747	23,518	21,709
판매원(Sales Associate)	100,003	16,526	15,067
HD/HM O/N	29,333	19,121	17,870
계산원	50,987	14,525	13,831
시급 종업원 합계	476,813	18,609	17,459

주: 1) 연도 말 풀타임 지위에 있으며, 당해 연도 중에 45주 이상 근무한 사람의 집계.
2) HD/HM O/N이란 하드라인·가정용품 판매에서 심야근무자를 말함.
3) 시급 종업원 합계에는 4대 직종 이외도 포함.

자료: Drogin(2003: 17), Table 10.

규모임은 물론, 그 결과에 따라서는 월마트의 경영에도 적지 않은 영향을 미칠 것으로 판단된다. 이 재판에 대해서는 나중에 상세하게 설명하도록 하고, 이 재판에서 원고 측 전문가 의견서로 제출된 캘리포니아 주립대학 헤이워드교 명예교수인 리처드 드로진(Richard Drogin)의 자료(Drogin, 2003)를 일부 인용하고자 한다.

드로진의 목적은 재판소에 제출된 월마트의 급여 및 임금의 지불 원데이터(약 1,500만 데이터)에서 월마트 사내에서의 남녀격차에 대하여 통계적으로 분석하는 것이지, 월마트와 동종업계의 타사나 타 산업과의 비교는 아니다. 따라서 대부분의 데이터가 남녀별로 되어 있으나, 월마트의 급여나 임금의 실태에 대해서는 충분히 알 수 있다.

관리직(higher-level jobs)의 평균 연간 급여와 시급 종업원(hourly hobs)의

볼 수 없으며 「시민권법」이라는 번역도 부적절하다. 「시민적 권리에 관한 법률」이라고 번역하는 것이 적절하다는 것에 대해서는 田中英夫(1991)을 참조.

〈표 1-3〉 월마트 시급 종업원 평균 시급(4대 직종, 2001년)

(단위: 달러/시간)

직종	수(명)	평균 시급	
		남성	여성
부문장(Dept Head)	36,010	11.13	10.62
판매원(Sales Associate)	96,539	8.73	8.27
HD/HM O/N	28,408	9.56	9.29
계산원	49,261	8.33	8.05
시급 종업원 합계	463,526	9.55	9.26

주: 1) 연도 말 풀타임 지위에 있으며, 고용 후 적어도 1년 이상 경과한 자의 합계.
2) HD/HM O/N이란 하드라인·가정용품 판매에서 심야근무자를 말함.
3) 시급 종업원 합계에는 4대 직종 이외도 포함.

자료: Drogin(2003: 18), Table 11.

평균 연간 임금 및 평균 임금(시급)을 정리하면 <표 1-1>~<표 1-3>과 같다. 결과는 지금까지 살펴본 수치와 크게 차이가 없다.

여기서 주의해야 할 점은 시급 종업원으로 집계 대상이 된 사람은 풀타임 지위에 있으며, 또한 1년 이상 근무경험 또는 연간 45주 이상 취업한 자로 한정하고 있다는 것이다. 그러나 남녀 모두 연간 임금이 1만 달러라는 상황에는 변함이 없다.

월마트에는 점포(기업) 측의 의향에 따라 풀타임으로 근무하고 싶어도 할 수 없는 자가 많으며, 지불임금 총액 억제 등으로 인해 근무시간의 제한을 받는 자가 적지 않기 때문에 모든 종업원의 평균 연간 임금은 더욱 적어질 수밖에 없다.

월마트는 과거 임금에 관한 자료를 일절 공표하지 않았다. 그러나 월마트 임금이 빈곤라인 이하의 수준이라는 비판이 높아졌기 때문에 최근 평균 임금을 발표하고 있는데, 이에 따르면 2005년 9.68달러, 2006년에는 10.11달러이다. 그러나 이 수치는 경영진의 급여도 포함된 평균 임금이기 때문에 종업원의 대우를 살펴보는 데에는 의미가 없다는 비판도 존재한다(Wal-Mart Alliance for Reform Now, 2005: 2).

이에 WARN[12]은 플로리다 주에 제출된 세금 관련 자료 중에서 2005년 제1사분기에 월마트에서 임금을 받은 11만 명에 대해 검토했다. 4분기 합계 임금이 2,000달러 이하인 사람을 임시고용으로 제외하면 중앙치는 3,300달러이다. 만약 이들이 풀타임 종업원으로 주 40시간 근무한다고 하면 시급은 6.35달러로 낮아진다. 원자료에는 임금 총액만 있고 근무시간에 대한 데이터는 없기 때문에 정확하지는 않지만, WARN의 추계로는 같은 주의 10만 명 전후의 종업원 중에서 매니저급으로 추정되는 시급이 23.09달러인 사람도 5.4% 있지만, 대부분은 매우 낮아서 7.69달러 이하인 사람이 59.8%, 7.7~9.62달러인 사람이 7.7%, 9.63~11.54달러인 사람이 9.1%를 차지하고 있다(Wal-Mart Alliance for Reform Now, 2005: 1, 4).

또한 경영진의 급여 포함 여부를 떠나서 월마트의 공표치인 2005년 9.68달러〔자회사이면서 회원제 소매업인 샘스클럽(Sam's Club)은 12달러〕라는 시급은 전체 소매업 종사자의 평균 12.28달러, 전체 산업의 관리부문을 제외한 평균 15.9달러와 비교하면 매우 낮으며, 샘스클럽의 경쟁 상대인 코스트코의 16달러와 비교해도 차이가 매우 크다. 9.68달러로 주 35시간 근무하면 연간 수입은 1만 7,600달러가 된다. 이는 3인 가족의 빈곤라인인 1만 5,219달러보다는 많지만, 4인 가족의 빈곤라인인 1만 9,157달러 이하가 된다(Greenhouse, 2005d).

2006년 시급 10.11달러를 기준으로 월마트에서 풀타임으로 주 34시간

12) WARN(Wal-Mart Alliance for Reform Now)이란 월마트에 대하여 지역의 책임을 가진 경영을 하도록 요구하기 위하여 개인, 지역조직, 노동조합, 인권옹호조직, 여성단체, 환경보호단체 등으로 구성된 조직이며, 플로리다 주 탬파와 올랜도에 활동거점을 두고 있다.

근무하면 1년에 1만 7,874달러가 되지만, 이는 미국 전체 소매업 종사자의 평균 임금보다 약 20% 적으며, 2인 가족의 최저생계를 위해 필요한 금액에 1만 달러 이상 부족하다(Gray-Barkan, 2007: 6).

원래 소매업 임금은 타 산업과 비교하여 낮은 것이 일반적이다. 연방노동통계국 통계자료에 의하면, 2004년 산업별 시급 중앙치를 비교하면 소매업은 공익사업의 24.8달러보다는 훨씬 적으며, 금융·보험(17.01달러), 제조업(15.07달러)보다도 적으며, 숙박·외식산업(7.71달러), 농림수산수렵업(8.27달러)을 조금 상회하는 9.71달러에 불과하다(Karjanen, 2006: 150).

연방경제통계국 자료에 의하면 1990~2001년 기간 동안 소매종사자의 임금 인상은 소매업 이외의 임금 인상보다 14%나 낮다고 한다. 또한 오늘날 미국 노동자 5명 중 1명은 소매업에 종사하고 있으며, 그중에 10대는 16%에 불과하며 절반 가까이가 35세 이상이다. 그리고 소매업 종사자의 1/3은 연방정부가 규정한 빈곤라인 이하의 임금을 받고 있다고 한다(Mitchell, 2006a: 58).

월마트의 임금을 소매업 전체와 비교하지 않고 노동조합으로 조직된 슈퍼마켓의 종업원과 비교하면 그 격차는 더욱 커진다. 캘리포니아 주 샌프란시스코 지역의 슈퍼마켓의 데이터[13)]와 상술한 드로진 보고서에 의하면, 슈퍼마켓의 시급이 15.3달러인 데 비해 월마트는 9.5달러에 불과하다. 또한 의료보험료나 퇴직 후의 연금적립 부담, 유급휴가 등 각종 급부나 수당을 노동시간으로 환산하면, 슈퍼마켓은 23.64달러 상당의 임금·부가급부가 되는 데 비해 월마트는 11.95달러에 불과하다(136쪽 <표 1-4> 참조). 또한 연간 총보수의 경우 슈퍼마켓은 4만 2,552달러, 월마트는 2만 1,552달러로 거의 절반에 불과하다(Johansson, 2005: 17). 바로 이것이 앞 절에서 살펴본 캘리포니아에서

13) 슈퍼마켓의 데이터는 기본적으로 Bay Area Economic Forum(2004)을 인용했다.

발생한 슈퍼마켓 노사분쟁의 배경이 된 것이다.

또한 미국에서는 빈곤라인과는 별도로 저소득자를 위한 식료비보조(food stamp)와 관련된 빈곤의 개념 및 범위 규정이 존재하며, 그 대상세대는 2003년 기준으로 3인 가족의 경우 1만 9,838달러 이하, 4인 가족은 2만 3,920달러 이하이기 때문에 여기에 포함되는 종업원의 수는 매우 많다.

시계열적으로 살펴보더라도 소매업 종사자의 인플레이션 조정 후 실질수입은 과거 23년간 6% 감소했으나(Blank, 2005: 46), 월마트의 경우 1970년부터 실질적으로 약 35%나 임금이 감소했다. 소매업 전체로는 1960년 제조업 노동조합원 임금의 절반이었으나 오늘날에는 1/3 수준에 불과하며, 그 격차는 계속 커지고 있다(Bianco, 2006a: 58).

또한 미국정부 데이터에 의하면 1990~2001년 기간 동안 소매업 임금이 소매업 이외 산업의 임금과 같은 수준으로 상승했다면 소매업 임금은 14%나 많아졌을 것이다(Mitchell, 2006a: 58).

월마트 경영자와 일반종업원의 연간 수입 격차는 과거 일류기업이었던 GM보다 더욱 커졌다는 것도 주의할 필요가 있다. 즉, 1950년 당시 가장 높은 임금을 받고 있던 경영자 중 한 사람이었던 GM 사장인 찰스 윌슨(Charles E. Wilson)의 연간 수입은 GM의 조립라인 노동자의 연간 수입의 약 140배였다. 그런데 2003년 월마트의 CEO인 리 스콧(Lee Scott)의 연간 수입은 월마트의 풀타임 시급 종업원의 시급과 비교하면 적어도 1,500배 이상이 된다(Lichtenstein, 2006: 28). 2006년 스콧의 연간 수입은 월마트의 평균적인 종업원 연간 수입의 2,000배라는 보고서도 존재한다(Goldberg, 2007: 35). 또한 실제 금액으로 비교해보면 1968년 당시 GM 노동자의 평균 연간 수입과 경영진의 연간 수입을 오늘날 가치로 환산하면 각각 2만 9,000달러와 400만 달러이다. 또한 노동자는 의료보험과 퇴직금을 받을 수 있었다. 한편 월마트 풀타임 종업원의 연간 수입은 1만 7,000달러로 회사가 제공하는 의료보험은 종업원의 절반만 혜택을 받는 반면, CEO인 스콧의 연간 수입은 1,750만 달러로 평균 임금 종업원의 평생 수입을 스콧은 2주 만에 벌어들이는 것이다 (Krugman, 2005).

또한 2005년 창업자인 샘 월튼(Sam Walton) 유족의 자산은 900억 달러로 추정되는데, 이는 미국 저소득층의 40%에 해당하는 1억 2,000만 명의 자산 합계 950억 달러에 가까운 금액이다(Reich, 2007: 113). 따라서 월마트의 인색한 기업문화는 경영진에 대한 보수에는 해당하지 않는다는 비판도 존재한다 (Goldberg, 2007: 32).

여기서 가장 유의해야 하는 점은 경영진 수뇌와 일반종업원과의 연간 수입 격차의 경우, 코스트코는 예외로 하더라도 기타 대형 소매기업과 비교하여 월마트가 가장 큰 것이 아니라는 것이다. 구체적으로 살펴보면 월마트 CEO인 스콧은 2003년 급여와 보너스로 430만 달러, 사모(私募)에 의한 주식 취득(restricted stock grants)으로 1,310만 달러를 받았으나, 같은 해 타깃의 CEO는 급여, 보너스, 스톡옵션을 포함하여 2,310만 달러, 경영 파탄한 K마트의 전 사장 겸 CEO인 줄리언 데이(Julian Day)는 회사를 물러날 때 1억 달러를 받았다. 기타 거대 소매기업의 경영진과 비교하면 스콧도 월마트의 사원이라는 틀 속에 얽매여 있다고 말할 수도 있다(Dicker, 2005: 80). 여하튼 월마트의 많은 종업원이 연방정부가 규정한 빈곤레벨 이하의 수입일 가능성은 매우 크다.

한편 미국 노동총동맹산업별조합의회(American Federation of Labor and Congress of Industrial Organizations: AFL-CIO)의 보고서에 의하면 아래와 같다 (AFL-CIO, 2003: 8~9).

우선 월마트의 평균 임금(시급)이 7.5~8.5달러라는 밀러 보고서의 추계에 근거하여 시급 8달러라고 가정하고, 월마트가 의료보험 등을 위해 규정하고 있는 풀타임의 정의, 주 34시간 근무를 전제로 평균 주급을 272달러, 연간 수입을 1만 4,144달러로 추측하고 있다. 이는 <표 1-2>, <표 1-3>보다도 적지만 위에서 지적한 바와 같이, 드로진 보고서에서 분석대상이 되는 것은 상대적으로 장기취업자가 많기 때문이라고 해설할 수 있다.

이 AFL-CIO의 추정치는 연방정부가 규정한 2003년 3인 가족의 빈곤라인 1만 5,260달러보다 1,116달러, 4인 가족의 빈곤라인 1만 8,400달러보다도 4,256달러나 적다. 또한 같은 해 3인 가족은 연간 수입 1만 9,838달러 이하, 4인 가족은 2만 3,920달러 이하라는 저소득자를 위한 식료비보조 대상 세대 정의보다도 매우 적은 것이 된다.

4) 종업원의 궁핍한 생활실태

이처럼 월마트의 임금만으로는 풀타임 종업원일지라도 연방정부가 규정한 빈곤레벨 이하의 수입일 가능성이 매우 높다. 또한 이 빈곤레벨 산출방법에 대한 비판도 존재한다(Shulman, 2003: 26~27). 즉, 총소비지출에서 차지하는 식료비의 비율이 1/3이라는 1960년대의 상황을 그대로 적용하여, 필요한 식료비용을 3배로 하는 데 필요한 지출(=소득)을 구하고 있다. 그러나 1960년대 이후 주거비 등의 폭등으로 인해 현재 소비지출 구성비는 당시와는 매우 달라졌기 때문에 오늘날 최저생활을 유지하기 위해서는 이 빈곤레벨보다 더 큰 지출이 필요하다. 따라서 주정부는 빈곤층·저소득자에 대한 보조 등의 대상을 설정할 때 연방의 빈곤레벨보다도 높은 소득액으로 하고 있다고 한다. 이러한 점을 고려하면 월마트 종업원의 생활은 더욱 어렵다고 할 수 있다.

그리고 월마트 종업원의 생활실태를 살펴보는 데서 유의해야 할 점은 월마트 또는 소매업계나 외식업계·서비스업계 등에서 일하는 여성에 대한 문제이다.

일본의 경우 주택대출 상환이나 자녀 교육비 때문에 슈퍼마켓 등에서 파트타임으로 일하는 주부가 적지 않다. 물론 미국에도 그러한 목적으로 일하는 여성이 존재한다. 그러나 풀타임이든 파트타임이든 소위 싱글머더(single mother)로서 아이를 키우면서 유일한 수입원으로서 일하고 있는 여성이 미국에는 적지 않다.

노동 문제 전문 변호사인 베스 슐만(Beth Shulman)에 의하면 미국에서도 저임금노동자라고 하면 일반적으로 10대, 불법이민, 고등학교 중퇴자를 상상하지만 실제로는 많은 수가 고등학교를 졸업한 백인여성 가장이라고 한다(Shulman, 2003: 69).[14)]

월마트의 저임금으로 고통을 받고 있는 싱글머더의 사례에 대한 기사나 보고는 흑인의 경우가 더 많지만, 한 가정을 책임지고 있는 가장이라는 점에서는 거의 동일하다. 이러한 가정의 경우 월마트에서 일하는 어머니의 임금이 유일한 수입이기 때문에 그 액수가 빈곤레벨 이하라면 생활이 매우 궁핍하다는 것은 쉽게 상상할 수 있다.

이를 증명하고자 한 것이 캔자스 주 설라이나에 거주하고 있는 유전학자이며 저술가인 스탄 콕스(Stan Cox)이다(Cox, 2003). 설라이나에 있는 월마트 슈퍼센터의 인사과장을 대상으로 실시한 콕스의 조사에 의하면, 채용 당초 계산원의 시급은 6.25달러, 주 40시간 근무(월 176시간이 되지만, 주 32시간 이하만 일할 수 있는 종업원이 많기 때문에 그나마 혜택을 보고 있다), 사회보장비(social security)와 노인 의료보험세(medicare tax; medicare는 공적보험으로,

14) 시급 8.7달러 이하의 저임금노동자는 미국 전역에 약 3,000만 명 정도 있다고 알려져 있다(Shulman, 2003: 5). 그리고 그중에서 2/3가 백인이며, 나머지는 흑인과 히스패닉계이지만, 백인, 흑인, 히스패닉계 각각의 노동인구에서 차지하는 저임금노동자의 비율이나, 같은 저임금노동자라도 임금(시급) 등의 면에서 백인보다 흑인이나 히스패닉계가 열악한 환경에 처해 있다(Shulman, 2003: Chapter 4).

월마트의 사내 의료보험은 아니다)를 공제하면 월 1,016달러가 된다.

이에 콕스는 2003년 6월 어머니와 4세·12세 아이로 구성되는 3인 가족을 가정하고, 필요한 물건을 모두 월마트에서 구입할 경우 최저생활에 필요한 비용이 얼마인가를 조사했다.

다른 전제조건은 생략하고, 식사는 월 1회 월마트 점내에 있는 맥도널드에서 하는 것 이외의 외식은 하지 않고, 구입하는 식품은 연방 농무성이 권장하는 '저비용 식사 플랜(low-cost food plan)'에 제시된 재료와 분량으로 하며, 시외 여행, 케이블 TV, 영화 관람, 스포츠 관람, 스포츠클럽 참가, 신문·잡지 구독 등 윤택한 생활 또는 불필요하다고 생각되는 소비는 일절 하지 않는 생활을 월마트 사원 10% 할인혜택으로 구입하는 것으로 가정했다. 그 결과 설라이나 시의 월마트 점내에서 조사한 가격을 토대로 하면 아무리 절약하여도 월 최저 1,136달러가 필요했다. 즉, 상기 계산원의 임금으로는 매월 120달러 적자를 보게 되는 셈이다.

한편 저널리스트인 데이비드 시플러(David K. Shipler)는 몇 명의 워킹푸어를 대상으로 수년에 걸쳐 조사·인터뷰를 실시했는데(Shipler, 2004),[15] 그 대상자 중에는 조사기간 중 일정 기간 동안 월마트에 근무하게 된, 지적장애를 가진 딸을 둔 중년여성 캐롤라인 페인(Caroline Payne)의 사례도 포함되어 있다.

그녀는 대학 중퇴의 학력을 가지고 있으며, 2000년 뉴햄프셔 주 월마트에서 상품보충과 계산원 일을 하기 시작한 때의 시급은 6.8달러였다. 이는 과거 1970년대 중반 버몬트 주 라이터 제조공장에서 처음으로 일할 때 받은 금액보다 불과 80센트 많은 금액이었다. 이 기간 동안 인플레이션, 생활비 상승 등을 고려하면 실질적으로는 임금이 대폭 낮아졌다고 볼 수 있기 때문에

15) 캐롤라인 페인(Caroline Payne)에 대해서는 Shipler(2004: 50~76) 참조.

그녀의 생활이 얼마나 힘들었는가는 쉽게 상상할 수 있다. 또한 뒤에서 지적하는 것처럼 근무시간대가 월마트 측의 사정에 따라 빈번하게 바뀌고, 야근도 할 수밖에 없는 상황이기 때문에 아이들을 충분하게 보살피지 못하게 되었다.

결과적으로 어렵게 구입한 작은 중고주택 대출금을 갚지 못하게 되고, 딸의 교육환경을 위하여 인디애나 주로 이전하면서 월마트를 그만두게 된다. 물론 그 기간 동안의 생활은 매우 비참했다.

또한 저널리스트인 바바라 에런라이크(Barbara Ehrenreich)는 직접 저임금노동 또는 미숙련노동에 종사하여 그 체험을 책으로 정리했다(Ehrenreich, 2001). 그녀가 종사한 직업은 플로리다 주 키웨스트에서 호텔 청소원과 패밀리 레스토랑에서 서빙, 메인 주 포틀랜드에서 노인요양원의 간호보조와 가정부, 미네소타 주 미니애폴리스에서 월마트 점원 등이다. 그녀는 이러한 체험의 목적이나 경력 등을 근무하게 될 각 해당 기업에 숨겼으며, 생활하기가 어려워지는 시점에 체험을 그만둔다는 약속을 가족과 출판사와 한 후에 각지에서 체험을 시작했다.

여기서 책의 내용을 상세하게 소개하는 것은 이 책의 목적을 훼손할 위험이 있기 때문에 생략하도록 하겠다. 그러나 저임금노동·미숙련노동의 현장과 생활이 현장감 있게 언급된 흥미 있는 르포르타주이기 때문에 관심이 있는 분은 반드시 한번쯤 읽어보기를 권한다.

단, 미국사회에서는 아무런 의심도 없이 일반적으로 대부분의 저임금노동은 미숙련노동이라고 단정 짓고 있으며 에런라이크 또한 그렇게 이해했는데, 실제로 체험을 해본 결과 호텔 청소원이든 점원이든 각각의 경험과 기술이 필요하며 결코 미숙련노동은 아니라는 그녀의 지적에 유의할 필요가 있다.

여하튼 결론을 말하자면 키웨스트, 포틀랜드 등에서는 어떻게든 그럭저럭 생활을 할 수 있었으나, 미니애폴리스에서는 생활을 유지하기 어려워 중도에 그만둘 수밖에 없었다고 한다. 이는 월마트에서 받은 1개월에 1,120달러라는 임금이 키웨스트에서의 호텔 청소원의 임금과 비교하여 매우 낮았다는 것을 의미하지는 않는다. 우선 키웨스트와 포틀랜드에서는 비성수기에는 집 임대료가 매우 싸다(키웨스트의 경우 겨울, 포틀랜드의 경우 여름과 같은 관광 시즌에는 관광 관련 산업에 종사하는 계절노동자가 대량으로 유입하기 때문에 저소득자를 위한 아파트 등일지라도 임대료가 매우 비싸진다). 이에 비해 미니애폴리스에서는 주택임대료가 매우 높아 저소득자 지원조직 등의 도움을 받더라도 월마트 임금으로 지불할 수 있는 아파트가 없었기 때문이다.

5) 변동하는 근무시간

그러나 이보다 더 큰 문제는 체험한 5개의 직업 중에 월마트에서만 볼 수 있는 근무시간제도이다. 저임금노동에 종사하고 있는 사람들의 대부분은 하나의 직업에서 벌어들이는 임금만으로는 생활할 수 없기 때문에 주간과 야간, 또는 주중과 주말 등과 같이 나누어서 두 번째, 세 번째 일을 하는 경우도 있다.[16] 에런라이크도 키웨스트와 포틀랜드에서는 동시에 2개의 일을 했으며, 그 수입으로 생활을 유지할 수 있었다. 그러나 미니애폴리스에서는 이것이 불가능했다.

월마트에서는 근무시간이 자주 변경된다. 월마트에 일이 있는지 없는지, 몇 시부터 몇 시까지 일을 하는지 등이 매우 자주 바뀌어 바로 직전이 되기까지는 알 수 없기 때문에 다른 일을 구하고 싶어도 할 수 없다. 사실 에런라이크는 월마트 외에 지역 슈퍼마켓 점원으로도 근무를 시작했다. 그러나 월마트

16) 슐만(Beth Shulman)에 의하면 1999년 2가지 이상의 일을 하고 있는 노동자는 미국 전역에서 약 800만 명으로서 전 고용노동자의 6.3%를 차지하여 1973년 5.1%보다 대폭 증가했다(Shulman, 2003: 37).

의 근무 스케줄 변동 때문에 바로 그만둘 수밖에 없었다. 그녀가 수입이 부족하여 미니애폴리스에서의 체험을 그만둘 수밖에 없었던 가장 큰 이유가 바로 이것이었다.

월마트의 근무 스케줄 변동 문제는 에런라이크의 지적 외에도 많이 존재한다. 앞에서 소개한 시플러의 르포르타주의 뉴햄프셔 주의 페인(Payne)의 경우도, "어떤 상품부문에서 다른 상품부문으로, 어떤 근무시간대(shift)에서 다른 시간대로 이동되었다. 그러나 임금 상승은 극히 작았다. 시급 6.25달러로 시작하여 6.8달러까지 상승했다. 가끔 있는 야간근무는 7.5달러였다. 근무시간을 전혀 예측할 수 없기 때문에 가계에 도움이 되는 두 번째 일을 하는 것은 불가능했다"(Shipler, 2004: 65).

페인의 근무시간이 예측 곤란했다는 것에 대해서는 다음과 같은 에피소드로 게재되어 있다(Shipler, 2004: 52).

페인은 승용차가 없었기 때문에 집에서 월마트 점포까지 편도 20분 거리를 걸어서 다녔다. 캐나다와 국경을 접하고 있는 뉴햄프셔 주의 겨울은 매우 춥다. 2월 어느 날 오전 10시 근무였기 때문에 출근을 위해 출발했는데 갑자기 오후 1시부터 근무로 변경되었다는 연락을 받았다. 어쩔 수 없이 일단 귀가하여 다시 오후 1시에 맞춰 출발했지만, 허비된 왕복시간에 대한 보상이 없는 것은 물론 이로 인해 두 번째, 세 번째 직업을 가지지 못하게 되어 생활을 계획적으로 보낼 수 없게 되었다.

특히 1990년대 중반 월마트는 근무 스케줄에 대해 방침을 기존보다 보다 엄격하게 설정했는데, 즉 회사가 필요로 할 때 일하지 못하는 자는 필요 없다는 방침을 세웠다(Featherstone, 2004a: 187). 이후 근무 스케줄을 회사의 사정에 맞추어 융통성 있게 탄력적으로 하는 시스템이 도입된 것은 나중에 살펴보도록 하겠다.

점포나 기업의 입장에서는 내점하는 고객 수의 변동에 맞추어 많지도 적지도 않은 점원을 동원한다는 실로 효율적이고 효과적인 인원배치정책이라고 할 수 있다. 그러나 종업원 입장에서는 전혀 반대이다. 일하고 싶은 시간에 일할 수 없는 노동(임금)의 기회손실이라고 할 수 있다. 이러한 종업원 관리는 패스트푸드점 등에서 자주 활용되고 있는데, 월마트의 경우에는 타의 추종을 불허하는 미국 최대의(혹은 세계 최대의) 민간고용주이기 때문에 노동시장에 미치는 영향은 매우 크다고 할 수 있다.

월마트 취업 시 신규 종업원은 '시간 도둑(time theft)'이 되어서는 안 된다는 이야기를 듣게 된다. '시간 도둑'이란 근무시간 중에 일 이외의 것을 하는 행위라고 설명한다. 그러나 월마트가 종업원의 시간을 훔치는 행위에 대해서는 전혀 문제시되지 않는다(Ehrenreich, 2001: 145~146).

위에서 살펴본 페인의 출근 시 허무하게 소비된 시간은 물론 종업원이 계획적으로 자신의 시간을 관리할 수 없다는 것을 고려하면 월마트야말로 시간 도둑이라고 할 수 있다. 이 월마트의 시간 도둑은 근무시간 외의 임금 미지불 노동이라는 형태로 대대적으로 이루어지고 있는데, 이에 대해서는 이 장의 제4절에서 살펴보도록 하겠다. 여하튼 시간 도둑 문제에서 평등·대등의 관계는 전혀 성립되지 않고 있다.

6) 월마트의 대응

이러한 월마트의 저임금, 또는 나중에 살펴보고자 하는 의료보험의 부담(급부) 등과 같은 종업원의 대우에 대해 최근 수년, 밀러 보고서를 포함한 여러 방면에서 비난의 목소리가 높아지고 있다. 한편으로는 이러한 사회적인 분위기에 대응하기 위하여, 또 다른 한편으로는 인건비를 더욱 절감하기 위하여 2005년 가을 종업원 부가급부 담당 부사장(Executive Vice President for Benefits)인 수전 챔버스(Susan Chambers)가 월마트 이득 전략의 검토 및 수정(Reviewing and Revising Wal-Mart's Benefits Strategy), 소위 챔버스 메모를 이사회에 제안했다(Greenhouse and Barbaro, 2005; Goldman and Girion, 2005).

챔버스 메모에는 월마트가 안고 있는 문제로 종업원의 평균 연령이 매년 0.5세(미국 평균은 0.12세) 고령화되고 있으며, 근속연수도 매년 0.2개월 증가하고 있기 때문에 부가급부 비용이 매년 15% 증대하고 있는 것을 지적하고, 이에 대해 어떻게 대처할 것인가를 제안했다. 동시에 근속 1년인 종업원에 비하여 근속 7년 종업원은 인건비 총액이 55%나 높음에도 불구하고 생산성은 변함이 없으며, 근속연수가 늘어남에 따라 임금 또는 급여가 증가하기 때문에 점점 월마트를 그만두지 않게 된다고 분석하고, 그 해결책으로 파트타이머의 비율을 높이는 동시에 근속연수와 함께 상승하는 임금에 상한을 설정할 것, 또한 건강한 사람을 고용하여 의료보험 부담이나 결근에 의한 손실을 적게 할 수 있도록, 예를 들면 계산원에게 쇼핑카트 수집작업을 수행하게 하는 등 전 직종에 육체적인 작업을 할 수 있도록 하는 등의 대책으로 총인건비(특히 부가급부비용)의 절감을 도모할 수 있도록 제안했다(Chambers, 2005).[17)]

월마트에서는 이 챔버스 메모를 근거로 종업원 대우 변경을 추진하고 있다. 의료보험에 대해서는 나중에 살펴보기로 하고, 여기서는 임금에 대해서 간단하게 언급하고자 한다.

우선 2006년 여름 미국 전역 1/3의 점포에서 초임 임금을 약 6% 인상하고 이를 대대적으로 홍보하는 한편, 임금에 새롭게 상한선을 도입했다(Barbaro, 2006c). 동시에 파트타이머 채용을 늘리고 근무시간을 고객 수 변화에 따라 맞추도록 하며, 장기근속자가 퇴직할 수 있도록 유도하고 있다(Greenhouse

17) 이 메모에는 제안이 실시되면 향후 5년간 10억 달러 이상 절감이 가능하다고 하고 있다.

and Barbaro, 2006). 즉, 새롭게 취직하는 사람에게는 약간의 이익이 있는 반면 장기근속자에게는 불리하게 되어 근속연수의 단축화, 종업원 회전율의 상승을 목적으로 하고 있다고 볼 수 있다.

또한 2007년부터는 고객 서비스 향상과 인건비 억제를 동시에 달성하기 위하여 고객 수의 변동과 종업원 수를 기존보다 효율적으로 연동시킬 수 있도록 종업원의 스케줄을 컴퓨터로 관리하고, 근무시간을 보다 탄력적으로 변경할 수 있는 근무체계를 도입했다. 이는 기업과 쇼핑고객은 이익·이득을 볼 수 있으나, 종업원은 자신들의 스케줄 등을 기존보다 더욱 결정할 수 없게 되는 것을 의미한다(Maher, 2007). 지적할 필요도 없이 이는 인건비를 완전한 변동비로 하고자 하는 발상이다. 이미 살펴본 바와 같이 월마트에서는 원래 근무시간이 유동적이었으며, 이에 따라 종업원은 두 번째, 세 번째 직업을 가지기 어려웠는데, 새로운 근무체계로 인해 보다 어려워졌다고 볼 수 있다. 근무하는 곳이 월마트뿐일지라도 자녀 또는 노모를 보살피는 일 등과 같은 생활 스케줄 조정이 불가능하게 된다. 또한 무엇보다 결과적으로 수입이 줄어드는 것이다.

이러한 경영방침은 월마트가 노동력을 사용 후 버릴 수 있는 자원으로 보고 있다는(Krugman, 2006)[18] 것을 나타낸다고 보아도 무방하다.

7) 저임금에 의한 이익확보

2001년 미국 노동자의 23.9%인 2,750만 명의 시급은 8.7달러 이하로,

18) 던햄-존스(Ellen Dunham-Jones)는 월마트는 종업원과 점포 모두 사용 후 필요없다고 판단되면 버리고 있다고 논평했다(Dunham-Jones, 1997: 5). 또한 퀸(Bill Quinn)도 임시 고용원(Disposable Worker) 문제에 대하여 논하고 있다(Quinn, 2000: 44~45).

풀타임으로 근무하여도 연간 수입은 1만 7,400달러, 4인 가족 빈곤라인과 거의 동일한 수준이었다. 2인 가족이 최저생활을 유지하기 위해서는 지역에 따라서 2만 7,000~5만 2,000달러(미국 전역 중앙치는 3만 3,500달러)가 필요하기 때문에 이에 못 미치는 가정이 매우 많다는 것을 의미한다. 1990년대 말 12세 이하의 자녀를 두고 최저생활을 유지하기 위한 수입이 없는 근로세대는 29%나 되었다(Appelbaum et al., 2003: 1).

그리고 미국의 저임금직업의 약 2/3는 신경제(New Economy)라고 불리는 서비스 경제 분야로, 특히 소매판매, 의료개호 보조, 엔터테인먼트 레크리에이션(entertainment recreation), 비스니스 서비스에 집중되고 있다(Shulman, 2003: 48). 즉, 소매업 종업원(판매원)은 일반적으로 저임금인데, 이러한 경향은 특히 빅 박스 등 디스카운트계에서 두드러진다고 볼 수 있다. 따라서 "월마트는 미국의 전원(田園)을 황폐한 풍경(crudscape)으로 변모시키고, 거기서 일하는 종업원을 빈곤자(paupers)로 전락시키는 유일한 빅 박스 디스카운터는 아니다"(Harrop, 2003). 그러나 동일한 빅 박스 형태의 디스카운트계 소매점이라도 꽤 높은 임금을 보장하고 있는 기업도 있다. 예를 들면 홀세일 클럽(wholesale club)인 코스트코이다. 이 회사의 경우 입사 4년 후 점원(풀타임)의 연간 임금은 4만 1,000달러 이상으로 노동조합으로 조직화된 슈퍼마켓의 거의 같은 경력인 점원의 평균 3만 7,232달러보다 높다(Flanigan, 2004). 또한 이 회사는 종업원 의료보험료의 92.5%를 회사가 부담하고 있다(Morgenson, 2004).

한편 코스트코의 창업자 중 한 명으로 CEO인 짐 시네걸(Jim Sinegal)의 2003년도 급여는 35만 달러이며, 여기에 보너스와 스톡옵션으로 취득한 주식의 매각이익을 더한 과거 10년간의 수입 합계가 1,100만 달러(이 외에도 아직 행사하지 않은 스톡옵션 합계가 2,500만 달러가 있지만)로 연평균 110만 달러이다(Morgenson, 2004). 이에 비해 앞에서 지적한 바와 같이 월마트 CEO

겸 사장인 스콧의 2003년도 급여와 보너스가 430만 달러이고 사모(私募)에 의한 주식취득이 1,310만 달러에 달하는 점(Dicker, 2005: 80), 2003년도 당시 ≪포브스(Forbes)≫ 선정 세계 갑부 순위 10명 중 5명이 월튼 일가라는 점(나중에 월마트 주식 하락으로 인해 순위가 뒤로 밀리기는 하지만) 등은 매우 대조적이다.

물론 코스트코의 빅 박스도 "미국의 전원을 황폐한 풍경으로 변모시키는" 경우가 대부분일 것이다. 월마트의 납입업자에 대한 횡포가 코스트코에는 없다고도 할 수 없다. 월마트처럼 대규모는 아니지만 여성종업원을 차별하고 있다는 재판 또한 존재한다.

그러나 적어도 빅 박스 소매업 전부가 종업원이 생활을 할 수 없을 정도의 임금만 지불하고 있지는 않으며, 또한 그렇게 하지 않으면 빅 박스 소매업이 성립하지 않는 것은 아니라는 것을 확인해둘 필요는 있다.

여하튼 여기서는 월마트의 저임금으로 인해 기인하는 두 가지 문제점에 대해서 살펴보고자 한다.

먼저 월마트의 경쟁력과 관련된 문제이다. 종업원의 시급을 높일 필요가 있다는 비판에 대하여 월마트 대변인은, 만약 전 종업원의 시급을 2달러 인상하면 자사의 이익의 2/3가 줄어들며, 자사에 물건을 사러 오는 고객을 생각하면 가격을 인상할 수는 없다고 답변하고 있다(Goldberg, 2007: 38). 이는 2007년에 언급한 내용인데, 2~3년 거슬러 올라가면 당시 120만 명 종업원 시급을 겨우 1달러 인상함으로써 연간 인건비가 21억 달러나 증가하게 되면, 이는 자사 이익의 거의 25%에 해당한다는 지적도 있었다(Tsao, 2004). 지금까지 살펴본 바와 같이 임금과 부가급부를 합한 보수를 월마트와 노동조합이 조직된 대형 슈퍼마켓과 비교하면 시간당 10달러 또는 그 이상의 차이가 있는 것으로 추정된다. 이에 판매가격(粗利益), 종업원의 총근무시간, 기타 경비 등을 그대로 하고, 또한 상기 인건비 상승과 이익의 관계가 불변한다고 가정하고 임금과 부가급부를 10달러 높이면 월마트는 거액의 적자를 보는 기업으로 전락해버린다.

물론 이는 많은 추정과 가정에 의한 단순한 계산이기 때문에 실제로는 그러한 상황이 일어나지 않을 것이다. 그러나 저임금이 월마트의 이익과 경쟁력을 지탱하고 있는 큰 요인이라는 것은 틀림없는 사실이다.

구체적으로 살펴보면, 많은 소매업의 매출 대비 인건비 비율이 12~16%인데 비해 월마트는 약 8%이다(Mathieu, 2002). 관리직을 제외한 일반종업원의 인건비로는 7% 이하라는 주장도 있다(Bernstein and Bivens, 2006: 2). 이에 푸르덴셜(Prudential)사의 애널리스트인 웨인 후드(Wayne Hood)에 의하면, 월마트의 인건비는 항상 경쟁 상대보다 낮은데, 이것이 매출 대비 경비비율이 소매업 평균 20.7%보다 낮은 16.5%가 되는 최대의 요인이라고 한다(Gimein, 2002: 75). 그리고 이러한 낮은 인건비야말로 월마트의 주요 경쟁우위성이 된다고 메릴린치(Merrill Lynch) 글로벌 증권의 식품·의약품 애널리스트 마크 허슨(Mark Husson)이 지적하고 있다(Adamy, 2003).

종업원의 임금과 월마트의 이익과의 관계에 대한 문제는 임금이 낮아 이익이 확보될 가능성이 높다는 것만이 아니다. 사실은 근무시간 외에 종업원을 무급으로 일을 시키거나 법정 휴식시간에도 근무를 계속시켜서 미국 각지에서 전·현직 종업원이 월마트를 대상으로 제소하고 있다. 월마트는 이 임금 미지불 노동으로 인해서도 이익을 얻고 있을 가능성이 높은데, 이에 대해서는 제4절에서 자세하게 검토하도록 하고 여기서는 저임금에 기인하는 또 한 가지의 문제에 대해서 검토하고자 한다.

이미 살펴본 바와 같이 월마트 종업원은 임금만으로는 생활할 수 없을 가능성이 높다. 그러나 또 다른 하나의 직업을 가지는 것도 월마트 근무시간이 유동적이기 때문에 현실적으로 불가능하다.

전직 월마트 매니저 존 레만(Jon Lehman)에 의하면, "매니저들은 종업원이 공적지원을 받도록 강요하는 것이 회사의 방침이었다. 본사에서 그렇게 교육을 받았다"(PBS: Public Broadcasting Service, 2003)고 한다.

"결과적으로 월마트 종업원은 종종 저소득자를 위한 식료비보조(food stamp)를 받거나, 연방정부의 근로소득세액공제(earned income tax credit)의 적용을 받거나, 주정부로부터 아동복지지원을 받거나 하지 않으면 안 되었다. 당신이 월마트에서 물건을 싸게 구입했다고 하더라도 그 싸게 산 만큼의 돈을 당신은 부담하고 있다. 이는 단지 어느 지갑(상품가격이거나 세금이거나)에서 지출하는가에 대한 문제이다"(Peirce, 2003)라는 것으로 귀결된다.

따라서 "1998년 아칸소 주의 제이 브래드퍼드(Jay Bradford) 상원의원은 월마트의 파트타이머나 최저임금에 가까운 종업원의 대부분은 급료가 너무 적기 때문에 공적보조로 생활을 하지 않으면 안 된다고 지적하고, 월마트는 지역 납세자에 의존함으로써 '각종 경비를 대폭 절감하고 있다'고 강하게 공격했다"(Ortega, 2000: 192~193)와 같은 비판이 각지에서 일어나, 이것이 월마트 출점반대운동의 근거가 되었다.

"포테이토칩 가격을 2달러 싸게 하더라도 구매자의 생활 수준을 높이는 것이 되지는 않는다. 그러나 포테이토칩을 판매하는 점원의 시급을 2달러 인상하면 그 점원의 생활 수준은 높아질 것이다"(Armstrong, 2003)라는 시점에서 빅 박스 등의 가격과 임금과의 관계에 대해서 고민해볼 필요가 있을 것으로 판단된다.

8) 저임금에 의한 저가격판매: 과거 사례

다만, 여기서 주의하지 않으면 안 되는 것은 월마트의 사례가 결코 예외가 아니라는 사실이다. 즉, 저가격을 가능하게 하는 큰 요인 중의 하나가 저임금이라는 것은 대형 소매업 중에서 월마트만의 특별한 사례가 아니다. 울워스 창업자인 프랭크 울워스(Frank W. Woolworth)가 인정한 것처럼 양판업은 그 출발부터 저가격 실현을 위하여 종업원의 이익을 희생하는 것으로 성립되어왔다(Strasser, 2006: 31).

저임금으로 경쟁상 우위를 확보한 것은 월마트와 같이 개개 점포의 규모가 상대적으로 큰 경우에 한정된 것은 아니다. 각 점포 규모의 크기와 관계없이 체인스토어는 원래 출발부터 저임금으로 성립한 것은 아닐까 생각된다. 예를 들면 1930년 ≪네이션(Nation)≫이 미국 10개 도시를 대상으로 실시한 조사 결과에 의하면, 조사대상이 된 13개 식료잡화점 체인에 대하여 각 체인 평균 임금을 전체 체인 임금으로 나누면 주 19달러인데, 이는 같은 도시의 독립식료잡화점의 평균 임금보다 거의 20% 정도 낮다. 또한 13개 체인 전 종업원 임금을 합계하여 평균을 산출하면 17달러인데, 이는 독립점에 비해 40% 정도 낮다(Ernst and Hartl, 1930c: 574).

시간을 더욱 거슬러 올라가서 미국에서 최초의 근대적 소매점이라고 하는 스튜어트(A. T. Stewart)의 경우, 1846년 브로드웨이에 4층 건물로 대형점을 개점하고 본격적으로 정가판매를 시작한 것은 저임금이 가능했기 때문이라고 한다. 창립자인 스튜어트(A. T. Stewart)는 점원은 판단이 전혀 필요 없고 미리 정해진 시스템 속에서 일하는 단순한 기계라며 저임금을 당연하게 생각했다(Strasser, 2006: 36).

저임금을 경쟁우위 확보의 중요한 수단으로 하여 급성장한 체인스토어지만, 1920년대 후반부터 1930년대에 걸쳐 사회적으로 비판을 받게 된다. 비판을 받게 된 최대의 이유는 독립소매상의 존립이 어렵게 되고 이로 인해 미국 민주주의의 파괴로 이어진다는 위기감 때문이었다고 생각되나,[19] 이

19) 반체인스토어 운동, 체인스토어 규제제도와 민주주의의 이념과의 관계, 또한 진보파로서 저명한 브랜다이스(Louis D. Brandeis) 연방최고재판사가 반체인스토어 운동에 미친 사상적 영향 등에 대해서는 Bean(1996)을 참고.

외에도 저임금 문제나 서장에서 지적한 것처럼 독립소매상에 비해 세제상 유리한 경우마저 있었기 때문이라는 문제도 있다.

여하튼 1920년대 후반부터 많은 주에서 체인스토어세가 제도화되었으며, 또한 공정거래법 등으로 불리는 각 주의 가격규제법도 제정되었다. 연방 차원에서는 가격차별을 금지한 「로빈슨-패트만법(Robinson-Patman Act)」이 1936년 제정되었으며, 사형선고법안(Death Sentence Bill)이라고까지 불린 연방 체인스토어세 법안이 성립 직전까지 갔으나 체인스토어 측의 반대로 발의되지 못한 것은 주지의 사실이다.[20] 이러한 사실은 두 가지 점에서 이 책의 주제와 관련이 있다.

첫 번째는 연방 전체에서 체인스토어에 과세하는 법안은 연방의회에서 폐안되었으나, 체인스토어에 과세하는 것 자체가 부정된 것은 아니다. 체인스토어세는 1930년대 연방최고재판소의 일련의 판결(State Board of Commissioners v. Jackson, 283 U.S. 527, Great Atlantic and Pacific Tea Co. v. Grosjean, 301 U.S. 412 등)에서 합헌성이 인정되었다. 따라서 루이지애나 주, 메릴랜드 주 등 체인스토어 과세제도를 유지하고 있는 주도 있다. 그러나 루이지애나 주의 최고세액이 1개 점포에 연간 550달러, 메릴랜드 주 최고세액(21개 점포 이상의 체인)은 볼티모어 시에서 1개 점포에 연간 375달러, 기타 지역에서는 150달러 등 1930년대의 세액과 비교하여 거의 변화가 없기 때문에 실질적인 효과는 거의 없었던 것으로 판단된다. 단, 정치적인 상황으로 인해 세액이 인상되는 경우가 있으면 큰 영향이 미칠 것은 당연한 사실이다.

두 번째, 체인스토어세 법안을 폐지하기 위해 체인스토어는 농민이나 노동조합의 지지를 얻고자 했다. 이를 위해 당시 최대 체인스토어인 A &

20) 라이트 패트만(Wright Patman) 하원의원 중심으로 추진된 연방 차원에서의 체인스토어 법안이 폐기된 정치역학상의 경위에 대해서는 Palamountain(1995)이 상세하게 분석하고 있다.

P는 기존의 반노동조합이라는 방침을 버리고 조합결성을 인정함은 물론 종업원의 대우도 개선했다(Bean, 1996: 42~43; Ingram and Rao, 2004: 483). 그 결과 식료잡화점 체인, 즉 슈퍼마켓 체인은 미국 소매업 중에서 예외적으로 조합의 조직화가 진전되어 종업원이 중산층의 생활을 유지할 수 있는 임금이 보장되어온 것이다. 그러나 월마트의 공세를 앞두고 슈퍼마켓 경영자 측이 월마트와 대항하기 위하여 종업원의 대우를 낮추려고 했기 때문에 2003년부터 2004년에 걸쳐 남캘리포니아에서 역사적인 노사분쟁이 발생한 것이다.

또한 울워스의 디스카운트 부문인 울코(Woolco) 캐나다 법인이 월마트에 매수되었을 때, 그중 7개 점에 노동조합이 결성되어 있다는 이유로 매수를 거절하여 약 1,000명이 실직했다. 그리고 매수한 대부분의 점포에서도 종업원이 임금 삭감을 수용하지 않으면 해고되었다(Mander and Boston, 1996: 339). 위에서 지적한 바와 같이 창업 시 저임금기업의 대표라고 불렸던 울워스조차 월마트의 기준에는 고임금이었던 것이다.

이러한 상황을 고려하면 소위 업태의 진전, 특히 디스카운트계 업태를 종업원의 대우라는 측면에서 살펴보면, 저임금으로 저가격판매를 실시하는 소매업이 매우 성장하게 되지만, 일정 기간이 경과하면 그 소매기업도 종업원의 처우를 개선하고 이로 인해 가격이 상승하게 된다. 이렇게 되면 더욱 저렴한 임금에 의한 저가격판매를 실시하는 소매기업이 시장에 나타나는 형태를 보여왔다고 이해할 수 있다. 이러한 현상은 코스트코 등 극히 일부를 제외하고 월마트를 대표로 타깃 등 종합 디스카운트[21]나 홈데포, 베스트바

21) 타깃은 월마트보다 고급 이미지이며 반월마트 이미지로 성장하고 있지만, 종업원의 대우에 대해서는 월마트와 거의 차이가 없다는 것은 Lydersen(2006), Serres(2005) 등에 보고되어 있다. 또한 Mitchell(2006a)은 임금뿐만 아니라 종업원에 대한 차별, 종업원의 고회전율, 납입업자와의 관계, 스프롤 등 사회적으로 월마트와 거의 같은

이 등 카테고리 킬러와 같이 오늘날 발전하고 있는 대부분의 대형 소매기업 체인에 해당될 가능성이 높다.

즉, 1930년대까지의 울워스 분석에서, 할인점의 모토(motto)가 되는 특판에 의한 제품판매가 아니라 상시 저가격판매로 이익을 창출하기 위해서는 항상 저임금 종업원과 상황이 어려운 점포를 운영할 수 있는 능력 있고 실천적인 점장을 전제로 하고 있었다는 결론(Zukin, 2004: 76)은 시대를 초월하여 보편성을 가지고 타당하다고 여겨지고 있다.

3. 월마트의 낮은 부가급부 문제

1) 의료보험

(1) 월마트의 의료보험제도

타깃 등 기타 대형 디스카운트점은 논외로 하고 월마트만 대상으로 살펴보면, 임금이 매우(라기보다 비상식적으로) 낮기 때문에 임금만으로는 생활할 수 없는 종업원이 적지 않다. 이러한 의미에서는 낮은 임금 그 자체가 문제가 되는 것이다.

그런데 낮은 임금이 월마트 종업원에게 미치는 문제, 월마트의 종업원 대우가 지역경제에 미치는 문제는 이것만이 아니다. 지역이나 넓게는 사회 전체에 미치는 마이너스 영향은 임금 이외의 부가급부, 특히 의료보험에 기인하는 것이 훨씬 크다고 할 수 있다.

미국에서는 연금이나 의료보험의 경우 각 개인이 자율적으로 민간보험회

문제가 발생하고 있다고 논하고 있다.

사에 가입하는(또는 가입하지 않는) 것이 원칙이다.[22] 단, 기업(특히 대기업)에 따라서는 일부 또는 전액을 기업이 부담하는 연금제도나 의료보험제도 등을 종업원에 제공하고 있는 곳이 적지 않다. 물론 그 기업의 부담부분은 종업원에 대한 임금 이외의 부가급부 성격을 가지게 된다.

2003년 10월부터 2004년 2월 말까지 계속된 캘리포니아 주 남부지역의 슈퍼마켓 체인 분쟁의 최대 원인이 같은 주로의 월마트 슈퍼센터의 출점계획이며, 슈퍼마켓 체인의 경영 측에서는 월마트에 대한 경쟁력을 강화하기 위해 임금뿐만 아니라 의료보험의 회사부담액을 낮추려고 한 것에 기인한다. 결과적으로 현재 종업원과 신규 종업원과의 대우를 바꾸는 '2층' 시스템으로 타결하여, 신규 종업원의 의료보험료의 경우 본인 부담부분이 증가되었다는 것은 이미 언급한 바와 같으며, 의료보험제도 및 보험료의 부담 문제가 최대의 쟁점이었다.

앞에서도 살펴본 바와 같이 연방의회 하원 교육·노동위원회 민주당 의원이 제안한 통칭 밀러 보고서에 의하면, 월마트의 의료보험에는 다음과 같은 문제가 존재한다(George Miller, 2004: 7). 즉, 2002년 노인 이외의 미국인 4,300만 명이 의료보험에 가입하고 있지 않으며, 그 대부분은 중·저소득층 노동자이다.[23] 그중에는 월마트 종업원도 다수 포함되어 있다. 미국의 대기

22) 보험제도를 포함한 미국의 의료 문제에 대해서는 石川義弘(2007), 李啓充(2004) 등을 참조. 또한 마이클 무어 감독의 다큐멘터리 영화 <식코(Sicko)>(2007년)는 미국의 의료보험제도 문제를 통렬하게 고발하고 있으며, 덴젤 워싱턴 주연의 영화 <존 큐(JOHN Q)>(2002년)도 픽션으로 결말이 해피엔딩으로 끝나지만 문제의 본질을 날카롭게 지적하고 있다.

23) 조금 오래된 데이터이지만 NCHC(National Coalition on Health Care)의 1999년 자료에 의하면, 실업중인 자, 사회보장으로 생활하고 있는 자, 일을 하고 있는 사람이 없는 가정의 사람은 의료보험으로 보호를 받고 있지 않는 사람들 중에 불과 15%에 불과하며, 의료보험에 전혀 가입하고 있지 않는 사람들 중에서 압도적인 다수는 연간 수입 3만 달러 이하의 노동세대 사람들이라고 한다(Boarnet and

업 전체를 살펴보면 종업원의 66%가 기업이 제공하는 의료보험에 가입하고 있는 데 비해 월마트의 경우에는 절반 이하(41~46%)에 불과하다. 게다가 2002년에는 제공하는 의료보험 가입조건을 더욱 까다롭게 했다. 예를 들면 풀타임 종업원이 의료보험 가입을 인정받기까지의 근속기간을 기존의 90일에서 6개월로 연장했다. 또한 파트타이머의 경우에는 2년간 근무하지 않으면 가입할 수 없게 되었다. 그리고 풀타임의 정의를 기존에는 주 28시간 근무였으나 이를 34시간 근무로 변경했기 때문에 보험가입이 보다 엄격하게 제한되었다. 대기업의 경우 가입이 인정되기까지의 평균 기간은 1.3개월이다. 또한 보험료 중에서 본인(종업원) 부담분도 1999년 36%에서 2001년에는 42%로 증가했는데, 미국 대기업 평균은 16%이며,[24] 슈퍼마켓 체인 조합원의 경우에는 현재 기준으로 자기부담이 없다.

2004년 1월부터 시작한 '네트워크 달러 세이버(Network $ Saver)'라는 월마트 사내보험의 경우에는 보험료 자기부담이 더욱 증가했다. 가족 전원을 대상으로 한 최소면책금액 350달러의 보험에 가입하면 1개월 보험료가 250달러나 된다. 이를 월마트 풀타임 정의인 주 34시간을 시급 8달러로 52주간 근무할 경우 연간 수입에서 차지하는 비율은 21%에 달한다. 또한 종업원의 배우자가 일을 하고 그 근무처에서 보험에 가입할 수 있을 경우, 배우자라는

Crane, 1999: 73). NCHC(http://www.nchc.org)의 최신 자료에는 위와 같은 실업자 등과 저소득 노동자, 즉 워킹푸어와의 비율을 언급한 자료는 볼 수 없지만, 큰 차이는 없을 것으로 판단된다. 단, 보험에 가입하고 있지 않은 사람은 매년 증가하고 있다고 한다. 또한 조사연구기관인 연방기금(The Commonwealth Fund)의 연구결과에 의하면, 대기업 종업원으로 의료보험에 가입하지 않은 사람의 비율은 1987년 7%에서 2001년에는 11%로 증가했다. 산업별로 살펴보면 소매업에서 특히 의료보험의 부가급부가 낮은데, 가장 큰 요인은 종업원의 회전율이 높기 때문이다(Andy Miller, 2004).

24) 16%라는 것은 보험대상이 본인만인 경우이며, 가족까지 포함한 보험은 25%가 된다(AFL-CIO, 2003: 11).

자격으로 월마트 보험에 가입을 하면 매 2주간 50달러, 연간으로 환산하면 1,300달러 할증요금을 납부하여야 한다(AFL-CIO, 2003). 또한 '면책금액(deductible)'이란 연간 합계 의료비가 그 금액을 초과한 분에 대해서 보험이 부담해주는, 즉 보험에 가입하고 있어도 그 금액까지는 본인이 지불해야만 하는 금액을 말한다.

배우자 할증 유무를 떠나서 종업원 부담이 많다는 것은 그만큼 기업의 부담이 적다는 것을 의미한다. 머서 인적자원 컨설팅(Mercer Human Resource Consulting)사의 조사에 의하면, 2002년 미국 모든 기업의 종업원 1인당 기업이 부담하는 평균 보험료는 5,646달러, 도·소매업은 4,834달러인 데 비해 월마트의 기업부담액은 1인당 3,500달러에 불과하다(Adamy, 2003).[25] 파트타이머 비율이 높기 때문인지 도·소매업의 기업부담은 전체 산업 평균보다 매우 낮은데, 월마트는 그 도·소매업의 평균보다 1인당 1,300달러나 낮다.

또한 기업·고용주가 제공하는 의료보험 가입률은 같은 대형 소매기업인 코스트코가 80% 이상인 데 비해 월마트는 50% 이하에 불과하다(Barbaro, 2005).

만약 월마트의 미국 내 종업원 수 약 140만 명 모두에게 이 금액을 적용한다면 연간 18억 달러 이상의 부담이 절약(기업 측의 절약)된다는 것을 의미한다. 상세한 내용은 알 수 없지만 1인당 부담액의 산출기준이 되는 종업원 수를 기업보험 가입자 수로 보아도 월마트의 가입률이 41~46%라는 것을 고려하면 7~8억 달러의 부담이 절약된다.

그 배경이 되는 것은 기타 기업이 오래전부터 의료보험은 고용자로서의 조건이며 윤리적인 의무라고 인정해온 데 반해 월마트는 비용과목의 하나로만 간주하고 있다(Dicker, 2005: 83)는 것을 의미한다.

---

25) 거의 동일한 수치가 Wysocki and Zimmerman(2003)에도 발표되었다.

(2) 사회에 의료비 전가

반복해서 지적하고 있는 것처럼 원래 매우 낮은 임금을 받고 있는 월마트 종업원은 앞에서 언급한 보험료를 쉽게 부담할 수 없을 것이다. 그 결과가 미국 대기업의 평균 기업보험가입률이 66%인 것에 비해 월마트의 경우 41~46%라는 낮은 가입률로 나타났다고 해도 무방할 것이다. 이는 보험에 가입하고 있지 않아서 병에 걸릴 경우의 종업원만의 문제가 아니라 월마트 종업원이 생활하고 있는 지역 및 지자체에도 부담을 전가하게 된다.

기업보험과 일반보험회사의 보험에 모두 가입할 수 없는 종업원이 병에 걸렸을 때 최대한 참는다고 하더라도 결국 마지막에는 병원에 가지 않을 수 없을 것이다. 그러면 이러한 경우 어떻게 될까?

가장 많은 경우가 공립병원의 응급실로 가는 것이다. 여기서는 보험이 없더라도 최소한의 응급조치는 받을 수 있기 때문이다. 그러나 공립병원의 응급치료 시스템의 유지 및 운영비의 상당 부분은 세금으로 충당된다. 즉, 기업보험 유지에 필요한 비용을 월마트가 절감하고 있다는 것은 그 금액만큼을 세금에 의한 공적부담으로 전가시키는 것을 의미한다.

예를 들면 1990년대 후반 네바다 주 라스베이거스 지구에서 실시된 조사에 의하면, 응급실에서 일반적인 치료를 받은, 일은 하고 있지만 의료보험에 가입하지 않은 환자의 직장이 월마트인 경우가 타사보다 압도적으로 많았다고 한다. 라스베이거스를 포함한 클리크 카운티의 행정책임자(County Manager)는 월마트 종업원은 마지막에는 공립병원으로 오기 때문에 카운티에 비용이 전가되어 부담이 된다고 지적하고 있다(Goldman and Cleeland, 2003).

또한 조지아 주에는 의료보험에 가입하지 않은 아이들의 의료비를 공적으로 지원하는 '피치 케어 포 키즈(Peach Care for Kids)'라는 제도가 존재한다. 이 제도는 기업 내 또는 민간 의료보험에 가입하지 않은(가입할 수 없는) 18세 이하 아이들이 대상인데, 가입조건은 연방정부가 인정하는 빈곤레벨을 근거로 산출한 4인 가족 기준 연간 수입 4만 3,260달러 이하이다. 보험료는 6세 미만은 무료, 6세 이상은 1인당 월 10달러(2명 이상의 경우에는 몇 명일지라도 20달러)이다. 앞에서 살펴본 월마트의 사내보험 '네트워크 달러 세이버'와 비교하면 보험료가 저렴한 것은 물론 면책금액도 없기 때문에 매우 싸다. 물론 그 차액은 세금에 의한 공공이 부담하게 된다.

이 제도에 가입하고 있는 16만 6,000명의 아이들을 대상으로 2002년 9월 주정부가 실시한 조사가 있다.[26] 이에 의하면 가입하고 있는 아이들의 수가 300명 이상 있는 보호자의 근무처는 다음과 같다.

- 자영업 ………… 12,789명
- 월마트(Wal-Mart) ………… 10,261명
- 퍼블릭스(Publix) ………… 734명
- 쇼 인더스트리즈(Shaw Industries) ………… 669명
- 모호크 인더스트리즈(Mohawk Industries) ………… 657명
- 키스톤 식품(Keystone Foods) ………… 463명
- 맥도널드(Mcdonalds) ………… 454명
- 홈데포(Home Depot) ………… 421명
- 크로거(Kroger) ………… 377명
- 우체국 ………… 354명
- 건설업 ………… 328명
- 시어스 ………… 325명
- 란스타드 스태핑(Randstad Staffing) ………… 305명

26) 피치 케어(Peach Care) 제도의 해설을 포함하여 자세한 내용은 Andy Miller(2004) 참조.

• 그래디 헬스케어(Grady Healthcare) ··· 300명

이처럼 보호자가 자영업인 경우를 제외하면 월마트 종업원의 아이들이 압도적으로 많다. 물론 월마트 종업원 수가 업계 2위 슈퍼마켓인 퍼블릭스의 종업원 수의 14배이기 때문에 피치 케어(Peach Care)에 가입한 아이들의 수도 14배라면 이상할 것도 없다. 그러나 실제로는 그렇지 않다. 조지아 주 내의 월마트 종업원 수는 2002년 약 4만 2,000명이었다. 즉, 종업원 4명당 피치 케어에 가입한 아이들이 1명이라는 비율이다. 이에 비해 퍼블릭스의 경우는 종업원 22명당 1명, 3위인 쇼 인더스트리즈는 30명당 1명, 4위인 모호크 인더스트리즈는 26명당 1명이기 때문에, 월마트 종업원(의 아이들)의 피치 케어에 대한 의존율, 즉 아이들 의료비의 공적부담에 의존하는 비율이 매우 높다는 것을 알 수 있다.

한편 펜실베이니아 주정부가 공표한 자료에 의하면 주 내 10대 고용주의 종업원 중에서 주정부가 조성하는 빈곤자를 위한 의료보험 메디케이드(Medicaid)에 2005년 7월부터 9월까지 가입한 사람의 해당 기업의 주 내 종업원 총수에 대한 비율은 월마트가 15.8%로 가장 높았다. 주의 부담은 월마트 종업원만으로도 1년간 1,500만 달러 이상이 되었다. 메디케이드 가입자가 월마트(7,577명) 다음으로 많은 자이언트 푸드(Giant Food)의 경우는 2,244명으로 총 종업원에 대한 비율은 11.8%이다(Worden, 2006).

워싱턴 주 극비 보고서에 의하면, 2004년 주 안에 거주하는 대기업 종업원이면서 주와 연방정부 공동으로 저소득자의 아이들을 위하여 제공하고 있는 메디케이드, 주에서 제공하는 저소득자의 성인을 위한 베이직 헬스 플랜(Basic Health Plan: BHP)을 이용한 사람은 월마트 종업원과 그 가족이 메디케이드 3,180명, BHP 456명으로 가장 많으며, 주정부 부담은 약 1,200만 달러라고 한다. 그리고 월마트 종업원으로 메디케이드에 가입한 사람의 절반 이상

인 1,800명은 풀타임이라고 한다. 한편 같은 주의 월마트 종업원 수가 약 1만 6,000명인데, 주 내 거의 같은 종업원 수를 보유하고 있는 세이프웨이의 경우 메디케이드와 BHP 가입자는 각각 1,539명과 173명으로 주정부 부담도 거의 절반인 600만 달러라고 한다(Thomas, 2006a, 2006b).

또한 매사추세츠 주에서는 의료보험 비가입자에 대하여 주가 제공하는 긴급의료비보조(Uncompensated Care Pool: UCP)의 이용자 또는 주가 보조하는 공적의료보험(MassHealth: MH)의 가입자와 같은 공적지원을 받은 종업원이 50명 이상 있는 고용주를 대상으로 주정부가 의무적으로 매년 조사하여 공표할 것을 규정한 주법이 2004년에 제정되었다. 이에 주정부는 이 법에 근거하여 2005년부터 매년 2월에 전년도의 UCP 이용자 수, MH 가입자 수, 공적부담액 등과 함께 의료보험료 중 기업이 부담하고 있는 비율의 추정치를 기업별로 집계하여 공표하고 있다.[27)]

이 자료에 의하면 2006년에 UCP나 MH 제도를 이용한 사람은 주 전체에서 16만 6,000명이며, 주정부의 공적부담 총액은 2억 3,400만 달러에 달한다고 한다. UCP나 MH를 이용한 종업원 수 및 이용액이 많은 기업은, 1위 스탑앤샵(Stop & Shop), 2위 월마트, 3위 맥도널드, 4위 유니코(Unicco Service Corp: 빌딩관리업), 5위 CVS(약국), 6위 쇼 슈퍼마켓(Shaw Supermarket), 7위 버거킹(Burgerking), 8위 웬디스(Wendy's), 9위 홈데포, 10위 프렌들리(Friendly: 패밀리 레스토랑), 11위 타깃 순으로 소매업과 패스트푸드가 상위를 차지하고

27) 보고서는 매사추세츠 주정부 보건복지국(The Executive Office of Health and Human Services)의 보건의료재정정책 부문(Division of Health Care Finance and Policy)의 홈페이지에 있는 매년 간행물 리스트에서 절반 이상의 종업원들이 무료 보건 혜택을 이용하고 있는 고용주들(Employers Who Have Fifty or More Employees Using MassHealth or the Uncompensated Care Pool)이라는 PDF파일로 열람이 가능하다.

있다(월마트는 2005년도 1위, 2004년도는 3위였다).

월마트를 포함한 이들 기업은 한편으로는 저임금에 파트타임의 비율이 높기 때문에 공적지원에 의존하는 종업원이 많아지는 경우도 있을 것이며, 다른 한편으로는 원래 종업원이 많기 때문에 총 종업원 중 공적지원에 의존하는 사람의 수가 같은 비율일지라도 실수(實數)가 많아지는 경우도 있을 수 있다. 단, 공표된 의료보험료의 기업부담률을 비교하면, 2006년도 월마트는 50%(2005년도, 2004년도는 52%)로 기타 기업과 비교하여 매우 낮다. 한편 전체 기업의 평균은 2004년도만 공표되어 있긴 하지만, 2004년도 평균은 70%이다. 또한 월마트 종업원이면서 공적지원에 의존하는 사람의 수가 1위가 아니기 때문에 앞에서 살펴본 조지아 주나 펜실베이니아 주, 워싱턴 주의 경우와 비교하여 상대적으로 적다는 인상을 받을 수도 있지만, 뉴잉글랜드 지방에서의 출점이 다른 지역과 비교하여 적다는 것을 고려하면 월마트 종업원 총수가 상대적으로 적기 때문일 가능성이 높다.

캘리포니아 대학 버클리 캠퍼스의 노동·고용연구소(The Institute for Labor and Employment)에 의하면, 2002년 기타 대형 소매기업과 비교하여 월마트 종업원의 공적의료비(taxpayer funded health care) 의존이 1인당 50% 이상 높다고 한다. 즉, 납세자는 캘리포니아 주에서만 월마트에 연간 2,050만 달러분의 의료비를 보조하고 있는 셈이다.[28)]

월마트가 위탁한 조사연구에도 평균적인 주에서도 메디케이드 비용으로 월마트 종업원 1인당 약 898달러의 공적지출이 이루어졌다는 결과가 있다 (Hicks, 2005: 16).[29)]

이처럼 미국 전체로서는 종업원에게 의료보험을 제공하는 비용 중 50만

28) PBS(2003)의 실비아 체이스(Sylvia Chase) 기자가 지적.

29) 이 논문이 월마트의 위탁연구(Wal-Mart-commissioned study)라는 것은 West (2006: 15)에 지적되어 있다.

명분 이상을 납세자 등에게 전가함으로써 월마트는 매년 10억 달러 정도의 이익을 보고 있다고 UFCW가 주장하는 것도(Quinn, 2000: 48) 과장이 아니라고 생각된다.[30)]

에드워드 케네디 상원의원도 "월마트 종업원들의 가족이 필요로 하는 의료비를 미국 노동자들이 납부한 세금의 일부로 부담하고 있는 셈이다. 이로 인해 월마트는 막대한 이익을 올려 이를 경영자와 주주가 나눠 가지고 있다"라고 비난하고 있다(Curry, 2005).

더욱 큰 문제는 이러한 현상이 월마트 1개 회사에 그치는 것이 아니라 다른 회사에도 파급되고 있다는 점이다. 캘리포니아 주 남부 3대 슈퍼마켓 체인의 UFCW 파업과 2004년 노사협정에 대해서는 이미 지적한 바와 같다. 또한 노동조합기업은 아니지만 종업원을 위한 부가급부가 비교적 양호하다고 알려졌던 타깃의 경우도 월마트와의 가격경쟁을 위하여 부가급부를 삭감하기 시작했다고 종업원은 비판하고 있다고 한다(Schneider and ElBoghdady, 2003).

즉, "소매기업이 월마트와 하는 경쟁은 단순히 (종업원의) 임금을 낮추는 것뿐만 아니라 미국 모든 산업에서 부담이 증대하고 있는 의료보험의 비용도 억제하지 않으면 안 되는 것을 의미한다"(Schneider and ElBoghdady, 2003)는 것이다.

이처럼 한편에서는 급속하게 높아지는 사회적인 비판에 대처하면서도, 다른 한편으로는 주주·경영진이 요구하는 끊임없는 비용 삭감 압력에 대응하기 위한 방책으로서 제안된 것이 앞에서 언급한 챔버스 메모인 것이다.

---

30) 여기서 언급한 주 이외에도 많은 지역에서 주정부·의회, 시민 옴부즈맨 등의 NPO 조직, 신문 등 매스컴의 조사결과가 공표되어 있다. 이에 대해서는 West(2006)나 AFL-CIO(2006)의 보고서에 정리되어 있으며, WakeUpWal-Mart.com 홈페이지에는 "정부 부담, 월마트 이익(America Pays, Wal-Mart Saves)"이라는 타이틀로 업데이트되고 있다.

이 제안에 따라 2005년 10월 월마트는 의료보험제도를 개정했다. 내용은 매우 복잡한데, 종업원 본인만 가입하는 경우 가장 싼 보험료가 월 11달러, 평균 25달러(면책액 1,000달러), 가족도 대상으로 하는 경우에는 65달러(면책액 3,000달러)로 이전과 비교하여 매우 낮은 금액으로 되어 있다. 단, 보험금의 상한이 2만 5,000달러(2차년 이후에는 인상되지만)로 정해져 있기 때문에 복합병이나 고액이 필요한 입원에는 매우 부족하여, 처방약에 대해서 300달러, 통상 입원에 대해서는 1,000달러 등 자기부담도 필요하다(Barbaro, 2005; Colliver, 2005).

2006년에는 파트타이머가 보험에 가입할 수 있는 자격을 취득하기까지의 근속기간을 대폭 단축하면서 파트타이머의 자녀들의 가입도 인정하게 되었다(Barbaro, 2006b; Goldman, 2006).

이에 대해 월마트가 공표한 바에 의하면, 회사가 제공하는 의료보험 가입자 수는 2006년 8%나 증가했으나 종업원의 가입률은 47.4%에 불과하다. 22.2%의 종업원은 배우자의 보험에 가입하고 있으나 8.7%의 종업원이 메디케이드 등 정부가 제공하는 보험에 의존하고 있다. 또한 약 10%의 종업원은 전혀 의료보험에 가입하고 있지 않다고 한다(Barbaro and Abelson, 2007; Colliver, 2007).

이러한 제도변경에도 불구하고 광범위한 비판을 피할 수 없었기 때문인지 2008년 1월 1일부터는 더욱 낮은 보험료의 의료보험을 제공하게 된다. 가장 낮은 보험료는 월 5달러이지만 면책액은 2,000달러이다. 이 프로그램에 대해서는 획기적인 것이라는 평가도 존재하지만, 한편에서는 연간 수입 2만 달러에도 미치지 못하는 종업원이 면책액 2,000달러를 부담할 수 없다는 비판도 존재한다(Barbaro, 2007b).

(3) 메릴랜드 주법을 둘러싼 공방

2008년 이후의 신 의료보험 프로그램을 평가하는 것은 아직 시기상조이기 때문에 더 이상 이에 대해서 살펴보는 것은 지양하고, 이전까지의 상황에 대한 대응으로서 주정부나 지방정부 중에는 지역 내에서 활동하는 대기업에 일정액(또는 일정 비율)의 보험료 부담을 의무화시키는 법률을 제정하는 움직임이 보이고 있다. 특히 미국 전역의 주목을 받으며 큰 논쟁이 된 것이 메릴랜드 주의 법률이다.

메릴랜드 주에서는 주 내에서 1만 명 이상 고용하고 있는 모든 기업을 대상으로 임금지불 총액의 8% 상당액 이상을 의료보험에 충당할 것을 의무화한 주법(Maryland Fair Share Health Care Fund Act)이 2005년 의회를 통과했다. 당시 주 내에서 1만 명 이상 고용하고 있는 기업은 존스홉킨스 대학교(Johns Hopkins University), 슈퍼마켓 체인인 자이언트 푸드, 군수·항공산업의 노드롭그루만(Nothrop Grumman), 월마트 등 4개 사였는데, 월마트 이외의 3개 사는 8% 조항을 충족했다(Barbaro, 2006a). 특히 임금지불 총액의 20% 이상을 의료보험비용으로 충당한 자이언트 푸드는 이 법의 주요 지지자였다고 한다(Green, 2005). 사실상 대상이 월마트 1개 사가 되기 때문에 이 법은 월마트법이라고도 불리었다.

이 법률에 대하여 로버트 얼릭 주니어(Robert Ehrlich Jr.) 메릴랜드 주지사는 고용에 악영향을 미친다는 이유를 근거로 거부권을 행사했다(Green, 2005). 이에 대해 의회가 지사의 거부권을 뒤엎는 재가결 움직임을 보이자 월마트는 로비스트를 고용하여 재가결 거부를 위한 활동을 함과 동시에, 이 법이 중소기업에도 타격을 입히게 된다는 캠페인을 전개했다. 이러한 상황 속에서 2006년 1월 주 의회에서 이 법은 지사의 거부권을 뒤엎고 재가결되어 성립하게 된다(Barbaro, 2006a; Green, 2006).

지사의 거부권을 뒤엎고 법률이 성립되자 월마트와 월마트 지지 소매기업은 이 법이 연방법에 위반된다고 연방재판소에 제소했고, 2006년 7월 볼티모어 연방재판소는 고용주를 동일하게 취급하도록 규정한 연방법에 위반한다고 결정하여 승소했다(Dolan et al., 2006). 또한 2007년 1월에는 볼티모어 제4순회구(巡回區) 공소재판소에서도 3명의 재판관 중 2대 1의 평결로 승소했다(Barbaro, 2007a). 결과적으로 이 법은 실제로 시행되지 못하고 폐지되었다. 동시에 30개 이상의 주에서 검토되고 있었던 유사한 법률 제정의 움직임에 제동이 걸릴 가능성도 존재한다.31) 단, 메릴랜드 주보다 먼저 매사추세츠 주와 버몬트 주에 유사한 주법이 제정되어 있으며, 볼티모어 연방 지방재판소의 판결에서 매사추세츠 주법은 연방법에 위반되지 않는다고 코멘트하고 있는 것(Abelson and Barnaro, 2006)을 고려하면 법기술적으로 대응할 수 있을 수도 있다. 단, 2개 주 모두 월마트가 비교적 수가 적기 때문에 그 효과는 명확하지 않다.

2) 기타 부가급부 및 복리후생

의료보험 이외의 부가급부나 복리후생을 기업 간 비교하여 플러스·마이너스를 논하기는 어렵지만, 캘리포니아 주 샌프란시스코 연안지역의 지자체협의회가 지역의 UFCW 조합원에 대한 부가급부와 월마트 슈퍼센터(연안지역에는 아직 존재하지 않았기 때문에 미국 전역 기준)의 부가급부를 금액으로 환산해

31) 유사한 법 제정 움직임을 Green(2006)은 30개 이상의 주, Barbaro(2006a)는 적어도 36개 이상의 주라고 주장하고 있기 때문에 대부분의 주에서 법 제정의 움직임이 있다고 보아도 무방할 것이다. 또한 이러한 종류의 주법의 최초는 캘리포니아 주에서 50인 이상을 고용하는 기업의 종업원의 의료보험을 요구하는 주법이 2003년 주민소환(recall)된 데이비스(Davis) 전 지사가 주민소환되기 직전에 서명하여 성립했다. 그러나 2004년 경제계가 지원한 주민(州民)투표에 부쳐져 49.2%의 유권자가 지지했으나 근소한 차로 패배하여 폐지되었다(Brownstein, 2006).

〈표 1-4〉 슈퍼마켓과 월마트의 임금 · 부가급부 비교

(단위: 달러)

구분	슈퍼마켓	월마트
평균 임금(전 종업원)	15.30	9.60
의료보험료(health&welfare benefits)	4.57	0.81
연금적립금(pension benefits)	1.35	0.22
상여(premium pay)	0.77	0.48
유급휴가(vacation)	0.92	0.38
병가(sick leave)	0.73	0.46
임금·부가급부 합계	23.64	11.95

주: 1) 슈퍼마켓은 샌프란시스코 연안지역의 노동조합으로 조직화된 것을 대상으로 하고 있으며, 월마트는 미국 전역의 슈퍼센터에서 추계.
2) 임금과 급부 모두 1시간당으로 산출.
3) 2004년 시점에서의 추계·산출 결과.
4) 정확한 산출근거는 이하 원전을 참조.

자료: Bay Area Economic Forum(2004: 47), Table 20.

비교한 보고서가 있다(Bay Area Economic Forum, 2004: 43~50).

그 내용을 살펴보면 유급휴가의 경우 UFCW는 연간 9일인 데 비해 월마트는 연간 6일(1999년)이다. 병으로 인한 결근이 인정되는 권리는 UFCW의 경우 1개월에 6시간분이 발생하여 최대 360시간까지 축적할 수 있으며, 미사용분에 대해서는 1시간당 10달러(최대 400달러까지)로 슈퍼마켓 측이 현금으로 지불한다. 이에 비해 월마트(1999년)는 근무 1시간당 0.023077시간분이 발생하여(추정 월 4시간) 최대 192시간까지 축적할 수 있다. 축적한 시간의 절반까지는 병 이외의 개인적인 사유의 휴가로 대체할 수 있으나 나머지 부분을 회사가 현금으로 지불하는 제도는 없다.

이러한 부가급부·복리후생을 금액으로 환산하여 슈퍼마켓과 월마트를 비교하면 <표 1-4>와 같다. 즉, 샌프란시스코 연안지역의 식료잡화소매점의 60%를 차지하는 노동조합화된 슈퍼마켓 체인의 종업원은 임금과 부가급부를 합하여 1시간당 23.64달러를 받고 있으나 월마트 종업원은 11.95달러로

거의 절반에 불과하다.

또한 <표 1-4>에는 포함되어 있지 않는 생명보험에 대해서 1995년 ≪뉴스위크(Newsweek)≫는 다음과 같이 정리하고 있다(Norman, 1999: 50~51). 월마트는 보험료를 전액 부담하여 종업원 생명보험을 들고 있다. 퇴사한 종업원에 대해서도 보험을 유지하고 있다. 일견 종업원(의 가족)에 대한 복리후생이 우수하다고 생각할 수도 있으나, 사실은 보험료와 그 금리를 경비로 처리하는 점, 종업원이 사망한 경우 유족에 지불하는 금액은 매우 소액이며 무세(無稅)인 보험금의 대부분을 월마트가 수령한다는 점 등을 고려하면 연간 15억 달러나 절세효과가 발생하고 있다.

이 생명보험에 대해서 텍사스 주에서 사망한 종업원의 유족이 재판을 제기했다. 텍사스 주 법률은 타 주와 달리 피보험인과 직접 이해관계가 없는 자가 보험을 계약하는 것을 금지하고 있는데, 월마트가 일반종업원을 대상으로 보험을 가입하는 것이 바로 이에 해당하기 때문이다. 제소를 당한 월마트는 2002년 1월 종업원에 대한 생명보험을 중지했는데, 이것이 텍사스 주에만 해당되는지 모든 주에서 중지했는지는 불명확하다(Sixel, 2002a).[32] 어떠한 경우이든 월마트라는 기업의 성격을 적나라하게 나타내고 있는 사건이라고 볼 수 있다.

32) 이 기사는 ≪포천≫ 500대 기업 중 1/4이 이러한 보험에 가입하고 있다고 추측하고 있다.

4. 월마트의 임금 미지불 노동 문제

1) 임금 미지불 노동의 실태

지금까지 살펴본 임금이나 부가급부 문제로 인해 저가격판매가 가능해졌으며, 이것이 월마트의 경쟁우위성을 창출하여 막대한 이익을 볼 수 있었다는 점에 대해서 기업윤리라는 측면에서 비판이 있을지도 모른다. 또한 본래의 (일반적으로 타사에서는 부담하고 있는) 비용을 납세자에게 전가하고 있다면 사회적인 공정 또는 (자원배분상의) 사회적인 효율이라는 관점에서의 문제도 제기될 수 있다. 그리고 이처럼 열악한 조건에서도 취업을 하는 사람이 존재하는 것은 왜일까라는 의문도 발생한다. 이 마지막 의문에 대해서는 나중에 검토하기로 하고, 여기서 확인하지 않으면 안 되는 것은 이러한 문제 또한 연방정부가 규정한 최저임금을 충족하고 있기 때문에 임금·부가급부 그 자체는 위법이 아니라는 사실이다.

그러나 근무시간 외의 근무를 강요하고 임금을 지불하지 않거나, 노동법에 규정된 식사시간이나 휴식시간을 부여하지 않으면 명백한 위법행위에 해당된다. 문제는 월마트에서는 이러한 위법행위가 대대적으로 이루어지고 있을 가능성이 높다는 점이다.

미국에서는 합주국 「공정노동기준법(Fair Labor Standard Act)」과 각 주의 「임금 및 노동시간규제법」에 의해 시급노동자에 대해서 실 노동시간에 대해 최저임금 이상을 지불할 것, 주 40시간을 초과한 노동에 대해서는 1.5배를 지불할 것이 규정되어 있다(George Miller, 2004: 5). 또한 연방법에는 규정되어 있지 않으나 대부분의 주에서 1일 7시간 이상을 근무하는 노동자에 대해서는 식사시간과 휴식시간을 부여하도록 의무화하고 있다(Greenhouse, 2004a). 그러나 월마트에서는 이러한 노동기준 관련 제 법규를 엄수하고 있지 않을 가능성이 높다.

구체적인 사례를 살펴보도록 하자. 주디 다네만(Judy Danneman)의 근무는 개점시간 전인 오전 6시부터이지만, 점포를 열어야 하는 부점장이 지각을 하면 그녀를 비롯한 동료들은 밖에서 기다려야 하는 경우가 종종 발생했다. 경우에 따라서는 30분이나 기다리는 경우도 있었다. 그러나 밖에서 기다린 시간이 설령 근무시간이었더라도 근무시간으로 인정되지는 않았다. 또한 그녀의 근무시간은 3시까지였기 때문에 3시가 되면 일단 퇴근했다가 다시 매장으로 돌아가 30분 정도 더 근무를 해야 했다. 그 이유는 담당 매장을 정리해야만 퇴근을 할 수 있는데, 근무시간 중에는 매장 정리를 할 수 없기 때문이다. 물론 이 연장근무시간에 대해서는 임금이 지불되지 않았다 (Mathieu, 2002).

3명의 자녀를 둔 28세 리버티 모랄레스(Liberty Morales)는 매주 10~15시간 분의 임금이 지급되지 않았다고 한다. 점내 패스트푸드 코너를 담당하는 그녀는 매일 아침 6시에 출근하도록 되어 있었다. 그러나 매장 준비를 위해 때에 따라서는 2시간 전에 출근하는 경우도 있었으나 출근기록부에는 기재되지 않았다. 저녁 5시가 되면 급여과장으로부터 퇴근시간이라는 연락이 오지만, 점장이 1~2시간 정도 연장근무를 요구하기 때문에 바로 퇴근할 수는 없었다. 이는 패스트푸드 코너를 담당할 수 있는 직원은 그녀밖에 없기 때문이었다. 그녀는 이러한 명령을 거절하면 해고된다는 소문을 들었기 때문에 순순히 따를 수밖에 없었다. 시급 9.5달러에 실제 근무시간은 주 50~55시간 정도였다. 실제보다 적은 시간이지만 통상의 1.5배의 초과근무임금이 지불되는 경우도 가끔 있었지만, 대부분의 경우 초과근무임금은 지불되지 않았다(Mathieu, 2002; Greenhouse, 2002).

인디애나 주에서 월마트를 상대로 미지불임금 소송을 제기한 전 종업원들의 증언에 의하면, 강제적으로 일단 퇴근을 하게 한 후 추가적인 수당 없이 초과근무할 것을 요구했다. 회사 방침에는 식사시간이나 휴식시간이 보장되어 있으나 반드시 지켜지지는 않았다. 예를 들면 1990년대 중반 샘스클럽의 계산원이었던 다니엘 버클리(Danielle Buckley)는 회사가 정시에 퇴근할 것을 요구했기 때문에 일단 퇴근했다가 다시 돌아와서 무상으로 정산업무를 할 수밖에 없었으며, 식사나 휴식시간을 가질 수 없는 경우도 적지 않았다고 증언하고 있다(Harris, 2002).

텍사스 주에서 매장부문 주임이었던 윌리엄 비틱(William Bittick)에 의하면, 1일 2회 15분간 휴식시간(임금지불 대상) 및 1시간의 점심시간(임금 대상 외)에도 계속 일하도록 상부에서 끊임없이 압력이 가해졌다. 그리고 크리스마스 시즌 후 판매실적이 저조했기 때문에 주 40시간의 근무시간에서 8시간을 제외한다고 통보를 받았다. 실제로는 40시간 근무할 수밖에 없는 상황이었음에도 불구하고 8시간분에 대해서는 임금이 지불되지 않았다(Mathieu, 2002).

이러한 미지불 초과근무나 휴식시간 중에도 일하도록 압력을 가하는 것에 대해서는 앞에서 언급한 사례 외에도 많은 증언이 존재한다. 그러나 여기서 소개한 사례가 결코 예외가 아니라는 것을 확인하는 수준에서 만족하고 더 이상 반복해서 소개하지 않고자 한다. 다만 당연히 부여되어야 할 휴식시간이 주어지지 않은 문제는 월마트의 사내감사(in-house audit)에서도 지적되었다는 사실은 짚고 넘어갈 필요가 있다.

즉, 사내감사에서 2000년 6월의 1주간 128개 점포의 기록을 조사한 결과 식사시간 중에도 일하도록 강요한 사례가 1만 5,705건, 휴식시간을 부여하지 않은 사례가 6만 767건을 상회했다(Greenhouse, 2004a).[33] 월마트 사내규칙에

33) 이 사내감사는 ≪뉴욕타임스≫의 기사로 유명해졌는데, 이보다 먼저 Forster(2003)가 소개했다. 단, 조사점포 수는 127개 점포이며 식사시간, 휴식시간 모두 부여하지 않은 것이 7만 6,000건이다.

는 1일 7시간 이상 근무하는 종업원은 1회의 식사시간과 15분간의 휴식을 2회 취하도록 규정되어 있다(Greenhouse, 2004a). 만약 근무로 인해 휴식시간을 가지지 못할 경우에는 그만큼 금전으로 보상하도록 규정되어 있다(Cooper, 2004).[34] 그러나 실제로는 휴식시간을 가지지 못한 종업원에 대한 금전적인 보상은 거의 없는 것이 현실이다.

월마트 종업원의 출퇴근은 사원 배지에 삽입된 자기코드를 인식하는 형태로 자동적으로 기록된다. 이 기록은 실시간으로 본사에 송신되어 관리된다. 따라서 종업원에게 임금을 지불하지 않고 초과근무를 시키기 위해서 점장은 규정시간이 되면 일단 종업원을 퇴근시킨 후 퇴근이 공식적으로 기록이 되면 배지를 떼게 하고 다른 출입구로 들어오게 하여 작업을 시킨다. 그럼에도 불구하고 작업시간이 많아지면 다음과 같은 방법을 사용한다.

루이지애나 주의 월마트 점포에서 근무한 도로시 잉글리시(Dorothy English)에 의하면, 그곳에서는 종업원의 초과근무 10회 중 9회에 대해서 임금을 지불하지 않았다. 점장 명령으로 그녀는 컴퓨터에 접속하여 종업원의 근무시간기록을 조작했다. 이러한 사례는 다른 월마트 점포에서 매니저로 근무했던 존 레만(Jon Lehman)이 토요일 아침 6시 30분에 급여담당자와 함께 출근하여 그의 감독하에서 조작했다고 증언하고 있다. 도로시 잉글리시에 의하면 이러한 근무시간기록 조작은 일상적으로 이루어졌다고 한다. 어느 날 그녀가 이러한 조작이 옳지 않다고 건의하자, 이 방법이 종업원의 근무시간을 주 40시간 이내로 줄일 수 있는 유일한 방법이라고 대답했다고 한다(Greenhouse, 2002; PBS, 2002).

오리건 주 세일럼과 댈러스의 점포에서 임금지급을 담당하는 인사과장이

34) ≪새크라멘토 비(Sacramento Bee)≫는 캘리포니아 주의 주도인 새크라멘토에서 1850년대에 창간된 지방지이다.

었던 캐롤린 티베스(Carolyn Thiebes)도 일상적으로 종업원의 임금에서 초과근무수당을 제외했으며, 적어도 1회는 상사 입회하에서 지시에 따라 실시했다고 주의 재판에서 증언했다(Associated Press, 2002).

또한 미네소타 주의 재판에서는 증거로 제출된 종업원의 근무기록에 시간이 삭제되거나, 전일(前日) 근무시간란에 임금지불 대상 외의 식사시간이 수기로(manually) 기입되는 등 임금지불 담당자에 의해 조작된 흔적이 있었다. 이를 본 재판관은 월마트의 근무기록을 살펴보면 이 재판의 원고 4명뿐만이 아니라 이러한 조작이 매우 광범위하게 일어났다고 볼 수 있다고 기록했다(Forster, 2003).

월마트 컴퓨터는 종업원이 기록한 타임카드(timecard)의 시간을 점장이 편집할 수 있는 구조로 되어 있다는 지적도 있다(Norman, 2004: 17). 이에 대해 ≪뉴욕타임스≫지의 스티븐 그린하우스(Steven Greenhouse)는 "창조적인 타임카드(the creative timecard)"라고 비꼬았다(Greenhouse, 2002).[35]

2) 임금 미지불 노동에 의한 손실

이러한 무급 초과근무의 강요나 휴식시간을 부여하지 않음으로 인해 종업원은 어느 정도 손실을 보고 있을까? 이와 같은 임금 미지불 문제를 둘러싼 재판이 지속적으로 제기되고 있으며, 원고(전·현직 종업원) 측이 각종 자료를 제출하고 있다. 예를 들면 텍사스 주 사례에서는 과거 4년간 같은 주의 전·현직 종업원 20만 명이 받지 못한 15분간 휴식시간의 총합계를 임금으로 환산하면 1억 5,000만 달러에 달한다고 한다(Greenhouse, 2002).[36] 또한 플로리다

35) Creative에는 창조적, 독창적이라는 긍정적 의미 외에도 조작하다, 속이다 등과 같은 부정적인 의미도 있다는 것을 지적하고 싶다.

36) 같은 텍사스 주에 대해서 PBS(2002)는 1년간 3,000만 달러라고 한다.

주 종업원이 1년간 지급받지 못한 초과근무시간 및 휴식시간은 90만 시간이라고 한다(Associated Press, 2003c). 그리고 이들 재판을 둘러싼 월마트의 배상액이 수십억 달러에 달한다는 추계도 있다.[37)]

이 문제를 둘러싸고 앞에서 지적한 것처럼 전·현직 종업원이 많은 재판을 제기하고 있다. 밀러 보고서에 따르면 2002년 12월 시점에 수십만 명의 종업원에 대한 과거 미지불임금 수천만 달러의 지불을 요구하는 39개 집합대표소송(class action)이 전미 30개 주에서 제소되고 있으며(George Miller, 2004: 5), 그 외 밀러 보고서에 언급한 사례 외에도 더욱 많은 재판이 제기되고 있을 것으로 판단된다.

왜냐하면 미국에서는 주로 미국 헌법에 근거하여 재판을 담당하는 연방재판소와 주 헌법에 근거하여 재판을 관할하는 주 재판소가 병존하고 있으며, 주 재판소에만 제소한 경우도 있는 반면 1개의 사안에 대해서 양 재판소에 동시에 제소·심리되는 경우도 있다. 또한 주 재판소의 하급심의 경우 심리상황 등에 관련된 정보가 알려지기 어려우며, 이 임금 미지불 소송은 주법에 의거하여 주 재판소에 제소되는 경우가 많다.

따라서 현시점에서 집합대표소송에 각 종업원 개인이나 소수 그룹으로 제소한 사례를 포함하면, 부당 임금 미지불에 관한 소송이 어느 정도 제소되었으며 심리가 어느 정도 진행되고 있는지에 대해서는 신문기사나 보고서에 따라서 약간 다르다.

집합대표소송은 미 합주국에서 발달한 소송형태의 하나로, 집단대표소송, 대표당사자소송, 집합소송 등으로 번역되기도 한다. 구체적으로 살펴보면 "다수의 공통 이해관계자의 집단 멤버 중 1명 또는 수명이 멤버 전원을

37) 이는 원고(종업원) 측 변호인의 추계로 월마트 측 변호인의 추계는 수백만 달러라고 한다(Greenhouse, 2002). 또한 PBS(2002)에 의하면 25개 주 재판에서 초과근무에 대한 미지불임금의 합계는 종업원 측의 주장으로 수억 달러라고 한다.

대표하는 당사자가 되어 소송을 제기하는 것이 가능하며, 그 결과에 대한 판결은 멤버 전원이 비록 소송에 관여하지 않더라도 구속되며, 다수인의 분쟁을 일거에 해결할 수 있는 제도이다. 멤버의 1명 또는 수명이 스스로 소송을 제기하며, 재판소가 멤버를 대표하여 소송을 진행하는 권한"[38]이 있는가에 대해서 판단한다. 또한 다음 절에서 검토할 월마트의 여성차별 문제에서는 150만 명 이상, 경우에 따라서는 200만 명이라고도 알려진 사상 최대 규모의 집합대표소송이 제기되어 있다.

집합대표소송인가, 개인소송인가의 여부를 떠나 일련의 임금 미지불 소송과 관련, 2000년 뉴멕시코 주의 재판에서 100명의 종업원에 대하여 50만 달러를 지불하는 것으로 타협한 사례와 콜로라도 주에서 집합대표소송으로 6만 9,000명(일설에 의하면 6만 7,000명)에 대하여 5,000만 달러 이상이 지불된 사례도 있다(Manning, 2002; Olsson, 2003 등).

2005년에는 6시간 이상 근무하는 종업원에게는 30분의 식사휴식시간(단, 무급이어도 무방)을 부여해야 하는 2001년도에 제정된 캘리포니아 주법에 위반된다고 제소된 집합대표소송에서, 월마트의 전·현직 종업원 11만 6,000명에게 보상적 손해배상 5,700만 달러, 징벌적 손해배상 1억 1,500만 달러를 지불해야만 한다는 판결이 알메이다 카운티의 주 재판소에서 내려졌다(Lee, 2005; Selvin and Goleman, 2005).[39]

2006년 필라델피아의 펜실베이니아 주 재판소는 전·현직 종업원 18만 7,000명에게 휴식시간 및 근무시간 외에 무급으로 일하게 했다는 이유로 7,800만 달러의 손해배상을 지불하도록 판결했다. 이 재판과정에서 1998년부터 2001년까지 펜실베이니아 주 내의 종업원이 휴식을 취할 수 없었던

38) 上原敏夫, 「クラス·アクション」, 『平凡社大百科事典』(平凡社, 1984).
39) 이 건은 월마트가 공소한 것으로 2007년 말 현재도 계쟁 중이다.

횟수가 총 3,300만 회가 넘는다는 것을 월마트 컴퓨터 기록에서 알 수 있었다고 한다(Greenhouse, 2006).

또한 2007년 5월에는 뉴저지 주 최고재판소가 시간외노동에 관한 제소에 대하여, 주 내의 전·현직 종업원 8만 명에 가까운 집합대표소송으로서 심리를 진행할 것을 결정했다(Greenhouse, 2007c). 6월에도 미주리 주의 공소재판소에서 같은 집합대표소송으로서 심리를 진행할 것을 결정한 사례가 있는데, 같은 날 뉴욕 주의 지역재판소에서는 집합대표소송으로서 심리할 것을 부결한 사례도 있다(Kabel, 2007).

이상과 같은 주 재판소에서의 계쟁과는 별도로 연방재판소에 소송이 제기된 경우도 있다. 월마트 본사가 있는 아칸소 주 연방재판소에 제소된 집합대표소송에서는 2007년 1월 당시 대상자 8만 7,000명에게 1인당 평균 386달러, 합계 3,300만 달러 이상의 소급임금을 지불하는 것으로 타협했다(Goldman, 2007a; Greenhouse, 2007a).

제2절에서 소개한 바와 같이 월마트는 종업원에게 '시간 도둑(time theft)'이 되어서는 안 된다고 교육을 하고 있다. 그러나 지금까지 살펴본 바와 같이 미지불임금이야말로 월마트에 의해 자행된 '시간 도둑'이라고 할 수 있다. 그러나 에런라이크가 지적한 것처럼 기업 측이 "종업원의 시간을 훔치는 것은 전혀 문제시되지 않는다(Theft of our time is not, however, an issue)"(Ehrenreich, 2001: 146)는 것이 월마트의 실태이다.

한 가지 부언하자면 시간외임금 미지불 노동의 문제는 홈데포, 타깃, CVS, 앨버트슨 등을 포함한 거대 소매기업을 대상으로 수십 건의 재판이 제기되어 있기 때문에(Mitchell, 2006a: 61~62) 월마트가 조금 심각한 수준일 뿐 결코 예외적인 존재는 아니다.

3) 임금 미지불 노동의 원인

이처럼 월마트에서는 정규근무시간이 끝난 종업원을 무급으로 일을 시키거나, 법적으로 의무화되어 있는 식사 및 휴식시간을 주지 않고 일을 시키는 경우가 많이 발생하고 있다. 이는 종업원이나 외부 고발뿐만 아니라 사내감사에서도 지적되고 있다. 이러한 임금 미지불 노동은 기타 많은 대형 소매기업에서도 발생하고 있으며, 법원에 제소된 경우도 적지 않으나 월마트가 압도적으로 많은 것은 틀림없는 사실이다.

여기서 한 가지 드는 의문은 "월마트는 종업원을 착취하는"(Ortega, 2000: 269) 기업이며 "(창업자인) 월튼의 신조가 윤리나 도덕을 무시하고 있다"(Ortega, 2000: xxv)고는 하더라도, 이처럼 대대적으로 임금을 지불하지 않고 노동을 착취하면 언젠가는 손해배상을 해야만 하는 사태가 벌어질 뿐만 아니라, 기업 이미지에도 큰 손상을 미치게 된다는 것은 쉽게 예측이 가능함에도 불구하고 미국 전역에서 재판이 제기되는 사태에 이르게 된 것은 무슨 이유 때문일까?

이러한 문제가 대두될 때마다 월마트는 사내규칙으로 근로시간이나 휴식을 엄수하도록 지도하고 있으나 일부 점장이 이를 지키기 않았다거나, 위반자는 엄정하게 처벌하고 있다고 발표하고 있다.[40] 그러나 문제의 본질은

40) 예를 들면 월마트 대변인은 "시간외노동은 특별한(좀처럼 없는) 문제이다. 만약 그러한 사실이 있다는 것을 알게 되면 언제라도 시정하겠다. 일한 시간만큼 임금을 지불하는 것이 월마트의 방침이다"라고 강조하고 있다(Greenhouse, 2002). 커뮤니케이션 매니저도 노동시간만큼 임금을 지불하는 것이 월마트의 규칙이며, 그 규칙을 지키지 않는 매니저는 해고를 포함한 징계를 받게 된다고 주장했다(Longhine, 2004). 또한 이 장 제5절에서 언급하는 여성차별 문제에 대하여 대변인은 "동사에서 채용, 임금 지불 등 고용에 관한 책임의 대부분을 점장에게 위임하고 있다. 만약 (여성종업원에 대한) 편견 등의 이의신청이 사실이라면 이는 개개 점장의

중간관리자의 개인적인 책임으로만 끝날 수 없는 월마트 전체의 구조와 본질에 있다는 것이다.

우선 초과근무를 금지하는 사내규칙이 존재함에도 불구하고 월마트는 점장이 점원에게 초과근무를 시킬 수밖에 없는 보상과 벌칙제도를 만들어왔다. 예를 들면 본사는 점장에게 점포마다 설정된 목표인건비 이하로 억제하도록 명령하고 있다. 만약 이 목표를 달성하지 못할 경우에 점장은 견책처분을 받거나 경우에 따라서는 해고되기도 한다. 또한 점장은 지구 매니저나 지역 매니저로부터 크리스마스 시즌과 같은 성수기를 제외하고, 초과근무수당 제로정책('zero tolerance' policy toward overtime pay)을 엄수하도록 끊임없이 주의를 받고 있다. 종업원에게 주 40시간 이상 근무를 시켜 결과적으로 1.5배의 초과근무임금을 지불하게 된 점장은 대체로 견책처분을 받게 된다(Greenhouse, 2002). 목표인건비란 경쟁 대형 소매기업에서는 15~16%에 달하는 점포 판매액에 대한 인건비를 8%로 유지하는 것을 말한다(Associated Press, 2003c).

이 초과근무수당 제로정책과 부족한 예산(skimpy budget), 또한 인원부족이 함께 작용을 하여 점장은 무급 시간외근무가 없으면 점포를 운영할 수 없을 정도의 상황에 놓이게 된다(PBS, 2002).

브랜다이스 대학교(Brandeis University) 여성문제연구센터의 엘런 로젠(Ellen Rosen)이 지적하는 바와 같이, 월마트는 점원 수 등을 적절하게 확보할 수 있는 선택예산(preferred budget)을 도입하고 있다고 주장하지만, 선택예산으로 하면 점장에게 부여된 인건비를 초과해버리기 때문에 실제로는 그러한

과실이며, 회사의 방침을 반영하지 않은 것"이라고 강조했다(Girion, 2003). 그리고 이 대변인은 "100만 명이나 근무를 하면 바보 같은 행동을 하는 녀석이 2~3명은 항상 있다. 그러나 이는 어디까지나 예외로 월마트 전체는 아니다"라고 변명했다(Daniels, 2003).

점포는 한 군데도 없다. 결과적으로 끊임없이 인원이 부족한 상황이다. 월마트의 인건비예산으로는 점장, 부점장, 부문장(매장 주임)과 같은 모든 매니저가 점포를 운영하는 데 필요한 점원을 확보하는 것이 거의 불가능하다는 것을 의미한다(Rosen, 2006: 245~246).

그뿐만 아니라 다른 소매기업에서는 결코 볼 수 없는 점장의 보너스를 개개 점포의 이익과 연동시켜서 담당하는 점포의 인건비를 삭감하도록 유도하는 시스템을 도입하고 있는 것도 요인으로 작용하고 있다. 월마트는 직원에게 임금 미지불 노동을 시키면 점장들의 수입이 늘어날 수 있다는 유인책을 사용하고 있다. 이러한 기업의 방침에 따라 점포의 이익을 확보한 점장에게는 기본급 5만 2,000달러에다 7만~15만 달러에 달하는 보너스를 지급한다고 한다(Greenhouse, 2002).

이외에도 현장에서의 인원부족에 대해서는 많은 증언이 존재한다. 예를 들면 댈러스의 점포에서 레스토랑 부문을 담당했던 마리아 로샤(Maria Rocha)는 해야 할 일은 매우 많지만 인원이 부족하기 때문에 휴식을 취할 수 없었으며 가끔 식사를 거를 경우도 있었다고 한다(Greenhouse, 2004a). 또한 시범적으로 월마트에서 물건을 구입한 리포터가 너무 많은 계산대가 닫혀 있는 것을 보고 점원에게 그 이유를 물어본 결과, 월마트에서 일하고 싶은 사람이 없기 때문이라는 대답을 했다고 한다(Amrhine, 2004).

여하튼 월마트에는 일반공장의 조립라인과 같은 시스템이 없기 때문에 종업원으로부터 보다 높은 생산성을 도출하기 위해서 경영진은 보다 손쉬운 방법을 사용하게 된다. 즉, 종업원을 몇 명 고용할 것인가를 결정할 때 인건비의 증가가 해당 점포의 매출 증가보다 적게 하는 방법을 사용한다. 따라서 개개 종업원이 해야 할 일은 매년 늘어나는 것이다(Head, 2004: 81).

임금 미지불 초과근무 등의 강요는 위법일 뿐만 아니라 월마트의 사내규정에도 위반되는 행위로서, 점장 등과 같은 현장관리직에 의한 개인적인 일탈이라고 일방적으로 단정할 문제는 아니다. 이 문제를 둘러싼 복수의 집합대표소송에서 원고 대리인을 수행한 러셀 로이드(Russell Lloyed) 변호사가 지적하는 것처럼(Longhine, 2004), 월마트는 당근과 채찍(carrot-and-stick approach)을 동시에 사용하고 있다. 점장 등 많은 현장 매니저는 기본급 이상의 보너스를 받고 있다. 그리고 보너스는 그 점포의 이익에 따라 결정되는데 총임금을 낮게 할수록 이익은 커지게 된다. 바로 이것이 당근이다. 채찍은 본사가 각 점포 종업원의 근무시간을 감시하는 것이다. 점장들은 매출은 증가시키면서 매년 인건비는 0.2%씩 삭감할 것을 강요받는다. 보다 적은 비용으로 보다 높은 매출을 달성해야 하는 것은 현장 매니저에게 큰 압박으로 작용한다. 더구나 매니저가 실제로 컨트롤할 수 있는 항목은 임금밖에 없다.

이것을 전제로 하면, 설령 사내규칙에서 초과근무를 금지하거나 휴식시간을 의무화했다고 하더라도 현장에서 그것을 지키는 것은 현실적으로 어렵다. 현장 매니저들에게 해결책(도피방법)은 법률이나 사내규칙을 위반하더라도 종업원에게 임금 미지불 노동을 강요하는 것밖에 없다.

즉, 문제가 발생할 때마다 월마트가 언급하는 것처럼, 형식적으로는 매니저 개인의 위반행위일지라도 이는 어디까지나 표면에 나타난 문제일 뿐 본질적으로는 월마트라는 기업의 구조와 본질에 그 원인이 있다고 할 수 있다. 여기서 본질이란 듀크스 재판의 원고 변호인단 리더인 브래드 셀리그만(Brad Seligman) 변호사가 지적한 바와 같이 "월마트의 관심은 항상 결산의 결과(bottom line)와 경비절감뿐이었다. 그 이외 모든 사항은 2차, 3차, 4차, 5차 순위"(Olsson, 2003)이다.

그 결과 포틀랜드 대학교 비즈니스 스쿨 로널드 힐(Ronald Hill)이 지적하는 것처럼 그러한 이익우선의 기업방침이 "종업원의 저임금에 의한 열악한 상태와 더불어 매니저나 종업원을 회사의 기대에 부응하게 하기 위해 비윤리적이고 위법적인 수단을 취하도록 만들고 있다"(Hunsberger, 2002)는 것이다.

본사의 직접적인 지시에 의한 것은 아니지만 본사가 만든 경영시스템, 경영정책이 시간 외 또는 휴식시간의 임금 미지불 노동을 강제하는 것과 같은 위법행위를 회사 전체적으로 창출했다고 할 수 있다.

그러나 여기서 드는 또 한 가지 의문은, 점장은 그렇다고 하더라도 일반종업원은 왜 그러한 상황을 감수하면서까지 월마트에서 근무를 하는가 하는 점이다. 이에 대해서는 나중에 자세히 검토하도록 하고 여기서는 간단하게 언급하고자 한다.

이는 대부분의 경우 월마트가 주민들의 입장에서 보면 월마트를 대신할 근무처가 거의 없는 곳에 출점을 하기 때문이다(Hunsberger, 2002). 힐이 지적하는 것처럼 "월마트에 오는 사람들의 대부분은 고객이든 종업원이든 다른 선택이 거의 없는 상황이기 때문이며, 월마트에서 일을 하거나 물건을 구입하기 위해서는 무엇이든 한다"(Hunsberger, 2002)는 것이다. 바꾸어 말하자면 전 웨스트팜비치(West Palm Beach)점 부문장(매장주임) 주디 다네만이 증언하는 것처럼 "시간 외에 무급으로 일하는 것이 실업보다 낫다"(Olsson, 2003)는 것을 의미한다.

5. 월마트의 여성차별

1) 듀크스(Dukes) 재판

앞 절에서 언급한 바와 같이 시간 외 또는 휴식시간의 임금 미지불 노동에 대해서는 전·현직 종업원들이 많은 재판을 제기하여 집합대표소송으로 심리를 진행하고 있는 사례만도 40건 전후이다. 그리고 수만 명 이상에게 보상할 것을 결론 내린 판결도 몇 건 존재한다.

월마트를 둘러싼 재판은 종업원들이 제기한 임금 미지불 노동의 보상뿐만 아니다. 고객이 제기한 것, 노동재해에 관한 것, 부당노동행위나 장애자 차별에 대해 연방정부로부터 제소된 것 등 수많은 재판이 제기되어 있다. 연방재판소, 주 재판소를 합해 1만 건 전후의 재판이 제기되어 있다는 설도 존재한다.41)

한국이나 일본과 비교하여 재판이 많은 미국사회라고는 하지만, 이러한 계쟁 수는 민간기업으로서는 예외적인 수치라고 할 수 있다. 재판 중에는 출점을 인정받지 못한 것에 대해 지자체 등을 제소하는 경우와 같이 월마트가 원고가 되는 경우도 있지만 대부분의 경우 월마트가 피고이다.

이러한 상황 속에서 2004년 6월 22일(재판관의 서명은 16일) 샌프란시스코에 있는 캘리포니아 주 북부지구의 연방 지방재판소에서 역사적인 결정이 내려졌다. 그 결과에 따라서는 월마트 경영에 막대한 영향을 미칠 수 있는 결정이며, 제소 이래 3년에 걸쳐 사실심리에 들어가기 전에 집합대표소송으로 인정할 것인가를 두고 논란이 된 듀크스 재판(Betty Dukes et al. v. Wal-Mart Stores, Inc.; N. D. Cal. No. C-01-2252)에서 집합대표소송으로서 사실심리할 것을 인정한 것이다.

베티 듀크스(Betty Dukes)를 비롯한 원고의 주장을 한마디로 요약하자면, 급여·임금과 승진기회의 양면에서 월마트 여성종업원은 남성종업원에 비해

41) 퀸(B. Quinn)에 의하면 월마트에 대한 재판에서 계속(係屬) 중인 것은 1만 2,000~1만 4,000건 이상이다(Quinn, 2000: ix). 또한 떨어진 상품으로 인해 부상을 입은 소비자의 대리인 업무를 수행하는 변호사에 의하면 소비자로부터의 제소를 포함한 월마트에 대한 재판은 2만 5,000건에 이른다고 한다(Quinn, 2000: 74). 2002년에만 월마트에 대한 제소가 6,087건으로 90분에 1건이 제소된 셈이라고 한다(Daniels, 2003). 한편 월마트 대변인에 의하면 2003년 9월 계쟁 중인 재판은 6,649건이라고 한다(Associated Press, 2003a). 종업원이 고발한 것만으로 국한하면 집합대표소송을 제외한 개인이 제소한 것 중 계쟁 중인 것은 6,549건에 달한다(Rosen, 2004). 또한 매년 5,000건 전후, 즉 매일 13건의 새로운 재판에 직면하고 있다는 자료도 있다(Dicker, 2005: 29).

차별을 받고 있기 때문에 그 손실을 보상함은 물론 여성이 불이익을 받지 않도록 해야 한다는 것이다.

84페이지에 걸친 결정서[42]에서 마틴 젠킨스(Martin Jenkins) 재판관은 원고 측의 집합대표소송 인정 신청에 대해 월마트 사내에서 여성차별의 일반성, 원고의 집단에 대한 대표성, 적격성 등에 대하여 검토한 후 아래와 같이 결정했다.

> 집합대표소송 인정 신청에 대하여 금지명령에 의한 구제, 선언(宣言)적 구제, 징벌적 손해배상, 일실(逸失)이익보상을 목적으로 하기(下記)의 집단을 인정한다. 단, 승진에 관한 이해관계에 대해서 증거가 될 만한 객관적인 기록이 없는 자에 대해서는, 승진에 관한 청구에 관하여 금지명령에 의한 구제, 선언적 구제에 한정한다. 집단은 1998년 12월 26일 이후 미국 내 월마트사의 어느 한 곳의 점포에 고용되어 문제가 되는 급여·임금정책, 승진정책·관행이 적용되었거나 또는 적용될 수도 있는 모든 여성이다(U.S. District Court for the Northern District of California, 2004: 83~84).

쉽게 설명하자면 급여 및 임금의 여성차별에 대해서는 1998년 12월 26일[43] 이후에 근무한 모든 전·현직 여성종업원을 구성원으로 하는 일실이익보상, 징벌적 손해배상청구의 집합대표소송으로 사실심리에 들어갈 것, 급여·임금 및 승진에서 여성을 차별하는 제도나 기업문화의 시정에 관해서도

42) 이 결정서, 2007년 2월 공소재판소의 결정서, 같은 해 12월 공소재판소의 수정결정서, 원고단이 재판소에 제출한 보고서, 종업원의 증언 등 듀크스 재판 관련 자료는 원고단 홈페이지(www.walmartclass.com)에서 열람할 수 있다.

43) 1998년 12월 26일은 연방고용기회균등위원회에 월마트의 남녀차별에 대한 고소가 최초로 제출된 날짜에 근거하는 것이다(Kasler, 2004).

동일하며, 단 승진차별에 의한 경제적 불이익의 보상에 대해서는 승진에 도전한 증거가 존재하는 자로 한정한다는 것이다.

여기서 집합대표소송으로 인정된 대상자의 수는 150만 명 이상, 경우에 따라서는 200만 명 전후에 달한다는 주장도 있다.[44) 「시민적 권리에 관한 법률(Civil Rights Acts)」에 의한 집합대표소송으로서는 사상 최대 규모이다.

만약 이대로 집합대표소송으로서 재판이 진행되어 월마트가 패소하여 징벌적 배상을 포함한 1인당 평균 배상액이 5,000달러라고 하면,[45) 총합계는 75억~100억 달러[46)로, 이 회사의 1년분 이익에 상당하는 금액이 된다. 이는 당연히 회사의 주가에 막대한 영향을 미치기 때문에[47) 자금조달 측면이나 자부심을 가지고 자사주를 보유하고 있는 중견간부 이상의 사원의 사기 측면에서도 큰 타격을 입을 것이다.

이뿐만이 아니다. 지금까지 살펴본 저임금 등과 함께 심각한 기업 이미지

44) 당초 대상자 수는 70만 명이라고 알려져 있었으나, 그 후 150만 명 또는 160만 명이라고 알려졌다. Egelko(2007a)에 의하면 재판소는 2003년 제출된 기록을 근거로 150만 명 이상이라고 추측하고 있으나, 원고인 브래드 셀리그만 주임변호사는 200만 명을 넘는다고 주장했다.

45) 이 재판에서 기존까지 원고 측이 구체적인 수치에 의한 청구는 하지 않았으나 드로진 보고서에서는 연봉제 관리직을 포함한 전 사원·종업원의 평균적인 남녀격차는 5,000달러 이상이라고 추정하고 있다. 또한 이 재판보다 규모는 작지만 1997년 화해한 홈데포의 여성차별을 둘러싼 집합대표소송에서는 2만 5,000명의 여성종업원에 대하여 총액 1억 400만 달러, 1인당 4,160달러를 지불했다(Armour, 2004; Daniels, 2003).

46) Burns(2004), Greenhouse and Hays(2004), Horowitz et al.(2004)을 비롯하여 재판에서 패소 또는 화해할 경우 월마트의 부담은 수십억 달러(billions of dollars)로 추정하고 있는 자료가 많다.

47) 투자 리서치 회사 샌퍼드 번스타인(Sanford C. Bernstein)의 소매업 애널리스트는 만약 배상금을 지불하게 되면 "이는 월마트 재정을 압박하게 될 것이다. 따라서 월마트 주가의 목표치를 5% 낮추었다"라고 진술했다(Greenhouse and Hays, 2004).

악화현상이 일어날 것이다. 사실 "이 정도 규모의 재판에서 패하게 되면 설령 월마트일지라도 경영에 중대한 영향을 입을 수밖에 없다. 월마트 성공의 대부분은 이 재판을 제기한 사람들과 유사한 종류의 노동자계층의 여성들에게 의존하고 있기 때문에 사실심리 과정에서 밝혀진 여성종업원의 차별에 대한 증언은 월마트에게는 위험요소이다"라는 평가도 있다(New York Times, 2004). 그 전조로 여성단체 등에서 월마트 보이콧 운동이 일어나고 있다.[48)]

따라서 월마트는 매우 초초해하고 있다. 결정이 내려지자 즉시 이번 결정은 어디까지나 집합대표소송으로서 심리를 진행할 것을 결정한 것뿐이며 구체적인 심리와는 관계가 없고, 애초 각 지구 및 각 점포가 상황이 다른 것을 무시하고 전국 일률적으로 집합대표소송으로 하는 것에는 동의할 수 없기 때문에 공소재판소에 공소하고자 한다는 입장을 발표했다(Armour, 2004; Greenhouse and Hays, 2004; Kasler, 2004 등). 그리고 지방재판소의 결정대로 듀크스 재판을 집합대표소송으로서 취급할 경우, 그 규모가 너무 크기 때문에 직접 재판에서 발언할 수 없는(absent) 집단의 구성원 및 월마트로서는 적정한 법절차의 권리(due process rights)가 침해된다는 것 등을 이유로 집합대표소송 결정을 취하하도록 샌프란시스코 연방공소재판소(제9순회구 재판소)에 신청했다(Egelko, 2004; Hays, 2004; Los Angeles Times, 2004b).

48) 미국 최대 여성단체 NOW(National Organization for Women) 등이 월마트 보이콧 운동을 하고 있으나, 현재까지 특별한 성과는 나타나지 않고 있다. 이는 "재판의 보도(negative publicity)는 월마트 경영에 그다지 타격을 주지 않을 것이다. 왜냐하면 사람들은 월마트를 좋아하기 때문에 월마트에 가는 것이 아니라, 월마트의 가격이 싸서 월마트에 가기 때문이다"(Associated Press, 2004b)라는 이유 때문일 것이다. 보다 단적으로 말하자면 "설령 월마트가 범죄행위를 하고 있다는 것을 알아도 월마트에서 살 수밖에 없는 저가격을 제공하고 있기 때문이다. 듀크스 재판에는 공감하고 있으며 월마트에는 가기 싫지만 아이들에게 필요한 우유를 사기 위해서는 갈 수밖에 없으며 다른 가게보다 싸기 때문이라는 의견이 많기 때문이다"(Featherstone, 2004a: 230)는 것이다.

공소재판소는 이례적이라고 할 수 있을 정도로 오랫동안 심의를 펼친 결과, 2007년 2월 6일 2대 1(3재판관제)의 다수결로 지방재판소와 마찬가지로 집합대표소송으로서 심리를 진행할 것을 결정했다(Egelko, 2007a; Goldman, 2007b; Greenhouse, 2007b). 이에 대해 월마트는 이의를 제기했고, 2007년 12월 11일 판결이유를 일부 수정했으나 다시 집합대표소송을 인정하는 판결이 내려졌다. 단, 이의가 있는 경우 같은 공소재판소에서 전체 재판관에 의한 재심리를 하도록 되어 있어, 월마트는 즉시 이의신청을 했다(Reuters, 2007). 따라서 공소재판소의 최종결정에는 많은 시간이 소요될 가능성이 있다.

월마트로서는 이 재판을 다른 재판보다 중요시할 수밖에 없을 것으로 판단된다.[49] 따라서 우선 이 재판의 경과를 살펴보고자 한다.[50]

2001년 6월 19일 베티 듀크스를 비롯한 월마트와 샘스클럽의 전·현직 여성종업원 6명이 샌프란시스코의 연방 지방재판소에 집합대표소송을 제소

49) 2003년 9월 24일 연방 지방재판소에서 심리까지 원고·피고 쌍방이 재판소에 제출한 증거는 125만 페이지, 선언증언은 200건이나 된다고 한다(Liedtke, 2003). 그중에서 100만 페이지 이상은 원고 측이 제출한 것이다(Girion and Goldman, 2004).

50) 원고 변호인단은 6개 법률사무소로 구성되어 있는데, 그 홈페이지(Wal-Mart Class Website; walmartclass.com) 및 6개 사무소 중 1개인 Cohen, Milstein, Hausfeld & Toll, P. L. L. C.의 홈페이지(cmht.com)에 게재되어 있는 자료에 의한 것이다. 또한 이 재판의 계기는 월마트의 성희롱 사건을 담당했던 뉴멕시코 주의 변호사들이 이 재판과정에서 여성차별 가능성을 발견했기 때문이며, 그들이 집합대표소송 경험이 풍부한 임팩트 펀드(The Impact Fund)(캘리포니아 주 버클리)의 브래드 셀리그만 변호사와 상담을 하고 다른 변호사 사무소의 협력을 얻어 원고가 되는 전·현직 종업원을 찾아서 제소한 것이다. 한국이나 일본에서는 그다지 볼 수 없는 과정이지만, 원고 변호인단의 리더인 셀리그만 변호사의 성장과정, 집합대표소송에 의한 변호사 사무소의 경영 문제를 포함한 이 재판의 경위에 대해서는 Streitfeld(2004)가 상세하게 언급하고 있다. 또한 재판의 경위 및 원고의 프로필 등은 Featherstone (2004a: 38~50)에 상세하게 정리되어 있다.

했다. 제소 내용은 승진, 업무할당, 보수, 교육 등에서의 여성차별과 이에 불만을 제기한 여성종업원에 대한 보복적인 처우(retaliates)이다. 원고의 청구는 차별로 인해 손실된 임금·부가급부의 보상, 징벌적 손해배상의 지불, 차별행위에 대한 개선명령이다. 원고 6명 중 듀크스와 다른 1명은 캘리포니아 주민, 다른 4명은 일리노이 주, 오하이오 주, 텍사스 주, 플로리다 주의 주민이다.

이 제소에 대하여 월마트는 집합대표소송을 각하하든지 원고 중 4명이 캘리포니아 주민이 아니기 때문에 관할 재판소를 본사가 있는 아칸소 주 서부지방재판소로 옮겨야만 한다고 주장했다. 이 주장에 대하여 샌프란시스코 지방재판소는 2001년 12월 3일, 재판을 같은 재판소가 계속 담당하지만 원고는 캘리포니아 주민으로 하도록 명령했다. 이에 원래 2명에다 새로이 5명의 주민을 포함하여 합계 7명의 캘리포니아 주민으로 원고를 재구성했다.

2003년 9월 24일 집합대표소송으로 인정할 것인가에 대한 심리(hearing)가 진행되어 지방재판소, 공소재판소 차원에서는 집합대표소송으로서 사실심리(trial)를 진행할 것이 인정되었다. 단, 월마트의 이의신청이 있을 것이며, 또한 이의신청이 인정되지 않을 경우 최고재판소에 상고할 것이 예상되기 때문에 사실심리에 들어가는 것은 상당히 시간이 소요될 것으로 예상된다. 원고단의 셀리그만 주임변호사는 몇 년에 걸쳐 진행될 것이라고 예측했다(Seligman, 2006: 242).

월마트가 지적하는 것처럼 지금까지의 결정은 어디까지나 집합대표소송에 대한 인정이며, 구체적인 사실심리와 관련된 것은 아니다. 그러나 그 결정에 월마트가 주장한 개개의 지구와 점포, 개별 점장의 재량이라는 점에 대해서 일단 인정했으며, 그럼에도 불구하고 기업문화로서 공통된 것이 있다고 간주하고 원고 측의 통계분석과 종업원의 증언을 거의 채택하고 있기 때문에 이대로 재판이 진행될 경우 월마트로서는 매우 심각한 타격을 입을 것으로 예상된다.

또한 듀크스 재판 그 자체는 여성차별에 대한 것이며 인종차별에 대해서는 언급하고 있지 않다. 원고 7명에는 아프리카계 미국인도 있으며 백인도 포함되어 있다. 단, 7명 중 대표인 듀크스와 다른 1명은 이번 재판과는 별도로 인종차별 문제로 월마트를 제소했다(Featherstone, 2004a: 38).

2) 여성차별 실태

2003년 1월부터 2월에 걸쳐 원고 측은 전문가가 작성한 3종류의 보고서를 재판소에 제출했다. 그중 하나가 이 장 제2절에서 월마트의 평균 임금에 대해 설명할 때 인용한 캘리포니아 주립대학 헤이워드교 명예교수 드로진의 "월마트 노동자의 성별 패턴 통계분석(Statistical Analysis of Gender Patterns in Wal-Mart Workforce)"이라는 제목의 보고서이다. 우선 이 보고서에 나타난 월마트의 임금과 급여의 남녀차별에 대해 살펴보도록 하자(Drogin, 2003).

앞의 <표 1-1>~<표 1-3>의 자료에 의하면 연봉제 관리직과 시간제 일반종업원 모두 남성종업원(사원)에 비하여 여성종업원(사원)의 임금과 급여가 낮은 것을 알 수 있다.

물론 일반적으로 근속연수가 길어질수록 연봉 또는 시급이 증가할 가능성이 높기 때문에 남성의 근속연수가 여성보다 길다면 남녀차별의 합리적인 이유가 될 수도 있다. 그러나 사실은 <표 1-5>와 같이 연봉제 사원을 포함하여 모든 직종에서 여성의 근속연수가 남성의 근속연수보다 긴 것을 알 수 있다.

또한 업무달성 수준이 남성이 여성보다 높다면 임금격차의 근거가 될 수도 있다. 그러나 월마트가 시급종업원에 대하여 실시한 업무평가 결과는 오히려 여성종업원이 남성종업원보다 약간 높게 나타났다(<표 1-6> 참조).

〈표 1-5〉 현 종업원 평균 근속연수(2001년 말)

(단위: 년)

직종	남성	여성
합계	3.13	4.47
시급종업원 합계	2.76	4.39
봉급제사원 합계	6.69	7.39
판매원(Sales Associates)	2.53	3.41
부문장(Dept Mgr)	5.29	7.49
계산원	1.86	2.53
HD/HM O/N	2.28	3.16

주: 1) 풀타임 종업원만 집계.
2) HD/HM O/N이란 하드라인·가정용품 판매에서 심야근무자를 말함.
자료: Drogin(2003: 19), Table 12.

〈표 1-6〉 시급종업원의 업무달성수준(2001년)

(단위: 년)

직종	남성	여성
시급종업원 합계	3.84	3.91
판매원(Sales Associates)	3.86	3.75
부문장(Dept Mgr)	4.28	4.38
계산원	3.58	3.49
HD/HM O/N	3.81	3.96

주: 1) 각 종업원의 업무달성도를 4단계로 평가(1, 3, 5, 7에서 7이 최고)한 것을 풀타임 종업원에 대한 평균.
2) HD/HM O/N이란 하드라인·가정용품 판매에서 심야근무자를 말함.
자료: Drogin(2003: 20), Table 13.

그리고 같은 시기에 채용된 남녀 시급종업원의 시급 격차는 시간이 흐름에 따라 커지고 있다. 예를 들면 1996년 채용된 시급종업원의 같은 해 격차는 시간당 0.35달러였으나, 2001년까지 근무한 자의 격차는 시간당 1.16달러로 커졌다. 시급종업원이 중심이 되는 판매원(sales associates)으로 국한하여 비교하면, 채용 시(1996년) 0.2달러에서 2001년에는 1.17달러까지 격차가 커졌다.

이상과 같은 분석을 근거로 이 보고서는 다음과 같이 결론을 내리고 있다.

〈그림 1-1〉 월마트와 양판점업계의 여성 매니저 비율

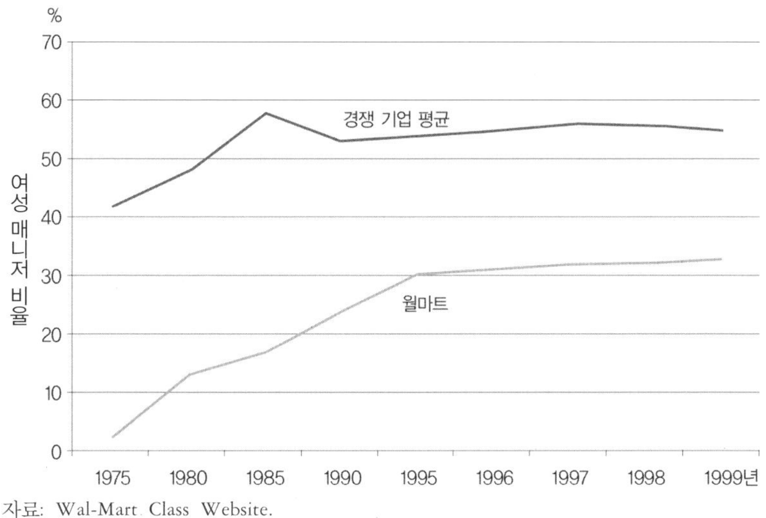

자료: Wal-Mart Class Website.

월마트는 직종에 따라 시급이 다르지만 여성종업원은 저임금 직종에 몰려 있다. 또한 같은 업무(직종)라도 여성의 시급은 남성보다 낮으며, 관리직으로 승진 시에도 여성이 불리하다. 여성이 근속연수가 길고 퇴직률도 낮으며 업무달성평가에서도 좋은 평가를 받고 있음에도 이러한 남녀격차가 존재하고 있다. 또한 2001년 45주 이상 근무한 풀타임을 대상으로 관리직을 포함한 전 사원과 종업원의 평균을 살펴보면, 여성의 연간 임금과 급여는 남성에 비해 5,000달러 이상 적다.

이 분석을 위해 드로진이 사용한 데이터는 1,000만 건이나 되는 월마트 사내의 종업원 개별 인사 및 임금지불 자료이다. 따라서 매우 신뢰도가 높은 결과라고 보아도 무방하다.

한편 벤딕 앤드 이건 경제 컨설턴트(Bendick and Egan Economic Consultants)의 마크 벤딕(Marc Bendick) 박사가 제출한 전문가 보고서(Bendick, 2003)는 주로 관리직 승진 시에 여성이 차별을 받고 있다는 것을 실증분석했다. 예를

들면 월마트 관리직의 여성비율 32.4%는 기타 대형 소매기업 5개 사(콤프유에스에이, 데이턴허드슨, 홈데포, 메이뎁스토어, 토이저러스)의 43.2~65.3%라는 비율과 비교하면 매우 낮은 수준이라고 지적했다. 또한 점장이나 부점장과 같은 중간관리직의 여성비율을 양판점업계의 평균치와 비교하면 마찬가지로 월마트의 여성 매니저의 비율이 매우 낮다는 것을 명확하게 밝히고 있다(<그림 1-1> 참조).

원고 변호인단의 셰일라 토머스(Sheila Thomas)가 지적하는 것처럼 "월마트는 30년 전의 미국에서 활동하고 있는 것"[51] 같다. 이는 월마트 스스로가 사내 자료에서 "우리 회사는 우리 회사 이외의 사회로부터 매우 뒤떨어져 있다(we are far behind the rest of the world)"라고 인정하고 있다(Larkin and Webber, 2003: 1).

이러한 통계분석 등과 같은 전문가 의견서와는 별도로 원고 변호인단은 미국 전역의 전·현직 종업원 100명 이상으로부터 남녀차별에 관한 진술을 수집하여 공표했다. 이에 따르면 남성관리자로부터 받은 성희롱이라고밖에 볼 수 없는 행위나 성적 수치심을 불러일으키는 언행 등이 상당히 포함되어 있다. 여기서 이들 사례를 일일이 소개하는 것은 의미가 없지만, 다만 심각성을 알리기 위하여 아래와 같은 진술을 소개하고자 한다.[52]

라모나 스콧(Ramona Scott)은 1990년 10월부터 1998년 9월까지 월마트에서 근무했다. 플로리다 주 피넬러스 파크(Pinellas Park)점에서 인사과장으로

---

51) 원고 변호인단을 구성하는 변호사 사무소의 하나인 평등권 시민단체(Equal Rights Adovocates)의 셰일라 토머스의 지적〔같이 변호단을 구성하는 Cohen, Milstein, Haesfeld & Toll, P. L. L. C.의 온라인 뉴스레터 "Wal_mart Stores, Inc,. the Nation's Largest Private Employer, Sued for Company-Wide Sex Discrimination," June 19, 2001(http://www.cmht.com/cases_cwwalmart1.php)〕에 의한 것이다.

52) 전·현직 종업원의 진술에 대해서는 원고 변호인단 홈페이지(www.walmartclass.com)에서 열람할 수 있다.

재직하고 있었던 1993년 어느 날 여성 계산원 1명의 임금인상을 점장에게 건의했다. 그러나 점장은 이를 거부하고 "남성은 여기서 경력을 쌓고자 하고 있다(make a career). 그러나 여성은 다르다. 소매업은 임시수입이 필요한 주부가 일하는 곳이 되었다"[53)]라고 답변했다. 또한 1995년인가 1996년에는 임금을 인상할 만큼 일하지 않았다고 생각이 되는 남성 점원의 시급을 인상했기 때문에 담당 부점장에게 문의한 결과 "그는 부양해야 할 가족이 있다"라고 답변을 했다. 따라서 "싱글머더인 나에게도 부양해야 할 가족이 있다"라며 재차 문의를 하자 아무런 답변 없이 자리를 떠났다고 한다.

이와 유사한 진술은 매우 많이 존재하지만 반복해서 언급하지는 않겠다. 그러나 월마트의 기업문화 또는 기업풍토가 어떠한 것인가에 대해서는 상기와 같은 사례를 비추어볼 때 충분이 짐작이 갈 것이다.

집합대표소송의 인정에는 남녀격차에 관한 통계분석이나 사회학적인 분석뿐만 아니라 다수의 전·현직 종업원의 진술로 인해 형성된 월마트 고유의 기업문화에 대한 재판관의 인식이, 승급이나 승진은 개개 매니저의 재량이기 때문에 집합대표소송에는 적합하지 않다는 월마트 측의 주장을 뒤엎는 데 크게 기여했다.

이러한 "30년 뒤처진" 문화는 창업자인 샘 월튼에 의해 형성되었다고 보아도 무방하다. 왜냐하면 "월튼이 바꾸고자 하지 않았던 생각은 바로 여성에 대한 태도이다. 그와 같은 세대 소매업자나 사업가와 마찬가지로 월튼은 여성을 점원이나 보조 매니저로서 근무시키는 것에 대해서는 만족했으나 그 이상 높은 지위의 관리직에는 어울리지 않다고 생각했다. …… 남녀평등을 주장했던 1960년대와 1970년대의 페미니스트 운동은 월마트에는 거의

53) 이 발언은 월마트의 기업문화를 나타내는 전형으로서 집합대표소송인정결정서에도 인용되었다(U. S. District Court for the Northern District of California, 2004: 45).

영향을 미치지 못했기"(Ortega, 2000: 211) 때문이다.

그 배경에 있는 것이 월마트의 기업문화이다. 월마트는 미주리 주 남서부에서 아칸소 주 서남부를 거쳐 오클라호마 주 동부에 이르는 오자크 고원(Ozark Plateau)에서 출발했다. 월마트는 당초 이 오자크 지방 농가의 주부를 고용했는데, 그녀들은 남편 수입에 조금이라도 보탬이 되기 위해 일을 했다. 당시 농가 주부의 부업이라는 견해가 오늘날 매니저에게 계승되고 있는 것으로 생각된다(Head, 2004: 85).

또한 이 오자크 지방 출신이라는 것은 여성차별 문제뿐만 아니라 여러 면에서 월마트의 가치관이나 문화를 규정하는 근원이 되었다. 이에 대해서는 나중에 자세히 살펴보고자 한다.

여성차별, 구체적으로는 여성을 저임금으로 사용하는 것은 월마트만의 고유한 현상이 아니라 디스카운트 소매업이 출발할 때부터 이 업계 전체에서 폭넓게 통용되어왔던 것이라는 분석도 있다(Adams, 2006: 223). 1990년대 말에는 홈데포를 대상으로 약 2만 5,000명의 여성이 대상이 되는 집합대표소송이 제소되어 9,000만 달러의 보상으로 화해했는데, 수년 후 신규 고용이나 승진에 대한 여성차별이 해소되지 않았다는 이유로 연방고용기회균등위원회(U.S. Equal Employment Opportunity Commission: EEOC)가 다시 제소했다(Mitchell, 2006a: 59). 가전제품 최대 기업인 베스트바이도 여성종업원 및 마이너리티(minority) 종업원을 차별하고 있다고 제소되었다(Selvin, 2005).

월마트와는 달리 임금이나 부가급부에서 종업원을 우대하고 있는 코스트코도 이 문제에 대해서는 예외가 아니다. 2004년 8월 고위 매니저에 여성이 적은 것은 승진에 여성을 차별하고 있기 때문이라고 보고, 샌프란시스코의 연방 지방재판소에 제소되었다(Goldman, 2004; Greenhouse, 2004c; Strasburg, 2004). 그리고 2007년 1월 700명 이상이 되는 집합대표소송으로 심리를 진행할 것을 같은 재판소가 인정했다(Greenhouse and Barbbaro, 2007; Sarkar, 2007).

그 과정에서 여성이 승진하기 어려운 상황이기 때문에 개선할 필요가 있다는 사내 제안이 있었음에도 불구하고 CEO인 짐 시네갈(Jim Sinegal)이 반대하여 무산되었다는 사실이 밝혀졌다(Fisk and Gullo, 2006).

이러한 문제는 소매업에만 국한된 현상이 아니다. 레스토랑 체인인 쇼니즈(Shoney's)는 5만 명을 대상으로 1억 3,000만 달러, 코카콜라(Cocacola)는 2,000명을 대상으로 1억 9,000만 달러, 텍사코(Texaco)는 1,500명을 대상으로 1억 7,600만 달러를 각각 지불하는 것으로 집합대표소송에서 화해했다(Archer, 2005: 868의 n.1818).[54)]

6. 월마트의 법 경시와 반노동조합

1) 불법이민자의 고용과 심야 감금

종업원에 관한 월마트의 위법행위는 지금까지 살펴본 임금 미지불 노동이나 여성차별뿐만이 아니다. 2003년 10월 23일, 21개 주 60개 점포에서 연방정부조사담당국에 의한 일제 수색이 이루어져 불법이민 청소부 250명 이상이 체포되었다. 본사에까지 강제수사가 이루어졌는데, 연방이민국 관계자에 의하면 최근에 유례가 없는 대규모 단속으로 4년간에 걸친 수사의 성과라고 한다. 이들 청소부는 하청 청소회사가 고용하고 있었으며, 월마트에서는 해당 지역의 약 1,000개 점포의 청소업무를 약 100개 회사에 의뢰하고 있기 때문에 불법이민자를 사용한 것이 1개 회사인지 다수의 회사인지도 불명확하다고 주장했다. 월마트에서는 1998년과 2001년에도 100명 정도의 불법이

54) 이 논문에서는 홈데포의 보상금이 1억 400만 달러라고 한다.

민 청소부가 체포되어 13개 하청 청소회사가 유죄판결을 받았다. 월마트의 커뮤니케이션 담당 부사장은 하청회사는 위법노동자는 고용하고 있지 않다고 신뢰하고 있었는데 이번 사태로 매우 놀랐다고 변명했다(Greenhouse, 2003a).

그러나 연방수사당국의 담당자는 월마트는 하청 청소업자가 불법이민자를 고용했다는 것을 인지하고 있었다고 언급하고, 월마트의 간부, 매니저, 하청업자의 회의나 회담 기록이 존재한다고 지적했다(Associated Press, 2003b). 하청 청소업자도 월마트의 담당 부사장으로부터 회사를 여러 개로 나누면 만약 불법이민자를 고용한 것이 밝혀지더라도 다른 회사에서 월마트의 일을 계속할 수 있다는 조언을 받았다고 진술했다(Kabel, 2005). 또한 월마트는 체포된 불법이민자 중 10명은 월마트가 직접 고용했다는 것을 인정했다(Greenhouse, 2003b).

월마트를 이민법 위반으로 연방재판소에 제소할 것인가를 두고 연방 대배심에서 심리·결정하게 되었다(Greenhouse, 2003c). 그러나 최종적으로 2005년 3월 연방검찰당국과 입국관리당국은 월마트는 청소부가 불법이민자이라는 것을 몰랐다고 보고 1,100만 달러를 과징하는 대신 소추는 하지 않는 것으로 월마트와 합의했다. 월마트는 위법행위는 일절 하지 않았으며, 1,100만 달러는 벌금이 아니라 이민법의 집행에 도움을 주기 위해 자발적으로 납부하는 것이라고 발표했다(Castelli, 2005; Greenhouse, 2005c).

그러나 설령 소추되지는 않았다고 하지만, 강제송환되는 것이 두려워 최저임금 이하의 매우 낮은 임금이나 열악한 환경을 감내할 수밖에 없는 입장에 있는 불법이민 노동자의 노동력을 매우 저렴한 가격에 착취하는 데 월마트의 경비절감 압력이 뒷받침했다는 것은 틀림없는 사실이다. (월마트에만 국한된 것이 아니라) 대형 소매체인은 최저가 입찰로 전국 규모의 청소업자에게 청소업무를 발주하고, 전국 규모의 청소업자는 다수의 중소

업자에게 재하청을 한다. 이 재하청업자 중에는 종업원의 이민자격을 엄격하게 파악하는 업자도 있지만 불법이민자라는 것을 알면서도 고용하는 업자도 있다(Schneider and ElBoghdady, 2003).

가장 큰 문제는 하청 청소업자가 불법이민자를 고용하고 있다는 것을 월마트가 알고 있었는가가 아니라, 저임금 불법이민자를 고용하지 않으면 하청, 재하청이 성립할 수 없는 월마트의 계약 자체에 있다고 할 수 있다. 월마트 상품 공급에 대해 한 업자가 지적하는 것처럼 월마트와 거래할 때에는 "만약 합법적으로 하고자 하면 어떤 일도 할 수 없다"(Goldman and Cleeland, 2003)는 것에 문제의 본질이 있으며, 이는 청소업무에도 그대로 적용된다.

사실상 이민청소부에 대한 대우는 매우 열악하다. 멕시코 출신의 불법이민자인 빅토 자바라(Victor Zavala)는 부부 모두 주당 56시간 청소를 하지만 임금은 1인당 400달러, 주 40시간 이상 근무한 경우 1.5배의 할증임금이 되는 연방노동법을 적용하면 시급이 6.25달러가 된다. 체포되기까지 16개월 동안 휴일은 크리스마스와 연말, 단 이틀뿐이었다. 또한 러시아 출신의 불법이민자인 미샤 피리얼(Misha Firer)은 심야부터 아침 8시까지 근무에 시급 6달러, 체포되기까지 90일간 휴일은 단 하루도 없었다고 한다(Greenhouse, 2003b).

연방정부와 합의하기 전에 월마트는 점내 청소를 하청 대신 계열사인 샘스클럽과 네이버후드 마켓(Neighborhood Market)을 포함한 전 점포에서 종업원이 직접 하도록 했다(Castelli, 2005).

청소 문제는 위와 같은 조치로 해결되었을지는 모르지만 이후에도 점포 건설 시에 불법이민자를 고용한 사례가 적지 않게 드러났다.[55] 이에 대해서

55) 예를 들면 펜실베이니아 주 포츠빌의 점포건설 경우에 대해서는 Rubinkam(2005) 참조.

는 월마트는 모르고 있었을 수도 있으며, 월마트에 직접적인 책임이 있다고 생각되지는 않는다. 그러나 위에서 지적한 것처럼 끊임없는 경비절감, 거래가격 인하 압력이 건설업자가 저임금 불법이민자를 고용하게 했다는 것은 충분히 예상할 수 있다. 바로 위에서 인용한 것처럼 월마트와의 거래에서는 "합법적으로 하고자 하면 어떤 일도 할 수 없다"라는 것이다.

청소부를 저임금으로 고용하는 것은 월마트만의 문제는 아니다. 타깃의 점포 청소에 종사한 하청회사의 이민청소부는 주 7일간 근무하는 경우도 많았으며 시간외수당도 받지 못했다. 시급으로 환산하면 연방정부가 규정한 최저임금 5.15달러 이하인 4달러에도 미치지 못하는 사람도 있었다. 이에 관하여 타깃은 190만 달러의 소급임금을 지불하는 것으로 연방노동성과 합의했다(Greenhouse, 2004b).

또한 캘리포니아 주 슈퍼마켓의 청소부 약 1,000명이 휴식을 보장받지 못하거나 시간외수당을 받지 못한 것에 대하여 세이프웨이, 앨버트슨, 랠프스 등 3대 체인 및 그 하청회사를 상대로 제기한 집합대표소송에서도 2,240만 달러로 화해했다(Johnson, 2004).

월마트 문제로 돌아가면 불법이민자 취업 문제가 표면화되는 과정에서 월마트 및 샘스클럽의 많은 점포에서는 심야에 종업원이 청소나 상품보충 등과 같은 일을 할 때 밖에서 문을 닫아버려 갇힌 상태가 된 경우가 있었다는 것이 명백하게 드러났다.

예를 들면 텍사스 주 코퍼스 크리스티(Corpus Christi)의 샘스클럽에서 심야에 상품보충 업무를 했던 마이클 로드리게스(Michael Rodriguez)가 작업차량에 치어 무릎을 다쳤으나 곧바로 병원에 갈 수 없었다. 왜냐하면 샘스클럽은 강도 침입 방지라는 명목으로 심야작업 중에 문을 잠갔기 때문이다(매니저 중에는 종업원이나 작업원에 의한 절도를 방지하는 것이 본래의 목적이라고 말하는 사람도 존재하지만). 그리고 당시 늘 하던 대로 열쇠를 가지고 있는 매니저가 부재였다. 또한 종업원이나 작업원은 화재가 발생할 경우를 제외하고 비상구를 사용하면 해고된다는 말을 반복해서 들었다. 다른 종업원이 여기저기 수소문하여 1시간 후에 문이 열리고 병원으로 갈 수 있었다고 한다(Greenhouse, 2004b).

심야작업 중에 감금된 채 작업을 하게 됨으로 인해 발생하는 문제는 로드리게스의 경우뿐만 아니라 인디애나 주에서 심야 작업원이 심장발작으로 쓰러진 경우, 플로리다 주에서 허리케인에 피해를 본 경우, 종업원 아내의 긴급 출산 등 적지 않게 발생하고 있다(Greenhouse, 2004b). 종업원을 감금한 채 작업을 하는 방법은 20세기형이라기보다 19세기형이라는 비판이 있다(Greenhouse, 2004b).

2) 반노동조합의 경영

(1) 기본 경영방침으로서의 반노동조합

월마트의 반노동조합이라는 경영방침이나 경영지침과 이에 따른 부당노동행위에 대해서는 여러 곳에서 보도되고 있다.[56]

최근 수년간 미국 내에서 월마트를 대상으로 한 불공정 노동관행의 고발은 100여 건 이상이다. 2002년에만 43건에 달한다. 밀러 보고서에 의하면 1995년 이후부터 보고서가 정리되기까지의 약 10년간 전국노동관계위원회(National Labor Relations Board: NLRB)[57]는 적어도 60건의 고발을 접수했다. 월마트사의 노동법 위반은 조합을 결성하고자 한 사람에 대한 위법적인 해고, 이에 대해 의견을 제기하고자 한 종업원에 대한 불법 감시, 위협, 협박

56) Ortega(2000)도 반노동조합의 움직임에 대해서 언급하고 있다.

57) 전국노동관계위원회는 「전국노동관계법(National Labor Relations Act)」의 집행기관으로서 1935년 설립된 독립행정위원회이다.

등이었다(George Miller, 2004: 3).

월마트 종업원을 대상으로 조직화를 도모하고 있는 UFCW는 종업원들이 위협을 느껴 조합결성을 위한 투표를 실시할 수 없다고 결론을 내리고 NLRB에 수십 건의 부당노동행위를 고발했다(Zellner, 2002).

이에 대해 NLRB의 법무담당자는 슈퍼마켓 노동자가 조합을 결성할 수 있는 법적 권리를 월마트가 침해하고 있다고 보고 과거 4년간 수십 회에 걸쳐 개선을 요구했다. 그중 상당 부분에 대해서는 종업원이 노동조합 결성을 위한 투표 직전에 회사 측이 임금인상, 승진, 노동환경 개선 등을 제안하는 방법으로 종업원 투표에 위법적인 간섭을 했다는 행정법심판관(administrative law judge)의 판정이 내려졌다(Goldman and Cleeland, 2003).

또한 월마트가 창립 때부터 유지해온 반노동조합 방침은 일부 예외를 제외하고는 지금까지 큰 문제를 야기하지 않았으며, 적어도 UFCW 등 조합 측의 움직임은 그다지 없었다. 이러한 상황에서 최근 들어 조합화를 둘러싼 논쟁이 활발하게 일어나게 된 것은 월마트의 전략과 관계가 있다. 즉, 그동안 월마트는 규모가 작은 소도시나 시골에 출점하는 전략을 취하고 있었기 때문에 노동조합과 접할 수 있는 기회를 피할 수 있었다. 그러나 최근 어느 정도 조직화가 진행되어 있는 슈퍼마켓 업계에 진출하기 시작한 점, 그리고 노동조합원을 흔히 볼 수 있는 대도시에 출점함으로써 UFCW의 조직화 움직임과 충돌하게 되었기 때문이다(Zellner, 2002).

그러나 지금까지 UFCW의 활동은 그다지 성과를 올리고 있지 못하다. 이러한 상황 속에서 미국 내에서 유일하게 노동조합이 결성되었으나 NLRB의 인정과 명령에도 불구하고 월마트 측이 인정하지 않아 사실상 소멸하게 된 사례를 살펴보자.

미국의 노동조합 결성이나 단체교섭 등의 노사관계는 1935년에 제정된 「전국노동관계법(National Labor Relations Act: NLRA)」에 규정되어 있다. 이에 따르면 미국에서는 복수 노동조합은 인정되지 않는다. 즉, 직종이나 직장 등 단체교섭단위가 되는 노동자의 집합마다 1개의 조합만 인정된다. 조합을 결성할 경우에는 그 집합에 속하는 노동자의 30% 이상의 찬성서명을 NLRB에 제출하고, NLRB의 관리하에서 실시되는 투표에서 과반수의 찬성을 얻어야 한다. 단, 제2절 1에서 살펴본 법안(Employee Free Choice Act)이 만약 통과되면 과반수의 서명만으로 투표절차 없이 조합을 결성할 수 있다.

UFCW에서는 당초 일반점원을 소식화하려고 했으나 이에는 많은 수의 찬성자가 필요하기 때문에 어렵다고 판단하고, 각 점포에서 정육 절단 및 포장 등의 업무를 하는 식육가공 직원의 조합을 결성하기로 방침을 전환했다. 식육가공 직원은 인사이동에 의해 일반점원으로 이동하는 경우가 없으며, 임금체계 등도 다르기 때문에 그들만으로도 단체교섭의 단위가 될 가능성이 있기 때문이다.

우선, 1999년 3월 일리노이 주 저지빌의 슈퍼센터 식육부문 종업원이 조합결성 투표를 위해 필요한 서명을 모아 NLRB에 제출했다. 그러나 NLRB 지부는 식육부문은 노사교섭단위가 될 수 없다고 각하했다. 이에 불복하여 조합 측이 NLRB에 항고했는데, 6월 30일 NLRB는 식육부문을 교섭단위로 인정하고 투표를 실시하도록 명령했다. 결과적으로 8월 2일 실시된 투표에서는 조합을 결성하지 못했다. 단, 이 NLRB의 결정으로 UFCW에서는 식육부문의 조합결성에 초점을 모은 활동을 전개하게 되었다. 특히 9월에는 27개 주 260개 점포에 조직결성 담당자가 투입되어 종업원에게 유인물을 배포하는 등의 활동을 통하여 조합결성을 호소했다(National Labor Relations Board, Office of the General Counsel, 2001).

이러한 UFCW에 의한 활동을 둘러싸고 월마트와 UFCW 사이에 공방이 전개되었다(Supreme Court of Arkansas, 2003). 우선 월마트는 UFCW가 점내에서 조합구성을 위한 활동을 금지할 것을 2001년 9월 15일 아칸소 주의 주 재판소에 제소했다. 1심(Benton County Chancery Court)은 당일 즉시 월마트에 손해를 미칠 가능성이 있다고 보고 점내에서의 활동을 금지하는 잠정적 금지명령을 내렸다. 또한 재판소는 10월 15일 UFCW 활동가가 월마트의 부지 내에 들어가는 것을 금지하는 잠정적 금지명령도 내렸다. 2002년 3월 15일에는 이것을 종국적 금지명령으로 결정했다. 이에 대해 UFCW가 상고를 했는데, 주 최고재판소는 2003년 7월 3일 점내에서 UFCW의 조직결성 담당자가 종업원에게 유인물을 전달함으로 인해 발생한다고 주장하고 있는 회복할 수 없는 손해의 증거를 월마트가 제시하지 않는 이상 이들 활동을 금지할 근거가 없다고 보고 금지명령을 철회했다.

이러한 결과는 차치하더라도 식육가공 직원에 대한 움직임이 결실을 맺어, 1999년 12월부터 2000년 3월까지 텍사스 주의 잭슨빌, 팔레스타인, 애빌린의 슈퍼센터 3개 점포의 식육부문 종업원이 조합결성 투표를 위한 서명을 NLRB에 제출했다. 이 중 팔레스타인에서는 2000년 5월 3일 실시된 투표에서 조합이 패했으나 잭슨빌에서는 투표 결과 조합이 결성되었다.

(2) 잭슨빌 점포에서의 조합결성과 월마트의 대응

미국 내 월마트에서 최초로 조합결성에 성공한 잭슨빌의 슈퍼센터에서는 아래와 같은 경과를 거쳤다.[58)]

1999년 12월 28일 UFCW의 지구지부(Local 540)는 잭슨빌점 식육부문의 노사교섭의 권한을 UFCW에 위임하는 종업원 투표 요구 서명을 NLRB의 애틀랜타 지부에 제출, NLRB 지부는 노사 양측의 사정 청취 후 투표를 실시한다는 재정(裁定)을 2000년 1월 26일에 내렸다. 이에 불복하여 월마트는

58) United States of America, Before the National Labor Relations Board, Division of Judges, Atlanta Branch Office(2003), 특히 pp. 27~32에 의한 것이다. Bianco (2006a: 123~124)에도 경위가 간단하게 정리되어 있다.

NLRB 본부에 이의신청을 하지만 각하되었다. 그리고 2월 17일 NLRB의 관리하에 종업원 투표가 실시되어 7대 3의 표차로[59] 조합을 결성하여 교섭권을 UFCW에 위임했다. 이에 2월 23일 월마트는 투표에 불법행위가 있다고 이의를 제기했다.[60]

이 기간 동안 사정 청취와 이의 제기가 수차례 반복되었는데, 이때 월마트는 식육가공업자가 미리 포장을 한 식육을 납품받는 방식으로 변경하고, 절단 등과 같은 점내 가공작업을 모두 폐지하는 계획을 수립했다는 것은 전혀 알려지지 않았다. 같은 해 2월 28일 팔레스타인점에서 개최된 투표 실시에 관한 사정 청취에서, 상기와 같은 계획이 있기 때문에 식육부문의 독립성과 고유성이 없어진다고 주장했다. 3월 초에는 식육 취급방식의 변경에 대해 종업원에게도 설명하기 시작했다.

점내 가공직원과 포장상품 판매원은 종업원으로서의 입장이 전혀 다르다. 따라서 UFCW는 종업원의 신분이나 대우에 관한 교섭을 요구했다. 그러나 월마트는 조합은 존재하지 않는다는 주장을 변경하지 않았다. NLRB의 조합 인정서조차도 무시했다. 2000년 8월 21일 UFCW는 단체교섭을 거부하고 점내 가공에서 포장상품 납품으로 변경하는 것에 관하여 조합이 요구한 정보 제공을 거절하는 것은 「전국노동관계법」에 위반된다고 NLRB에 제소했다.

이에 대해 NLRB 애틀랜타 지부의 행정법심판관은 2003년 6월 10일 "노동자가 단결권을 행사하는 것, 노동조합을 결성하거나 가맹하고 지원하는 것, 자신들이 선택한 대표자를 통하여 단체교섭을 하는 것, 단체교섭 또는 기타 상호부조를 위한 공동행위에 참가하는 것을 (월마트가) 규제하거나 무력으로

59) 이 표수에 대해서는 Associated Press(2000), Featherstone(2004b: 23) 등 참조.

60) 잭슨빌에서의 투표 후 월마트는 UFCW가 식육부문 종업원에게 맥주와 현금 제공 등과 같은 위법행위를 했기 때문에 투표가 무효라는 이의신청을 했으나, NLRB는 위법행위는 없었다고 보고 이 주장을 각하했다(Associated Press, 2000).

제압하는 것을 즉시 중지하지 않으면 안 된다"라는 조합승인 명령과, 포장납품으로 변경된 후에도 식육부문 종업원의 해고나 임금 삭감을 하지 않았기 때문에 경제적인 배상의무는 발생하지 않지만, 포장납품으로 변경하기 전의 상태(가공기구는 점내에 보관되어 있다)로 되돌려 포장납품으로의 변경계획에 대하여 조합과 교섭하지 않으면 안 된다는 원상회복명령을 내렸다(United States of America, Before the National Labor Relations Board, Division of Judges, Atlanta Branch Office, 2003: 52~53).

이에 불복한 월마트에 대해 NLRB는 2006년 9월, 원상회복까지는 아니더라도 식육매장에 관하여 UFCW와의 단체교섭에 임할 것을 명령했다(National Labor Relations Board, 2006: 2).

가공업자에 의해 미리 포장된 식육을 납품받는 방법으로 변경한 것은 잭슨빌점 식육부문에서 조합결성이 성공한 것에 대한 대응으로서 급하게 구상되었다는 뉘앙스로 논하거나 보도된 경우가 많은데(George Miller, 2004: 4; Featherstone, 2004b: 12 등), 이는 조합화와는 관계없이 실험적인 성격으로 실시된 것은 틀림없는 사실이다.[61] 다만 품질유지 등에서 만족할 만한 결과를 얻지 못했기 때문에 잭슨빌점, 팔레스타인점 등에서의 포장납품화는 조합을 해체하기 위한 목적으로 급하게 채택되었을 가능성이 충분히 있다. 무엇보다도 NLRB의 JD(ATL)-37-03 명령이 반복적으로 강조하고 있는 것처럼, 잭슨빌점 식육부문에서의 종업원 투표가 실시될 때까지 포장납품화 계획에 대하여 일절 언급이 없다가 투표성립 후에 갑자기 모든 품목을 포장납품화하고, 점내 가공을 폐지하기 때문에 식육부문의 독립성과 고유성은 존재하지 않으며 전체 판매원이 아니면 조합을 결성할 수 없다고 주장하는 것은 조합

61) 포장상품 납품 시도 경위에 대해서는 National Labor Relations Board, Office of the General Counsel(2001)에서 상세하게 소개하고 있다.

죽이기라고 판단할 수밖에 없을 것이다.

(3) 캐나다 종키에르점에서의 조합결성과 월마트의 대응

한편 캐나다의 월마트에서는 진보적인 주 노동법의 영향으로 온타리오 주 윈저점에서 1997년 조합이 결성되었다. 그러나 노동협약을 체결하는 것을 월마트 측이 노골적으로 거부했기 때문에 성립된 조합은 제대로 기능을 수행하지 못하고 3년 후 해산되었다(Dicker, 2002: 14; Krauss, 2005).

이러한 상황 속에서 2004년 8월 캐나다 종키에르에 있는 점포에서 조합이 결성되었다.[62] 잭슨빌과 같이 점포 내의 1개 부문이 조합화된 것이 아니라 종키에르의 경우는 점포 전체가 조합화된 것이다. 월마트 캐나다와 조합은 10월에 처음으로 회담을 개최했으며, 이후 (조합 측에서는) 북미의 월마트에서는 처음으로 노동협약체결을 위하여 9차례의 교섭이 이루어졌으나 각각의 주장은 평행선을 유지했다(Austen, 2005).

그리고 2005년 2월 월마트 캐나다는 종키에르점의 폐쇄를 발표했다. 표면적으로는 다양한 방면에서 노력을 했으나 경영이 어려워 장래성이 없다는 이유로, 조합이 결성된 것과의 관련에 대해서는 직접적으로 언급하고 있지 않다. 단, 조합과의 교섭에서 조합 측이 근무 스케줄 변경을 요구했으나 이를 인정하게 되면 적어도 향후 30명을 고용해야 하기 때문에 경제적으로 불가능하다고 답변했다(Krauss, 2005).

이에 대해 이 점포 폐쇄는 창업자인 샘 월튼의 반조합적인 사고에 반기를 들고자 하는 기타 점포의 종업원에 대한 경고라고 여기는 사람들이 적지 않다. 종키에르의 시장도 점포 폐쇄는 기타 점포에서 조합을 조직하고자

62) 종키에르점에서의 조합결성을 둘러싼 경위에 대해서는 Bianco(2006a: 227~238)에 정리되어 있다.

하는 움직임에 대한 협박이라고 비난했다(Struck, 2005).

그 진위 여부를 떠나 이 점포는 4월 말 폐쇄되었다. 점포 폐쇄 발표 직후에 실시된 캐나다 전국 여론조사에 의하면, 종키에르점의 폐쇄가 월마트 캐나다의 설명과 같이 재무적으로 어려운 상황에 처해 있기 때문이라고 믿는 사람은 9%에 불과하며 90%는 조합결성이 이유라고 생각했으며, 캐나다 전체에서는 31%, 퀘벡 주에서는 44%의 사람들이 월마트에서 쇼핑하는 것을 줄이거나 그만두겠다고 대답했다(기업 이미지 악화는 차치하더라도 적어도 매출에는 실제로 그다지 큰 타격을 입지 않았지만)(Bianco, 2006a: 236).

사실 조합결성에 관한 투표 전에 점장이 종업원들을 불러 조합이 결성되면 이 점포는 폐쇄된다고 경고했다는 증언도 있다(Krauss, 2005).[63]

---

63) 미국 및 캐나다에서 노동조합을 결성할 경우 각 주마다 상이하지만 통상 조합결성을 희망하는 일정 수 이상의 서명을 담당관청에 제출하고 그 담당관청의 감독하에서 종업원 전원이 참여하는 비밀투표를 실시하는 절차를 밟는다. 종키에르점의 경우도 2004년 4월 투표가 실시되었는데, 점장 등의 경고가 효과를 보아 53% : 47%로 조합결성이 부결되었다. 그러나 퀘벡 주 법률은 전 종업원의 과반수 서명이 있다면 투표절차 없이 조합을 결성할 수 있는, 미국에는 존재하지 않고 캐나다에서도 일부 주에서만 채용되어 있는 규정이 있다. 이에 조합 측은 8월 과반수의 서명을 모아 담당관청에 제출, 이것이 인정되어 조합결성에 성공했다. 이에 대해 월마트는 이의 신청을 했으나 각하되었다. 또한 미국 및 캐나다에서 조합을 결성하고자 할 경우 자신들이 위원장 등을 선출하여 경영진과 교섭을 하지는 않는다. 노동협약체결을 시작으로 일련의 교섭 등을 전국조직(이 경우 UFCW)에 위임하는 것이다. 이러한 의미에서 '결성' 또는 '만든다'는 표현은 적절하지 않을지도 모른다. 단, 이 책에서는 이해하기 쉽게 '결성'이라고 표기를 했다. 또한 미국 및 캐나다에서는 종업원·노동자가 인사이동이 없는 부서는 독립된 단위로 조합을 결성할 수 있다. 잭슨빌점의 식육부문이 조합을 만들 수 있었던 것은 식육절단작업을 하는 종업원은 일반점원과 상호 이동하는 관계가 아니었기 때문이며, 퀘벡 주 가티노점의 경우에는 타이어·오일부문에서 조합이 결성되었는데 이것도 타이어 교환이나 오일 교환이라는 작업을 하는 서비스맨이 일반점원과 차별화되기 때문에 가능했다. 물론 종키에르점의 경우와 같이 그러한 독립부문도 포함하여 점포 전체가 조합을 결성하는 것도 가능하다.

퀘벡 주 법률에는 기업은 조합 해체를 목적으로 하는 것은 물론 어떠한 이유에서라도 일시적인 것이 아니라 항구적인 것이라면 해당 점포나 공장을 폐쇄하는 것을 인정하고 있다. 월마트는 그 후 종키에르점의 장기 리스계약을 취소했기 때문에 재개점 가능성이 없어졌으며, 이러한 이유와는 관계없이 폐점에 대하여 합법적으로 종업원이 요구할 수 있는 보상은 금전적인 수단으로 한정되었다(Bianco, 2006a: 81).

종키에르점의 조합결성과 점포 폐쇄라는 흐름은 미국과 캐나다 월마트의 이후 조합결성 움직임에 큰 영향을 미치게 된다. 사실 종키에르점의 폐쇄가 공표되기 전인 2005년 1월 같은 퀘벡 주의 생티아생트의 점포에서도 조합을 결성했다. 또한 캐나다 국내에서 적어도 3개 주 20개 점포 이상에서 조합화 움직임이 활발하게 일어났다(Krauss, 2005). 그러나 종키에르점 폐쇄 발표 이후 일부를 제외하고 이러한 움직임은 거의 없어졌다.

이러한 움직임 속에서 퀘벡 주 가티노에 있는 점포에서 조합이 결성되었으나 월마트는 이를 인정하지 않고 제소했으며, 서스캐처원 주 웨이번 점포에서도 종키에르점 폐쇄 이전에 조합이 결성되었으나 월마트가 지속적으로 이의신청을 하고 제소했다. 월마트가 제기한 두 번째 제소에 대해서는 2007년 4월 최고재판소가 각하했다. 서스캐처원 주 무스조와 노스 배틀퍼드의 점포에서는 주 노동관계위원회가 조합 정식인정을 보류했다(Bell, 2007; UFCW CANADA, 2007).

한편 퀘벡 주 생티아생트점의 경우 조합은 공식적으로 인정되었지만 노동협약은 체결하지 못했다. 단, 생티아생트점은 경영전략상 매우 중요하기 때문에 종키에르점과 같이 폐쇄할 수는 없는 듯하다.

또한 종키에르 지역에서는 월마트에 대한 것과 마찬가지로 노동조합(UFCW)에 대한 분노도 존재한다고 한다. 월마트가 조합을 절대 인정하지 않기 때문에 조합을 결성하면 점포를 폐쇄할 수도 있다는 것은 어느 정도 예측할 수 있었음에도 워싱턴의 UFCW 본사가 조합을 결성시킨 것은 반월마트 여론을 이끌기 위한 수단으로 활용했다는 불신감이 있는 것이다(Bianco, 2006a: 81).

물론 그러한 면도 없지 않다. 그러나 설령 그렇다고 하더라도 조합결성을 단념하면 월마트가 의도하는 대로 따라가게 되는 것이다. 종키에르점 폐쇄문제에 대해 UFCW 캐나다 간부가 지적한 바와 같이 "월마트는 자신들이 법 위에 존재한다고 생각하고 있다. 그들이 규칙이라고 생각하는 것은 스스로 정한 것뿐이다"(Mckenzie, 2005)라는 측면을 부정할 수 없는 듯하다.

(4) 조합 저지를 위한 활동

앞에서 살펴본 잭슨빌점인지는 불명확하지만 조합이 조직화를 시도한 텍사스 주의 점포에는 15대의 감시카메라가 설치되었다는 보고서가 있다(Freeman and Ticknor, 2003).

카메라에 의한 종업원 감시는 텍사스 주의 점포에만 한정된 것이 아니다. 켄터키 주 힐뷰점의 전 매니저는 의심스러운 종업원을 카메라로 감시했다고 증언했다. 그 후 조합의 필요성을 인지하게 된 그는 월마트를 퇴직하고 현재는 UFCW의 조합 구성 도우미로 활동하고 있으며, 인디애나 주 스코츠버그점에서 종업원과 인터뷰를 했는데 그 점포 역시 다수의 카메라가 설치되어 있었다고 한다. 기자의 질문에 대해 월마트는 조합활동과는 관계가 없다고 했지만 15대의 카메라를 설치한 것은 인정했다고 한다(Zellner, 2002). 또한 조합화의 움직임이 있으면 종업원 출석을 의무화한 모임을 매주 개최하여, 강제로 반조합 의사표명을 하게 한 경우도 있다고 한다(Zellner, 2002).

미네소타 주 미니애폴리스 월마트에서 근무하며 그 경험을 정리한 바바라 에런라이크의 보고서에 대해서는 이 장 제2절에서 소개했는데, 이에 의하면 종업원 상호 간의 대화, 특히 조합이나 종업원의 대우에 관한 대화는 거의 불가능했다고 지적하고 있다(Ehrenreich, 2001: Chapter 3).

월마트의 매니저를 위한 핸드북(Handbook)에는 "당신은 회사의 입장을 지지해야 한다. …… 이는 합법적인 활동과 부당한 활동과의 사이에서의 모험을 의미할 것이다"라고 기재되어 있다고 한다(Featherstone, 2004b: 12). 그리고 월마트에서 부당노동행위에 의한 벌금은 단지 비즈니스를 위해 필요한 비용의 일부일 뿐이며 제재효과가 있는 것은 아니다(Featherstone, 2004a: 198). 왜냐하면 조합이 결성되면 실현될 임금상승보다 법률 위반이 저비용이기 때문이다(Mitchell, 2006a: 63).

여하튼 노동조합이 존재하지 않음으로써 저임금 및 저부가급부가 가능하였으며, 지금까지 살펴본 바와 같이 이것이 경쟁우위성의 원천이 되는 이상 조합은 절대로 인정될 수 없을 것이다.

3) 법 경시 경영

월마트의 종업원 처우 또는 취급을 둘러싼 문제는 지금까지 살펴본 사례 이상이 존재한다. 예를 들면 월마트의 사내감사에서는 심야근무 금지, 1일 노동시간 제한 등과 같은 아동노동(child labor)[64]에 관한 주 법률을 위반하는 경우도 있다고 지적하고 있다. 이 감사보고서에서 언급하고 있는 위반율을 미국 전역 약 3,500개 점포(당시)에 적용하면 매주 수만 건의 아동노동규칙을 위반하고 있는 셈이 된다(Greenhouse, 2004a).

64) 'child labor'를 '아동노동'이라고 번역했으나 구체적인 사례로 추측하면 주로 고교생으로 예상된다. 통상 child는 14세 이하를 의미하기 때문에 일본이나 한국식으로 표현하자면 고등학생의 아르바이트에 해당하는 것을 child labor나 아동노동으로 표현하는 것이 타당한가에 대한 의문이 든다. 그러나 모든 자료에 child labor로 표기되어 있기 때문에 이 책에서는 아동노동으로 번역하고자 한다.

이러한 아동노동과 관련하여 메인 주 내의 20개 점포에서 1,436건의 주 법률 위반에 대해 2000년 3월 20만 달러의 벌금을 부과했다(Wal-Mart Litigation Project, 2000).

또한 1999년부터 2001년까지 코네티컷 주에서 20건, 아칸소 주에서 3건, 뉴햄프셔 주에서 1건 등 총 24건의 아동노동에 관한 법률을 위반한 혐의로 2001년부터 연방 노동성이 조사했으나 2005년 화해했다. 연방 노동성이 조사를 하게 된 주요 혐의내용은, 18세 미만의 자는 사용이 금지되어 있는 지게차나 전기톱 등과 같은 위험기기를 사용하게 하여 실제로 17바늘이나 꿰맨 부상을 입은 소년이 있었기 때문이다. 화해합의서에서 월마트는 범죄행위는 부정하면서도 13만 6,000달러를 지불하는 것에 동의했다.

그러나 이 화해가 큰 논란을 일으켰다. 합의서에는 향후 노동성이 월마트를 대상으로 현장조사를 할 경우에는 15일 이전에 통지할 것, 위법행위가 있을 경우 기소 등의 절차에 들어가기 전에 10일간의 유예기간을 둘 것 등을 규정하고 있는데, 이는 부정담합(sweetheart deal)에 해당한다는 논란이다(Greenhouse, 2005a; Kalra, 2005a). 이것은 "여우에게 닭장을 지키게 하는"[65) 셈인 것이다. 또한 이 보고서를 인용하고 있는 밀러 하원의원은 월마트는 특별한 취급을 받고 있다고 비판하면서 감찰관(Inspector General) 조사를 요구했다(Greenhouse, 2005b; Kalra, 2005b).

이러한 비판을 받고 감사를 실시한 노동성 감찰관은 2005년 10월 말 공표한 보고서에서, 이 합의에는 법률 위반이 없으며 또한 정치적인 압력을 받은 흔적도 없으나 담당 자금·노동시간부는 부서 내의 지침서 위반과 아무런 보상도 없이 월마트에게 중대한 양보를 했다는 과오를 범했으며, 또한 합의서의 주요 부분에 대하여 노동성 내의 법제부와 상의을 하지 않고 월마트의

65) AFL-CIO의 스위니(John Sweeney) 회장이 언급한 말이다(Kalra, 2005b).

변호사가 작성한 것을 그대로 인용하고 있다고 비판했다(Greenhouse, 2005f).

이러한 상황 속에서 코네티컷 주에서는 주 사법장관이 다른 주의 담당자에게 다수의 주정부가 합동으로 조사를 할 것을 요청하면서, 직접 주 내의 점포를 조사하여 위험한 기기의 취급이나 심야근무 등 위법행위 11건을 새롭게 적발했다(Greenhouse, 2005b; Stowe, 2005).

한편 1994년 이후(2007년 7월까지) 장애인 고용차별에 대하여 월마트는 연방고용기회균등위원회(U.S. Equal Employment Opportunity Commission: EEOC)로부터 16건의 제소를 당했다. 이는 미국 기업 중에서 가장 많은 수이다(Conlin and Zellner, 2001).

EEOC란「1964년 시민적 권리에 관한 법률(Civil Rights Act of 1964)」제7편(Title Ⅶ: 고용에 관한 규정)에 근거하여 1964년 설립된 연방정부기관이다. 미 합주국에서는「1964년 시민적 권리에 관한 법률」제7편 외에도「1963년 임금균등법(Equal Pay Act of 1963)」,「1967년 고용에 있어 연령차별금지법(Age Discrimination in Employment Act of 1967)」,「1990년 장애자법(Americans with Disabilities Act of 1990)」제1편과 제5편 등이 인종, 종교, 성별, 국적, 연령(40세 이상의 보호), 장애 등에 의한 고용차별을 금지하고 있다. 이들 법률 집행을 담당하는 기관이 EEOC이다.

미국에서는 한국이나 일본의 시각으로 보면 중요한 사건이 아니라고 치부할 만한 인종·성별 등의 차별에 대해서도 EEOC에 제소하는 경우가 적지 않다. 따라서 EEOC의 조정 및 개선 명령을 받거나 EEOC로부터 제소되는 기업의 수도 증가하고 있다. 2003년 이후 주요 사례를 살펴보면 우리들이 알고 있는 대형 소매기업이나 서비스기업이 관련된 다음과 같은 경우가 있다.[66]

---

66) U.S. Equal Employment Opportunity Commission(EEOC) 홈페이지 내의 "EEOC

- 인종차별로 로스(Lowe's) 제소(2004년 3월)
- 인종차별로 유니버설 스튜디오(Universal Studio) 제소(2003년 12월)
- 성희롱과 관련 피자헛(Pizza Hut)과 배상금 35만 달러로 화해(2003년 6월)
- 베이비저러스(Babies'rus) 남성종업원에 의한 동성 희롱에 대하여 배상금 20.5만 달러와 종업원 교육 실시로 화해(2003년 1월)
- 타깃의 장애인(종업원)에 대한 대응 부족에 대하여 벌금 지불과 종업원 훈련 실시로 화해(2003년 1월)
- 시어스 로벅(Sears Roebuck)의 장애인(종업원) 차별에 관하여 화해(2003년 1월)

이상과 같이 월마트만 제소되고 있는 것은 아니다. 다만 월마트가 특이한 것은 EEOC에 이의신청이 많다는 것과 동일한 안건이 반복되는 것, 즉 1회의 화해나 명령 등으로는 해결되지 않는다는 점이다.

구체적으로 살펴보자. 1998년 2명의 남성 청각장애자가 장애를 이유로 월마트 채용을 거부당했다고 해서 EEOC와 애리조나 장애자법센터(ACDL)가 월마트를 애리조나 주 투손의 연방 지방재판소에 제소했다. 2000년 1월 월마트는 당사자 2명에게 각각 6만 6,250달러를 지불할 것, 상품 보충직으로 채용할 것, 청각장애자와 의사소통이 가능한 수단을 준비할 것(이 점에 대해서는 회사 전체가 대응할 것) 등을 내용으로 화해했다(U. S. Equal Employment Opportunity Commission, 2000).[67]

그러나 상기 합의 중에서 매니지먼트 부문의 종업원을 대상으로 한 장애자

Press Releases"(http://www.eeoc.gov/press/index.html) 일람에서 발췌.

67) 이 자료에는 제소를 1997년이라고 하고 있으나, 다른 자료에 의하면 1998년이 정확한 듯하다.

법에 대한 교육 등 몇 가지 항목을 월마트가 실시하지 않았기 때문에 EEOC 피닉스 지부 책임자는 "고용자의 합의이행을 재판소에 요구하지 않으면 안 된다는 것은 EEOC에 예외 중의 예외이다. …… 월마트가 합의를 자주적으로 실시하도록 모든 노력을 했지만 효과는 없었다. 월마트와 같이 규모가 큰 기업이 재판소가 명령한 종업원 교육을 실시하지 않는다는 것에 대해 놀라울 따름이다"라고 진술했다(U. S. Equal Employment Opportunity Commission, 2001a).

EEOC의 이의신청을 받은 투손 연방 지방재판소는 같은 해 6월 13일, 월마트에 합의내용 이행과 벌금 약 75만 달러를 지불할 것, 월마트가 지금까지 장애자법을 위반하고 장애자를 차별했다는 것을 인정하는 공고를 작성하여 TV에 방송할 것을 명령했다. EEOC의 아이다 카스트로(Ida L. Castro) 위원장은 "국내 최대 고용주의 하나가 장애자의 법적 권리를 무책임하게 지속적으로 무시하는 것은 매우 곤란하다"라는 코멘트를 발표했다(U. S. Equal Employment Opportunity Commission, 2001b).

결국 같은 해 9월 19일 EEOC 및 ACDL은 월마트와 두 번째 화해를 했다. 내용은 지난 합의내용의 이행과 피닉스 투손 지구의 23개 점포에서 장애자 차별에 대한 매니지먼트 교육의 실시, 청각장애자와의 커뮤니케이션을 위한 기구 도입, ACDL이 주 내에서 실시하는 장애자 취업지원사업을 위하여 42만 7,500달러를 지불할 것, 고용을 거부당한 2명의 청각장애자의 주장을 3대 네트워크를 통하여 피닉스 투손 지구에서 2주간 TV 방영할 것 등이었다(U. S. Equal Employment Opportunity Commission, 2001c).

그리고 10월에 2주간에 걸쳐 2명의 젊은이가 청각장애 때문에 채용을 거부당했다는 사실, 이는 장애자법을 위반한 행위라는 사실, 재판분쟁이 일어났다는 사실, 그리고 현재는 월마트에서 근무하고 있다는 사실 등을 60초로 정리한 공고가 방영되었다(U. S. Equal Employment Opportunity Commission, 2001d).

이 사건을 담당한 EEOC의 법률담당 메리 조 오닐(Mary Jo O'Neill)이 언급한 것처럼 "이러한 노골적인 법률 무시 행위는 지금까지 본 적이 없다. 월마트는 장애자법과 연방노동관계법을 엄수하고자 하지 않는 기업이라는 인상을 받을"(Conlin and Zellner, 2001) 수밖에 없다.

이 장 제5절에서도 지적한 바와 같이 월마트와 관련된 1만 건 정도의 재판이 진행되고 있다. 미국 최대 여성단체인 NOW는 월마트의 슬로건을 비꼬아 "법원에는 항상 월마트가 있다(Always in Court, Always Wal-Mart)"라고 야유하고 있다(Bull, 2002).

월마트는 그동안 재판에서 비타협적이고 공격적인 태도를 지속적으로 취하고 있기 때문에 미국 내 재판소로부터 미움을 받고 있다. 최근 10년간 4만 건의 재판에서 증거개시에 부정·부적절한 행위(discovery abuses)가 있었다고 재가(裁可)된 것이 130회 이상이다(Conlin and Zellner, 2001).

그중에서도 다음 사례는 월마트의 성격을 극명하게 나타내고 있다고 볼 수 있다. 이 장의 주제인 종업원의 노동조건과는 조금 성격이 다르지만, 월마트의 기업문화를 이해하기 위해서 간단하게 언급하고자 한다.

텍사스 주 제퍼슨 카운티의 월마트 주차장에서 발생한 유괴사건에 대하여 피해자가 월마트의 관리·경비상의 책임을 묻는 재판을 제기했다. 증거개시 절차과정에서 원고 측은 월마트 범죄의 80% 이상은 주차장에서 발생하고 있다는 것을 나타내는 사내경비 보고서 제출을 요구했다. 이에 대해 월마트는 아무런 대응도 하지 않았다. 따라서 담당 주 재판소의 재판관은 월마트의 증거개시 부정(즉, 증거인멸)에 대하여 1,800만 달러의 벌금을 부과했다. 재판관은 보도진에게 "이에 대해서 월마트 주주들은 반드시 알았으면 한다. 그리고 월마트가 책임 있는 기업시민으로서 행동하도록 압력을 행사하기를 바란다"라고 말했다. 그 후 이 재판은 증거개시 부정에 대한 사죄를 포함하여 화해했기 때문에 실제로 1,800만 달러의 벌금은 부과하지 않았다고 한다 (Norman, 2004: 128).[68)]

4) 법 위의 존재: 잉글우드 시의 시민제안

캐나다 퀘벡 주의 종키에르점 폐쇄가 문제가 되었을 때 UFCW 캐나다 간부가 "월마트는 자신들이 법 위의 존재라고 생각하고 있다. 그들이 규칙이라고 생각하는 것은 자신들이 규정한 것뿐이다"라고 발언한 것은 제6절 2에서 소개했다. 이 경우에는 자사 종업원과의 관계였지만, 그러한 입장은 종업원과의 관계에만 국한되지는 않는다. 지역사회, 법제도와의 관계에서도 자신들을 법 위에 두는 경향을 보이고 있다. 그 전형적인 사례가 2003~2004년에 걸쳐 캘리포니아 주 잉글우드에서 발생한 시민제안(Measure)을 둘러싼 대립·분쟁이다.

잉글우드는 로스앤젤레스의 남서, 로스앤젤레스 국제공항의 동쪽에 위치하는 인구 약 11만 명의 도시이다. 역사적으로 아프리카계 미국인이 많이 거주하는 도시였으나 오늘날에는 아프리카계 미국인과 히스패닉계가 거의 반반 거주하는 노동자 도시이며, 연간 수입의 중앙치는 3만 5,000달러를 조금 밑돈다. 프로 농구 로스앤젤레스 레이커스(Los Angeles Lakers)와 프로 아이스하키 로스앤젤레스 킹스(Los Angeles Kings)의 홈그라운드인 더 포럼이

68) 월마트가 증거개시 부정 등의 문제를 야기하는 이유 중의 하나가, 변호사를 고용할 경우에도 차밍(P&G의 화장실 휴지)을 납품받는 것과 마찬가지로 가능한 한 싸게 하고자 하기 때문이다. 다른 많은 기업과 달리 월마트에서는 변호사에 대한 보수를 정액제로 하고 있기 때문에 화해에 대한 인센티브가 없으며 자료작성 등에 대응이 늦는 것과 같은 문제가 발생하고 있다. 따라서 변호사 의뢰방법을 변경하게 되었다는 설도 있다(Sixel, 2002b).

있었으나 1999년 폐쇄되었다. 그 결과로 100만 달러 이상의 세수가 감소했다. 2000년 당시 10제곱마일(약 $26km^2$)의 시 권역 내에 대형 슈퍼마켓은 본즈(Vons) 1개뿐이며, 기타 대형점으로는 코스트코가 있을 뿐이었다(Cummings, 2007: 1928~1929).

이 장 제1절에서 언급한 바와 같이 월마트는 캘리포니아 주에서 슈퍼센터를 적극적으로 전개하고자 했다. 로스앤젤레스 권역에서는 잉글우드의 더 포럼 근처에 제1호점을 출점할 계획이었다. 이에 대해 시의회는 2002년 10월, 식료품 및 의약품 등 영업세 비과세품목 2만 아이템 이상을 취급하는 15만 5,000제곱피트($14,400m^2$)가 넘는 점포(슈퍼센터)를 금지하는 긴급조치 조례를 정했다. 이에 대해 월마트는 1개월도 경과하지 않은 시점에 이 조례를 주민투표에 부칠 수 있는 수의 청원서명을 제출하면서, 이 조례가 절차상 위법이라는 이유로 제소한다고 시를 위협했다. 시는 이에 굴복하여 슈퍼센터 금지조례를 철회했다. 이에 분개한 UFCW는 시의회 선거에서 독자적인 후보를 당선시키는 데 성공했다. 새 의회가 다시 슈퍼센터 금지조례를 제정하는 것을 우려한 월마트는 조례제정에 앞서 월마트 출점을 인정하는 주민제안 절차에 필요한 수의 서명을 받아 주민제안 04-A의 주민투표를 청구했으며, 2004년 4월 투표가 실시되었다.[69)]

주민제안 04-A는 71페이지에 달하는 전문적인 지식이 없으면 이해할 수 없는 내용이었기 때문에 잉글우드 유권자 중에서 전문을 읽은 사람이나 내용을 이해한 사람은 겨우 몇 명에 불과하다는 비판을 받았다(Morrison, 2004). 읽은 사람이 몇 명인가는 차치하고 이 주민제안의 목적은 월마트의 출점에

69) 이상의 경위는 Garrison and Lin(2004)에 의한 것이다. 보다 자세한 내용은 Bianco(2006a: 151~164), Dicker(2005: 178~184), Gray-Barkan(2004)에도 정리되어 있다. 또한 Cummings(2007)는 법률학자의 입장에서 자세한 사례연구를 했다.

대하여 모든 개발행위에 요구되는 환경영향조사, 교통영향조사, 플래닝 및 조닝규제, 이에 필요한 공청회 등을 모두 제외하고, 주 및 시의 규제가 미치지 않는다는 것을 인정하고자 하는 것이었다. 또한 이 주민제안은 주민투표의 단순 과반수로 성립함에도 불구하고 폐지 또는 개정할 경우에는 2/3 이상의 찬성을 필요로 한다고 규정했다.[70)]

따라서 월마트는 스스로 정한 규칙만을 따르는 시 속의 시를 만들고자 하는(Broder, 2004), "우리 시 속에서 독립국으로 취급받을 수 있도록 요구하고 있다"(잉글우드 시의회 의원)(Lin, 2004), "월마트의 점포를 원하는 사람도 있다. 그러나 (그 점포의) 고객이 되기 위해서 지역의 컨트롤을 상실하거나 시민으로서의 권리를 양도하는 것을 바라지는 않는다"(지역주민)(Lopez, 2004) 등과 같은 비판과 반발을 불러일으키게 된다. 시의회에서도 의원 5명 중 4명이 반대(시장을 겸직하고 있는 의원 1명만 찬성), 지역 출신의 주의회 의원, 연방 하원의원 등도 반대운동에 참가했다.

이 분쟁이 시작된 시기에 이 지역에서는 사상 최대의 슈퍼마켓 분쟁이 일어나고 있었기 때문에 노동조합원 및 그 지지자는 거의 참가하지 않았다. 그러나 파업이 끝나고 난 후 그들도 시민단체를 중심으로 결성된 시민제안 반대운동에 참가했다(Gray-Barkan, 2004: 35). 결국 4월 6일 실시된 투표에서 반대가 61%를 차지하여 이 주민제안은 성립하지 못했다.

월마트는 이 주민제안의 캠페인에 100만 달러 이상을 사용했다고 한다. 투표청구 서명 모집을 위하여 시급 12달러로 사람을 고용했는데, 이는 월마트 점포에서 일하는 것보다 높은 임금이라는 비판도 받았다(Morrison, 2004). 결과적으로 월마트는 찬성 1표를 얻기 위하여 220달러를 쓴 셈이 되었다

70) Measure 04-A에 대해서는 잉글우드 시 홈페이지에서 전문 및 찬성론과 반대론의 요점을 열람할 수 있다(http://www.cityofinglewood.org/pdfs//Home%20page/doc.pdf).

(Milchen, 2004).

월마트가 소위 대의제민주주의를 부정하고자 한 것은, 제4장에서 살펴보고자 하는 것처럼 2000년 전후 미국 내 많은 지역에서 슈퍼스토어, 슈퍼센터의 출점을 금지 또는 제한하는 규제제도가 채택되었기 때문에 계획한 대로 출점이 되지 않았기 때문이라고 판단된다. 잉글우드를 실험무대로 삼아 만약 계획대로 진행되면 미국 전역 및 전 세계의 모델로 삼고자 했던 것(Broder, 2004)으로 판단된다. 그리고 만약 월마트가 성공했다면, 월마트가 가능하다면 우리도 가능하다고 판단한 미국 내 기업으로 전파되어 대중정치(democracy) 또는 기업에 의한 지배, 즉 기업정치(corpocracy)가 되었을 가능성도 있다(Morrison, 2004).

이러한 의미에서 한 여론조사에서는 잉글우드 주민의 80% 가까이가 월마트의 식료품 판매를 지지하고 있음(Gray-Barkan, 2004: 32)에도 불구하고 주민투표에서 큰 표 차로 패한 것은 그야말로 민주주의, 지방자치를 지키고자 하는 정치적 판단에 의한 측면이 강했을지도 모른다고 했다.

또한 잉글우드 주민의 절반을 차지하고 있는 아프리카계 미국인이 가장 중요하게 생각하고 있는 존경과 경의(respect)라는 점을 고려하면 오히려 역효과였다는 점, 월마트가 미국 최대의 총기판매업자이기 때문에 범죄라는 이미지와 연결되었다는 점도 패배의 한 요인으로 거론되었다(Featherstone, 2005b: 20).

다만 아프리카계 미국인 활동가나 진보적인 사회지도자가 적극적으로 반대운동을 전개한 데 비해 월마트로부터 기부를 받은 주류조직, 예를 들면 전미 유색인 지위 향상 협회(National Association for the Advancement of Colored People: NAACP) 등은 이 문제에 대해 침묵했다(Hutchinson, 2004).

월마트는 잉글우드에서 패배한 이후에는 이와 유사한 움직임을 보이고 있지 않다. 한편 잉글우드 시는 향후에도 월마트나 기타 빅 박스의 진출이 예상되기 때문에 2004년 로스앤젤레스 시가 제정한 것과 유사한 슈퍼스토어 규제제도를 2006년 7월 제정했는데, 이에 대해서는 제4장의 규제제도에서 자세하게 소개하고자 한다.

제2장

대형점과 지역사회

1. 리테일 코퍼레이트 웰페어(Retail Corporate Welfare)

1) 알라메다 스퀘어(Alameda Square) 월마트 출점 문제

(1) TIF에 의한 재개발계획

콜로라도 주 덴버 남서부에 알라메다 스퀘어라는 지구가 있다. 동측은 학교지역이고 남측과 서측은 주택에 접해 있으며 북측으로 알라메다 애비뉴가 뻗어 있는 구석진 지역이다. 이곳의 부동산 소유주는 3명인데, 이들이 재개발을 추진할 경우 도로로부터의 접근과 조망에 문제가 생기는 토지이다(Rodriguez, 2004).

2003년부터 2004년 봄에 걸쳐 해당 지구에 월마트 출점 여부를 둘러싼 분쟁이 발생했다. 알라메다 스퀘어뿐만이 아니라 월마트 출점을 둘러싼 문제는 미국 전역에 걸쳐서 반대분쟁이 발생하고 있다. 분쟁의 대부분은 월마트를 비롯한 슈퍼스토어, 빅 박스의 진출이 지역경제나 지역사회, 나아가서는 환경 등에 미치는 마이너스 영향을 논거로 하여, 조닝(zoning) 등의 개발허가 제도로 출점을 저지하고자 하는 것이다. 알라메다 스퀘어의 출점계획을 둘러싼 분쟁의 특이한 점은 덴버 시가 월마트에 제공하려 한 많은 금액의 보조금 시비를 둘러싼 문제이다.

이 분쟁에서 큰 쟁점이 되는 것이 TIF(Tax Increment Financing)라는 제도이다.[1] 이 제도는 처음에는 슬럼화하고 황폐화된 지구(district)를 재개발하기 위해 개발된 미국의 독특한 제도이다. 황폐한 토지·건물은 당연히 자산가치가 없거나 있다고 하더라도 미미하다. 따라서 고정자산세 또한 매우 적을 수밖에 없다. 이를 재개발하여 토지·건물의 가치가 높아지면, 거기서 발생하는 고정자산세 또한 증가한다. 이 고정자산세의 증가분(tax increment)을 재원으로 재개발하는 기법이 TIF이다.

구체적으로 살펴보면 고정자산 증가예정액을 담보로 하여 채권을 발행하거나 금융기관으로부터 차입하여 자금을 조달하며, 지자체 또는 민간개발업자가 사회기반의 재정비나 주택·오피스건물·상업시설 등의 개발을 실시하게 된다. 도로정비 등과 같은 공공사업이 아닌 경우, 즉 민간사업자에 의한 주택개발과 쇼핑센터 개발 등에 대해서는 그 사업이 사회성을 가지면서 또한 TIF에 의한 조성이 이루어지지 않으면 사업이 실현되지 않는 경우에 한해서만 민간사업자의 사업비에 TIF의 자금을 제공할 수 있다는 조건이 붙어 있는 경우가 일반적이다. 또한 공공사업이든 민간사업이든 소유자와 입점자·주민이 현재의 부동산 매각에 동의하지 않는 경우에는 강제수용권

1) TIF란 무엇이며 어떻게 운용되어왔는가, 어떠한 문제가 발생되었는가 등에 대해서는 Bureau of Governmental Research(2003), LeRoy(2003), Poter et al.(1992: 특히 "Chapter 3. Financing Infrastructure in Special Districts"), Talanker and Davis (2003) 등에 자세히 설명되어 있으므로 참조할 것.

(Eminent Domain 혹은 Condemnation)을 발동할 수 있는 것 또한 일반적이다.

이 절의 주제인 알라메다 스퀘어의 월마트 출점분쟁에 대해서 다시 살펴보도록 하자. 1991년 덴버 시는 알라메다 스퀘어의 20에이커(약 8ha)가 황폐되었다고 판단하고 TIF사업지구로 지정했다. 단, 분쟁 당시에는 스퀘어의 한 구획에는 퍼시픽 오션 마켓플레이스(Pacific Ocean Market Place)라는 노후화된 쇼핑센터가 있었으며, 소형 슈퍼마켓과 소매점, 레스토랑 등 아시아계 가족경영 점포가 20개 점포 이상 영업을 하고 있어서(Forgrieve, 2003a, 2003b) 완전히 슬럼가라고는 할 수 없는 상황이었다. 사실 영업 중인 비식품소매점(식료품은 비과세이기 때문에 제외)은 연간 12만 5,000달러의 영업세를 내고 있었다고 한다(Mitchell, 2003).

TIF 지정 후 2003년까지 12년간 시와 민간개발업자 간에 수차례 교섭이 이루어졌으나 사업이 구체화되지는 못했다. 2003년 초 덴버 시 도시개발공사(The Denver Urban Renewal Authoriy: DURA)가 20만 9,000제곱피트(19,400m^2)의 월마트 슈퍼센터를 유치하고자 한 것과 월마트가 공적보조를 요구하고 있다는 것이 밝혀졌다. 월마트의 요구는 2016년 TIF지구 지정 기한까지(1991년 지정으로부터 25년간) 이 점포의 고정자산세 및 영업세의 대부분을 사업비로 충당하게 해달라는 것이다. 즉, 원래 시에 납입되어야 할 세금이 월마트에 대한 출점 보조금이 되는 것이다. 그 총액은 1,000만~1,200만 달러로 추정되었다(Front Range Economic Strategy Center, 2003; Forgrieve, 2003a, 2003b).

또한 20에이커의 토지 취득비(1,250만 달러), 점포의 건설비 및 현재 영업 중인 중소 사업자의 이전비용을 포함한 총사업비는 4,200만 달러로 예측되었다(Forgrieve, 2003a, 2003c; Washington, 2004a 등).

(2) 반대운동과 그 논거

이에 대해 FRESC(Front Range Economic Strategy Center)를 중심으로 한 노동

조합, 주민조직 등이 반대운동을 전개하기 시작했다. FRESC란 덴버 도시권의 노동조합의 연합조직 DALF(Denver-Area Labor Federation)가 노동조합과 지역주민조직의 연대를 구축·강화하기 위해 2002년 1월 설립한 조직으로, 특히 바람직한 공공투자에 대하여 감시하거나 제언하는 것을 목적으로 하고 있다.[2)]

이 문제에 대한 FRESC의 주장은 다음과 같다(Stone and Nevitt, 2003a: 1, 8). 민간사업자의 개발에 대하여 공적인 보조·조성을 하는 것은 덴버 시의 경제개발에 유효한 수단이었으며 현재도 그러하다. 그러나 공적인 투자를 하는 이상 양호한 취업기회의 형성이나 기타 공적인 이익이 창출되어야만 한다. 그러나 DURA와 월마트가 덴버 시민에게 공적인 부담을 요구하고 있는 이 사업에는 그러한 공적인 이익이 존재하지 않는다. 저임금노동과 주변의 기존 사업자에게 경제적인 마이너스 효과만 발생시킬 뿐이며 시의 세수증가와도 연결되지 않는다. 또한 공적보조 없이 개발된 월마트 슈퍼센터는 인근에도 존재한다. 타 지역에서는 가능한 것이 알라메다 스퀘어에서는 공적지원이 없으면 출점할 수 없다는 주장에는 근거가 없다.

나아가 공적지원액이 공표된 1,000만 달러로는 부족하고 1,350만 달러에 이를 것이라는 점을 DURA 자신이 예측하고 있었던 점, 이에 이자부담분을 더하면 공적자금 총액은 2,500만 달러에 달할 가능성이 있는 점, 공적부담을 추계하기 위해서는 해당 점포의 매출 예측, 또한 영업세의 대상 외가 되는 식료품을 제외한 매출의 예측이 필요하지만, 조건이 비슷한 기존 점포의 매출 데이터를 포함하여 월마트가 이러한 수치를 일절 제공하지 않았기 때문에 DURA의 추계는 일반적으로 공표되어 있는 월마트의 전미 평균 매출에서 단순산출한 것으로 신뢰성이 매우 낮다는 사실이 알려졌다(Stone and Nevitt, 2003b). 해당 지역의 매출 등에 관한 상세한 정보가 없다면 TIF에

---

2) FRESC의 홈페이지(www.fresc.org).

의한 공적부담이 어느 정도인지, 이것이 공적투자로서 타당한지에 대한 판단을 할 수 없다. 필요한 정보를 제공하지 않고 보조(투자)를 요구한다는 것은 "월마트는 덴버의 납세자를 비즈니스 파트너로 보지 않고 도박에 참가시키고자 할 뿐이다"(Stone and Nevitt, 2003b: 4)라는 비판이 발생했다.

문제는 이뿐만이 아니다. 사실 재개발 예정지에서 차로 4분 정도 떨어진 곳에 앨버트슨(Albertsons), K마트, 오피스디포(Office Depot), 샘스클럽 등이 입점하고 있는 브로드웨이 마켓플레이스라는 쇼핑센터가 있다(Forgrieve, 2003c). 이 쇼핑센터는 TIF로 채권 약 1,600만 달러를 조성받아 1995년에 완성되었다. 지금까지 채권의 상환분으로 1,250만 달러를 TIF에 내고 있다. 2016년에는 채권을 완전변제하여 고정자산세와 영업세가 시의 일반재원으로 납입되기 시작할 예정이다. 그러나 알라메다 스퀘어에 월마트가 출점함에 따라 앨버트슨과 K마트가 폐점하게 되면 채권상환의 잔액을 시가 부담하게 되고 세원으로서는 알라메다 스퀘어만 남게 될 이 문제는 DURA의 내부 자료에도 월마트 출점의 마이너스 영향으로 인정되고 있다.

DURA는 언급하지 않고 있지만, 이 같은 마이너스 영향은 DURA의 보조금(Matching Grants)[3] 100만 달러를 투입하여 알라메다 애비뉴 일대에서 1995년부터 진행되어온 웨스트우드(Westwood) 상업재개발 프로젝트에도 적용되게 된다. 월마트로 인해 이 지구의 중소 소매업자가 폐업을 하게 되면 DURA는 100만 달러의 피해를 보는 것이다(Stone and Nevitt, 2003b: 6).

FRESC를 중심으로 한 반대에 대하여 알라메다 스퀘어 주변의 주민 중에는 월마트에의 취업기회와 저가격을 기대해서 사업진출을 원하는 주장도 있었다. 그러나 이 지구를 선거구에 포함하고 있는 덴버 시 의회의 캐슬린 맥켄지

3) Matching Grants란 민간이 모은 투자액에 대해서 미리 정한 일정 비율에 상당하는 보조금을 제공하는 방법을 말한다.

(Kathleen MacKenzie) 의원이 지적하는 것처럼 알라메다 스퀘어에서 조금 떨어진 곳의 주민들은 월마트를 원하지 않는다. 왜냐하면 그들은 황폐한 곳에 건설된 월마트가 다른 지구의 K마트와 킹 수퍼즈(King Soopers: 로컬 체인의 슈퍼마켓)를 폐점시켜, 결과적으로는 그곳이 새로운 황폐지구가 되는 것을 염려하고 있기 때문이다. 따라서 맥켄지 의원도 이 사업이 도시재개발이라는 공공목적에 부합하다고는 볼 수 없다고 결론을 내렸다(Forgrieve, 2003c).

이러한 반대운동과 더불어 콜로라도 주 의회가 시나 카운티의 강제수용권을 제한하는 법률 제정을 검토하고 있는 점 등의 이유로, 2004년 1월 시는 해당 용지의 강제수용은 하지 않는다는 방침으로 전환했다. DURA도 월마트 유치를 완전히 단념하지는 않았지만, 현재 영업 중인 아시아계 중소 소매업자의 연합체가 토지를 매입하여 아시아계 소매플라자로 재개발하는 것을 골자로 하는 방침으로 전환했다(Washington, 2004a).

4월 7일에는 시의 담당자가 알라메다 스퀘어의 월마트 슈퍼센터 유치계획을 계속하기 위한 노력은 거의 끝났다고 밝혔다. 이와 관련하여 스퀘어 토지 소유자의 대리인은 "월마트는 우리들의 재개발계획을 1년간에 걸쳐 중단시켰다. 그들은 우리들이 주차장 용도로 토지를 매각할 것을 희망했다. 그러나 그 대신에 아무것도 제공하지 않았다. 그냥 아무 말 없이 나가주기를 기대하고 있었다"라고 강하게 비난했다(Washington, 2004b).

2) 리테일 코퍼레이트 웰페어

(1) 리테일 코퍼레이트 웰페어란?

덴버 시 알라메다 스퀘어의 경우에는 지역의 반대로 출점이 무산되었으나, 월마트 등의 대형 소매기업이 진출·출점할 때 주정부나 지역 지자체로부터 공적보조·조성을 받는 경우가 적지 않다.

미국에서는 소매업에 국한되지 않고 보조금으로 대기업을 유치하는 예가 많이 존재한다. 일본 자동차회사의 미국 진출이나 현지공장 건설 시 많은 금액의 보조금이 제공되는 것은 널리 알려진 사실로, 이러한 사실은 일본기업에 국한된 현상이 아니다. 독일이나 한국의 자동차회사 등이 미국으로 진출하는 경우에도 보조를 받는 것이 일반적이며, 미국 내의 기업이 새롭게 공장을 짓는 경우 등에도 자주 보조를 받는다. 미국에서는 이것을 일반적으로 코퍼레이트 웰페어(corporate welfare)라고 부르고 있다.

웰페어(welfare)란 통상적으로 행복한 생활이나 번영을 의미하지만, 여기서는 사회복지(후생)사업, 보다 직설적으로 표현하자면 생활보호를 말한다. 제1장 제2절에서 언급한 저소득자를 위한 식료비보조(food stamps)나 아동복지지원, 제1장 제3절에서 소개한 조지아 주의 아동 의료비 보조제도인 피치 케어 포 키즈 등이 대표적인 예이다.

코퍼레이트 웰페어란 저소득자가 받는 웰페어와 비슷하게 기업이 받는 공적보조·조성을 의미하고 있다. 랠프 네이더(Ralph Nader)는 "재정적 원조(bailouts), 무상제공물(giveaways), 조세 허점(tax loopholes), 부채 탕감(debt revocation), 융자보증, 할인보험 등 정부가 기업에 제공하는 거액의 다양한 보조금"(Nader, 2000: 13)으로 정의하고 있다. 단, 그 대상이 되는 것은 대부분 대기업이다. "기업은 규모가 크면 클수록 정부의 지원을 많이 받게 된다"(Nader, 2000: 24).

> 대부분의 경우 미국의 대기업(corporations)은 중소기업(small businesses)이 통상적으로 이용할 수 없는 세제 우대조치, 보조금, 융자 등을 받을 수 있다. 이를 '코퍼레이트 웰페어'라고 부른다. 일반적으로 말해 '코퍼레이트 웰페어' 프로그램은 지방정부, 주정부, 연방정부 주도의 산물이며, 커뮤니티 재개발을 지향하는 것으로 가정되고 있다(Shils, 1997: 161).

그러나 지역 중소 소매업자에 대하여 공적자금(tax dollars)이 제공되는 경우는 거의 없다(Mitchell, 2003). 대기업에 대해서는 "이익은 사유화되는 한편 리스크는 사회화된다"(Nader, 2000: 83)는 것이다.

일본의 대표적인 영일사전에서는 코퍼레이트 웰페어의 의미를 "기업복지(제도): 공공복지사업에 기업의 자금거출을 법적으로 강제하고자 하는 것"[4]으로 정의하고 있지만 여기서의 의미는 전혀 다르다. 경제적 부담이라는 의미에서는 오히려 정반대라고 할 수 있다.

펜실베이니아 대학 와튼 스쿨 사업창조센터(Wharton Entrepreneurial Center)의 에드워즈 쉴즈(Edward Shils) 전 소장(현 명예소장)은 이러한 코퍼레이트 웰페어 중에서 특히 대형 소매기업에 제공되는 것을 '리테일 코퍼레이트 웰페어(retail corporate welfare)'라고 명명했다(Shils, 1997). 이 책에서도 이하 '리테일 코퍼레이트 웰페어'라고 부르고자 한다.

리테일 코퍼레이트 웰페어에는 구체적으로 어떠한 것이 있는지 살펴보자. 월마트의 리테일 코퍼레이트 웰페어에 대해서 분석한 마테라(Philip Mattera)와 푸린턴(Anna Purinton)은 웰페어의 구체적인 내용으로 다음 10가지 항목을 들고 있다(Mattera and Purinton, 2004: 15~17).

1. 무상 또는 할인가격으로 토지 제공
2. 인프라 정비 지원
3. TIF(Tax Increment Financing)
4. 고정자산세 감면
5. 주 법인소득세액 공제
6. 영업세 일부 환원

4) 松田德一郎 編, 『リーダーズ·プラス』, 第2版(研究社, 2002).

7. 기업유치지구(enterprise zone) 자격의 부여

8. 종업원 훈련 및 채용 조성금

9. 면세채권의 인가

10. 일반적 보조금

이상 10가지 항목 중에서 TIF에 대해서는 이미 설명했기 때문에 여기서는 생소한 기업유치지구에 대해서 설명하고자 한다.

기업유치지구란 민간의 투자촉진을 목적으로 고정자산세의 감면, 주세의 일부 환원, 영업세의 면제, 전기·가스·상하수도 등 요금의 할인, 종업원 훈련에 대한 보조 등 다양한 보조를 제공할 수 있는 특별지정지구를 말한다.

이 기업유치지구에 대해서는, 그곳에서 인정되는 세제 감면으로는 다발하는 범죄나 열악한 교통시스템 등과 같은 중심도시의 문제를 해결하기에 불충분하다는 비판이 있다. 또한 활성화시키고자 하는 지구의 입지 여부나 그 기업이 어느 정도 세제 우대조치를 필요로 하는지 등과는 관계없이 적용되기 때문에 세금의 낭비라는 비판도 존재한다. 그럼에도 불구하고 지속되고 있는 이유는 의회에서 지지를 받기 쉬우며 집행 또한 용이한 점, 그리고 외관상으로 무엇인가 하고 있다는 것을 내보이기 쉽다는 점 등으로 인해 정치가들의 지지를 얻기 쉽기 때문이다(Osborne, 1988: 65).[5]

한편 소매업뿐만 아니라 공장 유치 등을 포함한 코퍼레이트 웰페어 일반에 대해 논한 리로이(Greg LeRoy)와 힝클리(Sara Hinkley)는 다음과 같은 시책을 웰페어의 수단으로 언급하고 있다(LeRoy and Hinkley, 2002: Ⅱ-1). 이것이 앞에서 언급한 마테라와 푸린턴의 항목과 다른 점은 대기업용과 비교하면 매우 항목이 적지만 일부 중소기업을 위한 웰페어도 언급하고 있다는 점이다.

5) 기업유치지구제도의 문제에 대해서는 Talanker and Davis(2003)를 참조.

- 동산 및 부동산을 소유하는 비용의 삭감
  - 고정자산세의 감면 또는 면제
- 자금조달비용의 삭감
  - 산업채(면세채권)의 발행
  - 저리융자
  - 차입보증〔중소기업용〕
- 법인소득세의 삭감
  - 세액공제
  - 세액산정방식(tax-formula)의 변경
- 신규 건설비용의 삭감
  - 건설용 자재 등에 대한 영업세 면제
- 용지취득 및 용지정비의 비용 삭감
  - 지가평가절하(경우에 따라서는 강제수용 발동)
  - 인프라 정비 보조
- 노동비용의 삭감
  - 종업원 훈련에 대한 보조금
- 운영비용의 삭감
  - 유틸리티(공익설비: 전기·가스·상하수도·교통기관 등) 요금의 할인
  - 재고자산세(inventory tax)의 감면

(2) 리테일 코퍼레이트 웰페어의 문제점 : 역로빈후드

일본과 비교하거나 또는 미국 내의 대기업과 중소기업 간 비교에서 그 사례가 극히 적은 중소기업을 위한 지원은 차치하더라도, 대기업을 위한 이러한 다양한 보조, 웰페어를 제공하는 최대의 목적은 지역주민의 취업기회 및 세원의 창출·확보에 있다고 보아도 무방하다. 이에 대한 시비는 제쳐두더

라도 앞에서 소개한 콜로라도 주 덴버의 FRESC도 인정하는 것처럼 그러한 본래의 목적이 달성된 사례도 존재한다. 이러한 경우에는 부정적인 표현을 하지 않을 수도 있다.

그러나 대기업의 이익에는 기여했을지라도 지역의 경제·사회에 효과가 나타난 사례는 적다. 소매업의 경우에는 제조업 이상으로 그 가능성과 위험성이 강하다고 할 수 있다.

자동차공장이든 IC공장이든 제조업의 경우에도 새로운 공장이 건설됨으로 인해 기존의 공장이 폐쇄될 가능성은 존재한다. 그러나 오늘날과 같이 대규모화, 글로벌화한 환경하에서는 진출지역 내에서 치열한 경쟁이 발생하여 진출 공장이 해당 지역 내의 기존 공장을 폐쇄하게 만드는 경우는 그다지 없을 것으로 판단된다. 진출 공장은 아주 먼 곳의, 경우에 따라서는 다른 나라의 공장과 경쟁하게 된다. 보조금, 웰페어를 제공하는 지자체나 주 혹은 국가의 범위를 넘어서는 것이다. 따라서 공장 유치가 지역의 취업기회나 세수를 증가시킬 가능성은 충분히 존재한다.

이에 비해 소매업의 경우에는 진출한 신규 점포의 최대의 경쟁 상대는 가까운 곳에 있는 기존 점포이다. 신규 점포가 증가시킨 취업기회나 세수가 기존 점포의 도산이나 부진으로 인해 상쇄되어버리는 경우도 충분히 있을 수 있다. 즉, 제조업이나 소매업 모두 제로섬이라는 것을 가정할 경우, 제조업에서는 승자와 패자가 상이한 정책주체의 범위·대상인 경우가 많은 것에 비해서 소매업의 경우에는 양자가 동일 정책주체의 아래에 있는 경우가 많다는 것이다. 따라서 보조금과 웰페어를 제공하는 의미가 전혀 다르다.

물론 미국에도 이러한 인식은 존재한다. 좀 오래된 이야기이지만, 1977년에 K마트를 중심으로 한 재개발에 대한 지자체의 관계를 둘러싸고 제기된 재판(Regus v. City of Baldwin Park)에서 캘리포니아 주 상소재판소(고등재판소)는 아래와 같이 지적하고 있다.

(볼드윈 파크) 시에 의한 재개발계획은 재개발을 위해 유치하고자 하는 기업이 생산보다는 소비지향적이며, 호텔이나 쇼핑센터와 같이 그 증가가 지역 전체의 부를 증가시키지는 못하고 경합하는 지구로부터 사업을 빼앗아옴으로 인해 단순히 현재의 공급 상태를 재배분할 뿐이다. 이러한 (재개발)전략의 성공은 표적이 되는 경합지구에 대항수단이 없다는 것을 전제로 하고 있다(Shils, 1997: 186~188).

또한 서장에서 논한 것처럼 미국은 주마다 조세제도가 상이하기 때문에 법인소득세의 과세대상 및 범위가 주에 따라 다르다. 그중에는 델라웨어 주와 같이 조세피난처(tax heaven)도 존재한다. 또한 기업의 총소득을 주마다 배분할 때 귀속불명의 소득('nowhere' income)이 되어, 결과적으로 과세되지 않는 부분도 상당히 존재한다고 한다. 여하튼 체인스토어 중에는 조세제도에 따라 자회사 등을 설치함으로써 조세피난처 주를 이용하거나 귀속불명소득으로 중소 업자에게는 어려운 소득세 회피를 하는 경우도 적지 않다는 것도 지적했다.

더욱이 이러한 다양한 공적보조가 존재한다는 것을 고려하면, "소비자의 선택이 직영점체인(regular chain)의 성장을 추진해온 요인의 전부는 아니다. 공적정책이 중요한 역할 수행하고 있다"(Mitchell, 2003)라는 지적은 매우 설득력이 있다고 하겠다. 특히 지방정부의 세수의 경우 고정자산세 등으로 세수증가를 도모하는 것이 법적 혹은 정치적으로 제약을 받기 때문에 영업세에 크게 의존할 수밖에 없는 미주리 주, 애리조나 주, 캘리포니아 주와 같은 주에서는 체인점에 대한 보조금이 예상외로 많아진다(Mitchell, 2006a: 169).

다운타운의 재생·활성화에 대해 분석한 MIT의 프리든(Bernard J. Frieden)과 사가린(Lynne B. Sagalyn)은 재생을 위한 공적 프로젝트로 결과적으로 가난한 주민, 영세사업자는 물론 대기업을 포함한 기타 기업이나 사람들에 대한 보조·조성이 이루어져버렸다고 보고 '역로빈후드(Robin-Hood-in-reverse)'라고 명명했다(Frieden and Sagalyn, 1989: 36). 여기서 문제시하고 있는 리테일 코퍼레이트 웰페어는 프리든과 사가린이 지적하고 있는 다운타운의 활성화 사업이라기보다 오히려 역로빈후드의 성격이 강하다고 할 수 있다.

더욱이 정책입안자에게는 중소기업에 대해서는 경쟁시장의 가혹함에 따르라고 압박하면서도 공공재라는 명목으로 거대기업에 대해서는 지원을 하는 이중기준이 존재하는 것이다(Mitchell, 2006a: 164).

여하튼 여기서 중요한 것은 공적보조의 유무에 관계없이 슈퍼스토어와 빅 박스 등의 대형점이 진출·출점한 경우의 지역경제·사회에 미치는 영향, 즉 취업기회와 세수를 증가시키는 효과가 있는가 하는 것인데, 이에 대해서는 이 장 제3절 이후에서 상세히 살펴보고자 한다.

3) 구체적 사례

(1) 직접적 보조

대형 소매기업에 대한 공적보조, 즉 리테일 코퍼레이트 웰페어의 문제를 이해하기 위해 몇 가지 사례를 간단히 살펴보도록 하자.[6]

---

6) 지면관계상 여기서는 거론하지 않았지만 Karjanen and Baxamusa(2003)는 샌디에이고 시 카레지그로브 지구의 1998년 월마트용의 950만 달러를 포함한 1,340만 달러의 공적보조를 받아 실시된 재개발프로젝트에 대한 문제를 70페이지 이상에 걸쳐서 상세히 분석하고 있다. 또한 Norman(2004)은 바로 뒤에 예로 드는 앨라배마 주 버밍햄 이외의 월마트에 대한 사례도 Count 8(pp. 87～100)에서 소개하고 있다. 또한 종업원의 처우에 대해서는 월마트와 경쟁 상대인 코스트코도 리테일 코퍼레이트 웰페어에 관해서는 예외가 아니다. 시카고 지역의 10개 점포 중 3개 점포가 출점에 공적보조를 받았으며, 이러한 보조는 기대투자수익률을 확실하게 하기 위해 필요하다고 설명하고 있다(Mitchell, 2006a: 165). 디스카운트계 기업·점포뿐만이 아니다. 고급 백화점 체인인 노드스트롬(Nordstrom)도 거액의 보조가 없으면 출점하

- **앨라배마 주 버밍햄의 월마트 슈퍼센터**: 2003년 겨울 현재 앨라배마 주에서는 월마트의 할인점 34개 점포가 영업 중인 한편, 15개 점포〔계 120제곱피트(111,500m^2)〕가 폐쇄되었다. 2002년 월마트는 버밍햄의 할인점이 노후했기 때문에 이전할 것이라는 계획을 표명하자, 시 당국은 5년간에 걸쳐 영업세의 90%(추정금액 1,000만 달러)를 월마트에 환원하는 것을 제안했다. 공적보조를 실시하는 이유는 월마트가 250명의 취업기회를 창출한다는 것이었다. 이에 대해 2003년 9월 월마트의 시내 이전에는 보조금의 필요성이 없으며, 강제수용을 암시함으로써 시장가격 이하로 이전하는 곳의 용지를 매수한 것은 불공정하다는 것을 근거로 지역 상업자와 주민이 재판을 제기했다(Norman, 2004: 87~88).
- **미주리 주 펜턴 월마트**: 2001년 동일 개발업자에 의한 두 곳의 소매시설 개발에 대하여 시는 TIF로 총액 4,000만 달러의 토지취득보조를 했다. 두 곳의 개발 중 한 곳은 월마트와 소수의 소형점·음식점 등으로 구성되는 것이며, 다른 한 곳은 로스, 타깃, 콜스와 소형점 약 30개 점포가 집적된 곳이었다. 월마트에 대한 보조금은 정확하게 파악할 수 없으나, 점포규모의 비율로 추정하자면 1,000만 달러 정도일 것으로 판단된다. 이 월마트는 시내의 소형점포를 이전한 것이다(Mattera and Purinton, 2004: 44).
- **위스콘신 주 배러부의 월마트 슈퍼센터**: 1999년 기존의 할인점을 폐점하고 2마일 정도 떨어진 곳에 슈퍼센터를 신설하고자 한 것에 대해 시는 TIF로 577만 달러를 보조했다. 그러나 월마트의 부동산 매니저에 의하면, 이러한 보조가 없었더라도 이 프로젝트는 실시되었다고 한다. 위스콘신 주의 법률에는 TIF의 조건이 보조가 없으면 실시할 수 없는

지 않는다고 한다(Mitchell, 2006a).

프로젝트이어야 하는 것을 고려하면 이 보조는 법률 위반이 된다(1,000 Friends of Wisconsin and the Land Use Institute, 1999).

- **뉴욕 주 샤론 스프링스의 월마트 유통센터:** 1995년 쇼하리 카운티의 샤론 스프링스에 유통센터를 건설할 당시, 카운티와 월마트의 계약으로 이 센터를 카운티 산업진흥국(Schoharie County Industrial Development Agency)이 소유하며 월마트가 임대하는 형태로 하여 고정자산세의 과세 대상에서 제외되었다. 월마트로서는 20년이라는 계약기간 동안 절세효과(공적보조)가 4,600만 달러를 상회하는 것으로 추계되었다(Mattera and Purinton, 2004: 49).
- **펜실베이니아 주 피츠버그 홈데포:** 1998년 피츠버그 시 이스트 리버티 지구의 폐점한 시어스의 점포 터에 홈데포가 출점하게 되었는데, 용지취득 및 점포건설 등의 비용 1,000만 달러 중 43%가 시 도시개발공사와 시의 공채 등의 공적부담이었다. 지역 건재점 등을 폐업시킬 수도 있는 세계 최대의 건재소매점의 진출에 왜 공적보조가 이루어졌는지 이해할 수 없다는 여론이었다(Norman, 1999: 227).
- **필라델피아의 카르푸:** 카르푸는 600~800명을 고용하는 조건으로 시로부터 5년간 감세조치를 받아 1988년 필라델피아 시에 미국 1호점을 개점했다.[7] 그러나 4년 반 후 세금을 한 푼도 납부하지 않은 채 철수했다. 그 기간 동안 카르푸에서 발생한 고용은 250명 정도인 데 비해 인근의 독립식료품점 5개 점포, 비식료품점 1개 점포, 다수의 의료품점, 각종

7) 카르푸는 뉴욕시 교외 롱아일랜드 브룩헤이븐에 미국 1호점을 개점하기로 하고 상업용지를 구입했으나, 출점허가 처리 중 지역의 반대로 해당 용지가 상업용지에서 주택용지로 변경되어 출점이 불가능하게 되었다. 그로 인해 2호점으로 예정하고 있던 필라델피아의 점포가 1호점이 되었다. 브룩헤이븐의 분쟁에 대해서는 原田英生(1999: 72~74)을 참조.

중소 점포가 도산하여 1,000명분의 일자리가 사라졌다(Shils, 1997: 7).

- **미네소타 주 블루밍턴의 몰 오브 아메리카**(Mall of America): 메이저리그 미네소타 트윈스와 NFL의 미네소타 바이킹즈의 홈그라운드는 미니애폴리스의 남서쪽 교외의 블루밍턴에 있는 메드 스타디움이다. 1982년 도시권의 중심도시인 미니애폴리스가 블루밍턴 중심부에 건설한 메트로 돔에 트윈스와 바이킹스의 홈그라운드를 유치했다. 사용기회가 없어진 그라운드의 재개발로 블루밍턴 시는 접근도로와 공익설비의 개량, 1만 3,000대 수용이 가능한 주차시설의 건설 등 약 2억 5,000만 달러를 사용하여 미국 최대의 쇼핑센터인 몰 오브 아메리카를 유치했다. 1992년 8월 개점으로 인해 도시권 내의 미니애폴리스 세인트폴을 비롯한 각 도시의 중심 상점가가 타격을 입게 되었다(Barnett, 1995: 141). 이 문제는 한 개 지자체의 대기업에 대한 공적보조, 리테일 코퍼레이트 웰페어의 문제가 아니라 지역 내 및 도시권 내 지자체 간의 경쟁의 문제를 내포하고 있다.
- **일리노이 주 호프만 에스테이츠의 시어스 로벅의 본사 이전**: 1989년 시어스 로벅은 본사를 시카고 중심부의 시어스 타워에서 이전할 계획을 공표했다. 본사를 주 내에 머물게 하려는 주정부의 노력으로 시카고 중심부(the Loop)에서 약 29마일 떨어진 호프만 에스테이츠로 이전했다. 주정부 및 지자체의 보조는 1억 7,800만 달러(그중 주정부 보조가 6,600만 달러)에 달했다. 이로 인해 주 내에 유지되는 취업기회는 약 5,400명 정도로 추정되기 때문에 1인당 3만 3,000달러의 보조를 한 셈이 된다. 또한 공적보조의 중심을 이룬 것이 TIF와 기업유치지구제도인데, 원래 빈곤지구, 황폐지구 재생을 위하여 만들어진 제도를 호프만 에스테이츠와 같은 유복한 교외도시에 적용하는 것에 대하여 반대론이 강했다. 더욱이 신본사에 창출될 것으로 추정되던 5,400명의 고용은

실현되지 않았다. 1990년대 초 시점에 약 4,000명, 시카고 지역의 다른 사업소 등에 근무하는 사람을 더해도 4,600명에 불과했다(McCourt and LaRoy, 2003: 36~43).[8)]

또한 이러한 리테일 코퍼레이트 웰페어는 월마트 등과 같은 단독입지 형태의 대형점에 대해서만 이루어진 것이 아니다. 몰 오브 아메리카의 예에서도 볼 수 있듯이 쇼핑센터 개발업자에 대해서도 이루어지는 경우가 적지 않다. 예를 들면 미국의 쇼핑센터 개발 및 매니지먼트 분야에서 업계 2위인 제너럴 그로스 프로퍼티즈(General Growth Properties)사는 지금까지 2억 달러 이상의 공적보조를 받았다. 마테라 등이 이 회사가 개발한 쇼핑센터 중 23개 주의 50개 쇼핑센터에 대해 조사한 결과 14개의 프로젝트에서 공적보조를 받았다고 한다(Mattera, Lack and Walter, 2007: 4~5).[9)]

(2) 간접적 보조: 강제수용

직접적인 공적보조와는 별도로 지자체 등이 강제수용권을 발동하여 대형 소매기업 등의 개발·출점을 공적으로 지원하는 사례도 적지 않다. 이 경우 TIF 등으로 보조금과 같은 직접적인 경제적 지원이 없다고 하더라도, 수용권 발동의 가능성이라는 위협이나 암묵적인 압력으로 현존 부동산의 소유자가 저렴한 가격으로 급하게 팔게 만든다거나, 실제로 강제수용되는 경우에도 다른 토지로 원래와 동일한 생활이나 사업을 재건하는 데 필요한 보상이 이루어지지 않는 경우가 일반적이다(Berliner, 2003: 6~7).

---

8) 또한 보조금의 총액이 1억 8,600만 달러라는 설도 있다(Moe and Wilkie, 1997: 256).

9) 또한 이 보고서에는 14개 쇼핑센터에 대한 공적보조 등의 실태를 상세하게 언급하고 있다.

이러한 것은 직접적인 금전부담이 없는 경우일지라도 결과적으로는 공적인 경제지원과 동일한 효과를 가지게 된다. 더욱이 경제적 보조의 시비라는 차원뿐만 아니라 공정이라는 관점에서도 문제가 많다. 이러한 관점에서 이 문제를 취급하고 있는 NPO조직·공정연구소(Institute of Justice)의 캐슬 코얼리션(Castle Coalition) 프로젝트에서는 이 테마에 관한 미국 전역의 실태를 조사한 대부분의 보고서를 정리했다(Berliner, 2003). 거기에는 제조업자 등 다양한 분야에서 사적인 목적을 위한 공권력의 이용이 정리되어 있는데, 소매업과 관련된 사례도 다수 존재한다. 그중 몇 가지 사례를 살펴보자.

- **캘리포니아 주 사이프러스의 코스트코:** 코튼우드 크리스찬 센터(Cottonwood Christian Center)는 직접 소유하고 있던 18에이커의 토지에 예배당을 신축하고자 했다. 그러나 시는 인접하는 경마장의 빈터와 함께 코스트코를 핵심으로 한 상업시설 개발을 계획하고 있었다. 이에 교회가 신청한 건축허가신청은 여러 가지 이유를 들어 각하되었다. 시의 입장은 "코스트코는 세금을 내지만 교회는 세금을 내지 않는다. 따라서 그 부지를 코스트코에 주는 것이 공적으로 이익이 된다"라는 것이었다. 2002년 5월에 시는 해당 토지의 강제수용을 결정했다. 이에 대해 교회는 연방재판소에 제소, 2003년에 교회에 대체지를 제공하는 것으로 화해했다(Berliner, 2003: 28~29; Good Jobs First(undated)).
- **일리노이 주 스완시의 홈데포:** 스완시는 철도역 주변에 새로운 타운센터 건설을 계획하고 있었다. 그러나 오랫동안 거기서 영업하고 있던 몇 개의 지역점포가 이전을 거부했다. 이에 지자체는 서남 일리노이 개발공사에 강제수용권을 부여하고 재개발을 진행하고자 했다. 강제수용 대상 중에 '84Lumber'라는 철물·목재점이 있었는데, 이 점포의 부지에는 홈데포를 건설할 계획이었다. 지역의 철물·목재점을 강제수용하여

경쟁 상대인 홈데포를 유치하는 것은 취업기회가 증가된다는 이유로 정당화되었다. '84Lumber'는 법정투쟁도 불사하겠다고 했으나 2002년 토지를 매각하고 이전했다(Berliner, 2003: 68~69).

- **뉴저지 주 에디슨의 월그린**(Walgreen): 민간개발업자가 6에이커의 공터에 월그린을 핵심으로 소형 쇼핑센터 설립을 계획했으나 지역의 반대로 좌절되었다. 지자체는 토지를 매입하여 공공용지(open space)로 유지하기로 했다. 그 대신 지자체는 도로 반대편의 버스회사 소유지를 제공하기로 했다. 그 토지는 초등학교 스쿨버스용이었으나, 버스용지는 비생산적이라고 간주하고 재개발지로 지정, 강제수용하여 2002년 쇼핑센터 개발에 제공했다(Berliner, 2003: 139).
- **오하이오 주 노우드의 월그린**: 2000년 월그린은 기존 점포를 1블록 앞으로 이전시켜 용지와 점포 모두 확장하는 계획을 수립했다. 그런데 예정지는 10명이 분할소유하고 있었으며, 지역의 약국, 기념품점 등 월그린과 경쟁하는 점포도 포함하여 다수의 중소점이 영업을 하고 있었다. 다수의 소유자와 교섭하게 되면 막대한 비용과 시간이 필요하기 때문에 시에 강제수용을 요청했다. 월그린이 철수하여 세수가 감소할 것을 우려한 시장은 해당 지역이 황폐했으며 바람직하지 않은 상태라는 이유로 재개발을 위한 강제수용의 뜻을 시사했다. 시 의회는 강제수용을 정식으로 결정하지는 않았으나 강제수용권의 발동이라는 암묵적인 압력·위협으로 인해 토지 소유자들은 이전할 수밖에 없었으며, 강제수용과 동일한 결과를 초래했다(Berliner, 2003: 166).

4) 월마트에 대한 공적보조

리테일 코퍼레이트 웰페어는 위에서 언급한 사례 이외에도 많은 사례가 존재한다. 다만, 개개의 사례가 아닌 대형 소매기업계 전체로서, 또는 월마트 등의 개별 대기업에 대해 어느 정도의 보조가 제공되었는가와 같은 전체상에 대해서는 불명확한 부분이 많다. 일본 정도는 아니지만 공적보조와 같은 민감한 것은 모든 것이 전부 공개되기 어렵기 때문이다.

이러한 상황 속에서 2004년 5월, 노동 문제에 관한 조사와 정보제공을 전문으로 하는 NPO인 GJF(Good Job First)가 월마트가 지금까지 받은 보조 총액의 추계결과를 공표했다.

이 추계에서는 3,000개 이상이나 되는 점포 모두를 조사하는 것은 어렵기 때문에 우선 온라인에서 기사 검색이 가능한 신문의 데이터베이스에서 관련 기사를 검색하고, 공적보조에 관한 기사를 발견한 경우 그 지구의 지자체 관계자에게 보조이유, 보조수단, 보조액 등에 대하여 인터뷰 조사를 실시하는 방법을 선택했다. 따라서 검색 가능한 온라인 데이터베이스가 구축되어 있지 않은 신문이 담당하는 지역의 정보는 파악하지 못했다. 또한 데이터베이스의 검색이 가능한 신문이라도 1990년대 이전의 기사는 검색이 불가능한 경우가 있었기 때문에 그 이전의 보조에 대해서도 파악하지 못했을 가능성이 높다. 이러한 데이터상의 제약 아래서 수집한 보조사례는 160개 점포였다. 월마트의 전 간부가 출점 프로젝트의 1/3 전후로 공적보조를 요구했다고 진술한 것을 고려하면 보조사례는 1,000여 개 점포 전후라고 보아도 무방하기 때문에 이 조사 사례는 매우 적은 것으로 볼 수 있다(Mattera and Purinton, 2004: 13~14).

이 160개 점포 중에서 보조금액 등이 추계 가능한 91개 점포의 금액을 살펴보면, 100만 달러 이하에서 1,000만 달러 이상까지 그 폭이 매우 넓다. 91개 점포의 합계는 2억 4,500만 달러, 1개 점포당 평균 280만 달러이다(Mattera and Purinton, 2004: 18).

한편 유통센터에 대해서는 조사시점에서 가동 중인 것과 건설 중인 것을 합해서 91개 센터가 있기 때문에 지역 지자체 모두를 인터뷰했다. 그 결과 90% 이상 되는 84개 센터의 건설에 공적보조가 제공되었다(Mattera and Purinton, 2004: 14). 그 총액은 5억 8,000만 달러, 1개 센터당 690만 달러에 달한다(Mattera and Purinton, 2004: 26~28).

이 보고서에서는 점포 개발에 대한 보조와 유통센터 개발 시 보조를 합계한 월마트에 대한 주정부 및 지방정부로부터의 공적보조 총액은, 취득한 데이터로는 10억 달러 이상이 되지만 실제로는 이보다 훨씬 많을 것이라고 결론을 내리고 있다(Mattera and Purinton, 2004: 7).

한편 월마트의 유통센터 건설에 대해 플로리다 주의 지방지인 ≪팜비치포스트(Palm Beach Post)≫는 독자적으로 조사를 실시하여 1980년대 이후 적어도 32개 주의 47개 센터에 대하여 시·군·구, 카운티, 주정부, 경우에 따라서는 연방정부가 총액 1억 5,000만 달러의 공적보조를 했다고 보도했다(Sedore, 2003). 1개 센터당 319만 달러로 GJF의 조사결과의 절반 정도인데, 이는 이 신문의 조사에서는 보고서류에서 유치를 위한 장려금으로서 금액이 확정된 것만을 대상으로 했으며 각종 감세액, 기업유치지구제도에 의한 각종 우대조치 등은 포함되어 있지 않기 때문이라고 판단된다.

또한 월마트의 간부가 진술했다고 GJF 보고서가 지적하고 있는 전체의 1/3에 해당하는 1,000개 점포 전후가 출점할 때 보조를 받았다고 보고, 또한 그 금액이 이 보고서와 동일하게 1개 점포당 평균 280만 달러라고 가정한다면 보조 총액은 28억 달러가 된다. 이에 유통센터에 대한 보조를 더하면 34억 달러에 달한다.

이 수치의 신뢰도는 차치하더라도 월마트에 의한 '효율적 경영'의 대명사라고도 불리는 배송시스템의 핵심인 유통센터의 대부분에 막대한 공적보조가 투입되었다는 사실에는 유의할 필요가 있다.

여하튼 국제다운타운협회(International Downtown Association: IDA)의 데이

비드 피한(David Feehan) 회장이 지적하는 것처럼 "오늘날 월마트는 만약 TIF에 의한 우대조치를 받지 못한다면 다른 교외(시·군·구)를 선택한다고 말할 입장에 있다. 실제로는 TIF를 필요로 하지 않는 지구에 TIF를 적용시켜 자사의 수익을 개선한다. 20년 전 TIF의 대부분은 부진에 허덕이는 지역에 적용되는 특별한 수단이었다. 그러나 오늘날에는 교외 및 다른 지역에서 널리 이용되고 있다"(Johansen, 2004)와 같은 상황이다.

월마트가 공적보조를 최대한으로 이용하는 것은 새로운 것이 아닐지도 모른다. 왜냐하면 1960년대 혹은 1970년대부터 샘 월튼은 특정 지역의 특정 장소에 출점하고자 결심했더라도, 마치 5~6군데의 다른 후보지가 있는 것처럼 행동했다. 그리고 생각대로 될 것 같으면 정중하면서도 단호한 태도로 우대조치, 예를 들면 고정자산세 감액, 건설자금조달을 위한 면세책 이용, 인프라 정비를 위한 조성금, 조닝의 변경, 그리고 시외에 입지할 경우에는 시의 공공 서비스를 받을 수 있도록 시 경계선의 조정까지도 요구했다. 이러한 일은 예외가 아니라 거의 모든 경우에서 볼 수 있다. 그리고 면제나 조성금을 받음으로써 경비가 절감되기 때문에 인근 마을끼리 경쟁을 유도했다(Ortega, 2000: 166~167). 이러한 상황이 오늘날에는 보다 강화되고 있다고 볼 수 있다.

문제는 이러한 것이 결코 일본과 무관하지 않다는 것이다. 논의가 되고 있는 백화점 소고(Sogo)와 대형마트 다이에(ダイエー)의 재건에 대한 공적지원은 차치하더라도 도시재개발사업이나 구획정리사업에서 핵심 점포로서 대형 소매기업을 우대하는 경우는 버블 붕괴 후의 부동산 불황에서 자주 볼 수 있는 현상이다. 이뿐만 아니라 신규 고용에 조성금을 지원하는 지자체가 증가하고 있다는 보도도 있다.[10] 이 고용조성금제도가 지금까지 대형

10) 나가사키 현(長崎縣)과 나가사키 시(長崎市), 오키나와 현(沖縄縣), 홋카이도(北海道),

소매기업에 적용된 경우가 있는지는 파악할 수 없지만 향후 그 가능성은 높을 것으로 판단된다.

2. 리테일 코퍼레이트 웰페어 발생 요인

이처럼 미국에서는 월마트뿐만이 아니라 대형 소매기업 체인에 대해 막대한 금액의 공적보조, 리테일 코퍼레이트 웰페어가 제공되고 있는데, 그 요인과 배경은 과연 무엇일까?

다양한 요인이 복합되어 있다고 생각되는데, 그중에서도 최대의 요인은 캘리포니아 주의 주민(州民)제안 제13호(Proposition 13)로 대표되는 소위 '납세자의 반란(tax revolt)'에 의한 세제도의 변화이다.

반복해서 지적하고 있는 것처럼 미국의 조세제도는 각 주마다 매우 상이하다. 단, 시·군·구와 같은 지자체나 카운티 등 지방정부의 최대의 독자 세수원이 자산세(property tax)라는 것은 거의 모든 주에서 공통적이다. 또한 자산세 수입의 상당 부분이 학교구(school district)로 흘러가 공립학교 교육의 유지비가 된다는 점도 많은 지역에서 공통된다.

자산세의 내용은 각 주에 따라 상이하지만, 캘리포니아 주의 경우 부동산(real property)으로서는 주택, 상업시설, 공장, 농지·농업시설, 삼림, 공지 등의 토지, 건물, 부대시설, 채굴권 등 모두가 대상이 된다. 동산(personal property)은 사업용 기계·설비, 항공기 등이 대상이 된다. 중심이 되는 것이 부동산이기 때문에 일본의 고정자산세와 거의 유사하다고 보아도 무방하다. 이하에서는

미야자키 현(宮崎縣) 등에서 신규고용에 대한 보조를 하고 있다는 것이 이미 5년 전에 보도되었다("비명을 내는 고용", ≪朝日新聞≫, 2003년 8월 4일 자).

이해하기 쉽도록 고정자산세라고 표기하고자 한다.

캘리포니아 주에서는 1960년대 이후 개발 붐에 의해서 부동산가치가 급상승했다. 고정자산세의 과세대상액이 지가평가를 기준으로 하고 있다면 고정자산세는 매년 증가하게 된다. 이에 반발하여 고정자산세를 제한하는 주민제안 제13호가 제안되어 1978년 주민투표로 성립되었다(Chapman, 1998: 3; Stocker, 1991: 1~4).[11]

이 주민제안 제13호가 성립된 당시 일본에서는 '납세자의 반란'으로서 호의적인 평가와 지지 보도, 논설이 많았지만 미국에서는 반드시 평가가 하나로 모아지지는 않았다. 특히 주민투표를 위한 캠페인에 추진파가 의도적으로 잘못된 정보 또는 불완전한 정보를 흘려서 성립되었다는 비판도 있었으며, 마을 만들기, 토지이용이라는 점에서는 결정적인 손해를 미치는 결과가 되었다는 비판적인 평가도 많다.[12]

이러한 평가는 차치하더라도 여기서 주민제안 제13호의 내용을 검토해 볼 필요가 있다. 먼저 주민제안 제13호에서는 과세대상액을 기존의 시가평가액에서 취득가격을 기준으로 하고, 그 후에는 매년 2% 또는 물가상승률 중에서 낮은 비율로 평가액을 인상하기로 했다. 단, 기존의 부동산이 매매되어 소유권이 변경된 경우에는 그 당시의 취득가격이 신소유자에 대한 과세의

---

11) 또한 주민제안 제13호는 캘리포니아 주 헌법 제13편 A에 추가된 6조항으로, 그 전문은 Stocker ed.(1991) 등에 게재되어 있는데 1페이지 정도의 짧은 것이다.

12) 주민제안 제13호에 대한 비판적 평가는 많다. 선거 중의 캠페인 문제를 포함해서, 예를 들면 Hart and Spivak(1993)의 "Ch.4 Loca Government Proposition 13 and the Tax Revolt"를 참조하기 바란다. 또한 고정자산세를 제한하는 것은 토지이용의 면에서 마이너스 영향을 미칠 뿐만 아니라 학교교육에도 마이너스 영향을 주고 있고, 지방정부의 독립재원이 제한되는 것에 의해서 주정부와 지방정부의 관계가 무너져(지방정부의 자립도가 약해져) 주민자치의 기반이 약해진다는 비판도 있으나, 이 책의 과제를 넘는 문제이기 때문에 여기서는 이러한 비판이 있다는 것을 지적해둔다.

기준이 된다. 따라서 장기적으로 보유하면 할수록 고정자산세에 관해서는 유리하게 된다(또한 동산에 대한 자산세의 과세평가액은 종전과 같이 시가평가로 되어 있다). 게다가 세율은 1%를 상한으로 한다고 규정되어 있다. 이를 상회하여 과세하는 것은 일반보증채(general obligation bond)의 상환비 등 주민투표에 의해 승인된 경우로 한정된다.[13)]

주민제안 제13호의 성립·시행으로 인해, 가령 시·군·구의 재정수입에서 차지하는 고정자산세의 비율은 1960년대에 평균 33.4%, 1970년대에 들어서도 24~25% 정도였던 것이 1979년에는 10.2%로 대폭 줄어들었다. 1980년대에 들어서도 13% 전후에 불과했다. 학교교육비에 관한 재원의 변화는 보다 급격하여 1960년대부터 1970년대 초까지 55~56%, 1970년대 중반에 약간 감소하여 50%를 차지했던 고정자산세 수입이 1979년에는 25%, 1980년에는 18%까지 감소했다(Smith, 1991: 76의 Table 2.4, 및 78의 Table 2.5).[14)]

고등학교까지의 학교교육을 운영하는 학교구의 수입에서 고정자산세가 차지하는 비율의 변화는 더욱 크다. 즉, 1972년에 60.9%, 1977년에 56.9%였던 것이 주민제안 제13호 시행 후인 1982년에는 25.4%로 급격하게 낮아졌으며, 그 후에는 20%대를 유지하고 있다(Murray and Rueben, 2007: 17의 Table 5).[15)]

이러한 고정자산세의 대폭적인 감소에 대해 재정지출의 절감을 시도하는 것은 당연하지만 이것만으로는 대응할 수 없다. 어떠한 형태로든 보전하지

13) 주민제안 제13호의 내용에 대해서 설명한 문헌은 다수 있으나, 여기서는 주민제안 제13호를 포함한 캘리포니아 주의 주세·지방세의 제도를 간단하게 설명한 Hill (2001)만을 소개하고자 한다.

14) 보다 상세한 설명은 Shires(1999)를 참조.

15) 또한 샌프란시스코 연안지역의 아이들의 학력 수준은 1960년대에는 미국 톱이었으나 현재는 48위로 낮아졌다. 이것은 주민제안 제13호 의해서 학교교육비가 삭감되었기 때문이라는 지적도 있다(Boggs, 2008).

않으면 안 된다. 그 방법 중의 하나가 자동차 등록 수수료 등의 공공요금 징수를 확대·강화하는 것이며, 다른 방법은 공공 서비스 이용세, 사업등록세 등의 신규과세나 확충인데, 영업세 등의 확보라는 방향도 지향되고 있다.

캘리포니아 주에서는 주세(州稅)로서의 영업세가 1933년에 도입되었다(Hill, 2001: 28). 그리고 1955년에는 「브래들리-번스 판매세·사용세법(Bradley-Burns Sales and Use Tax Act of 1955)」으로 인해 과세대상 거래가 발생한 시·군·구는 1%의 영업세를 일반재원으로 받을 수 있게 되었으나(기타 교통시책을 위한 재원으로서 0.25%가 카운티의 수입이 된다)(Chapman, 1998: 11; Hill, 2001: 31), 유권자의 투표로 인해 일반재원용의 경우에는 단순과반수, 교통시책·공립병원·공립도서관 등의 특정목적용 재원의 경우에는 2/3 이상의 찬성으로 카운티, 시·군·구, 특별행정구 독자의 영업세(optional local sales and use tax)를 과세할 수 있게 되었다. 2001년 초 이 세율은 지방정부에 따라 0.125~1.25%까지 매우 폭이 넓은데, 평균적으로는 0.67% 정도이다(Hill, 2001: 31).16)

또한 이러한 지방정부가 과세하는 영업세(local sales tax)는 캘리포니아 주뿐만 아니라 2000년 시점에서 33개 주에서 제도화되었다(Lewis, 2001: 21).

한편 캘리포니아 공공정책연구소(Public Policy Institute of California)가 1998년 8월에 주 내 471개 모든 시·군·구의 장을 대상으로 실시한 시·군·구의 개발전략에 관한 설문조사에 의하면, 응답을 한 330명의 장들은 신규개발이든 재개발이든 오피스나 복합개발(mixed-use development), 경공업, 주택 등보다 소매점 개발이 바람직한 개발이라고 평가(각 개발계획에 대한 7점 척도 평가)하고 있다. 또한 개발 결정 시 가장 영향을 미치는 요인으로는 신규개발, 재개발 모두 시의회의 지지, 개발지구의 인프라와의 적합성, 고용창출, 환경보호 등의 요인보다 신규 영업세 창출을 들고 있다(각 요인에 대한 7점 척도

16) 상세한 내용은 Lewis and Barbour(1999)를 참조.

평가).[17]

이러한 세수(稅收)라는 관점에서 토지를 이용하는 것을 당시 캘리포니아 대학 로스앤젤레스교 로스쿨의 미스젠스키(Dean J, Misczynski)는 "토지이용의 재원화(fiscalization of land use)"라 명명했다(Misczynski, 1986).

물론 지방정부가 재정 목적 및 지방정부 간 경쟁의 관점에서 토지이용·개발을 생각한 것은 주민제안 제13호의 성립 이전의 일이다(Lewis, 2001: 24). 사실, 토지이용규제제도를 정치학적으로 분석한 밥콕(Richard Babcock)의 『조닝 게임(The Zoning Game)』에서는 이미 1966년에 이러한 관점에서의 분석이 이루어졌으며, 적어도 필자가 입수한 자료 중에도 주민제안 제13호보다 이전인 1975년에 출판된 문헌으로 『재정식 지역지구제와 토지이용 규제(Fiscal Zoning and Land Use Controls)』(Mills and Oates eds., 1975)가 있다. 그러나 재정 목적 및 지방정부 간 경쟁의 관점에서 토지이용·개발을 생각하는 것이 주민제안 제13호의 성립으로 인해 가속되었다는 것은 틀림없는 사실이다.[18]

따라서 경공업이 더 좋은 조건의 고용을 제공한다고 약속을 하더라도 경공업은 지자체에 영업세 수입을 발생시키지 못하기 때문에 대신에 저임금의 소매점을 시·군·구가 유치하는 일이 종종 발생하는 것이다.[19] 캘리포니아 주 의회의 전 의원이 지적한 것처럼, 정부가 "최근 수년간 하고 있는 일은 시급 15달러가 아닌 5달러의 일거리를 만들어내는 조세제도를 유지하고 있다"라는 것이 된다(Schwartz, 1997: 203). 이전의 재정적 조닝(fiscal zoning)

---

17) Lewis and Barbour(1999), 특히 pp. 81～108의 "Chapter 5. The Preference for Retail Development".

18) Lewis(2001), p. 24〔W.Fulton, "Twenty Years of Proposition 13," California Planning and Development Report, 13(6),(1998), p. 1〕.

19) Ibid., p. 25〔P. Schrag, *Paradise Lost: California's Experience, America's Future*(1998), p. 178〕.

이 주로 주택개발과 재정부담의 관계를 고려하고 있던 것에 비해, 토지이용의 재원화는 세수의 증가라는 시점에서 토지이용을 생각하고 있으며, 소매업에 의한 토지이용 촉진을 주된 내용으로 하고 있다(Kotin and Peiser, 1997: 1975).

이때 영업세 수입을 최대화하기 위해서도 빅 박스형 소매점과 자동차 딜러라는 2가지 유형이(적어도 행정의 입장에서는) 이상적이다. 즉, 상대적으로 작은 용지에서 많은 영업세를 창출해내기 때문이다. 이에 빅 박스 소매점과 자동차 딜러 측에서는 출점 시 해당 지자체로부터 경제적인 인센티브를 얻어내고자 하는 것이다(Chapman, 1998: 12).

즉, 주민제안 제13호 이후 시·군·구가 세수를 확보할 수 있는 유일한 방법은 영업세가 되어버렸다. 이에 각 시·군·구는 소매시설을 증대하기 위해서 토지의 강제수용권 행사, 공공요금의 면제, 영업세의 환급, 임대보증, 보조금, 지역에서의 구입 캠페인 등을 포함한 다양한 수단을 사용하여 자체적으로 지역 내에서 발생시킬 수 있는 영업세를 최대화하고자 하고 있다(Schwartz, 1997: 199~200).[20] 이때 이상적인 시의 모델은 자동차 딜러로 둘러싸인 거대한 쇼핑센터가 되는 것이다(Schwartz, 1997: 198).

이러한 지방정부의 소매업 중시 및 지원으로 자원·자산이 공공분야에서 민간의 특정 분야로 이전하게 되는 것이다(Lewis, 2001: 31).

동시에 인접한 지자체들은 소매업의 증가를 둘러싸고 뜨거운 경쟁을 하게 되어 '영업세 좇기(sales tax chase)'에 몰두하게 된다. 그러나 '소매점을 강탈하

---

20) 주민제안 제13호 성립 30년이 되는 2008년에 특집기사를 낸 ≪샌프란시스코 크로니클≫에서는 주민제안 제13호의 결과로서 지방정부는 영업세에 더욱 의존하게 되어 토지이용계획이 어중간하게 됨과 동시에 고용과 영업세 수입을 제공하는 것으로 소매점, 특히 '빅 박스' 형태의 소매점에 지역경제가 의존하게 되었다고 지적하고 있다(Boggs, 2008).

는 행위(retail poaching)'도 일어나게 되었기 때문에, 캘리포니아 주 의회에서는 인근 지자체에 입지하고 있는 빅 박스 소매점과 자동차 딜러를 자기네 행정구역 내로 이전·유치하고자 하는 지자체가 공적자금으로 보조하는 것을 규제하는 주법(Assembly Bill 178)을 1999년에 제정했다(Lewis, 2001: 25).

구체적으로는 로스앤젤레스 도시권 내의 랭커스터에 입지하고 있던 코스트코가 점포 확대를 계획하자, 인근 팜데일이 500만 달러의 보조금을 제공하여 유치하고자 했다. 이에 랭커스터도 점포확장용지의 제공을 제안하는 보조금 경쟁이 되자, 빅 박스 소매점〔여기서는 7만 5,000제곱피트(7,000m^2) 이상의 소매점포〕 및 자동차 딜러의 동일 상권 내로의 이전에 대하여 시·군·구 등이 보조하는 것을 금지한 것이다(Skeen, 1999). 당초의 법률은 2005년 1월 1일까지의 한시법이었으나, 2003년에 제정된 주법(Senate Bill 114)으로 항구법이 되었다. 단, 이 규제는 인근 지자체에 있는 점포를 폐쇄하고 이전하는 경우에 한정되어 있기 때문에 억제력에는 한계가 있다. 대부분의 출점·개발에 대해서는 '영업세 좇기', '소매점을 가로채는 행위'가 지속되고 있다고 보아도 무방하다.

이러한 문제는 캘리포니아 주에 국한된 것이 아니다. 예를 들면 캘리포니아 주의 주민제안 제13호가 성립되고 2년 후인 1980년에는 매사추세츠 주에서 주민제안 $2\frac{1}{2}$이 성립되었다. 다른 주에서도 주민제안 등에 앞서 의회에서 고정자산세의 상한 등을 규정하는 움직임이 활발하게 일어났다. 이러한 움직임은 1990년대에도 계속되었는데, 1990년대 후반에는 절반 이상의 주에서 고정자산세를 제한하는 법률이 제정되었다(Sokolow, 1998: 165).[21] 이에 대응

21) 또한 머레이와 루벤은 알래스카와 하와이를 제외한 48개 주 중 고정자산세제한제도를 1985년 이전에 규정한 주가 16개, 1985년 이후에 정한 주가 5개, 제한제도가 없는 주가 27개라고 보고 있다(Murray and Rueben, 2007: 23~24, Appendix Table 1).

하여 시·군·구 등은 빅 박스 등의 대형점을 유치하여 영업세 수입 증가를 도모하게 되었으며, 이것이 리테일 코퍼레이트 웰페어를 발생시키게 된 것이다. 다만, 유치하는 지자체의 영업세 수입은 증가할지 모르지만 해당 지자체를 포함한 지역(도시권) 전체에서도 영업세 수입이 증가하는가는 별도 문제이다. 경우에 따라서는 지역 전체에서의 영업세는 감소할 가능성도 있다. 이에 대해서는 바로 뒤에서 검토하기로 하자.

또한 위에서는 고용기회의 확보보다는 세수증가를 중요하게 여기는 지자체가 많다는 것을 살펴보았는데, 최근 공장의 해외이전, 미국 내 제조업의 공동화, 그 결과로서의 대량 실업자의 발생과 같은 사태에 대처하기 위하여 고용기회 확보라는 차원에서 코퍼레이트 웰페어를 제공하는 지자체도 증가하고 있다. 단, 고용기회에 대해서도 지역 전체에서 증가하는가에 대한 의문이 제기되고 있다. 이에 대해서도 뒤에서 검토하기로 하자.

문제는 리테일 코퍼레이트 웰페어뿐만이 아니다. 영업세 목적으로 빅 박스 등의 소매점을 유치하는 시·군·구가 증가한 결과, 소매점의 스프롤화가 촉진되고 있는 것도 많은 학자들이 지적하고 있다.

예를 들면 캘리포니아 주립대학 새크라멘토교의 로버트 와스머(Robert Wassmer)가 실시한 캘리포니아를 포함한 서부 8개 주에 관한 실증연구에 의하면, 지자체가 자유롭게 활용할 수 있는 세입에서 영업세가 차지하는 비율이 상승할수록 도시권 내의 시가지 바깥에서의 소매활동 비율이 높아진다고 한다. 즉, 영업세 의존도가 1% 상승하면 시가지 바깥에서의 소매판매액이 0.24% 상승한다는 것이다. 또한 영업세 외의 사업세(business tax)나 프랜차이즈 면허료(franchise licence fee) 등도 마찬가지로 소매 스프롤화에 영향을 미쳐, 이 세금·요금의 의존도가 1% 상승하면 시가지 이외에서의 소매판매액이 0.28% 상승한다는 것이다(Wassmer, 2002: 1323).

3. 빅 박스의 출점이 지역에 미치는 영향: 2가지 사례 검토

1) 세인트알반스의 월마트 출점 문제

(1) 버몬트 주 세인트알반스

미국 북동부, 캐나다와의 국경 근처에는 대서양을 따라 메인 주, 뉴햄프셔 주, 버몬트 주, 뉴욕 주가 위치하고 있다. 이 중에서 버몬트 주는 면적 약 2만 4,000km^2, 인구 61만 명(2000년), 인구규모로는 와이오밍 주 다음으로 미국에서 두 번째로 작은 주이다. 북위 45도 전후로 일본으로 말하자면 홋카이도 북단의 위치에 해당된다. 완만한 구릉과 삼림, 그리고 호수가 펼쳐지는 자연이 아름다운 지역으로 겨울에는 겨울스포츠 관광객, 여름에는 피서객이 몰려드는 리조트 지역이며 축산업도 발달했다.

이 버몬트 주의 서북단 근처, 캐나다의 국경 가까운 곳에 세인트알반스 시가 있고 시를 둘러싼 형태로 세인트알반스 마을이 있다. 인구는 세인트알반스 시가 약 8,000명, 세인트알반스 마을이 약 5,000명, 시와 마을을 포함한 프랭클린 카운티가 약 4만 5,000명이다. 아담한 마을이지만 1770년대에 개간이 시작되었으며, 한때는 센트럴 버몬트 철도의 본사가 입지하여 '철도의 도시'로 불리며 번창했다. 최근에는 피서지와 메이플 시럽의 산지로 유명하다.

1993년 4월, 월마트가 이 세인트알반스 마을의 목장지에 15만 6,000제곱피트(약 1만 5,000m^2)의 슈퍼센터의 출점계획을 공표했다. 주차장을 포함한 이 계획의 부지규모는 2마일(3km)[22] 정도 떨어진 세인트알반스 시의 중심부

22) Vermont Environmental Board(1995: 2) 및 1998년 9월의 필자 본인의 계측에 의한 것이다.

면적을 상회하는 규모였다. 전문가들은 이 센터의 개점으로 인해 1일 9,000대 이상의 자동차 교통이 발생할 것이라고 예측했다. 또한 매장의 규모는 세인트알반스 시의 평균적인 점포의 40개 점포분, 매출은 75개 점포분에 달할 것이라고 추측했다(Beaumont, 1996: 276).

(2) 「Act 250」

버몬트 주에는 「토지이용·개발계획법(Vermont Land Use and Development Act<Title 10 Vermont Statutes Annotated, Chapter 151 & 154>)」, 통칭 「Act 250」이라는 개발규제법률이 존재한다.

전술한 바와 같이 버몬트 주는 자연이 아름다운 지역으로 겨울에는 스키, 여름에는 피서지로 좋지만, 9월 말부터 10월 초까지는 단풍 나무가 유명하다. 따라서 1년 내내 관광객과 리조트 이용객으로 붐비는 곳이다. 1960년대에는 이러한 사람들을 타깃으로 하여 리조트지와 별장지로서 난개발이 급속하게 이루어졌다. 그 결과 수원오염 등의 자연파괴, 공해 문제가 발생함과 동시에 인프라 정비 등을 위한 재정 문제도 심각하게 발생했다. 이에 주는 1970년 1월 「Act 250」을 제정, 그해 6월부터 시행하고 있다.

이 법률에는 주택·공장·상점 등 용도에 관계없이 일정 규모 이상의 개발은 모두 해당 개발이 환경에 미치는 영향을 평가하여 개발계획의 수정을 요구하거나 개발을 불허하는 것이 가능하도록 규정하고 있다. 대상이 되는 개발규모에 대한 상세한 규정이 있는데, 일반적으로는 대지면적 10에이커(약 4ha=4만m²) 이상의 개발이 대상이 된다.

해당되는 개발을 계획하고 있는 자는 주를 9개 지구로 나누어 설치된 지구환경위원회(District Environmental Commission)에 개발계획을 제출하여 심사를 받아야만 한다. 환경위원회는 다음 10가지 기준(The 10 Criteria)에 근거하여 해당 개발계획이 환경에 악영향을 미치지 않는가를 심사하고, 그대로 인정할 것인지, 수정을 명할 것인지, 아니면 각하할 것인지를 결정한다.

1. 수질·대기오염방지, 수자원보호, 호안(湖岸)·습지보전 등
2. 개발에 의해 발생하는 물의 공급 상황
3. 기존 급수시설에 미치는 영향·부하
4. 토양침식
5. 교통에 미치는 영향(혼잡·사고발생의 가능성 등)
6. 교육 서비스에 대한 부담
7. 주정부·지방정부 공공 서비스에 대한 부하(폐기물처리, 경찰, 소방 등)
8. 자연경관, 역사적 경관, 야생지, 야생동물(특히 멸종위기 종)에 대한 영향
9. 각종 사회자본의 현 용량(capacity) 및 정비계획과의 정합성
   (A) 지방정부 및 광역권(region)의 재정적 용량에 대한 영향
   (B) 주요 농지·삼림의 토양에 대한 영향
   (C) 지구자원(earth resources)에 대한 영향
   (D) 에너지 및 공익사업(utility)에 대한 영향
   (E) 민간소유의 유틸리티 서비스에 대한 영향
   (F) 분산적 개발에 의한 비용(costs of scattered development)
   (G) 공적 유틸리티 서비스에 대한 영향
   (H) 공적투자(간선도로, 공항, 폐기물처리시설, 학교, 공원 등)에 대한 영향
   (I) 농촌부 성장지역(rural growth areas)에서의 도로건설 등의 공적 비용 발생 가능성
10. 지방정부의 장기계획, 광역권에서의 장기계획과의 정합성

이 지구환경위원회의 결정에 대하여 신청자(개발업자)나 개발반대자의 한쪽(또는 양쪽)이 불복하는 경우에는 주 환경평의회(Environmental Board)에 재심사를 청구할 수 있다. 평의회의 결정에 대해서도 불복할 경우에는 주 최고재판소에 제소할 수 있으며, 최고재판소의 결정(판결)이 최종결정이 된다.[23]

여기서 주의하지 않으면 안 되는 것이 상기 10가지 기준에서 알 수 있듯이, 「Act 250」에서 말하는 환경에는 우리가 통상적으로 생각하는 자연환경뿐만 아니라 지자체 재정에 대한 영향 등 경제적·사회적 환경도 포함된다.

또한 모든 개발이 대상이 되기 때문에 쇼핑센터나 대형 할인점(Big Box) 등의 상업시설 개발도 당연히 대상이 된다. 분쟁이 출점신청 당시부터 20년 이상 발생하고 있으며, 결과적으로 당초의 개발계획대로 진행되지 못하고 근본적인 계획변경을 할 수밖에 없었던, 세계 최대의 소매출점분쟁이라고도 할 수 있는 벌링턴 시 교외의 피라미드 몰(이후 메이플 트리 플레이스) 개발계획 및 최종적으로 출점은 했으나 해당 몰의 출점예정지 맞은편으로의 월마트 진출과 관련된 분쟁도 이 「Act 250」을 둘러싸고 전개된 것이다.[24]

(3) 세인트알반스에서의 분쟁 경위

논점을 세인트알반스의 월마트 출점분쟁으로 되돌리면, 슈퍼센터의 출점

23) 2005년의 제도변경으로 환경재판소(Environmental Court)가 설립되어, 지구환경위원회의 결정에 불복할 경우에는 이 재판소에 제소하도록 되었다. 이 재판소의 결정에 불복할 경우에는 이전과 같이 주 최고재판소에 제소할 수 있다. 또한 환경위원회가 수자원평의회와 통합되어 천연자원평의회(Natural Resources Board)로 되어 「Act 250」의 운영기준 등의 검토를 전문으로 하는 기관이 되었다. 10가지 기준을 포함해서 제도의 개요에 대해서는 State of Vermont's Natural Resources Board (2006)을 참조.

24) 「Act 250」 및 피라미드 몰과 월마트의 출점을 둘러싼 분쟁의 상세한 내용은 原田英生(1999: 33~55)에서 자세하게 논하고 있으며, 피라미드 몰에 대해서는 이 책 제4장 제5절에서도 간단히 설명하는 것으로 한다.

을 계획했던 월마트와 토지 소유자인 세인트알반스 그룹은 「Act 250」에 준거하여 개발허가를 얻기 위해 1993년 9월, 이 지역을 관할하고 있는 제6지구환경위원회에 신청했다. 지구환경위원회는 그해 12월 21일, 이 개발을 허가했다. 이에 대해 개발·출점에 반대하는 시민단체 '다운타운 옹호를 위한 프랭클린 그랜드 카운티 시민연합(Franklin Grand Isle County Citizens for Downtown Preservation)'과 자연보호단체 '버몬트 자연자원협의회(Vermont Natural Resource Council)'(1963년 창설된 NPO) 등은 1994년 1월 20일 주 환경평의회에 지구환경위원회의 개발허가를 취소하도록 상소했다. 평의회에서는 양자가 제출한 각종 자료를 조사하고 의견 진술의 절차를 거친 후 그해 12월 23일, 신청한 대로는 기준을 충족하지 못한다고 개발을 불허가, 즉 지구환경위원회가 교부한 개발허가를 취소하는 결정을 내렸다. 월마트 측의 이의에 대해 평의회는 1995년 6월 27일, 이전 결정에 경미하게 수정을 한 후 불허가를 최종적으로 결정했다(Vermont Environmental Board, 1995: 3~6; Vermont Supreme Court, 1997: 2).

이 환경평의회에 의한 불허가에 대하여 월마트 측은 주 최고재판소에 제소했으나, 1997년 8월 29일 기본적으로는 환경평의회의 판단을 지지한다고 결정, 즉 계획대로의 월마트 개발·출점은 인정하지 않는다는 판결이 내려졌다(Vermont Supreme Court, 1997).

분쟁의 경과를 간략하게 정리하자면 이상과 같지만, 여기서 검토해야 하는 것은 주 환경평의회가 월마트의 출점을 불허한 이유이다. 이에 대해 살펴보도록 하자.

(4) 출점거부의 이유

지적한 바와 같이 지구환경위원회나 주 환경평의회가 「Act 250」에 근거하여 개발의 적부를 판단할 때에는 10가지 기준이 규정되어 있다. 주 환경평의회의 결정에서는 세인트알반스의 월마트 출점계획에 관하여 제6기준 '교육서비스에 대한 부담', 제7기준 '공공서비스에 대한 부하'에도 문제가 있지만, 특히 제9기준 '각종 사회자본의 현 용량 및 정비계획과의 정합성', 그중에서 세목(당시 제9기준의 세목은 앞에서 언급한 현재의 세목과는 약간 상이하다)인 9(A) '성장의 영향(impact of growth)'과 9(H) '분산적 개발에 의한 비용(cost of scattered development)'에 중대한 문제가 발생한다고 보고 사회적 비용과 사회적 이익을 비교했다.

우선 사회적 이익을 살펴보면 세인트알반스 마을의 고정자산세 7만 7,000달러, 이 개발에 의해서 증가하는 세인트알반스 시 및 인접 2개 마을에 대한 주의 교육비 보조가 3만 2,400달러로, 합계 10만 9,000달러가 예상된다(Vermont Environmental Board, 1995: 20, 46~47).

이에 비해 사회적 비용은 중요한 것만 살펴보더라도, 주에서 세인트알반스 마을로 내려오는 교육비 보조 삭감 6만 1,000달러, 월마트와의 경쟁에 패하여 폐점하는 점포 등의 부동산가치 하락에 따른 고정자산세의 감소가 관계된 시·군·구에서 11만 달러 등 31만 5,000달러이다. 즉, 사회적 이익 1달러에 비해 사회적 비용은 2.67달러나 된다(Vermont Environmental Board, 1995: 20~23, 47~48).

또한 경쟁의 결과로서 1995년(신청시기인 1993년을 기준으로)에 50명분, 2004년에는 130명분의 고용기회가 상실되었다고 추정했다(Vermont Environmental Board, 1995: 21).

그리고 개발계획에서는 107에이커(약 43ha)의 토지 중 44에이커(약 18ha)를 정지(整地)하여 10만 제곱피트(9,300m²)[25]의 점포를 건설하고자 했다. 이

25) 당초의 신청은 12만 6,000제곱피트인데, 제6지구환경위원회로부터의 허가도 이 정도 규모였으나 주 환경평의회에서의 심사 중에 2만 6,000제곱피트는 나중에 증축하는 것으로 하고 10만 제곱피트로 축소되었다(Vermont Environmental Board,

에 비해 세인트알반스 시의 중심부는 44에이커보다 조금 좁은데, 거기에는 약 200만 제곱피트의 건물이 집적하고 있었으며 다양한 용도가 지정되어 있었다(Vermont Environmental Board, 1995: 2). 토지의 효율적 이용이라는 점에서의 차이는 명백하다.

본래 기존까지 버몬트 주에서는 개발행위는 전원지대로 둘러싸인 콤팩트한 중심부에 집중하고 있었다. 이러한 중심부에는 주거, 소매, 서비스, 오피스, 행정, 경공업 등 다양한 용도가 혼재하고 있다. 1층에 소매점이나 서비스시설, 2층과 3층은 아파트나 오피스가 입점하고 있는 경우가 많다. 주차장은 많은 건물 및 용도로 공유되어 있으며 가로등 또한 공용이다. 세인트알반스 시의 중심부는 미국 내무성에 의해 역사적 경관지구로 지정된 거리로 상기와 같은 다양한 활동을 전개하고 있다. 이러한 거리풍경과 활동을 유지하기 위하여 연방정부와 주정부에서는 수백만 달러를 투자하고 있다. 이에 반해 교외형 상업시설개발에서는 각 시설마다 개별 출입구, 순회도로, 주차장 등을 설치하지 않으면 안 된다(Vermont Environmental Board, 1995: 24~25).

또한 이와 같은 대형 소매 프로젝트는 해당 지구에 기타 로드사이드형 비즈니스(highway-oriented businesses)[26]의 개발을 촉진할 것이다. 따라서 이러한 2차 개발(secondary growth)의 영향에 대해서도 고려할 필요가 있다(Vermont Environmental Board, 1995: 18).

여하튼 이 계획과 같은 기성 시가지에서 떨어진, 별로 개발되어 있지 않은 지구에 대한 '띄엄띄엄 개발'은 해당 커뮤니티 또는 해당 지역에 직접적 혹은 간접적인 비용을 유발하는 것이 된다(Vermont Environmental Board, 1995: 26).

이에 다운타운이나 마을(village)과 같은 기존의 집적과 연속하지 않는 개발

1995: 8).

26) 점포가 대로변에 들어서는 형태의 비즈니스. — 옮긴이

에 대해서는 기존 집적지 내에서의 개발 또는 기존 집적과 연속하는 개발보다도 훨씬 엄밀한 심사가 이루어져야 하는 것이다(Roper and Humstone, 1998: 771). 단, 이러한 개발규제는 소매점 상호 간의 경쟁을 억제할 가능성이 있다. 세인트알반스의 출점분쟁에서도 월마트 측이 강력하게 주장한 것이 바로 이런 점이었다. 그 주장에 대해서는 주 환경평의회의 결정에서도 반론되었으나, 보다 명확하게 경쟁억제론·경쟁배제론을 물리친 것은 주 최고재판소의 판결이다(Vermont Supreme Court, 1997: 4~5). 즉, 판결에서는 아래와 같이 논하고 있다.

지자체가 공공 서비스를 부담할 수 있는 능력은 해당 지자체의 세수원, 즉 행정구역 내의 부동산의 평가액에 의한다. 따라서 개발·출점계획이 기존 소매점포의 부동산 평가액에 마이너스의 영향을 미치는 정도에 따라서는 공공의 건강·안전·복지에 관계되기 때문에 부동산가치의 유지가 경쟁의 유지·촉진보다 우선할 수 있다.

또한 이러한 생각은 버몬트 주에만 국한된 것이 아니다. 버몬트 주를 포함한 미국 내 많은 지역에서 조닝 등에 의한 개발규제 시 반복적으로 주장하고 있는 논리이다. 여하튼 어떠한 개발에 대해서 물리적·환경적 영향과 경제적 영향이 상호 관련되어 있다는 것에는 재론의 여지가 없다(Roper and Humstone, 1998: 763).

또한 주 환경평의회의 결정에서 주의하지 않으면 안 되는 것은 사회적 비용, 사회적 이익을 출점예정지인 세인트알반스 마을뿐만 아니라 영향이 미치는 지역을 넓혀서 검토하고 있는 것이다. 세인트알반스 마을만을 생각하면 사회적 이익이 사회적 비용을 상회할 가능성도 존재한다. 제4장에서 설명하겠지만, 미국에서 출점규제의 핵심을 이루는 제도는 지자체·지방정부 단위에서 제정·운용되고 있는 조닝이다. 바로 위에서 지적한 것처럼 조닝으로 개발을 인정할 것인가를 판단할 때에도 사회적 이익 및 사회적 비용을 고찰하는 것이 일반적이다. 그러나 여기서 고려되는 것은 해당 지자체의 이익·비용뿐이며 인근 지자체나 광역적으로 지역에 미치는 영향은 판단 외로 간주하는 것이 통상적이다.

문제는 "어떤 지역의 성장은 그 지역의 세수와 서비스 비용을 증가시키겠지만 인접 지역의 경제를 쇠퇴시킬 수도 있다"(Roper and Humstone, 1998: 786)라는 것이다. 이 점에 관하여 해당 시·군·구를 초월한 지역(region)에 미치는 영향이 「Act 250」의 중요한 시점이다. 영향분석을 출점예정 시·군·구(host community)로 한정하면 대형점 개발에 의해 발생하는 지역의 혼란을 무시하는 것이 된다. 월마트와 같은 규모의 출점은 그 영향이 많은 시·군·구에 미친다는 것을 간과해서는 안 된다(Roper and Humstone, 1998: 769).

이 출점분쟁에서 간과해서는 안 되는 것은 사회적인 비용과 이익의 비교가 필요하다는 것, 이때 출점지인 세인트알반스 마을만을 생각한다면 사회적 이익이 사회적 비용을 상회하여 출점을 긍정적으로 생각할 수도 있지만, 인접 시·군·구를 포함한 지역에서 생각하면 비용이 이익을 상회하기 때문에 출점을 부정해야 한다는 것, 그리고 주민의 취업기회라는 점에서도 지역에서 생각하면 기존 점포의 퇴출 등으로 감소할 가능성이 있다는 것이다. 이는 월마트를 비롯한 슈퍼스토어 등이 자주 주장하는 출점에 의한 세수증가, 고용증가라는 지역이익을 부정하는 결과인 것이다.

또한 월마트는 세인트알반스에서의 출점분쟁과 거의 같은 시기에 버몬트 주 내에 복수의 출점계획을 추진하고 있었다. 이 중에서 주 남서부의 러틀랜드와 베닝턴에서는 당시 주지사 등의 강력한 지도로 일반적인 점포보다는 매우 소형화된 점포로, 즉 전자에서는 다운타운에 있는 재개발 쇼핑센터 내의 K마트의 빈 점포, 후자에서는 중심부에서 약간 떨어진 곳에 있는 울워스의 빈 점포에 각각 출점했다(Beaumont, 1996: 281~282). 그 결과 적어도 난개발이나 스프롤적 개발은 피했다.

사실 버몬트 주는 1990년대 초까지 미국에서 유일하게 월마트가 존재하지 않는 주였다. 그런데 연달아 출점계획이 발표되었기 때문에 버몬트 주의 역사적 거리경관이 파괴되는 것을 우려한 '역사적 환경보전을 위한 국민기금(National Trust for Historic Preservation: NTHP)'[27]은 1993년 미국에서 파괴의 위험에 가장 직면한 사적 11개소의 하나로서 버몬트 주 전체를 지정했다. 다른 10개소는 개별 건조물이나 특정 지구였으며 지금까지 주 전체가 지정되는 사례는 없었다. 결국 상기 러틀랜드와 같이 기존 건물에 출점한 경우가 3개점, 벌링턴 시 교외 윌리스턴에 신설된 1개점, 1990년대 중반에 4개점이 출점한 이후 버몬트 주에 월마트의 추가 출점은 없었다. 그러나 2000년대에 들어서부터 다시 출점의 움직임이 활발해져 새롭게 7개 점포의 출점이 계획되었다. 이에 대해 NTHP는 2004년 5월 가장 파괴의 위험에 직면한 사적 11개소의 하나로 버몬트 주 전체를 다시 지정했다(NTHP, 2004; Belluck, 2004).

2) 빅 박스 출점반대 근거로서의 사회적 비용: 매사추세츠 주 반스테이플의 조사

슈퍼스토어나 빅 박스, 특히 월마트를 둘러싼 분쟁은 이 장 제1절에서 소개한 콜로라도 주 알라메다 스퀘어나 위에서 살펴본 버몬트 주 세인트알반

27) NTHP는 1949년 설립되었으며 미국의 역사적 경관, 사적 등의 보전과 커뮤니티의 활성화를 위한 활동을 하고 있다. 미국 최대 규모의 내셔널트러스트이다. 미국의 다운타운 활성화에서 BID(Business Improvement District)와 함께 2가지 방법의 하나인 메인스트리트 프로그램은 NTHP의 안에 있는 메인스트리트 센터(Main Street Center)가 지도 및 실시를 담당하고 있는 사업이다. 본부는 워싱턴 D.C.의 역사적 건물에 있다.

스의 예에 국한된 것이 아니다.

『슬램 덩크 월마트(Slam-Dunking Wal-Mart!)』 및 『월마트 대항 사례(The Case against Wal-Mart)』와 같은 저서도 있으며, 1993년에는 매사추세츠 주 그린필드에서 월마트 출점반대운동을 하는 주민단체의 리더로서, 월마트의 출점을 최초로 저지시키고 이후에도 미국 각지에서 월마트나 홈데포 등과 같은 빅 박스 반대운동을 리드하고 있는 알 노만(Al Norman)이 주도하는 조직 스프롤-버스터스(Sprawl-Busters)에 의하면, 2007년 9월까지 빅 박스 출점저지에 성공한 지역은 스프롤-버스터스가 파악하고 있는 것만으로도 330개 지역이 넘는다고 한다(단, 일단 단념한 출점계획을 조금 변경하여 출점하거나 같은 지역 시·군·구의 다른 지역에 출점하는 사례도 일부 있음).[28]

이러한 분쟁에서 거론되는 출점반대의 이유로는 여러 가지가 있다. 교통문제 등의 사회적인 요인도 있으며, 자연환경의 보전과 같은 요인도 있다. 그중에는 단순히 반대하는 심정적인 요인이나, 대기업은 무조건 싫다는 감정론도 존재할 것이다.

1980년대 말부터 슈퍼스토어, 빅 박스의 급속한 점포 확장이 이루어지기 전 미국에서는 쇼핑센터가 지속적으로 조성되었는데, 이 시기에는 쇼핑센터 개발반대분쟁도 많이 발생했다. 필자는 1990년 7월부터 8월까지 미국 전역의 쇼핑센터 개발업자를 대상으로 개발 시 반대분쟁의 유무와 그 실태에 관하여 조사를 했는데, 그 결과에 의하면 거의 모든 개발업자가 반대분쟁에 직면한 경험이 있으며, 반대 이유로는 교통 문제가 가장 많았으나 자연환경의 보전에서 소매시설 과잉론까지 매우 다양했다.[29]

당시의 쇼핑센터 개발을 둘러싼 분쟁과 최근의 슈퍼스토어, 빅 박스의

---

28) Sprawl-Busters의 홈페이지(http://www.spraw-busters.com)에 의한 자료이다.
29) 상세한 내용은 原田英生(1999: 제1장)을 참조할 것.

출점을 둘러싼 분쟁을 비교해보면, 근거가 되는 객관적 데이터를 제시할 수는 없지만 신문보도 등으로 추측하자면 분쟁 발생 수 또는 빈도가 크게 증가하고 있다. 또한 출점반대의 이유로서는 쇼핑센터 개발 때와 같이 각각의 지역 상황에 따라 매우 다양하다. 단지 세인트알반스의 월마트 불허가의 근거가 된, 출점으로 인하여 발생하는 사회적 비용이 출점에 의한 사회적 이익을 상회할 가능성 및 취업기회가 감소할 위험성이라는, 1990년 전후까지의 쇼핑센터 개발분쟁에서는 그다지 보지 못했던 반대 이유가 큰 비율을 차지하고 있다.

최근 몇 년간 슈퍼스토어, 빅 박스(특히 월마트)의 출점이 계획된 지역에서 지역 시·군·구나 경제계(상공회의소 등) 또는 시민단체에 의해 출점이 지역에 미치는 영향 및 효과에 대한 사전조사·환경영향평가(Assessment)나 사후평가 조사가 실시되었다.

여기서는 그중에서 매사추세츠 주 반스테이플 마을이 2002년도에 실시한 위탁조사(Tischler & Associates, 2002)를 살펴보도록 하자. 이 조사는 주거 및 비주거용 토지이용 원형의 재정 영향 분석(Fiscal Impact Analysis of Residential and Nonresidential Land Use Prototypes)이라는 타이틀에서도 알 수 있듯이 구체적인 개발·출점 사안에 대해서 그 영향을 평가한 것이 아니라, 그 시점에서 반스테이플 마을에서 개발이 이루어질 경우 지역재정에 어떠한 영향이 발생하는가를 모델로 분석한 것이다. 또한 분석대상이 되는 개발은 슈퍼스토어, 빅 박스의 출점에 국한하지 않고, 주거계 4개 유형(이 중 1유형은 재정지수가 균형을 이룰 수 있도록 설계된 가상 모델), 비주거계 8개 유형이라는 공장 이외의 신규 개발 전반에 대하여 검토하고 있다. 따라서 개발에서 빅 박스의 위치를 파악하는 데 적절한 자료라고 할 수 있다.

또한 반스테이플 마을은 대서양에 갈고리 모양으로 돌출한 케이프코드의 끝자락이며, 보스턴에서 남동쪽으로 약 100km 위치에 있는 마을이다. 17세

〈표 2-1〉 비주거계 용도 유형별 재정수입

(단위: 달러/1,000제곱피트, 호텔은 달러/실)

	비즈니스파크	오피스	쇼핑센터	빅박스	전문점	호텔	레스토랑	패스트푸드점
세수(稅收)								
고정자산세	519	639	630	361	935	278	750	1,750
기타세	135	172	107	84	78	26	213	213
벌금·추징금	17	21	13	10	10	3	26	26
면허료	0	0	149	70	65	0	0	0
증명료	0	0	15	11	11	0	0	0
주(州) 보조금	9	13	22	18	14	5	33	127
합계	679	845	934	554	1,112	313	1,022	2,116

자료: Tischler & Associates(2002: 11).

기 전반에 이미 어업기지가 조성되어 행정조직으로서의 마을이 형성되었다는 오래된 역사를 가지고 있다. 케이프코드 지역 전체가 어업과 여름 리조트를 주된 산업으로 하고 있으며, 반스테이플 마을도 예외는 아니다. 마을에는 케네디가(家)의 별장을 포함한 고급별장지·리조트지도 존재한다. 현재 인구는 약 4만 명이다.

<표 2-1>은 비즈니스파크, 오피스, 쇼핑센터, 빅 박스 소매점, 전문점(specialty retail), 호텔, 레스토랑, 패스트푸드점이라는 비주거계 8개 유형별로, 그 개발로 인해 마을의 재정수입이 어느 정도 증가하는가를 살펴본 것이다. 호텔이 1실당인 것을 제외하면 모두 1,000제곱피트(93㎡)당 연간 재정수입이 증가하고 있다.

이에 반해 <표 2-2>, <표 2-3>은 해당 신규 개발로 인해 발생하는 재정부담 및 재정지출을 경상적 지출, 자본적 지출로 나누어 추계한 것이다.

<표 2-4>는 이상의 재정수입, 재정지출과 결과로서의 수지를 정리한 것이다. 참고로 주거계 3개 유형, 즉 표준가격대의 단독주택(single family

〈표 2-2〉 비주거계 용도 유형별 경영적 재정부담

(단위: 달러/1,000제곱피트, 호텔은 달러/실)

	비즈니스파크	오피스	쇼핑센터	빅박스	전문점	호텔	레스토랑	패스트푸드점
의회·기관장	7	9	5	4	4	1	11	11
관리업무	91	116	72	56	52	18	143	143
경찰	331	143	769	629	486	181	1,156	4,496
공공사업	152	206	322	265	200	64	660	2,031
단속업무	21	27	21	16	15	4	34	34
학교	-140	-179	-111	-87	-81	-28	-222	-222
기타	69	90	80	65	54	18	163	336
합계	531	729	1,158	948	730	259	1,945	6,829

자료: Tischler & Associates(2002: 13).

〈표 2-3〉 비주거계 용도 유형별 자본적 재정부담

(단위: 달러/1,000제곱피트, 호텔은 달러/실)

	비즈니스파크	오피스	쇼핑센터	빅박스	전문점	호텔	레스토랑	패스트푸드점
일반행정	10	13	8	6	6	2	16	16
공공사업	6	8	19	16	11	4	40	2
경찰	6	8	14	11	9	3	21	81
도로사업	14	20	49	41	29	9	101	355
합계	36	50	90	74	55	18	177	455

자료: Tischler & Associates(2002: 11).

moderate priced: 평균 가격은 13만 1,000달러), 하이애니스 지구의 타운하우스(townhouse-Hyannis: 평균 가격이 7만 2,000달러로 비교적 저렴), 오스터빌 지구의 타운하우스(townhouse-Osterville: 평균 가격이 42만 4,000달러로 고급)에 대해서도 살펴보았다. 단, 주거계의 수지는 1호당으로 추계되어 있기 때문에 1,000제곱피트(호텔은 1실)당 추계되어 있는 비거주계와 절대치를 직접 비교

〈표 2-4〉 용도유형별 재정수지 균형

(단위: 주거계는 달러/호, 비주거계는 달러/1,000제곱피트, 호텔은 달러/실)

	재정수입	재정부담	수지
표준가격 대 단독주택	1,756	3,251	-1,675
타운하우스(A)	897	1,844	-947
타운하우스(B)	4,156	1,844	2,313
비즈니스파크	679	567	112
오피스	845	779	66
쇼핑센터	934	1,248	-314
빅 박스	554	1,023	-468
전문점	1,112	786	326
호텔	313	278	35
레스토랑	1,022	2,122	-1,100
패스트푸드점	2,116	7,284	-5,168

주: 타운하우스 A, B는 모델로 한 입지지구가 다르기는 하지만, A가 표준적인 가격, B가 매우 고급인 것을 의미한다. 현재 평균적인 1채의 가격은 표준가격대 단독주택, 타운하우스(A), 타운하우스(B) 각각 13만 달러, 7만 달러, 42만 달러이다.

자료: Tischler & Associates(2002: 13).

할 수는 없다.

이에 의하면 고급 타운하우스를 제외한 주거계의 개발이 지역재정에 부담이 된다는 결과는 사전에 예측했다고 볼 수 있지만, 패스트푸드점이 매우 큰 재정부담이 된다는 것, 다음으로 일반 레스토랑의 재정부담도 크다는 결과는 주목할 만하다.

이 책의 주제와 관련해서 살펴보면, 빅 박스 소매점의 출점이 쇼핑센터와 함께 패스트푸드점 정도는 아니지만 매우 큰 재정부담이 된다는 것에 주의할 필요가 있다. 물론 빅 박스 출점의 시비는 재정수지만으로 판단할 문제가 아니다. 소비자 구매기회의 다양성, 고용기회 등 다양한 평가기준으로 판단되어야 한다. 단, 재정부담이 중요한 기준이 된다는 것은 부정할 수 없다.

특히 월마트 등이 출점할 때 통상적으로 출점예정지의 지자체나 주민에게 세수증대와 고용증대를 실현하겠다고 주장하고 있는 것을 고려하면 이 반스테이플 마을의 분석결과는 무시할 수 없다.

여기서 월마트 등이 주장하는 지역이익, 고용증대가 실제로 실현되고 있는가에 대해서는 절을 달리하여 살펴보고자 한다.

4. 대형점이 미치는 경제적 영향

1) 고용에 미치는 영향

앞 절에서 살펴본 바와 같이 버몬트 주 세인트알반스의 월마트 출점계획에 대하여 주 환경평의회는 계획대로 출점이 이루어지면 지역 전체의 고정자산세 수입이 감소하며, 또한 지역 전체의 고용도 감소할 위험성이 있다는 것을 근거로[30] 개발허가신청을 각하했다.

월마트 등과 같은 빅 박스의 진출·출점은 그 점포에서의 신규 채용으로 적어도 200~300명 정도의 고용을 창출한다. 그럼에도 불구하고 왜 고용이 감소한다는 논의가 이루어지고 있는 것일까?

이 장 제2절에서 리테일 코퍼레이트 웰페어에 대해서 살펴볼 때 언급한 바와 같이 지역(상권) 수준에서 생각하면 제조업(공장)과 달리 소매업(점포)의 매출은 기본적으로 제로섬이다(Kotler et al., 1993: 241).[31] 즉, 실제로 경제성장을 이끄는 새로운 제조시설과는 달리 신규로 진출한 소매점은 지역의

30) 지역의 고용이 감소한다는 추계는 Humstone and Muller(1995)에 의한 것이다.

31) 소매업의 경쟁은 승자와 패자를 만들지만, 점포건물 이외에는 새로운 일과 이익을 창출하는 일은 거의 없다. 그것은 전형적인 제로섬게임이다.

어떤 지점에서 다른 지점으로 소비자의 구매장소를 이동시킬 뿐이다. 새로운 빅 박스점은 기존 소매점의 손실에 의해서만 성공할 수 있다. 이는 결국 경제발전이 아니라 경제활동의 배치전환(economic displacement)인 것이다 (Mitchell, 2000b).

이러한 주장은 미첼(Stacy Mitchell)의 지적뿐만 아니라 많은 학자들도 제기하고 있다. 예를 들면 "빅 박스점은 새로운 시장을 창출하지 않는다. 단순히 구매처를 현재의 지역점포에서 전국 체인점으로 이동시킬 뿐이다"(Curran, 2002: 13)라든지, "(대형점 출점으로 인해) 실제로 발생하는 것은 지역적(regional)으로 새로운 경제적 충격을 주기보다는 좁은 지역(local) 차원에서 소비자의 구매습관의 변화를 야기하여 지역적인(regionally) 고용의 감소를 초래한다"(Angelou Economics, 2003: 11) 등과 같은 비판이 존재한다.

세인트알반스의 월마트 출점 저지에 큰 역할을 한 토머스 멀러(Thomas Muller)와 엘리자베스 험스톤(Elizabeth Humstone)의 보고서에는 지역 프랭클린 카운티의 표준적인 기존 점포에서는 1,000만 달러를 판매하기 위하여 종업원을 106명 고용하고 있는 데 비해 월마트의 점포에서는 같은 금액을 판매하기 위하여 70명만 고용하는 것에 불과하며, 결과적으로 월마트 출점 후 10년간 기존 소매점에서 500명분의 고용이 상실되는 한편, 월마트의 고용은 300명 정도로 예상되기 때문에 200명분의 일자리가 없어진다고 예측했다(Muller and Humstone, 1993: 3, 20~21).

지역 전체의 매출이 제로섬이기 때문에 기존 소매점의 판매가 신규 출점한 월마트 등의 판매로 대체될 뿐이라고 하면, 슈퍼스토어와 빅 박스가 노동집약적이지 않기 때문에 당연히 필요 종업원 수는 감소할 가능성이 있다. 가령 감소하지 않는다고 하더라도 출점자·개발업자가 자주 주장하는 해당 신규 점포의 채용자 수가 그대로 지역 전체의 고용증가는 될 수 없다. 철수·규모축소 등에 의한 기존 점포에서의 고용감소를 빼고 생각할 필요가 있는 것이다.

구체적인 사례를 살펴보도록 하자. 뉴욕 주 레이크플래시드에서의 월마트 출점분쟁 시 실시된 조사에 의하면, 대형 디스카운트 체인점에서 파트타임 1명이 채용되면 중소점에서 약 1.5명분의 풀타임 고용이 없어진다고 한다(Shils, 1997: 7).[32)]

매사추세츠 주 그린필드에서의 월마트 출점분쟁 시의 조사보고서에 의하면, 월마트로 인해 177명의 고용이 발생했으나 기존 점에서 148명이 일자리를 잃었다고 한다(Mitchell, 2000b).[33)]

또한 그린필드 출점분쟁 시 다트머스 대학 도넬라 메도스(Donella Medows) 교수가 정리한 자료에 의하면, 평균적으로 월마트의 출점으로 인해 140명분의 고용이 창출되는 데 비해 보다 고급 고용 230명분이 상실된다고 한다(Glover, 1994).

캔자스 주 맨해튼의 월마트 출점분쟁 시의 보고서에서는 다음과 같이 추측하고 있다(Arbor Heights/Warner Park Neighbohood Association, 1999: 15). 1998년 맨해튼 기존 점포의 종업원 1인당 판매액은 9만 6,926달러인 데 비해 월마트에서는 14만 5,000달러 이상이다. 만약 기존 점포의 매출액 중 9%를 월마트에 빼앗긴다면 이는 종업원 537명분에 해당한다. 월마트에서는 150~350명을 고용할 계획이라고 발표했으나, 350명의 고용이라면 187명분, 만약 월마트의 고용이 150명에 그친다면 200명분의 직장이 사라지게 된다.

미국 각지에서 월마트를 비롯한 슈퍼스토어, 빅 박스가 출점할 때 해당 지역에 미치는 영향을 조사·연구하고 있는 토머스 멀러는 1999년 버지니아

32) 원저는 Report on Wal-Mart's Entrance to the Market in Lake Placid, NY Area, *Residents for Responsible Growth*(1994), p. 4.

33) 원저는 Land Use, Inc. and RKG Associates, *Greenfield, Massachusetts; Fiscal and Economic Impact Assessment of the Proposed Wal-Mart Development*(1993).

주 킬마넉의 조사에서 이 마을에 월마트 출점으로 인해 대부분 파트타임 246명분의 고용이 창출되지만 반대로 기존 점포 등에서 248명분의 고용이 상실된다고 추계했다. 멀러는 "월마트에 의한 고용창출은 기존 점포의 고용 감소로 그 효과가 상쇄되어 버린다"라고 지적했다(Norman, 1999).

한편, 1977~1998년까지 미국 약 1,750개의 카운티별 취업자 데이터를 이용한 미주리 대학의 에멕 바스커(Emek Basker) 교수가 실시한 월마트 출점이 고용에 미치는 효과에 대한 계량분석에 의하면, 출점 초년도에는 출점한 카운티의 소매종사자가 100명 증가한다. 그 후 5년 정도는 이 증가분의 절반(50명)이 유지된다. 단, 월마트의 수직적 통합의 결과로서 지역 도매업 종사자 20명 정도가 실직한 것과 인근 카운티에서의 소매종사자가 감소할 것으로 예상되는 것을 고려하면 고용증대는 매우 미미하다고 지적했다(Basker, 2005a).[34]

이에 대해 캘리포니아 대학 어바인교의 데이비드 노이마르크(David Neumark) 등은 바스커의 추계를 비판하면서 수정된 추계를 발표했다. 이에 따르면 월마트의 출점에 의해 기존 소매종사자 1.4명이 월마트의 종사자 1명으로 대체되며, 카운티 전체로서 소매종사자는 2.7% 감소한다. 월마트가 1호점을 개점하기 전년도인 1961년부터 2004년까지 미국 전역에서 소매종사자는 556만 명 증가하여 1,506만 명이 되었으나, 만약 월마트의 3,066개점(2005년 1월 현재)이 1개 점포당 147명의 종사자 감소라는 사태를 야기하지 않았다면, 즉 월마트가 존재하지 않았다면 미국의 소매종사자는 현재의 수보다 3%가 많은 1,551만 명이 되었을 것이다. 소매분야에서의 고용창출이라는

34) 이 연구가 2002년 최초 조사보고서로서 발표되었을 때에는 인근 카운티의 소매종사자가 30명 전후 감소한다고 하는 추계결과가 포함되어 있었으나(Basker, 2002: 30), 그 후 수정된 조사보고서 및 최종논문(저널 논문)에서는 인근 카운티의 소매종사자에 미치는 영향에 대해서는 계측이 곤란하다는 이유로 추계를 하지 않았다.

점에서 월마트는 플러스가 아니라 마이너스의 효과를 미치고 있다(Neumark et al., 2007: 34~35).

이러한 고용감소에 관한 우려는 월마트 진출에 반대하는 주민 측에서만 제기되는 것은 아니다. 월마트, K마트, 타깃 등의 출점이 소도시 및 농촌지역의 사회·경제에 어떠한 영향을 미치는가에 관해 연방의회 도서관 조사국(Congressional Research Service, The Library of Congress)이 1994년 1월에 정리한 CRS 보고서에서도 다음과 같이 지적하고 있다.

> 소매업을 포함한 대기업은 (진출하는) 커뮤니티에 고용기회를 증대시킬 것이다. 이 결론은 논의의 여지가 없지만, 실증적으로 충분히 검토되어 오지는 않았다. 이러한 고용증대가 해당 커뮤니티에 초래하는 의미를 평가하기 위해서는 경쟁점의 사업이 축소됨으로 인해 발생하는 고용의 감소와 비교 검토하지 않으면 안 된다. 또한 창출되는 고용의 질에 대해서도 고려하자면, 미국의 통계 데이터에 의하면 다른 많은 사업보다 소매업의 임금은 대체로 낮은 점, 많은 경우 파트타임이나 계절노동의 지위에 위치하고 있다는 점, 매우 높은 회전율이 되기 쉽다는 점 등이 지적되고 있다. 즉, 절망적인 고용이나 지역경제에 미치는 실제적인 효과를 과대평가할 위험이 있다(Hornbeck, 1994: 14).

CRS 보고서도 지적하고 있는 것처럼 월마트 등의 진출·출점이 지역의 노동시장·고용상황에 미치는 영향은 고용기회의 증감뿐만이 아니다. 가령 고용 수 및 종사자 수가 유지되거나 약간 증가한다고 하더라도 그 대우가 악화된다면 해당 지역의 사회·경제에는 마이너스라고 할 수 있다.

즉, "신규 고용은 경제를 개선한다(Any new job will help the economy)"라는 격언이 항상 옳다고는 할 수 없다. 고임금의 고용이 감소하고 이와 균형을 맞추지 못하는 형태로 저임금의 고용이 증가하는 것은, 실제로는 그 지역의 경제적 쇠퇴를 야기할지도 모른다. 고임금 일자리의 상실, 혹은 저임금 일자리의 과잉창출은 하강 경향에 있는 경제의 특성이다. 그것은 경제의 질을 약화시키는 결과로 이어진다(Fruth, 2000: 15~16).

슈퍼스토어나 빅 박스, 특히 월마트의 진출로 인해 이러한 문제가 발생할 가능성은 매우 높다.

단, 워싱턴 주 엘렌스버그에 본부를 두고 있는 소도시연구소(The Small Towns Institute)의 케네스 먼셀(Kenneth Munsell)에 의하면, 같은 체인점이라도 최근 급속하게 성장한 월마트 등의 슈퍼스토어, 빅 박스계의 체인점과 기존의 시어스 로벅 등과 같은 체인은 진출하는 지역에 미치는 영향이 전혀 다르다.

> JC페니나 시어스 로벅은 진출하는 지역을 파괴하지는 않았다. 이들 점포들은 (소비자의) 선택의 기회를 확대시켰다. 그 지역에 이미 존재하는 것을 보완했다. 점포의 규모는 기타 점포의 모든 상품의 판매를 사실상 불가능하게 해버릴 정도로 거대한 규모가 아니었다. (이에 비해) 슈퍼스토어는 중산계층이라는 거대한 계층을 파괴하고 있다. 이들은 독립소매점주들을 시급 5달러의 점원으로 바꿔버리고 있다(Beaumont, 1994: 12).

요약해서 말하자면 신규 대형점에 의한 고용에 대해서도, 매출과 이와 관련된 세수에 대해서도 진공상태에서 창출되는 것이 아니라 신규 대형점은 현존하는 경제시스템에 끼어드는 것이다(Civic Economics, 2008: 3).[35]

35) 또한 이 보고서는 2007년에 메인 주가 대형점의 출점에 관한 경제적 영향에 대해서 사전영향조사를 하도록 주 내의 시·군·구에 의무화한 「정보공개 성장 법률(Informed Growth Act)」을 제정한 것의 영향으로 그 해설로 작성한 것의 하나이다.

부연하자면 영국에서도 슈퍼스토어가 출점하면 1개 점포당 평균 276명분의 기존 소매점의 일자리가 없어진다는 연구결과가 있다(Mitchell, 2006a, 38).

2) 슈퍼마켓의 월마트에 의한 영향

제1장 제1절에서 언급한 바와 같이 캘리포니아 주 남부의 3대 슈퍼마켓 체인에서는 2003년 10월부터 2004년 2월 말에 걸쳐 미국 소매사상 최대의 파업이 일어났으며, 이 파업이 끝나고 나서도 미국 각지에서 파업까지는 아니더라도 소규모이지만 분쟁이 속출했다.

이들 노사분쟁의 이유는 월마트와의 경쟁에서 어려운 입장에 처하게 된 대형 슈퍼마켓 체인이 저임금·저부가급부에 근거한 월마트의 경쟁력에 대항하기 위하여 임금의 삭감, 의료보험의 회사부담률 등의 급부 수준의 인하를 노동자 측에 요구했기 때문이다. 그리고 남캘리포니아 분쟁의 경우 현 종업원의 대우는 일단 유지하기로 했지만 신규 종업원의 임금·부가급부는 인하하는 '2층' 시스템으로 타결한 것도 이미 소개한 바와 같다.

이 2층 시스템 노사협정으로 인해 당연히 그 지역의 모든 종업원이 받는 임금·부가급부의 총액은 감소한다. 이는 지금까지 분석한 것처럼 월마트의 종업원이 사회보장에 의존하고 있을 가능성이 높다는 것을 고려하면 슈퍼마켓의 종업원도 사회적 부담에 의존할 개연성이 높아진다는 것을 의미한다. 이러한 상황 속에서 캘리포니아 대학 버클리캠퍼스의 노동문제연구센터(The UC Berkeley Center for Labor Research and Education)는 2004년 7월에 「캘리포니아 식료품 산업의 임금과 의료혜택 구조조정: 공공비용과 정책 시사점(Wage and Health Benefit Restructuring in California's Grocery Industry:

이 법에 대해서는 제4장 제6절 5에서 설명하고자 한다.

Public Costs and Policy Implications)」을, 또한 8월에는 「월마트 채용의 숨겨진 비용: 캘리포니아 노동자의 사회 안전망 프로그램 활용(Hidden Cost of Wal-Mart Jobs: Use of Safety Net Programs by Wal-Mart Workers in California)」이라는 보고서를 연속해서 발표했다. 이 보고서에서는 캘리포니아 주에서 월마트의 점포(점유)가 증가하는 것과 2층 시스템에서 신규 종업원의 증가라는 슈퍼마켓의 월마트화(Wal-Martization)로 인해 사회 전체가 어떠한 영향을 받는가에 대해 분석하고 있다.

먼저 2층 시스템 노동협정으로 인해 슈퍼마켓 종업원의 임금(시급)이 어느 정도 변하는가(낮아지는가)에 대해서 추측하고 있다. 2층 시스템에서는 일단 현재의 종업원은 종전의 대우를 유지하는 것으로 되어 있기 때문에 당연히 신규(노동협정 후에 채용된) 종업원이 증가함에 따라서 평균 시급은 내려가게 된다. 따라서 종업원의 회전율에 대해서 고위추계와 저위추계라는 두 종류의 추계가 이루어지고 있다. 그 결과에 의하면 신협정 이전의 캘리포니아 주 전체의 슈퍼마켓 종업원의 평균 시급 14.83달러가 점점 낮아져 2010년에는 고위추계로 11.05달러, 저위추계로도 12.33달러까지 내려갔다(Dube and Lantsberg, 2004: 21~24).

또한 고용주가 제공하는 의료보험의 가입상황은 더욱 급변(급격히 악화)한다. 구노사협정에서는 고용주가 보험료를 전액 부담하는 의료보험에 대부분의 종업원이 가입하고 있어 비가입자는 2,343명이었다. 그러나 신노사협정을 적용함에 따라 2005년에는 비가입자가 갑자기 증대하여 저위추계 4만 8,692명, 고위추계에서도 6만 4,576명까지 높아졌다. 그리고 2006년 이후에도 이 정도의 비가입자가 존재하게 된다(Dube and Lantsberg, 2004: 24~26).

이러한 결과로서 의료보험 비가입자에 대한 의료비의 공적부담 등 주 내의 슈퍼마켓 종업원에 대한 공적부담의 총액은 2004년 340만 달러에서 2005년에는 저위추계로 7,140만 달러, 고위추계로 9,520만 달러까지 급증하

〈그림 2-1〉 평균 시급-월마트 대 캘리포니아 주의 대형 소매기업

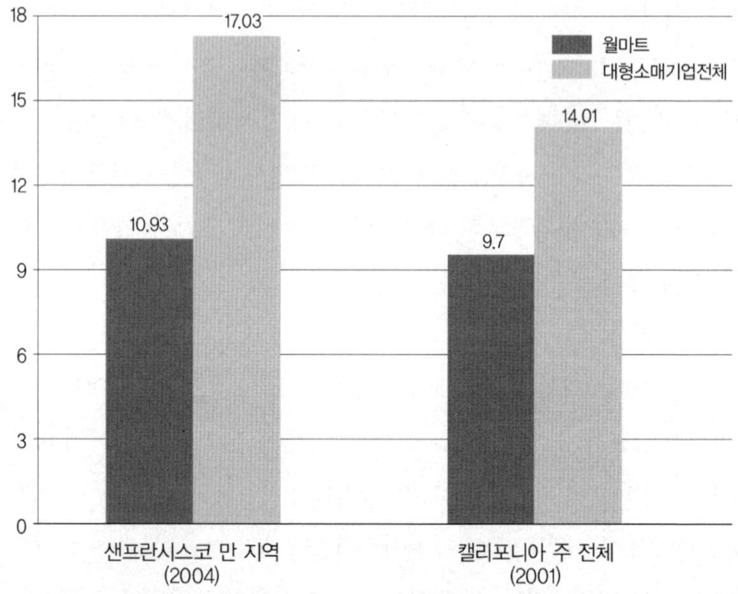

자료: Dube and Jacobs(2004: 5).

며, 그 후에는 저위추계로 7,000만 달러 전후, 고위추계로는 1억 달러대의 공적부담의 필요성이 계속된다(Dube and Lantsberg, 2004: 27~29).

이것만으로도 캘리포니아 주에 월마트 슈퍼센터 진출의 영향을 알 수 있는데, 이것은 어디까지나 슈퍼마켓의 월마트화의 결과이다. 소위 월마트 출점의 간접효과라고 할 수 있다. 여기에 월마트 진출에 의한 직접적인 결과가 겹치는 것이다. 직접적인 효과를 포함해서 검토해보자.

먼저 캘리포니아 주 전체 및 베이에리어(샌프란시스코 만 지역)에서의 월마트와 그 이외의 대형 소매기업과의 관리직을 포함한 평균 시급 격차는 <그림 2-1>과 같이 나타난다. 캘리포니아 주 안에서도 급여·임금 수준이 높은 지역인 베이에리어에서는 특히 격차가 커서 월마트의 임금은 대형 소매 평균의 2/3 이하이다.

관리직을 제외한 종업원에 대해서 비교해보면 슈퍼마켓의 조합원 평균이 15.31달러인 데 비해 월마트는 9.4달러로 39%나 적다. 또한 고용주 제공의 의료보험 가입률을 보면 슈퍼마켓 조합원이 95%인 데 비해 월마트는 48%에 불과하다(Dube and Jacobs, 2004: 5~6).

이 노사협정이 도입된 2004년 당시 캘리포니아 주에서는 대형 소매업의 종업원에 대하여 의료비와 관련하여 3억 9,000만 달러(1인당 521달러), 기타 6억 6,000만 달러(1인당 880달러), 합계 10억 5,000만 달러(1인당 1,401달러)의 공적부담을 했다. 이에 비해 월마트의 종업원에 대해서는 의료비 관련 1인당 730달러, 기타 1,222달러, 합계 1,952달러의 공적부담이 발생하는 것으로 추측된다. 만약 캘리포니아 주의 대형 소매업이 모두 월마트와 같은 정도의 임금·부가급부가 된다고 하면, 즉 월마트화된다고 하면 주 전체의 월마트를 포함한 대형 소매업 종업원에 대한 공적보조는 14억 6,000만 달러로 현재보다도 4억 1,000만 달러나 증가하는 결과가 된다(Dube and Jacobs, 2004: 6~7). 결국 월마트의 진출·출점은 적어도 종업원에 대한 공적부담·보조라는 측면에서 검토하는 한 지역의 재정부담을 크게 증가시키는 위험성을 가지고 있다.

2004년 3월 로스앤젤레스 교외에 1호점을 개장하기까지 캘리포니아 주의 월마트는 재래형의 할인점뿐이었으며 슈퍼센터는 존재하지 않았다. 그러다가 캘리포니아 주에 슈퍼센터 40개점 출점계획이 2002년 봄에 공표됨에 따라 출점이 지역의 경제·사회에 어떠한 영향을 미치는가에 대해 조사하는 지자체도 나타났다. 대표적인 예가 베이에리어의 지자체와 대기업으로 조직된 베이에리어 경제 포럼(Bay Area Economic Forum)[36]에 의한 위탁조사이다

36) 베이에리어 경제 포럼(The Bay Area Economic Forum)이란 베이에리어의 경제적인 활력과 경쟁력을 유지·향상할 목적으로 1998년에 베이에리어 정부협의회(The Association of Bay Area Governments)와 베이에리어 의회(The Bay Area Council)

(Bay Area Economic Forum, 2004).

이 조사에서는 슈퍼센터의 시장점유율에 대한 3가지 사례유형(2010년에 6%, 10%, 18%), 슈퍼마켓의 노동조합원과 슈퍼센터 종업원의 임금격차의 축소율(조합원의 임금인하)에 대한 3가지 사례유형(격차축소율 40%, 60%, 80%), 총 9가지 사례유형 중 7가지 사례유형에 대해서 계산하고 있다. 그 결과를 살펴보면, 베이에리어에서의 식료품소매업(슈퍼마켓과 월마트 슈퍼센터)의 종업원 전체가 받는 총임금은 연간 3억 5,000만~6억 8,000만 달러 정도 감소한다. 또한 그 파급효과를 포함하면 지역에서의 최종적인 임금·부가급부의 경제적 축소는 7억 7,000만~14억 8,000만 달러에 달한다〔Bay Area Economic Forum, 2004: 34~50(Chapter 4)〕.

무엇보다 이러한 월마트의 슈퍼센터가 지역의 임금에 미치는 마이너스 영향에 대해서는 슈퍼센터 출점계획의 공표, 이에 따른 남캘리포니아에서의 슈퍼마켓 체인의 노사분쟁에서 처음으로 추계된 것이 아니다. 이미 남캘리포니아 지역에서는 1999년에 월마트의 슈퍼센터가 출점할 경우 지역의 고용·임금·재정에 미치는 영향에 대한 조사가 이루어졌다(Boarnet and Crane, 1999).

상세한 내용은 생략하지만 이 조사에서도 상술한 베리에리어 경제 포럼(Bay Area Economic Forum)의 조사와 같이 슈퍼센터의 시장점유율 및 임금격차에 대해서 각각 3가지 유형, 총 9가지 유형에 대해서 이 지역에서 슈퍼마켓과 슈퍼센터의 종업원 전체가 받는 임금·부가급부 총액 그 자체의 감소액과

에 의해 조직된 관민 파트너십 조직이다. 이 중 베이에리어 정부협의회(The Association of Bay Area Governments)란 지역 내의 시(市)나 카운티의 수장 등에 의해 1961년에 조직된 협의회로 주택, 교통, 경제개발, 교육, 환경 등의 문제에 대해서 협의·협력하는 것을 목적으로 하고 있다. 한편 베리에리어 의회(The Bay Area Council)는 지역 내에 본사를 둔 대기업이 모여 지역의 발전을 위해 정책제언 등을 하는 목적으로 1945년에 설립된 조직이다.

파급효과를 포함한 감소의 총계를 각각 추계하고 있다. 그 결과를 살펴보면 임금·부가급부의 직접적인 감소액은 5억~14억 달러, 파급효과를 포함한 총액의 감소는 10억~28억 달러로 추계되었다〔Boarnet and Crane, 1999: Chapter 2(특히 p. 33, 61~63)〕.

여하튼 월마트의 슈퍼센터가 진출함에 따라서 지역 전체의 고용은 감소할 가능성이 있지만, 설령 감소하지 않는다고 하더라도 해당 지역의 식료품 관련 소매업 전체의 종업원이 받게 되는 임금·부가급부의 총액은 상당히 감소할 것으로 예측된다.

제1장 제1절에서도 지적한 것처럼 다행히 남캘리포니아의 슈퍼마켓에서는 2007년 노사협정 변경으로 2층 시스템이 폐지되어 2004년 이전 상황까지 되돌아간 것은 아니지만 신규 고용 종업원의 대우도 많이 개선되었다. 이러한 의미에서는 슈퍼마켓의 완전한 월마트화는 실현되지 않았다. 그러나 다시 고용조건의 악화 및 월마트화의 움직임이 일어나지 않는다고 장담할 수는 없다. 또한 이러한 문제를 검토할 경우에 월마트가 자주 거론되는 것은 압도적인 규모와 지금까지 지적한 것처럼 매우 낮은 임금·부가급부, 또한 극히 적극적이고 공격적인 출점전략 등에서 지역경제(지역의 총임금)에 끼치는 영향이 대단히 중요하고 전형적인 사례이기 때문일 것이다. 그러나 문제는 월마트뿐만이 아니다. 전부라고는 말할 수 없지만 대부분의 슈퍼스토어, 빅 박스에서 동일한 문제가 발생하고 있다. 따라서 제4장에서 자세하게 살펴볼 슈퍼스토어, 빅 박스를 규제하는 움직임에 더해, 지역·지자체 차원에서 최저임금을 정하는 움직임도 나오고 있다.

3) 지자체 등의 재정에 미치는 영향

버몬트 주 세인트알반스에서의 월마트 출점거부, 매사추세츠 주 반스테이플 마을의 개발영향조사 등 지금까지 소개한 것처럼 월마트 등의 슈퍼스토어나 빅 박스의 진출·출점이 지역 혹은 지역의 재정에 마이너스 영향을 끼칠 가능성이 크다는 것은 명백한 사실인데, 이러한 문제에 대해서는 다른 조사에서도 거론되고 있다.

예를 들면 이 장 제4절 1에서 월마트의 슈퍼센터 출점에 의해 시 내의 고용이 감소할 것이라는 보고서를 인용한 캔자스 주 맨해튼의 경우, 이 보고서에서 월마트가 상당한 액수의 고정자산세를 내게 될 것이지만, 월마트와의 경쟁의 결과 빈 점포가 다수 출현하고 시 상업용 부동산 전체의 가치가 하락하기 때문에 고정자산세 수입총액은 감소할 것이라고 우려하고 있다 (Arbor Heights/Warner Park Neighborhood Association, 1999: 15, 18).

또한 중부 오하이오 주의 지자체(municipality), 군구(郡區, township; municipality와 같은 자치권은 없음)가 2000~2003년(1개 시만은 1997년)에 걸쳐서 독자적으로 실시한 각종 토지이용 및 개발에 미치는 영향조사를 수집·정리한 자료(Randall Gross, Development Economics, 2004)에서는 <표 2-5>와 같이 정리되어 있다. 즉, 8가지 유형 중 7가지 유형에서 소매점의 개발·출점은 지자체 재정에 마이너스 영향을 미친다는 결과가 나와 있다. 이들 조사는 적어도 4개의 다른 조사·컨설턴트기관에 의해 각각 다른 방법으로 이루어진 것임에도 비슷한 결론이 도출되었다. 단지 여기서의 소매점은 빅 박스만으로 한정되어 있지는 않다. 다운타운의 점포에서 교외형의 점포까지 다양한 업태를 포함하고 있다(Randall Gross, Development Economics, 2004: 3).

한편 월마트 슈퍼센터의 진출로 인해 베이에리어의 임금총액이 감소할 위험성을 지적한 베이에리어 경제 포럼의 보고서에서도 영업세에 관련된 문제에 대해 언급하고 있다. 영업세의 경우에는 소매시장에서의 경쟁이 제로섬이라고 하더라도 총매출액이 변하지 않는 한 세수액도 변하지 않는다. 그러나 이미 지적한 것처럼 캘리포니아 주의 경우 주세로서 징수한 영업세의

〈표 2-5〉 토지이용 용도별 재정에 미치는 영향 - 중부 오하이오 주

(단위: 주택은 달러/호, 소매점·오피스·공장은 달러/제곱피트)

	단독주택	집합주택	소매점	오피스	공장
지자체					
어퍼 알링턴	243	N/A	-1.25	2.91	N/A
더블린	-860	-244	-0.77	2.02	1.41
델라웨어	194	-288	-0.63	0.55	0.65
뉴욕	295	-496	0.52	2.39	0.97
시드니	148	-1,070	-0.49	0.98	0.44
스토위	321	-501	-0.38	1.08	0.64
센터빌	235	-118	-0.16	1.71	0.70
군구					
워싱턴(Washington)	379	102	-0.22	-0.15	0.32
평균	259	-258	-0.44	1.34	0.62

자료: Randall Gross, Development Economics(2004: 26).

일부는 징수한 시·군·구에 교부된다. 기존의 소매점에서 새롭게 출점한 빅 박스로 소매판매액이 이동하더라도 이것이 동일 시·군·구 내라면 영업세의 배분에 관해서는 중립적이라고 할 수 있다. 그러나 소매점 간의 판매이동이 시·군·구의 경계를 넘어서 일어나면, 당연히 영업세의 배분에 커다란 영향을 미치게 되는 것이다. 즉, 지역으로서는(local) 이치에 맞는 소매경쟁이라고 하더라도 지역 전체로 해석하면(for the region) 경제적으로 마이너스 영향을 만들 위험성이 존재하는 것이다[Bay Area Economic Forum, 2004: 74~81 (Chapter 7)].

게다가 소매업의 제로섬이라는 것이 판매금액(소비자의 구입금액)이 아닌 판매수량(구입수량)으로 발생한다고 하면, 신규로 출점하는 슈퍼스토어와 빅 박스의 단가는 대체하는 기존 소매점보다 낮은 경우가 많을 것이기 때문에 지역 전체로서의 소매판매총액이 축소되어 영업세의 합계도 감소한다.

4) 지역 내 경제순환에 미치는 마이너스

슈퍼스토어, 빅 박스가 출점함으로써 지역경제에 미치는 영향은 지금까지 살펴본 고용 감소, 임금총액 감소, 지방재정에 대한 악영향 등과 같은 가능성이나 위험성뿐만이 아니다.

소매점이 지역의 도매업자로부터 사입을 하거나 지역의 은행이나 광고대리점, 회계사무소 등의 사업자용 서비스를 이용한 경우에는 소비자의 구입대금이 해당 소매업자의 지불을 통해서 지역경제에 재투입되고 거기서 고용이 발생되며, 그 종업원이 다시 소비자로서 지역의 소매점에서 구입하는 것과 같은 재투입, 경제순환이 발생한다. 그러나 최초의 판매액이 바로 원격지에 있는 소매기업 체인본사·본부로 송금되고 상품 매입이나 기업용 서비스의 이용 또한 점포 소재지와는 관계없는 곳에서 이루어지면 지역경제의 자금순환이 단절되어버리는 문제가 발생한다. 즉, 지역점포와 체인점과의 자금순환·경제순환에 관련된 경영활동의 차이가 발생하는 문제인 것이다.

역사적 환경보전을 위한 국민기금(NTHP)에서 슈퍼스토어와 빅 박스의 스프롤적 개발 및 전개가 사회에 미치는 마이너스 영향에 대해서 조사·연구하고 있는 보몬트(C. Beaumont)의 말을 빌리자면, "지역점에 의한 판매액은 커뮤니티 내에서 재순환된다. 그러나 순식간에 본사로 흘러들어 가는 주외(에 본사가 있는)의 슈퍼스토어에서 얻은 판매액은 지역경제에 재순환되지 않는다"(Beaumount, 1994: 9).

이것은 슈퍼스토어에서 대량 취급하고 있는 개도국으로부터의 수입품의 문제와는 별도로, 하나의 국가 차원에서 따진다면 별 차이는 없지만 지역 차원에서 본다면 큰 차이가 발생한다.

예를 들어 미국 국회 하원의 중소기업위원회(U. S. House of Representatives Small Business Committee)의 보고서에 의하면, "종업원 100명 규모의 중소기업

〈표 2-6〉 지역경제 재투입 비율

	지역점	전국 체인점
도매(내구재)	91%	68%
도매(비내구재)	89%	67%
소매	90%	70%
서비스	88%	70%

은 351명의 주민, 79명의 아동, 97세대, 49만 달러의 은행예금, 소매점 1개 점포, 연간 56만 5,000달러의 소매판매액, 또한 연간 103만 6,000달러의 개인수입 등과 같은 영향을 해당 지역에 미친다"라고 한다. 여기에서의 중소기업에는 지역소매점도 포함된다. 이러한 수치는 경제학 승수이론의 승수를 의미하고 있으나, 빅 박스의 영향을 논할 때 그다지 제기되지 않는 논점이다(Shils, 1997: 9, 206~208).

좀 더 구체적으로 살펴보자. 「경제통계조사(U.S. Economic Census)」의 데이터를 사용하여 AngelouEconomics가 도매업과 소매업, 서비스업의 경영경비 중에서 지역에서의 조달 등으로 인해 지역경제에 남게 되는(재투입되는) 비율을 지역점과 전국 체인점으로 나누어 각각 추계한 결과에 의하면 <표 2-6>과 같다.

이 결과를 근거로 해서 AngelouEconomics는 전국 체인의 식료잡화소매점(슈퍼스토어와 슈퍼마켓)에서는 영업비 중에서 25%가 지역 외부로 흘러나가는(leak out) 반면, 지역 식료잡화점의 경우에는 그 비율이 12% 정도로 나타나 지역점의 파급효과는 전국 체인점의 2배나 된다고 지적하고 있다(Angelou-Economics, 2003: 9~10).

서적·음악 분야의 카테고리 킬러인 보더스의 텍사스 주 오스틴 출점계획에 반대하는 시민들에 의한 위탁조사에서는 보더스와 지역서점인 북 피플(Book People) 및 음악점포 워터루(Waterloo) 등이 지역경제에 미치는 영향·효과에 대해서 비교분석하고 있다. 이에 의하면 종업원에 대한 임금과 부가급부, 상품 사입과 영업용 자재, 광고서비스 등을 위해 지역에 지불하는 금액은 보더스가 연간 80만 달러로 예측되는 데 비해 북 피플은 280만 달러, 워터루가 410만 달러였다(Civic Economics, 2002: 6).

또한 소비자가 보더스에서 100달러 구입했다고 할 때 종업원의 임금으로 불과 9달러만이 오스틴에 남게 된다. 이에 파급효과를 추가하더라도 지역경제에 미치는 영향은 합계 13달러에 불과하다. 이에 비해 지역의 서점 및 음악점포에서 소비자가 지불한 100달러는 파급효과를 더해 지역경제에 미치는 영향은 45달러였다(Civic Economics, 2002: 14).

한편 메인 주의 중부 연안지역을 대상으로 월마트, 타깃 등과 같은 거대 빅 박스와 지역소매점이 지역경제에 미치는 효과를 비교분석한 보고서에 의하면(Institute for Local Self-Reliance, 2003), 지역소매점 8개 점포에서는 매출의 44.6%를 소재지의 2개 카운티 내에서, 8.7%를 메인 주 내의 타 지역에서 지불하고 있었다. 주 내 지불의 주요 내용은 종업원의 임금·부가급부(28.1%), 주 내의 업자로부터의 상품, 비품, 서비스의 구입(16.9%), 지역 경영자에게 귀속하는 이익(5.4%), 지자체 및 주정부에 납부하는 세금(2.4%) 등이다. 한편, 빅 박스가 지역 카운티 및 주 내에 지불한 비율은 매출액 중 14.1%로 추정되었다. 나머지 86%는 주 외의 납품업자나 주 외에 있는 체인본부로 유출되고 있었다.

또한 NTHP에 설치된 메인 스트리트 센터(Main Street Center)의 책임자였던 케네디 스미스(Kennedy L. Smith)에 의하면, 지역 중소점에서는 수익의 약 60%가 지역에 환원되지만 재래형의 체인점에서는 20%, 할인점에서는 5~8%에 불과하다. 이익이 지자체로 순환되기 때문에 지역의 소매점은 커뮤니티의 경제적 건전성(economic health) 및 지속성에 기여하는 것이 된다(Corbett and Corbett, 2000: 104).

이처럼 체인점이 지역의 경제순환에 기여하지 않는, 결과적으로 마이너스의 효과를 미친다는 것에 대한 실증적인 조사연구가 활발하게 일어난 것은 월마트 등의 빅 박스가 보급되고 그 공죄(功罪)가 논의되기 시작한 최근의 일이다. 그러나 이전부터 이러한 문제는 지적되어왔으며 일부 실증적인 조사도 실시되어왔다.

예를 들면, 슈퍼스토어나 빅 박스가 아닌 백화점 또는 패션 점포를 비롯한 전문점 등과 같은 쇼핑센터의 입점자에 대해서는 "전국 체인의 입점자는 이익을 멀리 떨어진 본사 본부에 보내버린다. 또한 체인점은 이익을 그 커뮤니티 내에 유지하거나 재투자하고 있는 지역점포를 도산이나 폐업으로 내몬다"(Gratz, 1989: 277)라는 지적이 이미 20년 전에 이루어졌다. "대부분이 전국 체인점인 (쇼핑)몰 내의 개개의 점포는 지역시장의 힘(market forces)에 좌우되지 않으며, 보통 이익을 지역의 커뮤니티에 환류하지도 않는다"(Beatley and Manning, 1997: 158)라는 지적이 10년이 지난 후에도 반복되고 있다.

또한 1989년에는 워싱턴 D.C의 부동산 서비스 그룹(Real Estate Service Group)이 상권 내의 소매점 과잉이 주요 요인이 되어 전통적인 상점가의 쇠퇴를 경험한 미국 400개 도시를 대상으로 조사를 했다. 이에 의하면 다운타운의 1개 소매점포[평균적으로는 2층 건물로 각 층의 매장면적 2,000제곱피트(185m²)]가 빈 점포가 되는 것으로 인한 지역의 간접비용(즉, 상실되는 지역의 이익)은 연간 25만 달러(1989년 가격)이며, 그 주요 내역은 <표 2-7>과 같다(Smith, 1995: 2).

소매점에 관한 실증연구는 아니지만 맥도널드 프랜차이즈점의 모델 분석에 의하면 프랜차이즈점(체인점)으로부터 지역경제에 재투입되는 것은 이익 중에서 20%에 불과하지만, 지역 소유의 빌딩에서 영업하고 있는 전형적인 지역점포에서는 85%가 지역에 재투입된다는 추계결과도 십수 년 전에 공표

〈표 2-7〉 빈 점포가 됨으로 인한 지역의 간접비용

(단위: 달러)

항목	상실되는 지역의 이익
타 점포 매출에의 영향	195,125
임금	15,000
임대료	6,000
고정자산세	625
거래업자의 이익	5,600
은행에의 보증금	4,750
유틸리티 사용료	3,400
융자수요	13,414
광고료	2,000

되었다(Gunn and Gunn, 1991: Chapter 2, 특히 pp. 28~29의 Table 1; Moe and Wilkie, 1997: 146).

쇼핑센터의 입점자나 패스트푸드점뿐만이 아니다. 월마트의 메인 주 브런즈윅에서의 출점을 둘러싼 분쟁 때 시의 계획 담당자인 에이미 네일러(Amy Naylor)가 "월마트는 새로운 매출을 창출해내지 않는다. 기존 점포에서 매출을 빼앗을 뿐이다. 장래성이 있는 일자리를 준비하고 있지도 않다. 브런즈윅이나 메인 주 내의 은행과도 거래하지 않을 것이다. 우리는 월마트의 식민지 시장이다. 월마트는 이 동네의 소비자와 노동자를 원재료로 사용한다. 그리고 저임금과 세금을 제외한 전부를 주 밖으로 가지고 나갈 뿐이다"라고 지적한 것도 10년 전의 일이다(Welles, 1993).

여하튼 미국에서는 빅 박스뿐만 아니라 체인점이 지역의 경제순환에 마이너스로 작용할 가능성이 높다는 것은 지속적으로 지적되고 있다. 단지 문제는 이러한 경제적인 면에만 한정되어 있는 것이 아니다. 일반적으로 체인점의 소유주 및 경영자는 점포가 존재하는 동네나 그 인근에 살고 있지 않다.

따라서 점포가 위치한 커뮤니티에 공헌하려고 한다든지 '좋은 주민(good neighbor)'이 되려는 인센티브는 존재하지 않는다. 그 결과 체인점의 이익과 시간은 커뮤니티에 재투자되지 않는다(Beatley and Manning, 1997: 161).

100년의 역사를 가지고 있거나 가치가 있는 소매점 건물이 다운타운에 있더라도 그 동네에 살고 있지 않은 체인기업의 임원들은 가치 있는 건물의 유지에 어떠한 관심도 표하지 않는다. 그들의 성공은 점내 매장에서 팔리는 상품의 수량에 의해서 판단된다. 그들이 일에서 얻는 수입은 점포로부터 멀리 떨어진 교외 주택지를 유지·개선하기 위해 사용된다. 지역 소매점의 번영이 없다면, 역사적으로 오래되고 가치 있는 건물은 수리되지 않은 채로 방치될 것이다(Kunstler, 1993: 181~183).

이러한 지적에서 알 수 있는 것처럼 최근 미국에서 체인점과 지역점포와의 시비를 논할 때에는 커뮤니티, 지역사회라는 시점에서의 문제도 제기되고 있다.

또한 최근 지역의 소매점포에 월마트 등 소수의 대형점이 지배적인 위치에 있는 곳과 다수의 지역소매점이 유지되고 있는 곳을 비교해보면, 해당 지역의 사회관계자본(social capital)은 후자의 경우가 크며, 그 결과로 해당 지역의 경제활력도 높다는 것이 실증적으로 밝혀졌다.[37)]

37) 월마트를 비롯한 슈퍼스토어, 빅 박스와 사회관계자본에 대해서는 제3장 제6절에서 자세히 검토하고자 한다.

5. 빈 점포 문제

1) 점포의 과잉

서장 제4절에서 지적한 것처럼 미국에서는 세제의 영향·효과로 인해 1950년대 중반 이후 쇼핑센터가 증대했다. 특히 1970년대에는 쇼핑센터 시대라고 할 정도로 개발 붐이 일어났다. 1980년대 후반 이후에는 스트립몰(Strip Mall) 등 쇼핑센터 내의 것도 포함해서 슈퍼스토어, 빅 박스가 끊임없이 건설되었다.

이러한 계속되는 대형 소매시설의 개발·출점 러시는 당연히 소매점포 및 매장공간의 급증으로 이어졌다. 서장에서도 지적한 것처럼, 특히 1980년대에는 인구증가 10%에 비해 소매면적은 80%나 증가했는데(Beaumount, 1994: 3),[38] 이는 레이건 정권의 금융규제완화정책과 조세정책을 위해 불필요한 대규모 개발이 촉진된 결과이며, 소매시설에 관해서는 쇼핑센터에 대한 과잉투자 및 그 결과로서의 과잉개발이 있었기 때문이다(Kunstler, 1993: 110~111). 특히 S & L에 대한 규제완화의 결과, S & L이 양질이라고는 할 수 없는 부동산에까지 경쟁적으로 투자를 하게 된 것이 쇼핑센터 과잉을 양산한 최대의 요인이었다(Kunstler, 1996: 217). 그 결과 1980년대 중반에는 4시간에 1개의 비율로 새로운 쇼핑센터가 생겨났다고 한다(Durning, 1996: 35). 동시에 과잉개발의 결과로 경영이 어려운 점포가 다수 출현했으며, 이것이 불량채권화해서 경영 파탄하는 S & L이 속출, 1980년대 말의 금융위기를 불러온 최대의 요인이 되었다고도 알려져 있으나, 이는 이 책의 과제 및

---

38) 원저는 Ian F. Thomas, "Reinventing the Regional Mall," *Urban Land*, February 1994.

범위를 넘기 때문에 이에 대한 검토는 생략하기로 하자.

금융위기는 차치하더라도 소매면적은 1990년에만 3억 제곱피트(약 2,800만m²)나 증가하여 미국 소매면적 합계는 46억 제곱피트(약 4.3억m²)나 되었다. 이를 국민 1인당으로 환산하면 20제곱피트(약 1.86m²)가 된다(Beaumount, 1994: 3).[39] 또한 1990년에는 1인당 19제곱피트였던 것이 지금은 38제곱피트(약 3.53m²)까지 증가했다는 자료도 있다(Mitchell, 2000b).

1960년 국민 1인당 소매면적은 4제곱피트(Moe and Wilkie, 1997: 147),[40] 1986년에는 14.7제곱피트(Norman, 1999: 24)[41]였으니, 1960년대 대비 1990년에는 5배 가까이, 또한 최근까지는 9.5배 증대했으며, 1986년부터 지금까지만 해도 2.5배 이상 증가한 것이 된다. 여기서의 증가배율은 총면적에 대한 것이 아니라 국민 1인당 소매면적이라는 지표로 환산한 것이라는 점에 주의할 필요가 있다.

참고로 일본의 1999년 소매점의 총 매장면적은 1.3억m²이고, 국민 1인당 약 1.06m²이다. 일본과 미국은 매장면적을 조사하는 소매점의 대상범위가 다르고 매장면적 및 소매면적의 개념도 다르다. 따라서 단순히 비교하면 오류를 범할 위험도 있지만, 미국의 1.86m² 또는 3.53m²와 일본의 1.06m²에는 유의미한 차, 그것도 커다란 차이가 있다고 봐도 좋을 것이다. 결국 미국 1인당 소매면적은 1980년대 이후 급속히 증대해왔으며 오늘날에는 일본의 3배 이상이라고 결론지어도 무방할 것이다.

---

39) 원저는 Robert Goodman, "The Dead Mall," *Metropolis*, November 1993.

40) 또한 Moe and Wilkie(1997)는 1990년대의 국민 1인당 소매면적을 20제곱피트가 아닌 19제곱피트라고 한다.

41) 또한 Mitchell and Milchen(2001)에서 2000년대 초반의 국민 1인당 소매면적을 20제곱피트라고 하고, 12년 전의 15제곱피트보다 34% 증가했다는 것도 같은 데이터에 근거한 것으로 보인다.

미·일 비교는 차치하더라도 이러한 소매면적의 급증은 당연히 소매점의 과잉을 야기하며, 그 결과로 빈 점포가 늘어나는 것이다.

2) 증가하는 빈 점포

미국에서 빈 점포가 증가하고 있다고 하면 일본과 동일한 현상이나 문제가 일어나고 있는 것처럼 생각할지도 모른다. 물론 1970~1980년대 도시중심부(다운타운)에 빈 점포가 급증하고 지방 중소도시의 상점가가 소위 셔터가 내려진 거리가 되어버린 것은 일본과 같다. 미국의 경우에는 더 나아가 유령도시, 혹은 그 직전의 상황인 곳도 적지 않다. 다만 일본과 다른 점은 교외 쇼핑센터와 슈퍼스토어, 빅 박스 안에 빈 점포(빈 센터)가 다수 출현하고 있다는 점이다.

빈 점포와 빈 센터가 되어버린 것은 위의 소매면적에는 포함되어 있지 않은 것이 많기 때문에 미국 전체에서 어느 정도 규모에 달하는지에 대한 정확한 데이터는 없다. 그러나 1990년대에 5억 제곱피트(4,645만m²)가 빈 점포로 바뀌었으며, 이는 쇼핑센터 4,000개 이상에 해당하는 면적이라는 추계도 존재한다(Moe and Wilkie, 1997: 147).[42]

또한 1999년 시점에서 미국 전역의 지역 쇼핑몰(Regional Mall) 및 대형지역 쇼핑몰(Super Regional Mall)이라는 대규모 쇼핑센터(정의에 따라서 그 수가 다르지만 적게는 1,689개, 많게는 2,076개)를 센터 내의 빈 점포율과 매장면적당 판매액 등의 지표로 '존속 곤란한 것(greyfield mall)', '위험수역에

42) 또한 Beaumont(1994: 3; 원저는 *Land Use Digest*, Vol. 25, NO. 11, November 1992)에서는 1990년대 초반에 쇼핑센터 3,800개분에 상당하는 빈 점포가 있었다고 한다. 또한 유기된 쇼핑센터가 4,000개 이상 있었다는 조사도 있다(Norman, 1999: 24).

있는 것(vulnerable mall)', '존속 가능한 것(viable mall)', '건전한 것(healthy mall)'으로 분류하면, 존속 곤란한 지역 쇼핑몰이 7%(114~140개), 위험수역에 있는, 즉 장래 존속이 곤란해질 것이 12%(200~250개)나 존재하고 있다는 조사결과도 있다(Congress for the New Urbanism and Price Waterhouse Coopers, 2001a: 4~5, 16).

또 다른 조사에서는 소형 쇼핑센터의 경우 4,000~5,500개의 센터가 존속 곤란한(greyfield) 상황에 있다고 한다(National Governors Association, 2001).

사실 이미 1992년 시점에 3,800개의 쇼핑센터가 유기되었다고 추측되고 있다. 1996년에는 영업 중인 지역 쇼핑몰 중에서 적어도 15%가 수년 이내에 폐쇄될 것이라는 경고도 나오고 있다(Dunham-Jones, 1997: 4).[43]

아무튼 여기서 주의할 필요가 있는 것은 위의 '존속 곤란한 것'에는 망해가지만 일부 입주자가 아직 영업을 계속하고 있는 것으로, 전체 입점자가 폐점해 완전히 빈 점포화된 센터는 포함하고 있지 않다는 것이다. 이러한 죽은 쇼핑몰(Dead Mall)이 얼마나 있는지는 알 수 없지만 상당수 존재한다는 것은 확실하다. "폐쇄형 몰(Enclosed Mall) 중 약 1/3은 재정적 위기상황에 처했으며, 이미 수백 개의 몰이 문을 닫았다"(Mitchell, 2004: 5)는 보고서도 있다.

3) 월마트의 빈 점포

빈 점포는 쇼핑센터에서만 발생하고 있는 것은 아니다. 다운타운의 상점가에 대량으로 발생하고 있는 것은 물론이며, 교외형 소매시설인 단독입지의 슈퍼스토어나 빅 박스에서도 상당수의 빈 점포가 발생하고 있다.

---

43) 다만 1992년에 3,800개의 쇼핑센터가 유기된 것이 아니고 그것에 해당하는 소매점포 면적이 유기·폐쇄되었다고 하는 편이 맞는 것 같다(Beaumont, 1994: 3).

예를 들면 "월마트에서만 미국 전체에 350개 이상의 빈 점포를 소유하고 있다. 몇몇 도시에서는 수십 개의 빅 박스 빈 점포로 인해 인근 부동산가치에 악영향을 주는 황폐함을 만들고 있다"(Mitchell, 2004: 5)라는 지적도 있다.

또한 월마트에 대해서는 대부분 10년 이내에 생긴 점포 400개 가까이가 빈 점포가 되어, 총 수천 에이커(2,000~3,000ha)의 아스팔트에 둘러싸인 빈 점포 면적이 3,000만 제곱피트(280만m^2) 이상이 된다는 지적도 존재한다(Mitchell and Milchen, 2001).

또한 2000년 9월 시점에 390개의 빈 점포가 있으며, 그중 98개 점포는 월마트의 소유이지만 292개 점포는 리스한 것이다. 이들의 총면적은 2,500만 제곱피트(230만m^2)나 된다. 적어도 102개 점포는 10만 제곱피트(9,290m^2) 이상의 점포이며, 대부분은 1980년대 말부터 1990년대에 만들어진 것이다. 이러한 빈 점포의 일부는 매각하거나 재임대되었지만, 6개월에 40~50개 점포의 비율로 빈 점포가 증가하고 있다. 빈 점포가 생기는 것은 월마트가 추진하고 있는 재래형 할인점에서 슈퍼센터로 전환할 때에 충분한 공간이 없는 곳에서는 기존의 할인점을 폐쇄하고 새로운 입지점에 슈퍼센터를 건설하고 있기 때문이라는 지적도 존재한다(Norman, 2004: 117~118).

예를 들면 오클라호마 주의 노와타와 포후스카에 있던 2개 점포는 이익을 올리고 있음에도 불구하고 1995년에 폐점되었다. 노와타 및 포후스카에서 각각 30마일(약 50km) 떨어진 바틀즈빌에 2개 점포를 통합한 슈퍼센터를 건설하기 위해서이다. 폐점이 노와타의 세수에 미친 영향은 매우 심각한 것이었다. 120만 달러 규모의 시 재정은 1995년 8만 달러의 적자가 났다. 월마트의 출점으로 인해 메인 스트리트의 소매점이 폐점됨으로써 재원으로서의 대상이 없어져버렸기 때문에, 시는 공공 서비스의 삭감 이외에 선택의 여지가 없었다. 한편 주민 또한 장시간 차를 운전해서 슈퍼센터에 가지 않는 이상 일상필수품마저 구입할 수 없게 되어버렸다. 오래전부터 작은 도시에 살면서도 마치 에지시티(edge city)[44]에서 생활하고 있는 듯한 착각에 빠져버리게 되는 것이다(Dunham-Jones, 1997: 4~5).

지역은행의 지점장은, 월마트는 "출점해서 중소점을 모두 파괴했다. 그리고 그들이 만족하지 못하는 경영 수준이 되면 떠나버린다"라고 비난했으며, 노와타 시장도 "그들은 거대하고 강력한 욕망덩어리다. 그들은 커뮤니티나 개인에 대한 배려는 일절 가지고 있지 않다"라고 비판했다(Norman, 1999: 30).

한편 인구 5,200명 정도의 텍사스 주 헌에서는 1982년 마을에서 얼마 떨어지지 않은 곳에 4만 6,000제곱피트(4,270m²)의 월마트가 출점했다. 헌의 다운타운은 그동안 지역의 소형점이 번영했으나, 월마트에 대항하지 못하고 5년 후에는 공동화되어버렸다. 그러나 1989년 이익이 오르지 않는다는 이유로 월마트는 폐점해버린다. 그 결과 헌 지역의 주민은 양말 한 켤레조차 마을에서 구입할 수 없게 되어 최저 22마일(약 35km)이나 떨어진 도시까지 사러 나가야만 하게 되었다. 따라서 헌은 "월마트가 두 번 죽인 마을"이라고 불리게 되었다. 월마트는 출점하는 커뮤니티에는 전혀 신경을 쓰지 않는다. 월마트의 출점으로 인해 지역은 매우 큰 비용을 치러야 한다는 비판이 제기되고 있다(Bianco, 2006a: 149).

월마트는 자사의 비용에 대해서는 집요할 정도로 신경을 쓰지만 고객이 부담하는 비용에 대해서는 그다지 배려하지 않는다는 비판이 있다(Fishman, 2006: 203). 헌 등의 주민이 멀리까지 물건을 사러 갈 수밖에 없게 된 것은 이러한 월마트의 경영방침의 결과라고 말할 수 있다.

이러한 상황 중에 테네시 주, 앨라배마 주, 루이지애나 주, 오클라호마 주, 사우스캐롤라이나 주 등에서는 계약기간 종료 전에 폐점함으로써 입주자

---

44) 에지시티(도시에서 벗어나 안온하게 살 수 있는 새로운 근교 도시 — 옮긴이)의 개념·실태 등에 대해서는 Garreau(1991)를 참조.

수입이 대폭 감소했는데, 이러한 폐점은 계약위반이라며 부동산(점포 등) 소유자가 재판을 제기했다(Norman, 1999: 86~87; Norman, 2004: 121~122).

월마트의 경우 가능한 한 은밀히 신점포용 토지를 구입하여, 점포를 건설하면 토지·점포를 부동산업자 등에 매각하고 그것을 재임대(leaseback)하는 것이 일반적이다. 그리고 폐점한다고 하더라도 경쟁을 회피하기 위해서 빈 점포의 임대계약을 지속하는 일이 자주 있다고 한다(Dunham-Jones, 1997: 4). 바로 이것이 대량의 빈 점포를 발생시키는 주요 원인인 것이다.

물론 점포의 임대를 계속한다면 당연히 임대료를 부담해야 한다. 그러나 일반적으로 임대료(리스료)는 정액부분과 매출액 비례에 의한 변동부분으로 구성되는 것이 미국과 일본 모두 공통된 것이다. 여기서 매출액 비례부분을 높게 하면 빈 점포의 임대료는 공짜는 아니더라도 꽤 적은 금액으로 가능해진다.

여하튼 월마트는 작은 동네의 생명을 빼앗고 사람들의 생활 향기가 나지 않는 건물만 남기는 중성자폭탄과 같다(McKay, 2004). 물론 이러한 빈 점포의 발생은 월마트만에 국한된 현상은 아니다. K마트는 7만 5,000제곱피트(6,970m²) 이상 규모의 점포에서 2002년과 2003년에 각각 238개, 317개 점포를 폐쇄했으며, 2003년에는 카테고리 킬러인 토이저러스가 182개 점포, 베스트바이가 110개 점포를 각각 폐쇄했다.

또한 텍사스 주 댈러스 포트워스 지구를 보더라도, 1개 점포가 3만 제곱피트(2,800m²) 이상인 핵 점포 슈퍼마켓과 각종 전국 체인점 80개 점포 이상을 포함하여 총 450만 제곱피트(42만m²)가 빈 점포 상태가 되었다고 한다(Pristin, 2004).

4) 빈 점포 대량발생의 배경

쇼핑센터이든 빅 박스이든 1970년대 이후에 건설된 쇼핑센터나 빅 박스가

50~100년 이전에 세워진 많은 상업시설보다 보수해서 유지되는 비율이 훨씬 낮다. 이는 미국의 기업사회를 둘러싼 일시적인 계약(temporary contract)이라는 사고에서부터 오는 것이다(Dunham-Jones, 1997: 1).

쇼핑센터 건설 붐의 경험치는 우선 건물 외관을 좋게 해서 3년 안에 돈을 벌고 그 후에 부동산을 분리매각하여 이익을 얻고, 그러고는 다음의 쇼핑센터 계획으로 옮겨가는 것이다. 만약 경제가 지속적으로 확대되고 또한 소비자가 원거리로 구매를 하기 위해 필요한 휘발유 가격이 안정된다면, 이 경험치에 근거한 경영방침은 성공할 가능성이 높다. 새로운 쇼핑센터의 휘황찬란함은 아마 3년간은 충분히 소비자의 이목을 끌 수 있기 때문이다(Kunstler, 1993: 146). 이러한 풍조 때문에 쇼핑센터 개발회사인 크라운 아메리칸(Crown American)사가 쇼핑센터의 재개발 재원 확보를 위해 배당금을 43% 삭감한다고 표명하자, 회사의 주식은 즉시 30%나 폭락했다. 기존 시설의 보수와 개수는 장기적인 존속을 위해서는 필수불가결한 것임에도 불구하고 눈앞의 이익을 위해서 거의 이루어지지 않고 있는 현실이다(Dunham-Jones, 1997: 5).

이처럼 미국 전체에 눈앞의 일, 당면한 일만을 추구하는 경향이 있는데, 특히 월마트의 경우 이러한 경향이 강하게 나타나고 있다. 이에 따라서 월마트는 점포와 종업원을 일회용 자산으로 취급하고 있다는 비판이 있다(Dunham-Jones, 1997: 5).[45] 반복해서 언급하지만 이러한 현상은 결코 월마트 한 개 회사만의 일이 아니다. 월마트는 전형적인 사례이며, 많든 적든 기타 슈퍼스토어, 빅 박스 소매기업 체인에도 공통적으로 발생하고 있는 일이라는 것이다.

또한 물리적으로는 아직 충분히 활용할 수 있음에도 불구하고 빈 점포로

45) 또한 이 책 제1장 제2절 6에서 지적한 것처럼 종업원을 일회용 자산으로 취급한다는 내용은 Krugman(2006)과 Quinn(2000)에서도 지적되고 있다.

방치되는 이유는 앞에서 지적한 것처럼 월마트 등이 경쟁 상대의 진출을 막기 위해서 빈 점포를 포기하지 않는 이유도 있으나, 체인마다 고유의 점포 설계양식 및 형태가 있기 때문에 다른 체인의 빈 점포에 입점하기보다도 "엄격히 자사의 방식대로 건설하는 편이 비용이 낮아서 효율이 높다"(Pristin, 2004)는 이유도 있기 때문이다.

그러나 이미 지적한 것처럼 대량의 빈 점포가 발생하면 주변 부동산가치에 악영향을 미치며 경관상으로도 좋지 않다. 장기적인 시점에서는 자원의 낭비이다. 나아가 필자가 이전에 미국에서 조사할 때 들은 바로는 빈 점포화되어 방치된 쇼핑센터가 마약이나 강간 등과 같은 범죄장소가 된 곳도 적지 않다고 한다.

이처럼 쇼핑센터나 빅 박스의 빈 점포 재활용이 커다란 문제가 되고 있다. 또한 빈 점포가 범죄의 온상이 된다고 하는 문제는 결코 가볍게 볼 일이 아니다. 소매점포는 아니지만 일본에서도 2006년 4월 기후 현 나카쓰가와 시의 빈 점포가 된 교외 대형 파친코점에서 소년에 의한 소녀 살인사건이 발생했다. 이 빈 점포에는 이전부터 아이들이 몰려다니거나 수상한 사람이 출입했다고 한다. 향후 일본에서도 교외의 대형점이 빈 점포화하는 경향이 증가할 가능성은 극히 높으며, 이것이 범죄 등의 장소가 될 위험성도 매우 높다고 봐야 할 것이다.

5) 빈 점포의 재활용

미국의 지역개발·도시계획 중에는 기성 시가지를 재활성화하고 스프롤적 개발을 막아서 환경과의 조화를 도모하며 자동차 의존에서 벗어난 지속가능한 보행자 중심의 마을 만들기를 목표로 하는 뉴어바니즘(New Urbanism)이라는 사조·운동이 있다.[46] 멕시코 만에 접한 플로리다 주에 보행자중심의 뉴리조트지인 시사이드(Seaside)를 계획한 것으로 일본에서도 유명한 앙드레 듀아니와 엘리자베스 플레이터-자이벅(Andres Duany and Elizabeth Plater-Zyberk, DPZ) 부부와, 공공교통기관 주체의 개발(Transit-Oriented Development: TOD), 특히 공공교통기관에서 반경 1/4마일(400m) 이내의 도보권에 주택, 소매점, 오피스를 종합적으로 개발하는 페데스트리안 포켓(Pedestrian Pocket)을 주창하고 캘리포니아 주 새크라멘토의 뉴타운, 라구나웨스트(Laguna West) 등의 설계로 유명한 피터 칼소프(Peter Calthorpe) 등이 중심이다.[47)]

이 뉴어바니즘은 3종류의 토지 활용(혹은 보전)이 큰 과제인데, 3종류의 토지란 "그린필드(greenfield)", "브라운필드(brownfield)", "그레이필드(greyfield)"이다. 먼저 그린필드의 과제란 농지와 임지, 자연보전지 등과 같이 녹지인 토지를 개발로부터 어떻게 막을 것인가라는 것이다. 브라운필드란 갈색의 토지라는 의미로서 시가지 내의 옛 공장터를 말한다. 미국 내의 공장은 먼저 북동부의 스노벨트(Snowbelt)지대 혹은 프로즌벨트(Frozenbelt)지대에서 남부의 선벨트(Sunbelt)지대로 이전하고, 그 후에 중미와 동남아시아·중국 등으로 해외이전했다. 따라서 미국의 도시에는 대량의 빈 공장터가 발생했다. 이 토지의 대부분은 중금속 등에 의해 오염되어 있을 가능성이 높기 때문에 오염을 제거하여 재개발·재이용하는 것이 과제가 되고 있다. 그리고 그레이필드란 아스팔트에 싸인 토지를 의미한다. 즉, 광대한 주차장에 둘러싸여 지금은 사용되지 않는 쇼핑센터와 빅 박스 등의 빈 점포를 말한다.

---

46) 뉴어바니즘에 대해서는 이 사상에 찬동하는 계획가, 건축가 등이 '뉴어바니즘 회의(Congress for the New Urbanism)'를 조직하고 있으며, 1996년에 채택된 회의 헌장(The Chapter of the New Urbanism) 27개 조문과 각 조문에 관련된 회원의 논문을 엮은 *Congress for the New Urbanism*(2000)을 참고하면 이해하기 쉽다.

47) DPZ 부부 및 칼소프의 사상을 다룬 대표적 저서로는 Duany, Plater-Zyberk and Speck(2000), Calthorpe(1993) 등을 들 수 있다. 또한 페데스트리안 포켓에 대해서는 Kelbaugh ed.(1989)를 참조.

앞에서 언급한 것처럼 미국에서는 대량의 빈 점포, 그것도 광대한 주차장을 완비한 대규모의 빈 점포들이 생겨나고 있는데, 이것을 어떻게 재활용할 것인가가 뉴어바니즘의 3종류로 거론될 정도로 커다란 문제가 되고 있다.

물론 빈 쇼핑센터와 빅 박스는 계속해서 발생할 것이기 때문에 모두를 재개발하는 것은 쉬운 일이 아니다. 특히 빈 점포가 신점포의 개발로 수반되는 구점포의 방치로서 발생하는 일이 많은 이상, 그대로 소매점포로서 재활용하려고 하면 더욱 소매점의 과잉을 야기할 것이다. 또한 자가용으로만 접근이 가능한 토지이용을 피하고 다양한 이용형태의 혼재(mixed use)를 추구하는 뉴어바니즘에서는 지금까지와 같은 대규모 주차장이 반드시 필요한 교외형 상업시설이 아닌 거주, 소매시설 등이 혼재하는 복합재개발을 도모하게 된다.

그 결과 플로리다 주 보카레이턴의 미즈너 파크(Mizner Park) 등 빈 쇼핑센터를 주택 등을 포함한 복합형으로 재개발하여 성공한 사례도 존재한다.[48)]

또한 이 절 2에서 살펴본 지역 쇼핑몰에 대한 경영평가에서, 존속이 곤란한 것을 그레이필드 몰(greyfield mall)이라고 칭한 것은 여기에서의 그레이필드를 의미하는 것이다.

6) 스프롤 문제

그레이필드의 의미가 어떻든 간에 뉴어바니즘의 반대가 스프롤이다. 시간 순서에 따라서 말하자면, 스프롤 개발에 대한 비판으로서 생겨난 운동이

48) 그레이필드의 재개발 사례는 Sobel(2002)에 다수 소개되어 있다. 또한 Kunstler (1996: 215~216)에서도 미즈너 파크의 사례가 분석되어 있다. 또한 Congress for the New Urbanism and Price Waterhouse Coopers(2001b)에서는 그레이필드 재개발의 이념을 간단히 정리하고 있다.

뉴어바니즘이다.

월마트와 홈데포 및 기타 카테고리 킬러는 스프롤의 원인이기도 하며 결과이기도 하다(Denning and Lary, 2005: 907). 월마트 등과 같은 대형점은 연쇄적으로 스프롤 현상을 야기한다. 즉, 도시외곽에 출점한 슈퍼마켓으로 인해 중심부의 지역소매점이 폐점하게 되어 많은 소비자들이 상품을 구매하기 위하여 도시외곽까지 가야 한다. 그러나 도시에서 훨씬 멀리 떨어진 장소에 새로운 대규모 대형점이 생기고 성공하게 되면 도시외곽의 점포 또한 폐점하게 되는 순서로 스프롤이 진행되어간다. 따라서 미국에서는 스프롤과 월마트는 동의어로 간주되고 있다(Rowell, 2003).

월마트와 기타 대형 할인점의 교외 및 더 먼 외곽으로의 전개는 스프롤을 촉진한다. 그리고 그러한 빅 박스의 확산은 교통량의 증대, 사회적 인프라 비용의 증가, 또한 직장·여가장소·쇼핑시설이 사는 곳에서 멀어져감에 따라 수반되는 많은 문제를 야기한다(Karjanen, 2006: 160).

미국에서(일본도 마찬가지지만) 자동차의 이용은 급속하게 증가하고 있다. 그러나 쇼핑을 위한 자가용 이용은 통근을 포함한 기타 목적을 위한 이용의 2배 이상의 속도로 증가해왔다. 1990~2001년 사이에 미국의 평균적인 세대의 쇼핑을 위한 자가용 주행거리는 40% 이상 증가했다. 쇼핑을 위한 자가용 이용은 횟수가 증가한 것뿐만 아니라 1회당 주행거리도 10년 전의 5마일에서 7마일로 늘어났다(Mitchell, 2006a: 112).

또한 미국의 모든 목적을 합한 자가용의 1회당 주행거리는 1969년 8.9마일에서 1995년 9.06마일로 1.8% 증가했지만, 쇼핑에 국한해서 살펴보면 4.63마일에서 5.64마일로 29%나 증가했다는 자료도 존재한다(Cuyahoga County Planning Commission, 2000: 158).[49]

---

49) 원저는 *National Personal Transportation Survey*(1995).

따라서 2001년 미국인은 물건을 구입하기 위해 3,300억 마일 이상을 운전한 셈이 된다. 2007년 시점에는 최소한 3,650억 마일에 달했다. 그 결과 미국 전역에서 매년 1억 5,400만 톤의 이산화탄소(CO_2)가 배출되고 있다(Peirce, 2007). 예를 들면 클리블랜드를 중심으로 한 오하이오 주 동북부의 7개 카운티 지역에 관한 조사에 의하면, 이 지역에서는 상품구매를 위한 자가용의 주행거리가 연간 56억 마일이나 된다(Cuyahoga County Planning Commission, 2000: 192). 따라서 지역 내에 입지한 포드 자동차 공장에서 나오는 탄화수소, 질소산화물, 일산화탄소와 같은 대기오염물질의 배출량보다도 지역 내의 11개 교외형 쇼핑센터로 이동하는 쇼핑객의 자가용에서 배출되는 대기오염물질이 10~20배 정도 많다고 한다(Cuyahoga County Planning Commission, 2000: 193의 Graph 8.9). 또한 미국의 65세 미만의 성인이 자가용을 타고 있는 시간이 연간 426시간 정도인데, 그중 100시간 이상은 쇼핑을 위한 것이라고 한다(Mitchell, 2006a: 113).

이러한 점들로 인해 교외에 위치한 빅 박스의 개발을 규제하는 움직임도 나오고 있다. 단, 이러한 움직임의 경우에는 모든 개발을 대상으로 한 포괄적 스마트그로스 정책(제4장 제5절 2 참조)이 아니면 의미가 없다. 그러나 스마트그로스 정책은 매우 복잡하며 비용도 많이 발생한다. 따라서 많은 지방정부가 스프롤 대책의 전시성 본보기로 빅 박스를 규제한는 비판도 존재한다(Denning and Lary, 2005: 911).

소매시설과 주택 중 어느 쪽이 먼저인가는 차치하더라도, 자연환경, 지역사회에 미치는 영향이라는 점에서는 주택의 스프롤 쪽이 클지도 모르겠다. 그러나 설령 그렇다고 하더라도 소매시설의 스프롤 개발을 방치해도 된다는 것은 아니다. 특히 쇼핑을 위해서 자가용 이용이 불가피해지고, 이로 인해 이용빈도와 주행거리가 기타 목적을 위한 것보다 크게 증가하여, 결과적으로 지구온난화 및 대기오염을 발생시키는 커다란 요인이 되고 있다는 점, 즉 월마트를 비롯한 슈퍼스토어, 빅 박스가 지역사회뿐만 아니라 지구 전체에도 마이너스가 된다는 점을 직시할 필요가 있다.

6. 슈퍼스토어, 빅 박스에 대한 사회적 평가

1) 사회적 역할

> 미국인은 디스카운트(Discount)에서 쇼핑을 하는 것이 자신들의 생활을 보다 윤택하게 하는 것이라고 믿고 있다. 헤어드라이기를 구입하는 데 7달러를 절약하는 것이 미국을 더 좋은 나라로 만드는 것이라고 생각하고 있다. 그러나 이러한 생각은 틀린 것이다. …… 어쩔 수 없이 폐점한 지역 경영자들은 지역의 경제적·사회적인 역할을 담당하고 있던 중류계급층이었다. 그들은 지역 여러 조직의 주역이었다. 그들은 병원이나 도서관 등의 이사를 역임하고 있었다. 어린이 야구단의 운영비를 부담하고 있었다 (Kunstler, 2004).

서장에서도 인용했지만 이것은 저널리스트이자 평론가로서 뉴어바니즘 주창자의 한 사람인 쿤스틀러의 말이다. 요약하면 월마트 등에서 헤어드라이기를 7달러 싸게 구입함으로 인해 지역의 점포가 도산하고, 지역의 점주들이 담당하고 있던 사회적 역할을 대신 수행할 사람이 없어져, 결과적으로 주민(소비자)은 보다 심각한 대가를 지불하게 된다는 주장이다. 쿤스틀러는 이것을 "헤어드라이기 7달러의 거짓말(the $7 hair-dryer fallacy)"이라고 부르고 있다(Ortega, 2000: 302).

이러한 주장과 관련해서 체인점에 반대하는 지역점포 옹호론은 지금까지 뛰어난 고객서비스, 지역행사 참가 등과 같은 막연하거나 감정적인 것이 많았다. 물론 이러한 요소도 중요하지만, 체인점이 주장하는 비용이나 세수라는 경제적 측면이야말로 행정기관 등이 지역점포의 필요성을 주장하는 데 중요하다는 비판(Civic Economics, 2004: 10)도 존재한다. 그러나 경제적 측면에 대해서는 이 장의 제3절과 제4절에서 살펴보았기 때문에 여기서는 계수적으로는 측정할 수 없는 지역점포의 중요성에 대해서 좀 더 살펴보도록 하자.

우선 지역점포는 아마추어 스포츠 팀의 후원에서 PTA 참가까지 커뮤니티 조직을 유지하고 커뮤니티의 활동을 지탱하는 중요한 역할을 수행하고 있다. 지역점포의 존속은 커뮤니티의 성격을 유지하는 데 중요한 역할을 한다. 그들이 쏟고 있는 개개인에 대한 주의와 관심은 질 높은 서비스뿐만 아니라 커뮤니티의 토대가 되는 사람과 사람과의 연결을 창출해낸다(Beatley and Manning, 1997: 149).

따라서 근린 소매점포의 소멸은 사회적인 접촉을 매우 많이 감소시킨다. 여기서 상실된 접촉은 점주와의 접촉뿐만 아니다. 점주와의 접촉도 가치가 있지만 일반적으로 소매점을 방문함으로써 발생하는 주민 상호 간의 접촉을 상실하게 된다. 사람들은 더 이상 왕래하지 않게 되고, 그것이 점점 더 거리를 삭막하게 만들며 동시에 자동차가 증가하여 길은 더 이상 커뮤니티 장소가 아닌 것으로 변해간다(Engwicht, 1993: 57).

결국 월마트의 점포 내에서는 결코 발견할 수 없는 것은 작은 동네에서의 생활의 질(small town quality of life)이다. 만약 이것을 잃어버리면 가격과 관계없이 월마트에서는 구입할 수 없게 된다(Norman, 1999: 34).

요약하자면 소규모 점포는 항상 커뮤니티의 토대(cornerstone)로서 기능을 해왔다. 만약 식료잡화점이나 과자점, 서점, 약국 등이 폐점하면 고용이 상실되는 것뿐만이 아니라 사회적인 분열이 일어나고, 슬럼이 발생하여 범죄나 폭력, 마약이 창궐할 것이다. 그리고 남겨진 얼마 안 되는 취업기회를 둘러싸고 인종적, 종교적, 민족적인 대립이 발생하는 비참한 결과가 일어날 것이다(Shils, 1997: 66).

월마트나 홈데포는 시골을 관통하는 도로와, 고객의 차를 머무르게 할 아스팔트 주차장이라는 공간이 없다면 존속할 수 없다. 이는 자동차 의존 문화에서 유발되는 것으로, 여러 번이나 쇼핑하러 가는 것이 어렵다는 점과 도보로 갈 수 있는 소규모 점포의 존립이 곤란하다는 점 때문에 주택은 한꺼번에 대량으로 산 상품을 보관하는 창고로 변해가고 있다(Kay, 1997: 66).

슈퍼스토어, 빅 박스와 지역 중소 점포의 사회적 역할의 차이에 대해서는 이외에도 많은 지적이 있지만,[50] 지면 관계상 이 정도로 정리하고 관점을 바꾸어 월마트를 비롯한 슈퍼스토어, 빅 박스의 가격에 대해서 살펴보도록 하자.

2) 가격

월마트의 저가격에 대해서는 또다시 지적할 필요도 없다. 그러나 정말로 싼 것인가라는 것에 대해서는 이의나 이론의 여지가 없는 것도 아니다. 아칸소 주 캐롤 카운티의 지방신문이 월마트를 포함한 6개 점포에 대해서 특가판매의 영향을 받지 않도록 19개 품목의 일용품에 대해서 1개월 이상에 걸쳐 가격조사를 실시한 적이 있다. 그 결과 월마트가 가장 싼 것은 19개 품목 중 불과 2개 품목에 지나지 않았으며, 나머지 중에는 월마트가 가장 비싼 것도 있었다고 한다(Norman, 1999: 82). 이 조사의 원자료를 구하지 못했기

---

50) 지역 중소 점포의 역할 그 자체는 아니지만 상점가·다운타운 소매업의 사회적 필요성에 대해서는 原田英生(1999)을 참조.

때문에 상세한 내용은 알 수 없으며, 신뢰성을 단정할 수가 없다. 그러나 월마트가 반드시 싸지 않다는 데이터는 그 밖에도 많이 존재한다.

예를 들면 ≪컨슈머리포트≫는 전기제품, 의약품 등을 대상으로 주요 소매점의 가격, 서비스 등에 관한 비교조사를 했는데, 독자 6,047명의 2004년 구입경험에 근거하여 평가한 결과에 의하면 에어컨, 가스그릴, 청소기 등과 같은 소형전기기구의 경우 가장 가격이 저렴한 곳이 코스트코, 그다음이 타깃이었으며, 월마트의 가격은 중소 독립점의 평균 가격과 기타 체인점과 동일한 수준이었다. 가격 이외에 상품구색, 서비스, 체크아웃의 신속성, 제품의 품질 등 5가지 항목에 대한 점수를 평가한 결과에 의하면 독립점이 87점(100점 만점)으로 1위였으며, 2위 코스트코(83점), 3위 시어스(80점), 이하 타깃, 로스, 홈데포, 베스트바이였으며 월마트는 70점으로 최하위였다(Consumer Reports, 2005).

다음 해인 2005년의 소형전기기구 구입경험자 1만 3,426명의 평가에 의하면, 가격은 아마존닷컴과 코스트코가 가장 싸고, 가장 비싼 곳이 최대 가전양판점 체인인 베스트바이였으며, 독립점의 평균 가격은 아래에서(비싼 쪽에서) 두 번째였다. 월마트의 가격은 기타 체인과 같은 중간대였다. 단, 가격 이외의 서비스 등을 포함한 종합평가에서는 1위 아마존닷컴(92점), 2위 독립점(87점), 이하 코스트코, 시어스, 로스, 홈데포, 샘스클럽, 타깃, 베스트바이 순이고 월마트는 전년과 마찬가지로 최하위였다(Consumer Reports, 2006).

한편 2002년에 30일간에 걸쳐 5종류의 처방전약을 구입한 경우의 가격을 비교한 결과에 의하면, 온라인판매를 제외한 점포소매의 경우 코스트코가 가장 싸고, 다음으로 타깃이었으며, 월마트는 양판점 중에서 가장 비쌌다. 다만 슈퍼마켓 3개 체인, 드러그스토어 3개 체인보다는 저렴했다. 독립점의 평균은 드러그스토어 3개 체인 및 슈퍼마켓 3개 체인에서 가장 비싼 크로거보다는 저렴했다. 또한 독자 3만 2,000명 이상을 대상으로 한 서비스, 처방시간의 신속성, 정보제공에 대한 평가에 의하면, 독립점에 대한 평가가 가장 높았으며, 양판점 중에서는 샵코(Shopko)가 1위, 다음으로 타깃, K마트, 코스트코, 메이저, 프레드메이어(Fred Meyer) 순이었으며 월마트는 최하위였다. 다만, 드러그스토어 대기업인 CVS와 라이트에이드(Rite Aid)는 월마트보다는 훨씬 순위가 낮았다. 중소 드러그스토어 체인 및 퍼블릭스(Publix), 윈딕시(Winn-Dixie), 본스(Vons), 크로거, 앨버트슨, 세이프웨이 등의 슈퍼마켓 체인 쪽이 월마트보다도 높은 평가를 얻었다(Consumer Reports, 2003).

또한 2005년 제니스 경영 컨설팅(Zenith Management Consulting)사가 미국 60개 도시의 월마트, 타깃, K마트, 드러그스토어 체인, 슈퍼마켓 체인을 대상으로 3,800개 품목에 대한 가격조사를 실시한 결과, 조사대상 품목의 80% 이상에서 월마트가 가장 싼 것이 아니라는 결과가 나왔다. 그런데 월마트의 고정고객 180명을 대상으로 포커스 그룹조사를 실시한 후 가격조사의 정보를 제공하자 그들의 최초 반응은 "거짓말이다. 신용할 수 없다"라는 것이었다고 한다(Mitchell, 2006a: 131).[51)]

이 제니스사의 조사는 2가지 점을 시사하고 있다. 하나는 월마트의 가격은 반드시 싸지 않다는 것이다. 그리고 또 한 가지, 더욱 중요한 것은 소비자들 사이에(아마도 대부분의 소비자 사이에) 월마트는 싸다(그것도 가장 싸다)는 이미지가 형성되어 있다는 것이다.

왜 이러한 이미지가 형성되었는가 하면, 첫 번째는 월마트가(그리고 기타 슈퍼스토어와 빅 박스도) 진출·출점한 초기에는 기존 점포와 가격경쟁을 하면서 저가격을 추구했으나, 가격경쟁에 승리하고 나서 경쟁점포가 대폭 감소하면(또는 없어지게 되면) 저가격정책을 중지하고 가격을 올리는 전략을

---

51) 또한 제니스사(Zenith Management Consulting LLC)는 이 조사보고서를 일반에 공개할 예정이었으나, 이 책 집필시점에는 공개되지 않았다.

추진했기 때문일 것이다.[52)]

2004년 네브래스카 주 내에서 영업을 하고 있는 월마트 슈퍼센터 11개 점포의 식료잡화류 55개 품목의 가격을 비교조사한 결과, 55개 품목의 가격 합계가 70달러인 곳부터 79.37달러인 곳까지 13%나 차이가 있었다. 영업비용에 큰 차이가 있다고 볼 수 없기 때문에 조사에서는 경쟁환경에 따라서 같은 월마트의 슈퍼센터일지라도 판매가격의 차이를 두고 있다고 결론을 내렸다(Mitchell, 2006a: 134).

또한 출점 초기의 약탈적 가격전략[53)]이라고 할 만큼 저가격 전략이 종료한 후에도 저가격 이미지를 유지하기 위한 마케팅활동을 하고 있다고 보인다. 예를 들면 월마트의 간부였던 베르그달(Michael Bergdahl)은 그의 저서에서 "쇼핑카트를 비교해보면 모든 상품이 월마트가 가장 싼 것은 아니라는 것은 틀림없는 사실이다. 그러나 소비자는 모든 상품이 월마트에서 가장 싸다고 생각하는 경향이 있다. 이러한 생각은 '매일 저가격(Everyday Low Price)'에 초점을 맞춘 월마트의 광고와 마케팅에 의해 전략적으로 만들어진 것이다. 소비자는 월마트의 모든 상품이 가장 싸다고 믿기 시작한다. 그리고 가격을 비교하는 것도 그만둔다"라고 지적하고 있다(Bergdahl, 2004: 35).

또한 PBS(Public Broadcasting Service: 공공방송)가 2004년 뉴스특집방송

---

52) 월마트의 이 전략에 대해서는 많은 지적이 존재하는데, 예를 들면 Mitchell(2006a: 29), Norman(2004: 56~59) 등을 참조.

53) 월마트의 가격설정은 약탈적 가격이며 「연방 반트러스트법」 혹은 각 주의 공정거래법을 위반하고 있는 것은 아닌가에 대한 몇 가지 재판이 있다. 본문 중에서 후술하는 것처럼 지금까지 아칸소 주 재판소 등의 하급심에서 약탈적 가격이라고 인정된 케이스는 있으나 주 재판소, 최고재판소 혹은 상급심에서는 인정되지 않았다. 또한 바로 다음에 언급하는 PBS의 특집방송 "월마트의 이익이 미국의 이익과 합치하는가?(Is Wal-Mart Good for America?)"에서 전 점장 존 레만은 월마트는 타깃이나 K마트, 홈데포, 기타의 소매기업과 달리 약탈적 가격전략을 취하고 있다고 증언하고 있다.

<프론트라인(FRONTLINE)>에서 1년간에 걸쳐 방송한 "월마트의 이익이 미국의 이익과 합치하는가?(Is Wal-Mart Good for America?)"에서, 2001년 퇴직할 때까지 17년간 월마트에서 근무하고 4개 주의 6개 점포에서 점장으로 근무한 경험이 있는 존 레만(Jon Lehman)은 월마트는 각 상품 카테고리 내에 해당 점포의 상권 내에서 가장 싼(그것도 매우 싼) 가격으로 설정한 상품을 전면에 내세움으로써 해당 카테고리 내의 기타 상품이 경쟁점포보다 높더라도 월마트는 모든 것이 싸다는 이미지를 만들어내는 가격전략을 추진하고 있다고 증언하고 있다(PBS, 2004).[54] 따라서 월마트의 "매일 저가격"이라는 캐치프레이즈를 빗대어 "매일 보통가격(Everyday Mediocre Prices)"(Norman, 2004: 63) 또는 "때론 저가격(Sometimes Low Prices)"(Mitchell, 2006a: Chapter 5)이라는 비판의 목소리도 있다.

또한 월마트는 본래 "Everyday the Low Prices"라고 불렸는데, the를 붙이면 정말로 최저가격이라는 것을 의미하는 것이 되어 부당표시가 된다고 지적한 전국광고심사평의회(National Advertising Review Board)의 보고를 받은 상업개선협회(Better Business Bureau)의 지도에 따라 1994년부터는 the를 떼고 "Everyday Low Prices"로 표시하도록 시정되었다(Shils, 1997: 129~130; Ortega, 2000: 268). 그러나 소비자 사이에서는 아직도 the가 붙은 해석·이미지가 지속되고 있다. 혹은 월마트가 그렇게 되도록 지속적으로 작업을 하고 있을 수도 있다.

이러한 상황으로 볼 때 월마트 등의 진출로 해당 지역의 소비자들은 단기적으로는 저가격으로 이익을 볼 수 있으나 장기적으로 보면 손실을 입게 된다는 지적도 있다. 즉, 저가격은 명확하게 단기적으로는 이점이 있지만,

54) 이 방송은 DVD 또는 비디오로 입수 가능하며 내용을 문장화한 트랜스 스크립트는 http://www.pbs.org/wgbh/pages/frontline/shows/walmart/에서 읽을 수 있다.

만약 어떠한 공적규제도 없다면 시장지배가 독점적인 행동을 초래하여 소비자에게 가격상의 이점 등은 소멸할 가능성이 있다. 상품선택·가격을 컨트롤할 수 있는 극히 소수의 대규모 디스카운트 체인만 존재하게 되기 때문에 품질이나 상품의 종류에 대한 선택 폭도 한정될 것이다(Shils, 1997: 24).

또한 소비자가 부담하는 것은 상품의 가격뿐만이 아니다. 쇼핑을 하러 가기 위한 비용, 즉 구매비용도 부담한다. 이에 대해서는 이하와 같은 지적과 논의가 있다.

미국인의 쇼핑에 소요되는 시간은 유럽인의 3~4배나 많다. 이 차이의 전부라고는 할 수 없지만 대부분은 대체할 구입방법이 없기 때문이다. (시간비용 등도 더해서) 종합적으로 분석하면, 월마트와 맥도널드는 미국인이 생각하고 있는 것보다 더욱 고가격이다(Oldenburg, 1997: x x iii).

뉴욕 시정부의 교통·환경 엔지니어에 의하면, 15만 제곱피트(1.4만m²)의 빅 박스에 매일 5,000~1만 명의 소비자가 방문한다. 그중 90%가 자가용이용자라고 가정하면 1년 동안 100만~200만 대의 자동차 교통을 발생시킨다. 평균적으로 왕복 8마일이라고 가정하면 총 800만~1,600만 대 마일의 교통이 증가하게 된다. 이에 따른 교통혼잡에 의한 비용이 연간 500만 달러, 사고에 의한 인명피해가 55명(사망은 3년에 1명), 물적 피해가 190건, 이것들에 의해 수반되는 뉴욕 시의 부담이 연간 총 700만 달러, 또한 대기오염, 소음에 의한 피해가 각각 70만 달러 이상과 8만 달러 이상, 혼잡에 의해 다른 통행차량이 입는 손실이 3,000만 달러 이상 등 사회적 비용은 막대해진다(Norman, 1999: 18~19).

원래 이처럼 외부화되어 있는 비용은 소매점 혹은 구매자가 부담해야만 하는 비용이기 때문에 점포 내 상품에 붙어 있는 가격보다도 진짜 가격은 상당히 높은 것이 될 수밖에 없다.

또한 앞 절에서 본 것처럼 슈퍼스토어, 빅 박스 등 소매시설의 스프롤화에 의해 최근 쇼핑에 관련한 자가용의 이용·주행거리는 크게 늘고 있다. 이는 대기오염의 악화를 촉진할 뿐만 아니라 소비자의 쇼핑 비용을 증가시킨다.

3) 매입에 관련된 문제

월마트의 가격이 앞에서 말한 이미지 정도는 아니더라도 경우에 따라서는 중소 독립소매점을 포함한 기타 소매점보다 비싼 것이 있다고 하더라도 전반적으로 보면 상당히 싸다는 것은 부정할 수 없다. 문제는 지금까지 논의해온 종업원의 저임금·저부가급부는 별도로 하더라도 어떻게 이처럼 싼 가격이 가능한가라는 점이다.

규모 면에서 NASA 다음으로 크다고 알려져 있는 정보시스템과 효율적인 물류관리(Logistics: 월마트는 미국 최대의 트럭 보유기업이기도 하다)로 인해 경영 비용을 최소화하고 있는 것도 확실한 사실이다. 그러나 그것뿐만은 아니다. 월마트가 원가 절감(cost down)을 계속할 수 있는 것은 스스로 철저하게 절약한다는 원칙에 따르고 있기 때문만이 아니라 전략적으로 납입업자에게 비용을 전가하고 있기 때문이기도 하다. 이 비용 전가는 어쩌다가 가끔 발생하는 것이 아니라 지속적이며 조직적으로 이루어지고 있다(Fishman, 2006: 94). 예를 들면 월마트와 거래하고 있는 업체의 대부분이 매년 5%의 원가 절감(cost down)을 실현하라는 거부할 수 없는 요구를 강요받고 있다고 한다(Fishman, 2006: 77).

월마트는 납입업자에게 "원가 절감을 기대하고 있다"라고 이야기 하고 있는데, 이것은 "미국 내뿐만 아니라 국외에서 납입업자에게 고용된 몇 백만 명의 임금과 부가급부를 절감하라, 만약 따르지 않는다면 그렇게 하는 경쟁기업과 거래할 것이다"라는 의미이다(Reich, 2007: 91).

납입업자의 노동자나 종업원의 임금 및 부가급부를 별도로 하면, 월마트를 비롯한 코스트코, 타깃 등과 같은 대기업 체인은 아래와 같은 방법으로 납입업자에게 비용을 전가하여 이익을 확보하고 있다(Mitchell, 2006a: 21~23).

① 납입업자에게 고액의 신기술 시스템의 도입을 요구하고, 이로 인해 체인 측의 인건비를 삭감하려고 하고 있다.

② 소매점포 내에 있더라도 판매되기 전까지의 상품을 납입업자 소유로 해놓음으로써 재고 리스크를 포함한 비용을 납입업자에게 전가한다. 체인점은 위탁판매업자화되고 있다. 한 조사에서는 2010년까지 월마트는 재고비용이 0이 될 것이라고 한다.

③ 배송시간 등이 체인점의 규칙에 조금이라도 벗어나면 통보나 교섭 없이 일방적으로 청구서의 금액이 삭감된다. 이것은 차지 백(Charge Back)이라고 불리는데, 1990년대에 월마트가 시작해서 기타 체인으로 확산되었다. 신용조사연구재단(Credit Research Foundation)에 의하면, 차지 백을 시행하고 있는 체인은 이로 인해 청구금액에서 4~10%의 이득을 얻고 있다고 한다. 특히 심각한 것이 '이익보증(margin relief)'이라고 불리는 것인데, 납입한 상품이 체인에 충분한 이익을 남기지 않았을 경우 납입업자가 지불하지 않으면 안 되는 벌금이다. 로스와 거래하고 있는 업자는 납입한 상품이 로스가 기대한 만큼 단기간에 팔리지 않았기 때문에 3만 달러를 징수당했다고 보고하고 있다.

납입하는 업체 측에서는 이러한 체인의 요구에 자체적인 효율화로 대응하려고 하나, 그럼에도 어쩔 수 없는 부분에 대해서는 힘이 약한 도매업자에게 전가하게 된다(Mitchell, 2006a: 30). 그리고 도매업자는 그 비용을 판매처인 중소 소매업자에게 전가하는 것이다. 그 결과 최종적으로 고통받는 것은 중소 소매업자, 그리고 대기업 체인에서 물건을 구입하는 소비자가 부담하게 되는 것이다.

이와 같은 강력한 소매기업이 지불하기를 거부한 비용의 일부를 납입업자가 약체 소매업자에게 부담시키는 현상을 일부에서는 '물침대 효과(waterbed effect)'라고 부르고 있다. 한 조사에 의하면 같은 내용의 매입에 대해서 중소 소매업자는 유력 소매기업보다 10%나 더 지불하고 있다고 한다. 이 워터베드 효과로 인해 업자 간뿐만 아니라 월마트가 높은 점유율을 차지하고 있는 지역과 약한 소매업자가 중심인 지역, 즉 교외와 중심도시의 사이에서도 지역 간 비용 전가가 발생하게 되는 것이다. 결과적으로 월마트는 점점 더 강해지고 윈딕시, 앨버트슨, K마트, 토이저러스, 시어스 등 기존의 유력 기업을 포함한 기타 많은 소매기업은 어려움에 직면하게 되는 것이다(Lynn, 2006: 34).[55)]

물론 업체가 미국 내에서의 효율화로 실현하는 원가 절감 및 도매업자 등에게 비용을 전가하는 데에는 한계가 있다. 따라서 생산 비용의 대폭적인 절감을 실현하기 위하여 인건비가 저렴한 개도국에서의 생산으로 바꾸려 하게 되고, 체인 측도 납입업자에게 그렇게 하도록 유도하게 된다.

1980년 중반까지 월마트가 취급하는 상품의 절반 가까이는 개도국으로부터의 수입품이었다. 그리고 소비재업체도 월마트와 K마트, 타깃 등의 저가격 전략에 대응하기 위해서 저임금의 개도국으로 공장을 이전하기 시작했다. 특히 의류제품의 경우 1985년까지는 미국에서 판매되는 40% 이상을 수입품이 차지하게 되었다(Bianco, 2006a: 174).

이러한 상황 때문에 당시 빌 클린턴 주지사(후에 대통령이 됨)로부터 경영

55) 일본에서는 물침대 효과라는 말은 거의 사용되고 있지 않으나, 이러한 거래형태 및 현상은 많이 존재한다. 일본의 1970년대, 소위 체인슈퍼가 급성장하는 과정에서 비용을 도매업자에게 전가하고 도매업자가 그것을 다시 거래처인 중소 소매업자에게 재전가한 것에 대해서는 原田英生(1981)을 참조할 것.

이 악화된 아칸소 주 내의 플란넬 셔츠 회사의 구제요청을 받은 샘 월튼은 1985년부터 미국제품 구입운동, 즉 바이 아메리카(Buy America)라는 프로그램을 시작했다. 이것은 2005년 허리케인 카트리나 피해복구지원활동에 필적할 정도로 월마트 사상 가장 성공한 PR활동으로 남아 있다. 그러나 이 프로그램에 참가하는 미국업체는 가격이 수입품 가격보다 5% 이상 높아서는 안 된다는 조건이 있었기 때문에 실질적으로는 상당히 어려웠다. 이러한 이유 때문인지 미국제품이라고 표시한 의류가 실제로는 방글라데시, 한국, 중국에서 만들어졌다는 것이 1992년에 NBC TV의 특집방송 <데이트라인(Dateline)>에서 폭로되었다(Bianco, 2006a: 174~177). 그 결과 이 프로그램·운동은 중단되었으나 반대로 수입품의 취급비율은 그 후에 한층 더 증가했다.

특히 중국은 공장노동자의 시급이 40센트이며, 또한 착취공장(sweat-shop)[56]에 대한 단속이 약했기 때문에 상황이 좋았다. 이에 월마트는 납입

56) 월마트의 착취공장 문제에 대해서는 Ortega(2000)에서도 자세하게 설명되어 있다. 월마트뿐만 아니라 나이키, 갭 등 (주로 미국의) 대기업 전반에 관한 르포르타주로서는 Klein(2000)을 참조. 월마트 등의 대형 소매기업과 중국과 중미, 아시아의 착취공장과의 관계, 공장노동자의 임금, 또한 제조원가 등의 실태에 대해서는 찰리 커네건(Charlie Kernaghan)이 이끄는 뉴욕의 NPO인 전국노동위원회(National Labor Committee; NLC)가 홈페이지(http://www.nlcnet.org)에서 제공하는 공장노동자의 증언 등을 포함한 정보를 참고하기 바란다. NLC는 월마트뿐만 아니라 대기업이 착취공장을 이용하고 있다는 것을 지속적으로 고발하고 있으며, 특히 1996년 월마트의 여성용 의류브랜드인 "Kathie Lee"(인기 토크쇼 방송 사회자 이름) 제품을 온두라스의 아이들이 열악한 환경에서 1일 15시간 노동으로 만들고 있다는 것을 보도한 것이 이후의 착취공장을 둘러싼 논란의 발단이 되었다. 또한 기계화하기 어려운, 즉 노동집약적인 봉제제작을 수반하는 의류·어패럴제품은 일찍이 생산을 저임금의 개도국으로 이전했는데, 이에 대해서는 Rosen(2002)과 Rivoli(2005)가 정치경제학적으로 분석하고 있다. 또한 미국에서 착취공장에서 생산된 상품을 판매하고 있는 것은 대형 소매기업뿐만이 아니다. 미국의 유명 대학에서는 대학로고가 새겨져 있는 티셔츠와 트레이너복, 문구 등을 판매하고 있는데 대부분이 착취공장에서 생산한 것이다. 이를 비판한 하버드 대학을 비롯한 유력 대학의 학생들이 각

가격을 '중국가격'을 기준으로 하게 된다. '중국가격' 기준에 직면한 업체는 사업을 축소할 것인가, 사업을 접을 것인가, 아니면 중국으로 공장을 이전할 것인가라는 3가지 선택 중에 고민을 하게 된다. 결과적으로 월마트의 데이터베이스에 등록되어 있는 6,000개 공장 중 80% 이상이 중국에 있으며, 식료잡화 이외의 상품분야에서는 70%가 중국산이다(Bianco, 2006a: 15; Goodman and Pan, 2004). 2002년에는 120억 달러, 2004년에는 180억 달러, 2005년에는 220억 달러의 상품을 중국에서 수입하고 있으며, 미국이 중국에서 수입하는 총액의 거의 10%를 차지하고 있다. 소비재에 국한하면 15%를 차지하고 있다는 주장도 있다. 단, 월마트의 매입 총액에서 중국제가 차지하는 비율은 11%이며, 기타 대형 소매기업의 비율과 비교하면 그 비율은 훨씬 낮다(Binaco, 2006a: 187).[57] 바꾸어 말하자면 월마트 이외의 대형 소매기업의 중국 의존은 10%보다 훨씬 높다는 것이다.

월마트가 판매하고 있는 상품의 적어도 85%는 외국산이며, 그 대다수가 중국제, 그것도 착취공장에서 만들어진 것이라는 지적도 있다(Featherstone, 2004a: 53).

월마트와 거래하고 있는 스프링클러 업체인 넬슨(Nelson)사의 사장에 의하면, 이 회사가 납입하고 있는 상품의 일부는 미국산이기 때문에 기쁘게 매입하고 있다고 월마트가 말하지만, 비용의 차이가 너무 크기 때문에 중국에서 생산하지 않으면 거래를 계속할 수 없다고 한다. 결과적으로 월마트와의

대학본부를 점거하는 등의 실력행사에 나서서, 결과적으로 많은 대학에서 개도국 공장의 노동조건 등을 개선하기 위한 투쟁을 하게 된 경과에 대해서는 Featherstone and United Students Against Sweatshops(2002)에 잘 정리되어 있다. 착취공장은 아니지만 개도국으로의 공장이전에 수반되는 개도국의 고용·노동 문제 전반에 대해서는 Klein et al.(2003), Kletzer(2002) 등 The W. E. Upjohn Institute for Employment Research에서 출판된 일련의 문헌들을 참고할 것.

57) 소비재수입의 15% 이상이라는 주장은 Basker(2007: 177) 참조.

거래를 유지하기 위해서 이 회사는 미국 내의 공장을 폐쇄하고 종업원을 해고했다고 한다(Fishman, 2006: 249).

이러한 것의 배경에는 1990년대 말부터는 미국인 사이에서 미국산에 대한 애착이 없어져 소비자가 원산국에 관계없이 품질과 가격에만 관심을 가지게 되었기 때문이다. 결국 해외산이라는 부정적인 이미지가 사라졌다고 한다(Uchitelle, 2006: 14). 다른 시점에서 보면 미국인이 싸게 파는 문화를 민주주의의 이념으로 취급했다고도 할 수 있으며(Zukin, 2003), 미국이 싼 가격의 쇼핑 이외에는 거의 가치를 인정하지 않는 나라가 되어버렸다는 해석도 가능하다(Dicker, 2005: 213).

이는 개도국으로부터 아주 싼 상품을 수입해서 판매하는 월마트 등과 같은 슈퍼스토어나 빅 박스 등의 대형 소매기업이 크게 성장한 원인이기도 하며 결과이기도 하다. 단, 여기서 주의할 필요가 있는 것은 한편으로는 이러한 생산의 해외이전은 대형 체인에 매입가격 저하라는 점에서만 이익이 되는 것은 아니라는 것이다. 생산의 해외이전으로 인해서 어떻게든 일을 하고 싶어 하는 대량의 실업자가 생겨났으며, 시가지 내에 교외형 빅 박스 개발에 적합한 대량의 공장터가 제공되었다(Mitchell, 2006a: 51). 바로 이러한 이유로 월마트 등 대형 소매기업이 매우 저렴한 임금으로 고용할 수 있었으며, 또한 매우 저렴한 점포개발용지도 확보할 수 있었던 것이다.

그러나 다른 한편으로는 가장 가난한 나라들에게조차 월마트는 더욱 비용을 인하할 것을 요구한다. 따라서 노동자를 뼈까지 쥐어짜는 방법 이외에 생산자가 월마트의 요구에 응할 수 있는 수단은 남아 있지 않게 되는 것이다(Bonacich and Wilson, 2005: 69).

중국에 대해서 말하자면, 월마트와 중국은 전 세계의 노동과 소비의 조건에 영향을 미칠 정도로 결정적인 협력관계를 만들어왔다(Goodman and Pan, 2004). 그리고 중국의 월마트 공급업자는 월마트로부터의 압력에 대해 공장

노동자에게 불이익이 되는 방법으로 대응해왔다(Bonacich and Wilson, 2005: 71).

여하튼 월마트의 원가절감 요구로 인해 납입업자가 그 종업원의 생활임금(livable wages)과 양호한 노동환경을 제공하는 것을 어렵게 하고 있다는 점(Dicker, 2005: 27), 또한 월마트의 심벌인 웃음마크와 깜짝 놀랄 만한 저가격의 이면에는 보이지 않는 곳에서 착취당하고 있는 공장노동자가 있다는 점(Fishman, 2006: 99), 월마트의 쇼핑고객 자신은 저임금으로 생활하고 있지만 역설적이게도 중국의 공장노동자의 주된 가해자가 되고 있다(Zukin, 2004: 263~264)는 사실을 잊어서는 안 될 것이다. 많은 사람들이 전동공구나 속옷, 세탁용 세제를 정말 싸게 살 수 있게 하기 위해서 일부 사람들이 정상적인 생활을 하지 못하게 되어도 좋은가 하는 것이다(Fishman, 2006: 202).

시각을 납입업자의 경영으로 옮겨서 살펴보면, 1994년 월마트와 거래액이 많았던 상위 10개 사 중 4개 사는 그 후에 도산했다고 한다(Fishman, 2006: 162; Lynn, 2006: 36). 물론 그들의 도산이 모두 원가절감, 비용 전가를 수반하는 월마트의 거래에 의한 것이라고는 단정할 수 없다. 각 사마다 도산의 원인이 상이하며, 방만 경영 또는 본업 이외에서의 실패가 원인이 되었을지도 모른다. 그러나 상위 10개 사 중 4개 사라는 것은 무시할 수 없는 숫자이다.

이러한 상황이기 때문에 월마트를 비롯한 슈퍼스토어와 빅 박스 등이 중국 등에서 수입한 상품을 저가격으로 판매하는 것에 대한 비판이 적지 않지만, 한편으로는 소비자에게 저렴한 상품을 제공하고 있기 때문에 좋은 것이라는 반론도 존재한다. 그러나 공장이 중국 등으로 이전됨으로써 미국 내에 산업공동화가 진행되고 실업이 증가한다면 과연 어떻게 봐야 할 것인가. 월마트와 거래를 하고는 있지만 중국의 경쟁 상대로 인해서 거래가 매년 감소하고 있는 편물(編物)업체의 사장이 지적하고 있는 것처럼, "(아무리 싸게 해도) 실업 중이라면 아무것도 살 수 없는 것 아닌가? 우리들은 일을 해야만 쇼핑도 가능하게 된다"(Bianco, 2006a: 192)라는 것을 잊어서는 안 될 것이다.

동시에 대형 소매기업의 원가절감 압력으로 인해 업체가 연구개발예산을 줄일 수밖에 없게 되어, 결과적으로 많은 분야의 제품혁신 면에서 악영향을 미치고 있다는 지적도(Mitchell, 2006a: x vii) 무시할 수 없을 것이다.

4) 상품구색

월마트 등의 저가격의 배경에 있는 문제는 일단 차치하더라도 대형점이 출점하는 것은 소비자의 상품선택 폭을 확대시킨다는 평가가 일본에서와 마찬가지로 미국에도 존재한다. 과연 그럴까?

물론 대형점이 출점한 초기에는 기존 점포의 상품구색에 신규 대형점의 상품구색이 더해지기 때문에 상품구색의 폭이 넓어지는 것은 사실이다. 그러나 약탈적 가격 여부는 잠시 접어두더라도 신규 대형점의 저가격 공세 등에 의해 기존 점포의 대부분이 폐점한 뒤에는 어떻게 되는 것일까? 극단적인 경우 상권 내에 월마트만 존재하는 상황이 일어났을 때, 그때도 소비자의 선택 폭이 이전보다 넓어졌다고 말할 수 있을까?

이 경우 식료잡화류나 의류 등에 대해서도 검토할 필요가 있을지 모르겠으나, 특히 문제가 되는 상품분야가 서적·잡지와 CD, DVD 등이다. 말할 필요도 없이 이 분야에는 방대한 아이템이 존재할 뿐만 아니라 가지고 싶은 아이템이 없다고 해서 다른 아이템으로 대체할 수도 없다. 예를 들면 월마트가 취급하고 있는 서적이 500타이틀이지만, 미국 최대의 서적 체인인 반스앤노블에서 취급하고 있는 서적은 6만 타이틀이라고 한다(Bianco, 2006a: 250). 지방의 중소 서점이 취급하고 있는 타이틀 수는 반스앤노블보다는 적겠지만 그래도 월마트보다는 훨씬 많다. 그러나 베스트셀러로 압축해서 저가 공세를 펼치는 월마트의 출점으로 인해 지역의 독립서점은 자취를 감추고 월마트 이외에서는 책을 살 곳이 없는 지역이 다수 출현하고 있다. 결과적으로 소비자의 구입기회(저자·출판사에게는 판매기회)가 크게 감소하게 되었다.

또한 이러한 상품은 이데올로기, 문화, 종교 등의 문제와 관련된 경우가 많다. 이것을 월마트 등의 가치관으로 취사선택한 것 중에서만 소비자가 선택·구입이 가능하다는 것이 과연 좋은 것이냐는 비판도 있을 수 있다.

일반적으로 민주주의에는 다수자의 횡포가 소수자의 생각을 억압해버릴 우려가 있지만, 이 경우에는 반대로, 월마트를 경영하는 소수자가 월마트를 통해서 실현하고자 하는 정치적인 과제에 다수자가 반대할지도 모른다는 그들(소수자)의 불안으로 인해서 상품구성이 영향을 받게 되는 것이다 (Sheehy, 2004: 42).

더욱 문제인 것은 월마트 등에서 취급받지 못하면 판매기회가 크게 감소할 것을 우려한 제작자 및 출판사 측이 월마트 등이 만족하는 내용이나 표현으로 변경하거나 자체 규제할 위험성이다.[58)]

자체 규제가 실제로 발생한 사례가 있다. 이 책에서도 자주 인용하고 있는 그렉 리로이(Greg LeRoy)의 『위대한 미국의 채용 사기(The Great American Jobs Scam)』는 당초 대형 출판사 존와일리앤드선즈(John Wiley & Sons)사의 자회사인 조시-바스(Jossey-Bass)에서 출판될 예정이었다. 그러나 월마트를 비판하는 내용이 포함되어 있었기 때문에 월마트와의 거래가 축소되는 것을 염려한 존와일리앤드선즈사는 조시-바스의 담당편집자에 리로이와의 계약을 파기하도록 압력을 넣었다. 편집자는 거부했으나 최종적으로는 사임할 수밖에 없게 되어, 조시-바스에서의 출판은 중단되었다(Dicker, 2005: 145~146). 그 후 독립출판사인 베렛-코엘러(Berrett-Koehler)가 출판했기 때문에 우리는 그 책을 읽을 수 있게 된 것이다.

58) 이 문제에 대해서는 Bianco(2006a: 247~254), Dicker(2005: 155~156) 등 다수의 지적이 있다.

이 사례는 월마트가 직접 압력을 가하지는 않았지만 납입업자가 월마트의 눈치를 보고 자체 규제를 하는 것이 가능하다는 것을 여실히 보여준 에피소드이다.

상품구색이라는 점에서 또 하나 큰 문제가 되고 있는 것이 모닝에프터필(Morning-After-Pill)이라는 사후경구피임약이다. 이 약은 미국에서 의사 처방이 필요한 약으로서, 피임에 실패하거나 강간 등의 사고가 있었을 때를 위하여 사용되고 있으나, 임신중절에 반대하는 일부 종교단체 등이 그 사용에 반대하고 있다. 월마트에서는 원래 종교적 배경이 있어서인지 이러한 종교단체의 반대압력에 따라서, 그리고 저회전율의 상품이기 때문에 이 약을 취급하면 경영효율이 악화될 것을 우려하여 지금까지 이 약의 취급을 거부해왔다. 그러나 미국의 10대 드러그스토어 체인(혹은 의약품부문을 가진 슈퍼스토어 체인) 중에 이 약을 취급하지 않고 있는 곳은 월마트뿐이다(Bianco, 2006a: 248~249).

위에서 지적한 서적의 경우와 마찬가지로, 출점한 월마트의 저가격 공세로 인해 기존의 조제약국이 모두 폐점해버려서 월마트의 조제약국 부문만 남은 지역도 많다. 특히 월마트는 의약품을 초저가 미끼상품으로 사입하여 원가 이하로 판매하는 곳이 적지 않다. 월마트 자체는 의약품 이외에서 이익을 확보할 수 있으나, 의약품만 취급하는 약국에서는 그러한 경영전략을 쓸 수 없기 때문에 도산·폐점으로 몰리게 되는 것이다.

의약품을 미끼상품으로 판매하는 문제에 대해서는 월마트가 약탈적 가격전략을 채택하고 있다고 「연방 반트러스트법」 혹은 각 주의 공정거래법 위반이라고 한 몇 개의 재판이 주 재판소에 제소되어 있으나, 지금까지는 하급심에서는 원고승소 판결도 나왔으나 최고재판에서는 월마트가 승소하고 있다. 예를 들면 아칸소 주의 독립 약국들이 월마트의 원가 이하 가격판매는 원가 이하 판매를 금지한 아칸소 주의 「불공정거래관행법(Unfair Trade

Practices Act)」을 위반했다고 제소한 재판에서, 1993년 1심에서는 약국들이 승소했으나 1995년의 대법원 판결에서는 7인 재판관에 의한 4 대 3의 평결로 월마트가 역전 승소했다. 그 근거는 원가 이하 가격으로 판매하고 있는 상품이 있는 것은 사실이나 약탈적 가격, 즉 독점을 형성하려고 했다는 의도를 증명할 수 없다는 것이었다.[59)]

약탈적 가격 여부는 차치하더라도 월마트가 약국부문에서 독점적인 지위를 확보한 지역에서는 강간 등으로 인해 긴급하게 모닝에프터필이 필요하게 되어 의사가 처방을 하더라도 실제로 구입할 수 없는 사태가 발생하고 있다. 미국 최대의 여성단체 NOW는 2002년 6월 월마트를 "부끄러운 회사(merchant of shame)"로 지정했는데, 그 이유로 여성종업원을 차별하고 있는 점, 아동노동법과 신체장애자법을 위반하고 있는 점과 동시에 이 모닝에프터필을 취급하고 있지 않다는 점을 들고 있다(Bull, 2002).

인근에 서적을 팔고 있는 점포는 월마트밖에 없는데 거기서는 누드사진을 게재한 잡지를 취급하고 있지 않다는 것도 문제가 되고 있지만, 그러나 이것은 생명에 지장이 없으며 아마존닷컴 등에서 구입할 수도 있다. 그러나 강간 피해를 당한 여성이 의사의 처방전을 가지고 긴급하게 필요한 모닝에프터필을 복용할 수 없는 일이 발생해도 과연 좋은 것일까?

이러한 문제에 대해서 매사추세츠 주에서 월마트가 모닝에프터필을 보관하고 있지 않은 것은 모든 약국은 일반적으로 사용되는 처방전약의 재고를 두도록 규정한 주법에 위반된다며 3명의 여성이 월마트를 제소했다. 이에 주의 의약품국은 2006년 2월, 월마트에 모닝에프터필을 준비해둘 것을 명했다. 매사추세츠 주와 같은 법률이 있는 일리노이 주를 비롯한 몇 개의 주가

59) 아칸소 주에서의 재판과 이와 관련된 주법 및 연방법에 관해서는 Hawker(1996), Shils(1997: 127~160, Chapter Ⅵ, Ⅶ) 등을 참조.

비슷한 움직임을 보이기 시작했기 때문에 월마트는 그해 3월부터 모닝에프터필의 재고를 확보했다. 단, 실제로 판매할지에 대해서는 약제사에 일임했기 때문에 판매되지 않을 수도 있다(Reich, 2007: 182; Zezima, 2006; Zimmerman, 2006).

여하튼 일반적으로 알려져 있는 대형 소매기업이 출점하면 소비자의 선택 폭이 넓어진다는 논리와 반대로 대형 소매기업은 소비자의 선택 폭을 대폭 축소시킨다(Mitchell, 2006a: 138). 소매점의 규모와 파워가 커지면 커질수록 소비자의 선택 폭은 점점 작아진다(Dicker, 2005: 159)는 지적과 비판은 적어도 미국에서는 적중하고 있다고 보아도 무방하다.

소비자는 월마트가 취급하기로 합의한 상품 내에서 좋아하는 상품을 선택할 수 있는 자유가 있는 것이다. 이는 헨리 포드가 언급한 "당신의 차를 위해 어떤 색깔이든 선택할 수 있다. 단, 그것이 검은색이기만 하면!"이라는 말을 떠오르게 한다(Sheehy, 2004: 41).

제3장

월마트의 비즈니스 모델과 문제점

1. 저임금 경영

1962년 아칸소 주 로저스에 샘 월튼이 창업한 할인점 월마트는 1980년대 이후 급성장하여 2008년 1월 현재 일본(세이유)을 비롯한 14개 국가에 7,262개 점포(중국 Trust Mart 포함)를 출점했으며, 이 중 미국 내에는 4,141개 점포 출점, 매출액 3,745억 달러, 영업이익 220억 달러라는 세계 최대의 소매기업이 되었다.[1] 이 매출액은 업계 2위인 카르푸(프랑스)의 3.5배 이상, 2~5위까지의 매출액 합계와 거의 동일한 규모이다.[2] ≪포천≫지의 500대 기업 랭킹에서 타 산업의 기업과 비교하더라도 2002년부터 1위에 랭크되어

1) 이 수치는 월마트 *2008 Annual Report*에 의한 수치이다.

2) ≪스토어스(Stores)≫ 2008년 1월호에 의하면 2006년의 소매부문의 매출은 1위 월마트 3,450억 달러, 2위 카르푸 979억 달러, 3위 홈데포 908억 달러, 4위 테스코 800억 달러, 5위 메트로 749억 달러이다.

있다〔2006년에서 석유가격 폭등으로 액슨 모빌(Exxon Mobil Corporation)이 1위였으나, 2007년에는 다시 월마트가 1위에 랭크됨〕.

종업원은 미국 내에서만 136만 명 이상(미국 이외도 포함하면 190만 명 이상)이 되는 최대의 민간고용주라고 할 수 있다.

월마트가 급속하게 성장할 수 있었던 것은 경쟁점이 출점하지 않는 도심에서 떨어진 생활이 불편한 곳에 출점하여 그 지역 일대의 독점을 형성한 점과 압도적으로 저렴한 가격으로 판매를 실시했기 때문이다. 그러나 실제로는 저가격이 아니며, 또한 매우 싼 가격이라는 것은 이미지 전략의 결과라는 평가도 존재한다는 것은 이미 앞에서 지적한 바가 있다. 단, 만약 저가격이 이미지이며 판매하는 상품 전부가 싼 것이 아니라고 하더라도, 많은 상품이 저렴한 가격이라는 것은 틀림없는 사실이다. 그리고 그러한 저가격을 가능하게 한 요인으로서 ① 집중출점과 철저한 물류 효율화, ② 최첨단 정보 시스템, ③ 저가격 매입 실현, ④ 철저한 비용 관리 등이 자주 지적되고 있다.

2001년 주요 종합소매기업의 매출액 대비 영업경비 비율을 살펴보면, K마트 21%, 타깃 22.3%, 시어스 24.9%, 노드스트롬(Nordstrom) 30.7%에 비해 월마트는 16.6%에 불과하다(Archer, 2005: 844).

이러한 낮은 경비 비율의 실현과 앞서 언급한 요인들이 작용하여 월마트의 급속한 성장이 가능했다는 사실은 부정할 수 없는 사실일지 모른다. 그러나 저가격이 가능하게 된 최대의 요인은 낮은 임금과 종업원의 열악한 처우이다. 즉, 월마트의 "날마다 저가격(Every Day Low Prices)"과 "날마다 저임금·저부가급부(Every Day Low Wages and Benefits)"라는 동전의 양면과 같은 관계이다. 즉, 월마트의 비즈니스 모델과 종업원의 기대·희망은 결코 양립될 수 없다 (Bianco, 2006a: 97).

일반적으로 소매업의 임금은 제조업 등과 비교하면 낮지만, 월마트의 경우 노동조합의 조직화가 발달한 슈퍼마켓보다 매우 낮을 뿐만 아니라 조합화가 이루어져 있지 않은 대형 소매기업의 평균과 비교해도 매우 낮다. 또한 업무시간외나 휴식시간에 임금 미지급 노동을 강제하고 있다(따라서 손해배상을 요구하는 집합대표소송이 다수 제기되고 있다). 이는 점장의 보수가 점포의 이익에 의해 결정되는 한편, 점장의 재량권이 거의 인건비에 한정되어 있기 때문에 점장에게 인건비를 억제하는 인센티브가 작용하기 때문이라는 지적도 있다. 여하튼 많은 소매기업의 매출액 대비 인건비 비율이 12~16%인 데 비해 월마트는 약 8%이다.

만약, 월마트가 조합화된 슈퍼마켓과 동일한 정도의 임금·부가급부를 지급하고, 판매가격 등을 현재와 동일하게 유지한 채 경영을 한다면 거액의 적자기업이 될 가능성이 높다.

사실 제1장 제2절 7에서도 지적한 것처럼, 월마트의 여성대변인도 모든 종업원의 시급을 2달러 인상하면 이익의 2/3가 없어진다고 인정하고 있다(Goldberg, 2007: 38). 이는 3달러 인상하면 이익은 제로가 된다는 것을 의미하며, 슈퍼마켓 체인과의 임금격차는 더욱 크기 때문에 슈퍼마켓과 동일한 수준의 임금을 책정한다면 적자기업이 된다는 것을 의미한다.

따라서 월마트의 비용 우위성의 주요 원천은 낮은 간접비, 공급망(supply chain)의 효율성, 그리고 특히 낮은 인건비 때문이라는 지적이 존재하며(Economist, 2004: 65), 제1장 제2절 7에서 지적한 것처럼 이 낮은 인건비야말로 월마트의 최대의 경쟁우위성이라고 지적하는 증권 애널리스트도 있다.

원래 경쟁 체인과의 가격차가 어느 정도 존재한다면, 종업원의 임금을 일부 인상하고 그 부분만큼 판매가격을 상승시켜도 회사의 이익 및 소비자에게 미치는 영향은 미비한 것이 일반적이다. 그러나 만약 경쟁 체인과의 가격차가 적다면, 임금인상이 회사의 이익에 미치는 영향은 매우 커진다(Bernstein et al., 2006: 6~7; Dube and Wertheim, 2005). 따라서 이러한 의미에서 월마트가 소액의 임금인상에도 저항하고 있는 것은 경쟁 체인과의 가격차가 그다지 크지 않다는 것을 증명하고 있는 것으로 판단된다.

단, 월마트의 저임금 경영은 최근에 시작된 것이 아니다. 이는 창업 당시부터 시작된 것으로, 샘 월튼은 구두쇠(chintzy) 경영자였으며 1950년대에는 소매점원은 연방 최저임금법의 적용대상이 아니었기 때문에 시급 50센트라는, 아칸소 주의 작은 마을에서조차 매우 낮게 여겨지는, 최저임금 이하의 임금을 지급했다(Lichtenstein, 2007: 1654).

여하튼 이처럼 낮은 인건비는 샘 월튼이 가능한 한 적은 인원만 고용한 것뿐만 아니라 그 사람들에게 최저임금 이상을 지불하고자 하지 않았던(Frank, 2006) 시기부터 계속되고 있는 것이다.

이러한 것이 가능했던 것은 창업지역과 관계가 있다. 샘 월튼이 점포를 전개하기 시작한 아칸소 주 북서부를 중심으로, 북측의 미주리 주 남서부, 서측의 오클라호마 주 동부에 이르는 지역은 전술한 바와 같이 오자크 산지(Ozark Mountains) 또는 오자크 고원(Ozark Plateau)이라고 불리는 지역이었다. 이 지역은 1930년대의 뉴딜정책이나 1960년대 후반의 공민권운동과 그 결과로서의 개혁과도 관계가 없는 지역이었다. 그러나 2차 세계대전 후의(대기업 중심의 대규모 경영으로 변질하는) 농업혁명으로 인해 이 지역에서의 농업은 쇠퇴하게 되고, 목재업 또한 축소되기 시작했다. 그 결과 대량의 실업자가 발생하게 되었다. 이에 1950~1960년대 닭고기 가공공장이나 봉제공장이 진출하지만 거의 비조합의 저임금, 더욱이 여성노동력을 목적으로 한 것이었다. 월마트는 이러한 노동시장으로 인해 매우 낮은 임금으로 수천 명의 여성을 고용할 수 있었던 것이다(Bianco, 2006a: 51~52; Lichtenstein, 2006: 14~15; Lichtenstein, 2007: 1655~1656).

이러한 여성 대부분은 농가의 주부였으며, 그녀들의 낮은 임금은 남편의 수입을 보완하는 성격이었다(Head, 2004: 85).[3] 오늘날 저임금이라는 비판에 대하여 월마트 대변인이, 월마트는 가족을 부양하기 위한 직업을 상정하고 있는 것이 아니라 다른 수입을 보완하기 위한 것이라고 반론하는 것은(Edney, 2006), 아직 1960년대 오자크 지방의 사고방식으로부터 탈피하지 못했다는 것을 반증하는 것이다.

케네디 정권이 들어서면서 1950년대에는 적용에서 제외되었던 연방 최저임금법이 소매업 점원에 대해서도 연 매출 100만 달러 이상의 기업에는 적용되게 되었다. 그러나 샘 월튼은 본래 자금을 모으기 위한 목적으로 등기상에는 점포마다 별도의 법인으로 하고 있었으며, 이로 인해 각 점포는 연 매출 100만 달러에 미치지 못하기 때문에 연방 최저임금법이 적용되지 않는다고 주장하면서 재판에서 다투게 되었다. 결과적으로 월마트가 패소하여 최저임금법이 적용되게 되었는데, 당시 월마트가 지불하고 있던 임금은 최저임금의 거의 절반 정도였다고 한다(Adams, 2006: 218~219; Bianco, 2006a: 50~51; Lichtenstein, 2007: 1654~1655; Ortega, 2000: 86~87).

다만 1인당 소득과 생활비가 미국 평균의 절반 이했던 1960년대 아칸소주의 시골·농촌 지대에서는 최저임금이라도 그다지 나쁜 조건은 아니었다. 또한 장기근속자에게 주식을 부여하는 제도 등을 고려하면 당시의 월마트는 직장으로서는 상대적으로 좋은 조건이었다(Hoopes, 2006: 97).

게다가 당시의 남부 및 중서부의 열악한 경제상황과 실업환경하에서 사람들은 저가격과 취업기회라는 양면에서 월마트 등의 빅 박스 소매업의 출점을 경제발전(economic development)의 실현이라고 생각했다(Blanchard et al., 2003: 317~318).

---

3) 사실 40년 이상에 걸쳐 월마트의 전개 지역은 오자크 지방에서 미국 전역으로 확대되었으며, 또한 같은 지역에서도 사회가 당시와는 크게 변했음에도 불구하고 월마트 매니저들의 여성에 대한 시각은 당시의 농가 주부에 대한 시각과 크게 변하지 않고 있다는 것이 듀크스(Dukes) 재판의 배경이라는 것은(Head, 2004), 제1장 제5절 2에서도 지적한 바와 같다.

문제는 1960년대 오자크 지방에서는 좋은 현상일지는 모르지만, 그 비즈니스 모델이 21세기 초반의 미국이나 다른 국가에서도 바람직하다고 평가될 수 있는가 하는 것이다(Hoopes, 2006: 98).

21세기까지 언급하지 않더라도, 1990년대 초반까지 25년 이상 매니저를 역임한 데일 스타일스(Dale Stiles)에 의하면 월마트의 일반점원의 평균 연간 수입은 아칸소 주의 세대수입 중간치의 40% 이했다고 주장하기 때문에(Lichtenstein, 2007: 1651), 적어도 1990년대 초반경에는 이미 아칸소 주에서조차 양호한 비즈니스 모델이라고는 할 수 없었다고 봐도 무방하다.

물론 한 사람의 임금으로는 가족의 생활이 곤란하기 때문에 부부가 같이 일하는 경우는 물론 성장한 아이들도 함께 전 가족이 월마트에서 일하는 형태가 증가하고 있다. 이러한 복수의 세대가 같은 곳에서 일하여 수입을 나누어 가지는 것은 19~20세기 초반의 가족이 선택한 살아남기 위한 전략으로의 회귀라고 할 수 있다(Lichtenstein, 2007: 1661~1662).

또는 월마트에서는 생산성의 상승과 임금의 상승이 큰 괴리를 보이고 있는데, 이는 그야말로 뉴딜시대를 뛰어넘어 1920년대의 가혹한 노동자 착취의 자본주의로까지 회귀했다고 보아도 무방할 것이다(Head, 2004: 81). 단, 이 저임금에는 예외가 존재한다. 경영간부 보수 이외에는 매우 인색한 것이 월마트의 기업문화이다(Goldberg, 2007: 32). 점장들에 대한 보수는 여러 다른 디스카운트 체인보다 후한 편이다. 이는 담당점포의 이익에 따라서 보너스가 지급되기 때문에 이론상으로는 보수에 제한이 없기 때문이다(Bianco, 2006a: 58). 그 결과 월마트의 임금·급여체계는 가운데에 가늘고 긴 딸기를 세워놓은 팬케이크 같은 모양이라고 할 수 있다(Lichtenstein, 2007: 1663).

점장을 비롯한 매니저의 경우 보너스를 제외한 기본급 자체는 일반종업원과 마찬가지로 동종업계 타사와 비교하여 낮은 편이다. 다만, 9년간 근무하여 종업원지주제도에 참가할 수 있는 권리를 얻게 되면 일시에 부를 축적할 수 있는 기회를 얻게 된다는 평가도 있다(Hoopes, 2006: 97). 또한 점장은 담당하는 점포의 이익목표를 달성하지 못했을 경우에는 점장의 직위를 박탈당하거나 해고되는 벌칙을 받게 되지만, 달성할 경우에는 기본급 이상의 많은 보너스를 받을 수 있다. 이것이 바로 일반점원의 시간외임금 미지급 노동 문제의 원인이 된다는 것은 제1장 제4절 3에서 지적한 바 있다.

그러나 매니저들의 근무상황은 매우 가혹하다. 점포에서 매장주임을 역임한 피어스(Pierce)의 증언에 의하면, 주 60~70시간 근무하는 것은 일상적이라고 한다. 또한 벤톤빌의 본사 직원들도 주 60~70시간 노동은 일반적이었으며, 일요일에 쉴 수 있는 것은 축복받은 사건이라고까지 여겨졌다고 한다(Lichtenstein, 2007: 1670~1674).

2. 기업문화와 관련된 문제

월마트의 고용, 종업원 대우를 둘러싼 문제는 저임금뿐만이 아니다. 의료보험 등에 대해서는 뒤에서 살펴보도록 하고, "극단적인(rabidly) 반조합"(Archer, 2005: 860)이라고 평가되는 노동조합에 대한 경영방침·태도를 둘러싼 문제가 존재한다. 즉, 위법·탈법행위, 부당노동행위 등으로 조합화를 철저하게 탄압했다. 제1장 제6절 2에서 언급한 바와 같이 캐나다에서 조합결성에 성공한 점포를 폐쇄한 사례도 존재한다. 극단적인 반조합정책을 선택하는 것은 조합화에 의한 임금·부가급부의 증가가 인건비의 상승을 초래하여, 그 결과 가격우위성, 경쟁우위성을 상실하는 것을 우려했기 때문이라고 판단된다.

미국에서도 노동조합을 배제할 수 있었기 때문에 월마트는 매우 싼 가격을 유지할 수 있었다는 지적이 존재한다(Quisumbing, 2005: 130). 또한 월마트에서는 종업원의 권리는 존중받지 못하며, 만약 존중한다면 비용이 상승하여 이익이 감소하기 때문에 권리가 존중받을 수 없다. 월마트의 성공은 종업원의 임금과 부가급부를 억제하는 것에 의존하고 있다. 동시에 강성 노동조합이 존재하고 종업원의 권리를 인정한다는 특색이 있었던 전통적인 식품소매업계는 소멸할 수밖에 없는 위기에 직면하고 있다고까지 지적을 받고 있다(Quisumbing, 2005: 135).

이러한 노동자의 권리를 무시한 경영이 통할 수 있는 것은 미국의 노동관련법이 매우 허술하며 효력이 없는 것이기 때문이다(Botelho, 2006: 831~832). 1995년 이후(2004년까지) 월마트는 노동관련법 위반, 부당노동행위에 대해서 60회나 전국노동관계위원회(National Labor Relations Board: NLRB)로부터 고발을 당했으나, 현재의 법체계하에서는 부당해고일지라도 재고용과 해고기간 중의 임금지급을 명령받을 뿐 벌금 등의 징벌이 과해지지는 않는다(Head, 2004: 89). 이에 대해서는 체포된 은행 강도에게 훔친 돈을 돌려주면 괜찮다고 말하는 것과 마찬가지라는 비판도 존재한다(Ortega, 2007: 1277).

제1장 제6절 2에서 지적한 바와 같이 월마트는 법률을 위반하여 벌금을 부과받더라도 그것은 필요경비라고 여기고 있는 듯하다.

역사적으로 살펴보면, 1935년 「전국노동관계법」이 제정되어 NLRB가 이 법을 집행함으로써 조합은 지켜졌다. 그러나 1970년대에는 고용자들의 반복적인 위법행위로 인해 조합 약체화 캠페인이 성공했으며, 노동조합을 지지하는 투표를 한 노동자의 20명 중 1명이 위법으로 해고되는 상황에 이르렀음에도 불구하고 고용자들은 위법행위로 인해 심각한 사태에 직면하는 경우는 거의 없었다. 그야말로 미국 정치의 우경화의 결과라고 할 수 있다. 따라서 오늘날에는 노동법은 노동자의 입장이 아니라 고용자의 입장에서 제정되었다고 할 정도이며, 이를 잘 알고 있는 월마트는 자신들의 노동관행에 대해서 어떠한 걱정도 하지 않고 있다(Krugman, 2006).

더욱이 월마트의 경영관리 기풍과 금전적 보수체계도 20세기의 규제, 예를 들면 「와그너법(Wagner Act: 전국노동관계법)」은 물론 임금관련법, 실업보험, 시간외수당이나 인종·성별·연령·장애 등에 관한 인권법 등에 대해서 알레르기 반응을 나타내는 세계관으로 이루어져 있다(Lichtenstein, 2007: 1656). 월마트의 경영풍토는 20세기에 기능하고 있는 많은 노동관계법과는 정반대의 입장인 것이다(Lichtenstein, 2007: 1672).

여하튼 반노동조합이라는 습성은 월마트의 기업문화의 핵심을 이루고 있다. 그리고 그것은 노동자의 단체행동을 업신여기고 '일하는 권리'를 중시하는 최남동부(deep south)의 주(州)를 기원으로 하고 있는 것과 관계가 있다(Cummings, 2007: 1939).

그 결과 월마트는 하이테크를 구사하는 기괴한 촌놈, 한 손에는 성경을 다른 한 손에는 전자기기를 든 미스터리한 예의 없는 놈인 것이다(Moreton, 2006: 58).

그런데 미국에서 소매업이나 서비스업에 종사하는 저임금노동자는 부업(double job)을 가질 수밖에 없는 경우가 많이 존재한다. 그러나 월마트의 경우 전술한 바와 같이 필요에 따라서 스케줄이 불규칙하게 변동되기 때문에 부업을 가질 수 없다고 알려져 있다. 결과적으로 월마트의 종업원은 수입을 확보하는 것이 그다지 용이하지 않다는 것이다. 따라서 월마트의 저가격 상품만 구입할 수밖에 없는 형태로 종업원이 회사에 종속되어 있다는 지적도 있다.

즉, 샘 월튼은 제1호점을 가난한 농촌지역에 출점하고 사업이 번창할 것을 예견했다. 그러나 이 비즈니스 모델의 유일한 난점은 빈곤이 확대해나가야만 한다는 것이다. 이 문제는 전 세계에 열악한 노동조건을 조성함으로써 해결될 수 있다. 포드사의 자동차를 구입할 수 있을 정도의 임금을 지급한다는 헨리 포드의 전략과는 정반대로, 종업원은 저가격의 월마트에서만 물건을 구입할 수밖에 없는 상황에 처해 있는 것이다(Featherstone, 2004a: 219). 월마트의 초임임금으로 아이 2명을 양육하는 실험을 1개월간 실시한 결과 최저생활비에도 미치지 못했다는 보고도 있다.

저임금·저부가급부, 불규칙한 근무시간 등을 참지 못하고 사표를 내는 종업원도 많다. 소매업·서비스업의 종업원 회전율은 제조업 등과 비교하여 높은 것이 일반적이지만, 특히 월마트는 매우 높다. 1999년에는 종업원의 회전율이 70%까지 높아졌다. 이후 CEO의 교체 등으로 2000년에는 50%로 낮아졌다(Bianco, 2006a: 73~74). 2001년에는 다시 56%로 상승했으나 2003년에는 44%로 하락했다. 단, 근무를 시작한 지 90일 이내에 그만두는 사람의 비율이 70%나 된다(Dicker, 2005: 30~31). 참고로 자동차산업의 회전율은 8% 이하이며, 그 대부분은 정년퇴직에 의한 것이라고 한다. 또한 동종 디스카운트계 소매기업에서도 코스트코의 회전율은 24%로 월마트보다 훨씬 낮으며, K마트 또한 월마트보다 조금 낮다고 한다(Lichtenstein, 2006: 27).

종업원의 회전이 많다는 것은 채용이나 교육에 대한 비용이 필요하게 된다는 것을 의미하기 때문에 일견 경영상 불리하다고 생각될지도 모른다. 그러나 고회전은 끊임없이 새로운 종업원이 들어온다는 것을 의미한다. 그 결과 임금은 그다지 높지 않으며, 부가급부 대상이 되는 사람이 근무기간 조건에 의해 한정되기 때문에 총인건비도 억제할 수 있다. 즉, 월마트는 인정하고 싶지 않을지 모르지만 종업원의 회전율이 높은 것으로 이익을 얻고 있는 것이다(Lichtenstein, 2007: 1669).

월마트의 간부였던 베르그달(Michael Bergdahl)에 의하면, 믿기 어려운 사실이지만 종업원의 회전은 수백만 달러의 비용을 절감한다고 한다. 장기근속 종업원이 낮은 임금의 초임자로 대체되기 때문이다. 따라서 고회전이라는 것은 경쟁상의 우위성이 되는 것이다(Bergdahl, 2004: 126).

이에 대해서는 제1장 제2절 6에서 살펴본 챔버스(Chambers) 메모에 의하면, 월마트도 회사 내적으로는 이에 대해 인정하고 있으며 이 메모의 제안은 그 방향을 추구하고 있다고 보아도 무방할 것이다. 즉, 월마트 등의 고용자는 노동자·종업원을 한 번 사용하고 버리는 원천으로 취급하여 이익을 극대화하고 있는 것이다[Dunham-Jones, 1997: 5; Krugman, 2006; Quinn, 2000: 44~45, (이 책 제1장 제2절 6 및 제2장 제5절 4 참조)].

포드, GM, 전미 자동차노조가 노동자의 임금을 대폭 상승시킨 데 반해 월마트는 종업원의 임금을 전례가 없을 정도로 낮추었다. 또한 한쪽은 최대의 고용주가 자동차를 구입하는 데 충분한 수입을 노동자에게 주고 싶다고 희망하는 데 반해 다른 한쪽은 최대의 고용주가 디스카운트점에서 저렴한 상품만 살 수밖에 없을 정도의 낮은 수입을 종업원이 받기를 원하고 있다. 그러나 미국인이 전자의 GM 주도의 모델보다 후자의 월마트 주도의 모델을 선택했다는 사실은 전혀 들어본 적이 없다(Meyerson, 2003).[4]

월마트의 종업원이 부업을 가질 수 있는지 여부, 회사에만 얽매여 있는지 여부, 월마트의 임금으로 생활이 가능한지 여부 등의 문제는 차치하더라도, 필요에 따라 근무 스케줄을 변경하는 것은 고용 측의 입장에서는 유연성이 있는 고용, 인건비의 변동비화를 도모한다는 것이 된다. 그러므로 이는 종업원을 단순한 비용 요인의 하나로 취급하는 것이라고 볼 수 있다(Ortega, 2007: 1274).

더욱이 제1장 제2절 6에서 지적한 바와 같이 2007년부터 종업원의 근무 스케줄을 보다 유연하게 관리할 수 있도록 컴퓨터 시스템을 도입함으로써

4) 단, 1920년대 미국의 일반노동자가 자동차 등을 구입할 수 있을 정도의 경제력을 가져서 사상 처음으로 대중소비사회가 출현했다고 자주 언급되지만, 이에 대해서는 시카고에 관한 조사를 통해 Cohen(1989)이 부정적인 견해를 제기하고 있다는 것을 밝혀두고자 한다.

인건비의 변동비화를 더욱 확실하게 할 수 있게 되었다. 이는 경영적으로는 비용 절감을 추진하여 효율화를 도모하는 것을 의미하지만, 종업원의 입장에서는 소득의 감소와 불안정화를 초래할 것이다.

근무 스케줄의 유연화는 차치하더라도 임금만으로 생활할 수 없는 월마트의 종업원들 중에는 전술한 바와 같이 저소득자용 식료비보조(food stamp)나 공적의료비보조 등의 사회보험에 의존하는 사람이 적지 않다. 점장들이 공적보조를 받을 것을 종업원에게 권한다는 이야기조차 있다. 특히 의료보험을 둘러싼 재판은 최근 수년간 급속하게 증가하고 있다. 예를 들면 월마트는 기업이 부담해야 할 비용의 상당 부분을 사회에 전가하고 있다.

캘리포니아 주 내의 월마트 종업원은 기타 대형 소매기업의 종업원보다 공적의료비보조를 한 가족당 40%나 많이 받고 있으며, 또한 의료비 이외의 공적부조에 대해서도 38%나 더 많이 받고 있다고 추계한 연구도 있다(Dube and Jacobs, 2004: 7).

따라서 월마트에서 구매하는 소비자는 상품의 가격뿐만 아니라 세금 부담분까지 고려하여 이해손실을 판단해야 된다는 지적도 존재한다. 여기서 '매우 싸다'는 것의 대가로 우리들은 눈에는 보이지 않지만 막대한 비용을 떠안고 있는 셈이 되는 것이다(Fishman, 2006: 9).

즉, 미국의 소비지출을 절감하고 있다고도 알려져 있는 월마트의 저가격판매 모델은 가장 중요한 사회적·경제적인 비용의 많은 부분을 외부화함으로써 가능하다는 것이다(Karjanen, 2006: 161).

또한 납세자는 저임금 종업원을 보조하게 되어, 결과적으로는 열심히 일하여 사회적으로 상승할 수 있다는 사고방식과는 정반대의 경영전략을 지지하게 된다는 비판도 있다(Bernhardt, 2003).

여하튼 월마트는 자랑스럽게 스스로를 미국적 가치의 체현자라고 포장하고 있지만, 미국적 가치의 하나는 가족이 생활하는 데 충분한 임금을 노동자에게 지급하는 것이라는 것을 인식해야 될 것이다(New York Times, 2003).

3. 고용에 관한 모델과 월마트화: 월마트의 비즈니스 모델(1)

고용·종업원 문제에 대해서는 이 외에도 여성차별 문제(160만 명 또는 200만 명이라고도 알려져 있는 사상 최대의 집합대표소송이 제기되어 있다), 아동노동 문제, 불법노동자 문제 등 다수 존재하지만, 이것들을 포함하여 정리한 것을 월마트 모델(1)이라고 칭한다면 <그림 3-1>과 같다. 또한 이러한 모델에 근거한 경영이 이루지게 된 배경은 <그림 3-2>와 같이 정리할 수 있다.

다만 매우 낮은 임금의 비즈니스 모델이 기능을 하기 위해서는 종업원의 회전율은 차치하더라도 저임금이라도 일을 하겠다는 사람들이 있어야 한다. 그 외적 요인으로서는 출점하는 지역의 노동시장에서의 수급상황이라는 것이 있는데, 이에 대해서는 나중에 자세히 살펴보도록 하자. 한편 내적 요인을 살펴보면 이 비즈니스 모델은 비록 저임금이라도 일정 이상의 동기부여를 가지는 종업원이 존재함으로써 성립한다.

저임금이면서도 동기부여가 높다는 것은 공립학교의 교원이나 재난구조활동을 하는 자원봉사자(volunteer) 등에게서 가끔 보이는 현상이지만, 대기업의 세계에서는 수용될 수 없는 현상이다(Bianco, 2006a: 51). 그럼에도 불구하고 월마트는 종업원의 동기부여를 높게 유지하기 위한 이미지 조성에 성공한 셈이 된다.

즉, 월마트가 가장 성공한 것은 회사의 거대한 이익과 종업원의 저임금이라는 관계에도 불구하고 기업의 성공이 자신들에게 이익이 된다고 종업원들이 느낄 수 있도록 했다는 것이며(Featherstone, 2004a: 17), 현실적으로는 기업

신화에 그쳐 완전히 사실에 반하고 있음에도 월마트는 종업원을 그 문화 아래에 종속시키는 데 성공했다는 것이다(Featherstone, 2004a: 66).

이는 샘 월튼이 월마트의 저가격(그 결과로서의 저임금)은 가난한 소비자를 위한 것이며, 또한 미국인의 보다 나은 생활을 실현시키기 위한 것이라는 논리를 만들어냄과 동시에 스스로 외면적으로는 신중한 생활을 했기 때문이다. 그리고 무엇보다도 그가 카리스마를 가지고 있었기 때문이다(Frank, 2006). 또한 여기에는 종업원을 "공허한 미사여구로서의 '동료(Associates)'"(Herbst, 2005)로 칭함으로써 자신들은 배려를 받고 있다고 여기게 한 것도 기여를 했다.

또한 오픈도어(Open Door)[5] 정책도 종업원의 동기부여를 높이기 위한 이미지 조성에 크게 역할을 했다고 생각된다. 즉, 월마트의 기업문화의 본질적인 요소는 오픈도어 정책으로, 그 취지는 회사와 관련된 제안, 걱정, 종업원 자신에 관한 문제 등을 종업원이 관리직이나 경영진에게 자유롭게 제안할 수 있도록 한 것이다. 그러나 이 정책은 결과적으로 조직화를 저지하는 수단으로 이용되었다(Archer, 2005: 845). 이 오픈도어 정책은 월마트의 허구적인 가부장적 온정주의(pseudo-paternalistic) 문화의 근간이다. 그러나 실제로는 제안을 해도 무시당하거나 경우에 따라서는 좌천이나 해고당하는 일도 있었다. 이러한 의미에서 오픈도어 정책은 문자의 의미와 같이 단순한 '문(Door)'에 불과하다는 지적도 있다(Meyerson, 2005).[6] 그야말로 이미지 조성이라고 할 수 있다.

또한 앞에서 지적한 종업원지주제도도 종업원의 회전율이 높기 때문에

---

5) 직원 누구나 어떠한 주제에 대해서든 관리자 누구라도 방문하여 의견을 나눌 수 있는 정책을 말함. — 옮긴이

6) 이 논문에는 코스타리카의 하청공장 감사를 명령받은 사원이 그 개선을 제언했으나, 결국에는 해고된 사례가 실려 있다.

〈그림 3-1〉 월마트 모델(1)

1. 저임금 – EDLP(Everyday Low Payments) or EDLW(Everyday Low Wages)
2. 근무시간의 불규칙성 –노동의 just-in-time화와 '시간도둑'
3. 노무관리제도와 시간외 휴식시간의 무급노동문제 – '시간도둑'
4. 의료보험 등에서 매우 낮은 수준의 부가급부
5. 빈발하는 부당 노동행위
6. 아동노동·불법이민노동과 관련된 위법행위의 다발

↓

EDLP(EDLW) EDLC(Everyday Low Costs)

→ EDLP(Everyday Low Prices)에 의한 경쟁 우위성

↓

반노동조합 정책의 필연성

↓

사회적 부담으로 전가(저임금·저급부에 의한 사회적 비용의 발생)

〈그림 3-2〉 월마트 모델(1)의 배경

1. 월마트의 조직구조·기업문화
- 창업지(역대 경영진의 출신지) 오자크 지방의 지역특성
- 분권주의(라는 망상)와 집권주의
  → 점장의 권한·재량권(실질적으로는 조건부 인건비뿐임)과 점장의 업적평가
- '이익 최우선', '끊임없는 이익추구'라는 기업문화

2. 주주자본주의(주가지상주의)
- 주가가 월마트의 경영에 미치는 영향
- 코스트코의 종업원대우와 월 스트리트에서의 양사의 평가

실제로는 그 권리를 누린 사람은 그다지 많지 않음에도 불구하고 회사의 이해와 종업원 개인의 이해가 일치한다는 이미지를 조성하는 데 유효하게 작용을 했다.

그리고 <그림 3-1>에는 포함되어 있지 않지만 월마트의 비즈니스 모델,

즉 저가격문화의 대가로 출점한 지역 노동시장의 소득격차를 확대시키게 되었다는 것도 지적해둘 필요가 있다(Irwin and Clark, 2006a: 11).

또한 <그림 3-2>의 하단에 표기된 코스트코와 월스트리트는 다음과 같은 의미를 나타낸다.

이미 제1장 제2절 7)에서 비교한 바와 같이 월마트(같은 홀세일 클럽 소매업이라는 의미에서는 샘스클럽 부문)의 경쟁 상대인 코스트코는 월마트보다 훨씬 높은, 경우에 따라서는 조합화된 슈퍼마켓 등보다도 높은 임금과 부가 급부를 지급하며, 또한 조합을 인정하고 있음에도 불구하고 이익률이나 종업원의 생산성 등에서 월마트보다 양호한 경영성과를 올리고 있는 점, 그럼에도 불구하고 최근까지 주주보다 종업원을 우대하고 있다고 월스트리트(증권업계)에서는 마이너스 평가가 많으며, 월마트와 비교하면 상대적으로 주가가 낮은 것을 말한다.[7] 월스트리트의 평가를 한마디로 요약하자면 종업원을 더 우대하는 결과로 주주가 손실을 보고 있다는 것이다(Zimmerman, 2004).

좀 더 구체적으로 말하자면, 예를 들어 독일은행의 애널리스트(analyst)는 "코스트코의 경영철학은 최우선적으로 고객을 소중하게 생각하는 것, 다음으로 종업원, 그다음이 납입업자, 그리고 가장 마지막이 주주를 생각하는 것이다. 주주는 부당한 취급을 받고 있다"라고 불만을 제기했으며(Herbst, 2005), "공개회사(public company)는 우선 주주의 이익을 고려해야 한다. 코스

---

7) 최근 2, 3년 월마트의 경영성과가 증권 애널리스트들의 기대를 밑도는 경우가 많았기 때문에 주가의 격차는 해소되고 있는 듯하다. 또한 코스트코와 월마트는 직접적인 경쟁관계가 아니며, 코스트코 고객의 평균 연간 수입은 2005년 7만 4,000달러로 월마트 고객의 평균 연간 수입의 2배 이상이나 된다. 코스트코의 판매가격은 일반적으로 월마트보다 높지만 보다 양질의 서비스를 받을 수 있다. 코스트코의 고객은 그러한 양질의 서비스에 대하여 기쁜 마음으로 대가를 지불하는 사람들이라는 해석도 존재한다(Reich, 2007: 101). 그러나 대부분의 학자들은 코스트코와 월마트(특히 같은 업태의 샘스클럽)는 경쟁관계라고 보고 있다고 해도 무방하다.

트코는 마치 사기업(private company)과 같은 경영을 하고 있다"라고 비난했다(Zimmerman, 2004). 또한 샌퍼드 C. 번스틴(Sanford C. Bernstein & Co.)사의 애널리스트도 코스트코 CEO인 "시네갈(J. Sinegal)은 너무 착하며, 만족한 종업원은 장기적으로는 생산성이 높다는 그의 주장은 타당하지만 종업원 자신들도 좀 더 부담해야만 한다"라고 비판했다(Greenhouse, 2005e).

월스트리트 바깥에서는 월마트와 같은 경영(전략)에 대해서 그 비즈니스 모델은 칭찬받을 만한 것이 아니며, 극히 낮은 인건비로 저가격과 이익을 실현하고 있다는 것을 많은 사람들이 알기 시작했다(Featherstone, 2004a: 9). 이에 대해 월마트는 최근 2, 3년간 계속해서 개선책을 발표하고 초임 임금 인상도 실시하고 있지만 총 인건비 억제라는 기본방침은 변함이 없으며, 파트타임으로의 이전, 장기근속자의 삭감, 필요한 수에 따른 유연한 취업의 촉진, 장애자·비건강자 고용의 회피 등을 지속하고 있기 때문에 개선책이라고는 할 수 없다는 비판도 있다.

예를 들면 월마트의 본사가 있는 아칸소 주의 벤톤빌 등 미국 남부지방에 "돼지에게 아무리 립스틱을 발라줘도 돼지는 돼지일 수밖에 없다"는 속담이 있는데 월마트의 최근의 변화는 바로 이 속담과 같으며, 경우에 따라서는 정치적·경제적 압력이 되는 사회적인 비판에 대응할 수밖에 없는 것에 대한 단순한 화장에 불과하며, 실제로 변경이 되고 있는 것은 보다 이익을 얻을 수 있는 곳은 어디인가를 찾는 지역전략뿐이라는 신랄한 비판도 있다(Ortega, 2007: 1271, 1276, 1285).

또한 2006년 가을에는 처방전 약에 대해 복제약(generic drug) 취급을 늘리거나 이익률을 축소하는 등의 방법으로 대폭적인 가격 인하를 실시하겠다고 발표하여 매스컴 등으로부터 환영을 받았다. 이 계획발표만으로 대형 경쟁 약국 체인점인 CVS와 월그린(Walgreen)의 주가는 각각 8%, 7%나 하락했다. 그러나 월마트는 저가격의 처방전 약은 미끼상품(loss leader)으로, 보다 많은 소비자를 유인하기 위한 것이며 어디까지나 이익추구의 수단이라는 비판도 있다(Ortega, 2007: 1275).

또한 자사 보유 트럭의 연비개선, 친환경점포 운영 등 에너지·환경 문제에 대한 대응책을 공표하고 있지만, 이것들도 자사의 비용 절감이 목적이며 월마트가 지금까지 실시해온 대응책 모두가 그러하다는 비판도 있다(Goldberg, 2007: 38).

이해를 돕기 위해 부연설명하자면, 월마트의 DNA는 소위 광신도와 같은 것이기 때문에 변한다는 것은 있을 수 없다는 것이다(Bianco, 2006a: 99; Goldman and Girion, 2005). 또한 기독교계 기업[8]으로서 신망을 얻고 있음에도 불구하고 윤리보다 이익을 우선시하고 있다(Featherstone, 2004a: 34).

종업원의 대우를 개선하고자 했다면 월마트 기업문화의 핵심에 접근할 수밖에 없으며 이로 인해 기업 시스템이 크게 변동될 수밖에 없게 된다. 왜냐하면 월마트의 가장 추한 문제점은 회사의 성공과 밀접하게 관련되어 있기 때문이다. 즉, 월마트가 지향하는 확대와 엄격하게 제한된 인건비와의 관계라고 할 수 있다. 근본적인 문제는 인적자원을 이익을 창출하기 위한 원천이 아니라 비용발생의 원천, 필요하기는 하지만 바람직하지 않은 지출로 보고 있는 것이다(Shuit, 2004).

더 큰 문제는 말할 필요도 없이 이러한 비즈니스 모델이 월마트에만 국한되지 않는다는 것이다. 인건비를 낮춤으로써 저가격을 실현하여 경쟁우위성을 창출한다면, 당연히 경쟁 상대인 많은 소매기업 또한 같은 전략 및 비즈니스 모델을 채택할 것이다.[9]

---

8) 샘 월튼은 종업원에게 "우선 신이 있고 다음으로 가족, 그다음에 월마트"라고 훈시했다고 한다(Lichtenstein, 2007: 1671).

9) 단, Christopherson(2001)도 지적하고 있지만, 월마트의 약탈적 가격전략이 미국에서는 성공했으나 독일에서는 실패한 것처럼 다국적 소매기업이 어떤 국가에서 성공한

왜냐하면 월마트라는 명확한 마켓리더가 존재하는 소매산업 분야에서는 다른 대기업도 생존하기 위하여 월마트와 동일한 전략을 취할 수밖에 없기 때문이다(Botelho, 2006: 831).

즉, 월마트가 동일 상권에 진출함으로 인해 다른 대형 체인 또한 종업원의 임금을 낮춘다는 점에서 지역 또는 사회 전체에 심각한 마이너스 영향을 미친다. 소비자에게 가장 싼 가격을 제공한다는 것만을 지향하는 월마트의 비즈니스 모델은 자사의 종업원뿐만 아니라 소매기업 전반, 나아가서는 제조업 부문의 임금까지도 낮추게 되는 것이다(Stout and Pickel, 2007: 1495, 1497).

요컨대 노동자에게 미치는 월마트의 마이너스 영향은 자사의 종업원에게 미치는 직접적인 영향을 훨씬 초과한다. 마이너스는 월마트와 경쟁하는 기업의 종업원, 미국 내 또는 전 세계에서 월마트에 납품하는 상품을 제조하는 공장의 노동자, 미국 내 및 수출국에서 운송이나 재고에 종사하고 있는 사람들에게까지 미친다(Bonacich and Wilson, 2005: 74).

이러한 연유로 최근 미국에서는 한때 널리 사용되었던 '맥도널드화(McDonaldization)'[10] 대신에 '월마트화'라는 용어가 유행하고 있다. 월마트화란 가장 낮은 임금, 짧은 근무시간, 불완전한 고용보장, 극단적인 반조합주의의 비즈니스 모델을 나타내기 위해 만들어진 것이지만(Stout and Pickel, 2007: 1497), 더 큰 문제는 '월마트가 없는 월마트화(Wal-Martization without Wal-Mart)'(Rigney and Welch, 2007: 1267)와 같은 사태까지 생각할 수 있는 상황이 되고 있다는 것이다.

또한 존 디커(John Dicker)는 월마트화를 비용 저감기준으로 인해서 텍사스주의 계산원이 휴식시간을 갖지 못하거나 중국의 공장노동자가 시급 몇

전략을 제도가 상이한 국가에 그대로 적용할 경우에는 큰 문제에 직면할 가능성이 높다.

10) 맥도널드화의 개념 및 문제 등에 대해서는 Ritzer(1996)를 참조할 것.

페니(penny)에 하루 18시간 일하게 되는 결과로서 가격이 더 이상 낮아질 수 없는, 즉 도산하지 않고 대항할 수 있는 타사가 극소수가 되는 디플레이션의 소용돌이에 빠지는 상황이라고 정의하고 있다(Dicker, 2005: 116).

단, 임금을 낮추는 것에 관해서는 소매업과 제조업 사이에 큰 차이가 있다. 제조업의 경우 월마트가 납품가격 인하 압력을 가함으로써 월마트와 거래하고 있는 미국 내의 공장노동자의 임금이 낮아지는 직접적인 관련도 있지만, 가능성이 더 높은 것은 월마트가 개발도상국에서 물품 구입을 늘리는 데 대처하기 위해 미국의 제조업자가 생산의 해외이전을 추진함으로 인한 국내 산업공동화로 (국내 제조업에서의) 취업기회·노동수요가 감소하여 그 결과로서 제조업 전반에서 임금이 낮아지는, 월마트와는 간접적, 우회적인 관계로 임금 하락이 촉진되는 면이 강하다고 생각된다. 간단히 설명하자면 제조업은 해외이전이 가능하기 때문에 미국 내의 임금이 개발도상국의 저임금과 경쟁할 수 있다는 것이다.

그렇다면 해외이전이 불가능한 소매업에서는 왜 임금 등의 노동조건 악화가 발생하는 것인가? 그 이유 중 하나는 제조업의 해외이전으로 인해 노동시장 전체에서 수급균형이 무너져 노동력이 공급과잉 상태가 되고 있기 때문이다. 그러나 이유는 이것뿐만이 아니다.

소매업을 포함한 넓은 의미에서의 서비스 산업은 해외이전이라는 문제에는 직면하고 있지 않다. 그러나 경영자는 저임금, 반노동조합 등과 같은 열악한 노동조건을 역으로 개발도상국으로부터 수입하고, 그 결과 미국 소매산업 종사자의 노동조건이 악화되고 있다고 한다(Cummings, 2007: 1943).

여하튼 월마트의 저임금과 공적부담(부담해야 할 비용의 사회 전가)이라는 비즈니스 모델은 워킹푸어와 납세자의 소득을 고객과 주주 및 회사의 자산상속인에게 이전시키고 있다(Goetz and Swaminathan, 2006: 223). 다만, 월마트가 봉사하고 있는 것은 주주이지 고객이 아니라는 제한이 붙는다(Mitchell,

2006a: 138).

4. 역사적인 시점에서 본 월마트

울워스의 창업자인 프랭크 울워스(Frank W. Woolworth)는 아직 체인점이 몇 개밖에 안 되었던 1892년에 "우리는 임금을 낮은 수준으로 억제하지 않으면 안 된다. 그렇게 하지 않으면 저가격으로 판매하는 것은 불가능하다"라는 서한을 각 점장에게 보냈다고 한다(Lichtenstein, 2007: 1654). 그러므로 저임금에 의한 저가판매라는 도식은 월마트가 처음 시작한 것은 아니다. 반조합에 대해서도 울워스는 조합결성에 강하게 반대했다. 또한 대상자는 매니저로 한정되어 있었지만 종업원지주제도도 도입되어 있었다(Zukin, 2003).

즉, 월마트의 노동관행은 결코 새로운 것이 아니라 완성을 의미하고 있고, 월마트가 기타 디스카운트 소매기업과 다른 점은 그 특성이 아니라 정도인 것이다(Adams, 2006: 213~214).

또한 할인점은 전통적인 백화점의 발전도 아니며, 철강산업의 과학적인 경영관리수법의 답습도 아니다. 디스카운트가 중심이 된다는 것은 노동력과 노동 비용을 컨트롤함으로써 발생한 전혀 새로운 사실이다. 월마트의 노무관리는 포스트 포드주의, 서비스 경제화 시대의 예외가 아니라 명확한 원칙인 것이다(Adams, 2006: 228~229).

제1장 제2절 8에서 지적한 바와 같이 융성기 체인스토어의 임금은 독립식료잡화점의 임금보다 20~40%나 낮았으며, 바로 이것이 저가격판매를 가능하게 한 가장 큰 요인이었다(Ernst and Hartl, 1930c: 574). 체인스토어가 저임금이었다는 것은 ≪네이션(The Nation)≫의 보고서(제1장 제1절 8 참조)뿐만

아니라 정부의 조사나 통계에서도 확인할 수 있다.

예를 들면 연방거래위원회(FTC)가 미국 전역 1,549개 독립점포와 5만 5,627개의 체인점을 대상으로 실시한 풀타임 종업원에 관한 조사에 의하면, (식육부문이 있는) 식료잡화점부문에서는 독립점 주급 25.9달러에 비해 체인스토어는 18.98달러로 6.92달러나 차이가 났다. 이하 마찬가지로 구두점에서 33.48달러 대 27.83달러로 차액 5.65달러, 의료품점에서 25.06달러 대 19.61달러로 차액 5.44달러, 약국에서 30.07달러 대 25.07달러로 차액 5달러, (식육부문이 없는) 식료잡화점에서 24.91달러 대 20.4달러로 차액 4.51달러 등으로 독립점과 체인스토어의 평균 차액은 6.87달러이다. 또한 연방거래위원회가 인구 1,737~5,106명의 작은 마을 30곳을 대상으로 한 조사결과에서도 풀타임 종업원의 주급에서 3달러의 차이가 있었다(Beckman and Nolen, 1938: 50~51).[11] 그리고 1933년의 미국사업조사(Census of American Business)에 의하면 독립점 풀타임 종업원의 연평균 수입은 1,194달러로 10% 이상의 차이가 있었다(Beckman and Nolen, 1938: 51).[12]

체인스토어의 식료잡화 가격이 싸다는 것은 완전히 착각이며, 교묘한 광고에 의해 만들어진 단순한 기만이라는 지적이 1930년에 있었다(Ernst and Hartl, 1930a: 517). 실제로 체인스토어에서 싼 것은 소비자를 유인하기 위하여 설정된 미끼상품뿐이다(Horowitz, 1988: 349). 만약 그렇다면 제2장 제6절 2에서 논한 것처럼 월마트의 가격이 싸다는 것은 마케팅 전술로 만들어진 허상일지도 모른다는 지적과 상통한다.

---

11) 원문은 Federal Trade Commission, *Chain Stores-Chain Store Wages*(GPO, 1933).

12) 단, 같은 해(1933년)에 체인스토어 1,079달러에 비해 독립점에서는 945달러로 반대로 10% 이상 적으며, 이는 체인점의 경우 일반점원보다 고급점장 등의 매니저가 포함되어 있기 때문이라는 데이터와 해석도 있다(Ingram and Rao, 2004: 459~460).

또한 체인스토어는 출점한 지역의 시민들을 파산으로 내몰 뿐만 아니라 커뮤니티의 자금을 뉴욕으로 역외유출시킨다고 비난받는 1930년 전후의 상황은(Ernst and Hartl, 1930b: 546)[13] 뉴욕을 월마트 본사가 있는 아칸소주 벤톤빌로 바꾼다면 오늘날의 월마트와 거의 흡사하다.

단, 시어스나 J. C. 페니(J. C. Penney) 등과 같은 초기의 체인스토어 중에는 중심가(main street) 소매점을 송두리째 말살시키기보다는 오히려 중심가 소매점을 보완하는 노력을 하기도 했다. 그러나 월마트는 모든 상품을 대량으로 취급하여 중심가의 독립소매점을 한꺼번에 소멸시켜버린다는 점에서(Satterthwaite, 2001: 177~178) 이전의 체인스토어와는 매우 다르다고 할 수 있다.

5. 지역경제·사회에 미치는 영향

역사적인 사실은 차치하더라도 지금까지 지적한 종업원 대우 문제와는 별도로, 월마트를 비롯한 슈퍼스토어나 빅 박스 등과 같은 대형점의 출점이 지역의 경제나 사회에 미치는 영향에 대해서도 검토할 필요가 있다.

이 점에 대해서는 일본과 마찬가지로 미국에서도 대형점의 출점은 각 지역의 고용과 세수를 증대시킨다고 알려져 있다. 시·군·구 등 지방정부의 대부분은 이를 믿고 대형점을 유치하기 위해 노력했으며, 오늘날에도 이러한

---

13) 동일한 지적은 "비열한 체인스토어는 당신들의 지역에 와서 당신들의 돈을 착취하여 월스트리트의 불성실하고 무책임한 게으름뱅이들에게 보내버린다"(Schacter, 1930: 544) 등 다수 존재한다. 그리고 이러한 체인스토어 비판의 근저에는 브랜다이스(Louis D. Brandeis)로 대표되는 진보적 민주주의 사상이 존재한다는 것은 제1장 제2절 8 등에서 지적한 바와 같다.

지방정부가 많다. 특히 1978년 캘리포니아 주에서 성립한 주민제안 제13호(Proposition 13)로 대표되는 '납세자의 반란(tax revolt)'으로 인해 고정자산세 수입에 큰 제약을 받은 지방정부가 영업세 증가를 목적으로 대형점 유치경쟁을 전개했다는 것은 제2장 제2절에서 살펴본 바와 같다.

그러나 본래 소매활동은 제로섬게임이거나 이에 가까울 가능성이 높다. 따라서 대형점이 출점함으로써 지역 중소 점포가 도산·폐업하거나 기존의 체인점이 철수함으로 인해 지역 전체로서의 소매판매액이나 종업원 수(고용 수)는 그다지 변하지 않는다. 예를 들면 공공방송(PSB)이 방영한 <스토어 전쟁: 월마트가 마을에 생겼을 때(STORE WARS: When Wal-Mart Comes to Town)>(Peled, 2002: 영상자료)의 제작·연출을 담당한 미차 페레드(Micha Peled)는 신규로 출점한 월마트 매출의 84%는 그 지역의 기존 점포로부터 옮겨온 것이라고 지적하고 있다(itvs, 2001). 또한 1990년대 중반 아이오와 주 3곳의 카운티에서 월마트 출점의 영향 조사를 실시한 멀러(T. Muller)와 험스톤(E. Humstone)은 진출한 월마트 매출의 77~100%가 해당 카운티에서 영업을 하고 있던 기존 점포의 매출이 옮겨온 것이라는 보고서를 발표했다(Muller and Humstone, 1996: 14).

그리고 신규로 출점하는 슈퍼스토어 등은 보다 저가격으로 진출하는 것이 대부분이기 때문에 만약 지역 전체에서의 판매수량이 보합상태라면 총판매액은 축소하게 되며 영업세수입은 감소하게 된다. 또한 슈퍼스토어 등은 기존 점포와 비교하여 셀프 서비스화가 발달되어 있기 때문에 총 종업원 수도 감소할 위험성이 있다.

고용·종업원 수에 대해서는 제2장 제4절 1에서도 살펴보았지만 캘리포니아 대학교 어바인 캠퍼스의 노이마르크(David Neumark) 등의 실증연구에 의하면 2004년 미국 전역의 소매 종업원 수는 1,506만 명이었는데, 만약 월마트가 존재하지 않았다면 이보다 3% 많은 1,551만 명이 되었을 것이라고 추계했다. 즉, 월마트의 존재로 인해 종업원 수가 45만 명 정도 줄어들었으며, 월마트는 소매부문의 고용창출에 플러스가 아니라 마이너스 효과를 나타내고 있다(Neumark et al., 2007: 35).

노이마르크 등과 같이 월마트에 국한하지 않고 빅 박스 소매업 전체가 고용에 미치는 영향을 실증연구한 블랜차드(Troy Blanchard) 등의 결과에서도, 마찬가지로 빅 박스 소매업은 고용과 거래를 창출했다고 하더라도 극히 미미하며 오히려 결과적으로는 감소시켰다고 결론을 내리고 있다(Blanchard et al., 2003: 329).

또한 이 장 제8절에서 언급하겠지만 2006년 시카고 시가 월마트 등 대형 소매점을 대상으로 연방정부보다도 높은 생활임금(livable wage)을 독자적인 최저임금으로 하는 제도를 채택하고자 시도했는데, 이와 관련하여 일리노이 대학 등의 연구자들이 실시한 일련의 조사에서도 빅 박스점은 소매업 전체의 고용을 증대시키기보다는 감소시키며, 더욱이 지역 전체의 관점에서 보면 대부분의 경우 중심도시의 고용을 감소시킨다는 것을 명백하게 밝히고 있다(Baiman, 2006: 363; Mehta et al., 2004: 3, 6).

시카고에 국한시키지 않은 일반론으로서도 월마트가 신규로 출점하면 해당 카운티의 소매 종업원 전체의 수입 총액은 1.5% 전후 감소한다. 이 감소율은 종업원의 평균 수입이 월마트의 출점으로 인해 0.5~0.9%(식료잡화점에 국한하면 1.5%) 감소하는 비율보다 높다. 즉, 월마트의 출점에 의해 그 지역 소매의 고용이 증대한다는 것은 거의 불가능하다는 것을 의미한다. 특히 미국 전체 소매 종업원의 수입 총액은 월마트가 존재함으로 인해 2000년 시점에서 45억 달러 감소했다(Dube et al., 2007: 5~6).

한편 세수와 공적지출이라는 재정에 관해서는, 예를 들면 버몬트 주 세인트알반스에 계획되었던 출점이 실현되었을 경우 사회적 이익 1달러에 비해 사회적 비용은 2.67달러가 된다는 것은 제2장 제3절 1에서 이미 살펴보았다.

이러한 연유로 월마트, 넓게는 빅 박스 소매업이 진출하는 것은 경제발전(economic development)이 아니라 경제적 대체(economic replacement)에 불과하다는 해석도 적지 않다.

또한 지역경제에 미치는 파급효과도 낮으며 지역 내 경제순환에 악영향을 미친다는 조사결과도 많다는 것은 제2장 제4절 등에서 이미 지적했다. 더욱이 월마트의 진출이 해당 지역의 빈곤을 촉진한다는 실증연구 결과도 있다.

본래 월마트는 소득이 낮은 지역을 타깃으로 하여 출점하고 있을 가능성이 높다. 사실 월마트의 존재와 해당 지역(도시권)의 세대소득 중앙치와는 유의한 역상관관계를 보인다(Franklin, 2001: 112). 그러나 여기서 지적하고 싶은 것은 월마트가 저소득 지역에 출점하고 있는가, 아니면 월마트가 진출함으로 인해 저소득화가 진행되었는가의 사실 여부가 불분명한 상황에서 월마트의 소재지는 빈곤하다고 말하고자 하는 것은 아니다. 후자, 즉 월마트의 진출이 저소득화를 진행시키고 있다는 연구결과가 존재한다는 것이다.

카운티 차원에서 1980년대 말과 1990년대 말의 상황을 비교하면, 1980년대 말에 월마트 점포 수가 많았던 카운티일수록, 또한 이 기간 동안 월마트의 출점이 많았던 카운티일수록 빈곤층의 비율이 상승하고 있다. 그 이유로는 월마트의 출점으로 인해 지역 중소 점포가 폐쇄하여 자영업자나 중소득층이었던 종업원·노동자들이 저임금노동자로 변해가는 점, 지역 중소 점포의 폐쇄가 거래 상대였던 지역의 도매업자나 물류업자, 회계사무소 등등의 폐쇄를 초래한 점, 그리고 뒤에서 언급할 사회관계자본(social capital)이 축소해버리는 점 등을 들 수 있다(Goetz and Swaminathan, 2006: 212~214, 220, 222).

참고로 월마트의 출점은 해당 지역〔여기서는 통계조사상의 도시권(metropolitan statistical area)에서의 계측〕의 종합소매업 및 식료잡화소매업의 종업원 1인당 수입을 각각 0.5~0.85%, 0.8~0.9% 낮추어서, 고용감소와 합하면 월마트 1개 점포가 존재함으로써 해당 카운티의 종합소매업 및 식료잡화소매업의 종업원 전체의 소득 합계는 각각 1.3% 감소한다. 이를 미국 전체로 확대하면 2000년 시점에서, 월마트의 존재로 인해 소매업 종업원의 총수입은 47억 달러 낮아진 것이 된다(Dube and Wertheim, 2005)(추계방법 등의 차이로 인해 앞 페이지에서 인용한 추계결과와는 약간 상이하다).

즉, 뉴욕시립대학교 브루클린 캠퍼스의 샤론 주킨(Sharon Zukin)이 인터뷰 중에 지적한 바와 같이, "월마트와 같은 소매점은 지역경제를 성장시켜 활력을 창출하지 않고 오히려 바잉파워로 지역경제의 활력을 없애버린다는 점에서 전 세계나 미국 내, 그리고 지역 커뮤니티로서도 바람직하지 않다. 지역경제는 새로운 제품, 지역에서의 생산의 발전, 고용의 증가나 다수의 지역 상업자를 기초로 성장하는 것이다"(Smith, 2003).

경제적인 면뿐만 아니라 지역의 점포 등이 없어짐으로 인해 사회적인 마이너스가 발생한다는 보고도 있다. 점포의 스크랩 앤드 빌드(Scrap and Build) 정책[14]으로 거대한 빈 점포가 다수 발생함으로써 주변 부동산가치에 마이너스 영향을 미칠 뿐만 아니라 범죄발생 등과 같은 문제도 발생하고 있다.

6. 사회관계자본의 악화

이러한 상황 속에서 최근 사회관계자본을 둘러싼 문제, 즉 월마트 등의 슈퍼스토어, 빅 박스와 같은 거대 소매체인의 대형점이 진출한 경우 그 지역의 사회관계자본은 어떻게 되는가에 대한 연구·분석이 활발하게 이루어지고 있다.

---

14) 경쟁력이 없는 상품과 고객은 과감히 버리고 대신 경쟁력이 있거나 잠재성이 큰 것은 중점적으로 육성하는 정책. ─ 옮긴이

주지하고 있는 바와 같이 부르디외(Pierre Bourdieu)는 자본을 경제적 자본(economic capital), 문화적 자본(cultural capital), 사회관계자본(social capital)의 3가지로 분류하고, 사회관계자본이란 어떤 그룹의 구성원이라고 인식하는 것과 같이 서로 인식할 수 있는 많든 적든 제도화된 관계라는 영속적인 네트워크의 존재와 관련된 현실 또는 잠재적인 자원의 집합이라고 규정하고 있다(Bourdieu, 1986: 243, 248).

다만 부르디외의 이 개념규정은 너무 추상적이다. 그러나 사회관계자본에 대한 구체적인 정의는 다수의 상이한 정의가 병존하고 있는 상황이다(Fukuyama, 1999).[15] 여기서 이 정의·개념의 타당성을 검토할 의도는 없으며 이 책의 본래 취지와도 맞지 않다. 따라서 여기서는 로버트 퍼트넘(Robert D. Putnam)의 개념규정에 근거하여 사회관계자본이란 구성원의 협조행동을 촉진함으로 인해 그 사회집단의 효율을 개선하거나 공유하는 목표를 보다 효과적으로 추구할 수 있도록 하는 구성원 간의 신뢰, 규범, 네트워크 등이라고 해석하고자 한다(Putnam, 1993: 167; 1995: 664~665). 퍼트넘은 또한 지역 모임 등의 출석 상황, 각종 지역조직의 임원으로의 취임 상황, 지역 자원봉사 활동의 참가 상황, 친구와의 교우 상황, 주변 사람들에 대한 신뢰도, 선거 투표율 등의 지표를 구성요소로 하여 구체적으로 각 주별 사회관계자본을 추정했다(Putnam, 2000: 290~291).[16]

퍼트넘의 사회관계자본 지표와 소매업과의 관계에 대하여 조사한 톨버트(Charles M. Tolbert)에 의하면, 소매업의 종업원 전체에서 차지하는 지역 소매업 종업원의 비율과 사회관계자본과는 매우 높은 상관관계가 존재한다. 즉, 지역 소매업이 강한 지역일수록 사회관계자본의 레벨이 높다(역으로 말하자

15) 또한 사회관계자본의 다양한 정의·개념, 연구상 위치·응용 등에 대해서는 Portes (1998)를 참조할 것.

16) 구체적인 지표는 Putnam(2000: 291)의 Table 4 참조.

면, 월마트 등의 빅 박스 체인이 강한 지역일수록 사회관계자본의 레벨이 낮다). 좀 더 구체적으로 말하자면 지역 소매업이 강할수록, 예를 들면 빈곤이 적어지거나 선거 투표율이 높아진다. 지역 소매업의 취업률이 높다는 것은 그 결과로서의 임금의 증가와도 관련이 있으며 영유아의 사망률 저하와도 관련되어 있다. 또한 지역 소매업이 약해지면 범죄율이 상승하는 등의 결과도 보인다(Tolbert, 2005: 1320).

일반적인 의미에서의 지역 소매업과 빅 박스와의 관계뿐만이 아니다. 괴츠(Stephan J. Goetz) 등의 실증연구에 의하면, 월마트가 출점한 커뮤니티 또는 1990년대 초반 이미 월마트가 출점한 커뮤니티에서는 사회관계자본의 축적이 저하되었다는 결과를 보이고 있다(Goetz and Rupasingha, 2006: 1304). 그 이유로 생각되는 것은 거주자의 학력이나 민족적 동질성, 커뮤니티와의 관계(거주연수로 계측)가 사회관계자본과 강한 상관관계를 타나내는 한편, 커뮤니티 내에서의 소득의 불균질성과 사회관계자본이 역상관관계를 나타내고 있는 점(Rupasingha et al., 2006: 99), 그리고 커뮤니티와의 관계에 대해 중소 소매업이 많은 지역일수록 주민이 오래 거주하는 경향이 있다는 점(Irwin et al., 1997: 45)이다. 이는 서장 제6절 2에서도 지적한 것처럼 중소바, 커피숍이나 레스토랑, 미용실, 식료잡화점 등이 사람들을 커뮤니티에 불러들이는 일상적인 사회생활(informal public life)의 장소를 제공함으로써 사회적 접착제가 되는 것(Irwin et al., 1997: 44)과 관련이 있다.

이러한 의미에서 사회관계자본은 올덴버그(Ray Oldenburg)가 말하는 "제3의 장소(third place)"와 밀접한 관련이 있다. 왜냐하면 제3의 장소란 가정(제1의 장소)이나 직장(제2의 장소)이라는 범위를 넘어서 자유롭고, 비형식적(informal)이며, 또한 기쁜 마음으로 사람들이 모이는 그야말로 일상적인 사회생활의 장소이기 때문이다(Oldenburg, 1997: 16). 대표적인 제3의 장소로는 도시의 메인 스트리트, 비어가든(beer garden), 잉글리시 펍(English pub), 카페,

선술집(tavern), 찻집 등을 들 수 있다(Oldenburg, 1997: Part Ⅱ). 즉, 교외에 쇼핑센터나 빅 박스 등이 진출함으로 인해 도시 중심부의 상점가 등이 피폐해지는 것은 제3의 장소의 쇠퇴, 그 결과로서 사회관계자본의 약화로 연결되는 것이다.[17)]

여하튼 지역 중소 소매점은 지역 중소 제조업자와 마찬가지로 지역에 뿌리를 두고 있으며, 지역의 경제 상태를 개선하는 역할도 수행하고 있다. 또한 이들 중소 업자는 시민활동의 장소를 제공한다는 점에서 교회나 각종 지역조직과 동일한 기능을 하고 있다(Tolbert et al., 1998: 407).

중소 업자는 상호 정보를 공유하여 돕는 네트워크를 구축한다. 이 네트워크는 지역 커뮤니티에 근간을 두고 있기 때문에 해당 커뮤니티와 이해를 공유하게 되는데, 넓은 지역에 다수의 점포(또는 다수의 공장)를 전개하는 기업은 특정 커뮤니티와의 관계성이 약하게 된다. 기업의 규모, 전개하는 지역의 넓이, 해당 커뮤니티에서의 활동기간이라는 3가지가 지역경제에의 기여 정도를 결정하는 요인이 된다(Tolbert et al., 2002: 93~95). 즉, 글로벌 또는 전국적으로 공장이나 점포를 전개하는 대기업은 특정 지역에 구속되지 않는다. 이익추구라는 목적에 따라 공장이나 점포를 폐쇄·철수하기 때문에 노동자나 커뮤니티는 약자의 입장으로 몰리게 된다(Tolbert et al., 1998: 403~404).

이에 비해 지역 소매점은 커뮤니티를 육성하는 비공식적인 인간관계라는 네트워크를 유지하는 데 도움이 된다. 이 인간관계는 지역점포의 경영자와 주민과의 관계뿐 아니라 점포 내 또는 점포 앞 통로에서의 사람들의 일상적인 접촉의 장소를 제공한다는 것에 의해서도 이루어진다(Mitchell, 2006a: 79).

---

17) 사회관계자본이라는 개념은 사용하고 있지 않지만, 제3의 장소의 존재와 도시 활력과의 관계에 대해서는 Pindell(1995)이 북미 수십 개 도시에 대하여 보고를 했다.

대규모 경제활동에 의한 효율성은 지역경제의 발전을 최적화한다고 여겨지고 있다. 그러나 실증연구 결과에 의하면 지역의 입장에서 최선인 것은 지역마다의 자본주의, 즉 보다 소규모이고 경제적으로는 보다 비효율적인 사업자와, 경제분야 이외에서도 지역 지향의 조직이 뭉치는 것이다. 경제적 효율성이 직접적으로 사회경제적 발전과 연결되지 않는 것은 지역기업 및 각종 조직이 그 커뮤니티에 깊게 뿌리를 내리고 있는 데 비해 다국적기업은 그러하지 않기 때문이다(Tolbert et al., 1998: 422~423).

규모가 확대되고 다국적화하여 본사와 점포가 원격화됨에 따라 소매기업은 커뮤니티와 관련된 것의 중요성이 옅어지고 가격경쟁의 중요도가 증가하게 된다(Satterthwaite, 2001: 107~108).

또한 체인 소매기업에 국한하여 살펴보자면, 커뮤니티는 단순히 이익을 창출하는 장소에 불과한 것이 된다(Blanchard et al., 2003: 315).

지역기업의 경영자는 지역에서 발생하는 다양한 문제를 해결하는 데 큰 역할을 수행한다. 왜냐하면 지역의 환경개선은 지역기업에도 플러스가 되기 때문이다. 이에 비해 대기업 중심의 커뮤니티에서는 독립 자영 중산계급도 적으며 문제해결능력도 약하다. 대기업에 고용된 사람들은 커뮤니티 전체의 행복보다 기업의 이해에 관심을 가지기 때문이다(Blanchard and Matthews, 2006: 2244). 실증연구의 결과에도 독립중산계급이 없는 곳에서는 주민의 시민의식이 존재하지 않게 되며, 주민 간에 무관심이 확산되는 것이 명백하게 밝혀졌다(Blanchard and Matthews, 2006: 2254).

문제는 독립소매점을 포함한 중소기업 경영자와 공장노동자라는 미국의 중류계급의 핵심이 대형 소매기업의 발전에 의해 점점 사라지고 있다는 것이다. 참고로 1990년 이후 약 300만 명의 공장노동자의 직장이 사라지고 있다(Mitchell, 2006b).

그리고 빅 박스형 슈퍼스토어는 소비자의 구매행동이 원활하도록 조성된

'패스트 리테일(Fast Retail)'인 데 비해 중소 소매점은 사람들의 사회적인 접촉에 도움이 되는 장소를 제공하는 '슬로 리테일(Slow Retail)'이라는 점에서도(Blanchard et al., 2003: 314) 양자의 성격은 매우 다르다. 이는 서장 제6절 2에서도 소개한 쿤스틀러가 말하는 '헤어드라이기 7달러의 거짓말'과 동일한 것이다.

요컨대 "큰 것이 반드시 좋다고는 할 수 없다(Bigger isn't Better)"는 것이며(Irwin et al., 1997: 46), 중소기업은 커뮤니티의 행복을 높이는 데 비해 대기업은 저하시키며(Lyson, 2006: 1017), 보다 소규모로 지역이 관리할 수 있는 사업자를 중심으로 구성된 경제가 커뮤니티의 후생이 높아진다는 것을 의미한다(Lyson, 2006: 1003).

그리고 주민 주도가 아닌 쇼핑몰이나 빅 박스 소매업의 출현과 상점가의 쇠퇴는 미국인이 왜 시민생활(civic life)에서 벗어나 고립되었는가에 대한 설명의 근거가 된다(Blanchard and Matthews, 2006: 2255).

이러한 견해·해석이 1930년대의 반 체인스토어 운동의 주장, 특히 그 이론적 지주가 된 당시의 연방최고재판사 중에서 급진파이면서 윌슨 대통령 및 루즈벨트 대통령의 친구이자 자문관으로서 양 대통령의 정책에 막대한 영향을 미친 브랜다이스의 주장과도 일맥상통한다고 볼 수 있다.

또한 제인 제이콥스(Jane Jacobs)가 『미국 대도시의 발전과 쇠퇴(The Death and Life of Great American Cities)』(Jacobs, 1961)에서 논하고, 제이콥스의 사상적 계승자라고 불리는 로베르타 그라츠(Roberta Gratz)가 『살아 있는 도시(The Living City)』(1989)에서 전개한 주장과도 상통한다.

7. 광범위한 사회에 미치는 영향과 그 문제

월마트를 비롯한 슈퍼스토어, 빅 박스에 대해서는 지금까지 지적한 것 외에도 납입업자와의 관계 등 많은 문제가 제기되었다. 예를 들면 납입업자에게 비용 절감을 위한 기술을 도입하도록 강제할 수 있는 것이 월마트 비즈니스 모델의 기초라는(Irwin and Clark, 2006a: 4) 것까지는 인정하더라도, 월마트를 비롯한 대형 소매기업이 매우 낮은 가격으로 납입을 요구하기 때문에 납입업자는 미국 내에서의 생산으로는 대응할 수 없어서 생산을 해외로 이전함으로써 산업공동화를 발생시킨다는 지적도 존재한다. 또한 해외생산에 대해서는 제2장 제6절 3에서도 지적한 것과 같이 단순히 개발도상국으로의 생산이전뿐만 아니라 착취공장에서 생산한다는 비판도 끊임없이 존재한다.

어떤 월마트의 납입업자가 지적하는 것처럼 납입가격을 인하하기 위한 비용 절감은 "합법적으로 하려면 절대 불가능하다"는 상황에까지 이르고 있다(Goldman and Cleeland, 2003).

더욱이 무역을 확대시키는 것과 경제의 글로벌화는 '생태발자국(ecological footprint)'을 증대시켜 환경악화를 초래한다(Wackernagel and Rees, 1996: 132~133).[18]

여하튼 개발도상국에 있는 착취공장의 이용은 윤리적인 면을 비롯한 각종

18) 또한 '생태발자국'이란 "어떤 물질적 수준에서(어떤 국가든 지역 나름의) 사람들의 생활을 유지하기 위하여 필요한 토지 및 수면의 넓이"(Wackernagel and Rees, 1996: 158)이다. 예를 들면, 일본의 경우 해외에서 생산한 식료품을 먹고, 마찬가지로 해외에서 채굴된 자원을 이용하며, 또한 이들의 운송도 하고 있기 때문에 국민 1인당 생산력이 있는 토지는 국내에서는 약 1헥타르 정도이지만, 생태발자국은 5헥타르 가까이 사용하고 있다. 즉, 4헥타르는 국외의 토지를 이용하고 있는 것이다. 생태발자국에 대한 상세한 설명은 Wackernagel and Rees(1996)를 참조.

문제를 제조현장에서 발생시키는 것뿐만이 아니다. 전술한 바와 같이 이는 미국 내의 산업공동화를 촉진시킨다는 문제도 유발한다. 그 결과 실업자가 늘어나게 되며, 한편으로는 저임금이라도 직업을 구하고자 하는 실업자층·빈곤지구, 월마트의 출점을 환영하는 계층·지구를 만들어내게 되는데, 다른 한편으로는 노동자층의 소비를 지탱하는 수입원의 상실을 의미하기 때문에 극단적으로 말하자면 자본주의의 붕괴로 이어질 위험성도 존재한다고 할 수 있다.

월마트는 납입업자에게 비용을 절감하도록 지속적으로 압력을 가하고 있는데, 이는 월마트에 국한된 현상이 아니다. 월마트의 경쟁 상대 또한 동일한 행위를 하고 있다(Tilly, 2007: 1805)는 것도 틀림없는 사실이며, 개발도상국의 착취공장을 활용하고 있다는 것도 기타 많은 대형 소매기업의 공통적인 사실이다.

다른 소매기업은 차치하더라도 월마트가 납입업자로부터 얻고 있는 이득의 대부분은 시장경제의 메커니즘을 초월한 곳에 존재하고 있다(Lynn, 2006: 34). 즉, 시장경제의 성과는 아닌 것이다.

이상에서 살펴본 것을 포함하여 오스트레일리아 뉴캐슬 대학교의 베네딕트 쉬히(Benedict Sheehy)는 월마트가 사회에 미치는 영향·문제를 다음 8가지로 정리했다(Sheehy, 2004: 35~48).

① 출점하는 커뮤니티에 미치는 영향과 이에 동반하는 사회적 비용
② 납입업자에게 미치는 영향으로 인해 발생하는 사회적 비용
③ 종업원 대우로 인해 발생하는 사회적 비용
④ 민주주의에 미치는 마이너스
⑤ 문화를 지배하는 것에 의한 마이너스
⑥ 해외 아웃소싱에 의한 사회적 비용

⑦ 컨슈머리즘(Consumerism)[19]과 관련한 마이너스

⑧ 환경 부하

여기서 ⑦의 컨슈머리즘이란 매우 싸다는 것은 과잉소비 또는 과잉구입과 그 결과로서 과잉폐기를 야기한다는 것이다. 좀 더 구체적으로 살펴보자.

2004년 세계 최대의 범용 가솔린엔진 회사인 브리그스 앤드 스트라튼(Briggs & Stratton)사에 매수된 스내퍼(Snapper)사가 생산하는 가정용 제초기는 가장 싼 것이 고시가격(list price)으로 344.99달러, 특가판매가 299달러이며 표준적인 것인 519.99달러이다. 이에 비해 월마트에서 판매되는 제초기 중에서 가장 싼 것이 99.96달러, 조금 상급 모델이라도 122~188달러에 불과하다. 본래 제초기는 어느 정도의 지식을 가지고 유지관리를 하지 않으면 안 되는 기계이지만, 월마트의 가격은 그러한 지식의 필요성을 무의미하게 만들어버린다. 즉, 저가격이기 때문에 제초기가 일회용 소모품으로 취급되고 있는 것이다(Fishman, 2006: 115~116).[20]

또한 월마트는 피클 납입업자(생산자)에게 압력을 가하여 1갤런 병 제품을 3달러 이하라는 파격적인 가격으로 판매했다. 매우 싼 가격으로 인해 많이 판매되었으나, 이를 구입한 대부분의 가정에서는 1/4 정도 먹은 시점에서 곰팡이가 발생하여 버리게 되는 현상이 발생했다. 월마트의 전략은 싸게 판매함으로써 이러한 과잉소비를 촉진하는 것에 있는데, 이는 자원이나 환경의 유한성을 고려할 때 매우 큰 마이너스라고 할 수 있다(Sheehy, 2004: 46).[21]

---

19) 소비지상주의. — 옮긴이

20) 또한 스내퍼 제초기는 월마트에서도 판매되었으나 납입가격 인하 압력으로 인해 품질 저하 등이 불가피했으며, 장기적인 기업존속이라는 관점에서 2002년 월마트와의 거래를 중지했다. 그 사이의 경위에 대해서는 Fishman(2006: 129~136)에 상세하게 설명되어 있다.

≪샌프란시스코 클로니클(San Francisco Chronicle)≫의 칼럼니스트 마크 모퍼드(Mark Morford)는 월마트를, 마을을 파괴하며, 잡동사니를 제공하며(junk-purveying), 종업원을 학대하고, 착취공장을 지원하며, 미국 내의 취업기회를 축소하며, 정신을 마비시키며, 압류를 유발하며, 희망을 없애버리는 기업이라고 보다 간결하게 규정했다(Morford, 2006).

이러한 다양한 문제, 특히 미국 내 및 전 세계 납입업자의 노동자 대우를 악화시키는 것과 관련하여, 사회적 책임투자를 고안한 KLD사는 2001년 사회적 책임투자 지표인 DSI(Domini 400 Social Index)에서 월마트를 제외했다. 경영의 질과 관련하여 DSI에서 제외된 회사는 1990년 이래 불과 15개 사의 전례만 존재한다(Thomsen, 2001).[22]

한편, 미국 최대의 여성단체인 NOW가 직장환경, 노동관행, 여성종업원 차별, 아동노동법 위반, 사후피임약 취급 거부 등을 이유로 2002년 6월 월마트를 "부끄러운 회사(merchant of shame)"로 지정한 것은 제2장 제6절 4에서 지적했는데, 이 지정을 받은 것은 대규모 성희롱 문제를 일으킨 미국 미쓰비시(三菱) 등과 함께 5번째 회사이다(Bull, 2002).

---

21) 또한 1갤런 병 피클 판매 경위는 Fishman(2006: 79~84)에 자세하게 설명되어 있는데, 이 경우는 과잉소비(over-consumption)라기보다 과잉구입이라고 보는 편이 더 정확하다. 과잉소비가 초래하는 전반적인 문제에 대해서는 Graaf et al.(2001)를 참조. 이 문제는 일본에서도 100엔 점포 등의 보급으로 인해 문제화되고 있다. 예를 들면 "100엔 점포는 충동구매를 유발하도록 조성하고 있으며 게다가 싸기 때문에 불필요한 물건을 과잉구입하게 된다. …… 한 번 쓰고 버리는 대량 소비문화를 조장하고 있는 것이다"(アジア太平洋資料センター 編, 2004: 177)라는 비판도 존재한다.

22) 2004년 시점에서 33개의 사회적 책임 투자펀드가 월마트의 주식을, 23개의 펀드가 핼리버튼(Halliburton)의 주식을, 40개의 펀드가 액슨모빌의 주식을 보유하고 있었는데, 2000년 초에는 많은 펀드가 엔론(Enron)이나 월드컴(Worldcom)의 주식을 보유하고 있었다. 이러한 의미에서 사회적 책임 투자펀드도 일반투자회사와 다르지 않다는 비판도 존재한다(Reich, 2007: 176).

또한 소비자운동의 리더인 랄프 네이더(Ralph Nader)의 프로젝트로 1980년부터 간행된 다국적기업 문제 전문 월간지 ≪멀티내셔널 모니터(Multinational Monitor)≫는 2001년 12월부터 매년 '최악의 10개 기업(The 10 Worst Corporations)'을 발표하고 있는데, 월마트는 제1회째에 바이엘(Bayer), 코카콜라(Coca Cola), 엔론(Enron), 엑슨모빌(Exxon Mobil), 필립모리스(Philip Morris), 샐러리(Salary) 등과 함께 선정되었다. 월마트가 선정된 이유는 착취공장 문제, 출점한 지역에서의 중소점 도산, 스프롤의 촉진, 종업원의 처우와 반노동조합정책 등 때문이다(Mokhiber and Weissman, 2001).

글로벌화에 따라 야기되는 문제가 중시되는 이유 때문인지 이 최악의 10개 기업에는 제조업이 지정되는 경우가 많은데, 2003년에는 소매업에서 세이프웨이(Safeway)가 선정되었다. 그 가장 큰 이유는 월마트가 온다고 외치면서 종업원의 대우를 대폭 악화시켜 발생한 남캘리포니아의 슈퍼마켓 파업과 관련된 문제 때문이다(Mokhiber and Weissman, 2003).

2006년에는 노르웨이 정부가 운영하는 연금기금이, 윤리적으로 문제가 많은 기업이라는 것을 근거로 소유하고 있던 월마트와 프리포트-맥모란 커퍼 앤드 콜드(Freeport-McMoRan Copper & Cold Inc.)[23] 등 2개 회사의 주식 약 4억 3,000만 달러를 매각했다.

이 기금은 사우디아라비아, 러시아에 이어 세계 제3위의 석유수출국인 노르웨이가 1990년에 북해석유에서 나오는 이익을 운용하기 위해 설립한 것으로, 현재 3,500억 달러를 보유하고 있는 세계 제3위의 연금기금이며, 국외 3,500개 사에 2,360억 달러를 투자하고 있는 유럽 최대의 주식소유자이다. 2004년 말 국회는 이 기금운용을 위한 윤리위원회를 설치하고 윤리상 가이드라인도 책정했다. 그리고 클러스터 폭탄이나 핵무기를 제조한다는

23) 인도네시아에서 동을 채굴하는 미국 루이지애나 주의 비철금속회사.

이유로 보잉(Boeing), 제너럴 다이내믹스(General Dynamics), 록히드 마틴(Lockheed Martin) 등에 대한 투자를 중지했다. 이번 월마트에 대한 투자 중지는 윤리위원회의 권고로 실시되었는데, 그 이유는 착취공장의 이용, 열악한 종업원 대우 등 윤리적으로 문제가 많은 기업이라고 비판을 받았기 때문이다(Baue, 2006; Hundley, 2007; Petroleumsfondets Etiske Rad, 2005; Walt, 2006).[24)]

8. 지방분권제를 이용한 경영: 월마트의 비즈니스 모델(2)

이러한 상황에 대응하여 최근, 예를 들면 캘리포니아 주의 오클랜드나 샌프란시스코 등에서는 대형점, 특히 슈퍼스토어(할인점과 슈퍼마켓이 결합된 것)의 출점을 기본적으로 금지하는 리테일 사이즈 캡(Retail Size Caps)제를 채택하고 있다. 또한 로스앤젤레스에서는 슈퍼스토어의 출점이 지역의 고용, 세수, 기존 소매점의 경영, 교통 등에 미치는 영향에 대해서 사전조사를 실시한 후에 개별적으로 출점허가 심사를 하는 사전영향조사제도를 채택하고 있다.

이러한 출점규제제도에 대해서는 다음 장에서 검토하기로 하겠지만, 한편에서는 월마트 등의 출점을 사실상 금지하거나 엄격하게 제한하는 지방정부가 증가하고 있는가 하면, 다른 한편에서는 제2장 제1절과 제2절에서 살펴본 바와 같이 보조금(retail corporate welfare)을 주고 유치하는 지방정부도 많다. 이는 설령 지역(상권) 전체에서는 마이너스일지라도 해당 지역 내의 개별 지구(지방정부)에서는 고용·세수 등에서 플러스가 되는 경우도 있기 때문이

24) 또한 Petroleumsfondets Etiske Rad(2005)는 2005년 11월 기금의 운용책임자인 재무장관에게 제출된 윤리위원회의 권고를 비공식적이지만 영문 번역한 것이다.

다. 특히 캘리포니아 주의 주민제안 제13호(1978년) 등의 세제개혁이 이러한 측면을 강화시키는[25] 상태이다.

제2장 제2절에서는 로스앤젤레스 도시권 내의 랭커스터와 팜데일의 코스트코 쟁탈전이 주 의회에서 주법(Assembly Bill 178)을 제정하는 계기가 되었다는 것을 지적했는데, 로스앤젤레스 도시권 내의 벤투라 카운티는 카운티 내에서 인접한 옥스나드 시와 벤투라 시 등이 영업세를 목적으로 한 소매시설 유치경쟁을 전개했기 때문에 '영업세 협곡(sales tax canyon)'이라고까지 불리고 있다(Fulton, 1997: 255～281, "Chapter 10: Welcome to Sales Tax Canyon"; Schwartz, 1997: 209～213).

또한 각 지역의 실태와 경험이 공유되지 않았기 때문에 정보의 격차를 이용한 출점전략이 가능했다는 점도 있다. 즉, 월마트 등 빅 박스, 슈퍼스토어가 출점함으로 인해 해당 지방정부 및 주변 지방정부의 재정, 지역사회·지역경제의 상황이 어떻게 변했는가 하는 지금까지 각 지역의 경험에 근거한 정보가 출점이 예상되는 지역 내의 많은 지방정부의 담당자, 주민, 지역경제계에서 공유되지 못했으며, 또한 정보의 공유를 기초로 한 협력관계를 구축하는 것이 충분조건은 아닐지라도 근시안적인 판단을 회피하기 위한 필요조건임에도 불구하고 이것이 이루어지지 않았다는 것이다.

그 이유로는 미국은 일본과 비교하여 국토가 넓을 뿐만 아니라 신문을 중심으로 한 매스컴이 지역마다 나누어져 있기 때문이다. 매스컴의 지역성이란, 한편으로는 지역의 정보·문제가 상세하게 전해짐과 동시에 많은 사람들이 의견을 개진할 기회를 보증할 수 있다는 플러스적인 면이 크다고 생각되지만, 다른 한편으로는 지역에서의 경험·정보가 전국적으로 공유되는 것이

25) 미스젠스키(Misczynski)가 "토지이용의 재원화(Fiscalization of Land Use)"라고 칭하고 있음(Misczynski, 1986).

어렵다는 것을 의미한다.

즉, 시·군·구 등의 지방정부 간 정보가 공유되지 않을 뿐만 아니라 하나의 시·군·구 또는 커뮤니티의 내부에서 인종·직업 등의 분야별로 또는 지구별로 상이한 정보 등이 제공됨으로 인해 단절되는 경우도 있다. 구체적으로 살펴보면 월마트는 커뮤니티 내의 지구·그룹별로 환심을 사는, 즉 분리전술로 출점반대 등의 문제에 대처하고 있는 것이다(O'Brien and Gupta, 2005: 18).

또한 월마트 등은 보조금 등(출점자에게) 유리한 조건을 제시하지 않으면 인접 마을에 출점한다는 협박까지 하고 있는데, 이때 인접 지방정부 간 또는 어떤 지방정부 내의 인접 커뮤니티 간, 그리고 커뮤니티 내부의 그룹 간에 정보가 단절되어 있는 경우 최대의 효과를 발휘하게 된다.

이러한 의미에서 월마트의 비즈니스 모델은 정보의 비대칭성·정보격차를 이용한 경영이라고 할 수 있다.[26] 물론 이러한 인접 지방정부 간 또는 하나의 지방정부 내의 커뮤니티 간 정보의 단절을 도모하거나, 정보의 격차를 이용하여 출점을 유리하게 하고자 하는 것은 월마트에만 국한된 일은 아니다. 대부분의 대형점, 빅 박스가 이러한 전략을 채택하고 있다. 그 결과로서 지방정부 간 및 지역 간 파멸적인 경쟁이 발생할 가능성이 높다.

예를 들면 1990년대 중반 캘리포니아 주 벤투라의 K마트는 가까운 옥스나드에 프라이스클럽(Price Club; 현재의 코스트코)과 월마트가 출점한 것에 대항하기 위하여 기존 점포의 반대편에 슈퍼스토어(Super-K)를 출점하고자 결정하고 벤투라 시에 150만 달러의 보조금을 요구했으며, 시도 옥스나드 시가 프라이스클럽과 월마트에 마찬가지로 보조금을 제공했기 때문에 이에

26) 이것은 출점에 관해서뿐만 아니라 종업원 관리에도 이용되고 있다. 즉, 종업원이 서로 임금 등의 정보를 교환하는 것은 금지되어 있으며, 또한 조합화 등에 대한 이야기(정보교환)도 금지되어 있다는 것은 에런라이크의 경험으로서 제1장 제6절 2에서 지적한 바와 같다.

응하기로 했다(Boarnet and Crane, 1999: 81~82).[27)]

한편 캘리포니아 주의 칼즈배드(Carlsbad)는 고급스러운 마을이라는 이미지와 주민의 니즈와 어울리지 않는다는 이유로 빅 박스의 출점을 규제하고 있었다. 그러나 주정부로부터의 보조금이 매년 감소하는 상황 속에서 빅 박스는 연간 50만~70만 달러의 세수를 발생시킬 수 있다는 이유로 규제를 폐지하기로 했다(McConnell, 2004: 1541).

어떤 지역 또는 도시권 내에 다수의 시·군·구가 존재하는 경우, 개별 시·군·구가 최적이라고 생각하는 정책·시책을 선택했다고 하더라도 그것이 지역 또는 도시권 전체에 최적의 결과를 도출한다는 보증은 없다. 혹은 지역 전체로서는 최적의 결과로부터 멀어지는 경우가 많을 것이다. 그야말로 시스템론에서 말하는 '합리성의 패러독스'인 것이다. 즉, 지방분권제에 기인하여 합리성의 패러독스가 발생해버리는 것이다.[28)]

지방분권에 의한 합리성의 패러독스는 영업세, 고정자산세를 둘러싸고 발생하는 것뿐만은 아니다. 2006년 시카고에서 대형점에 대해 시의 독자적인 최저임금을 규정한 법률을 제정할 것인가를 둘러싸고 일대 정치투쟁이 전개되어, 최종적으로는 폐지된 배경에도 합리성의 패러독스가 존재했다고 보아도 무방할 것이다. 그 경과는 다음과 같다.

2004년 겨울 시카고 시내에 처음으로 2개 점포를 출점한다고 월마트가 입장을 표명하자, 이를 인정할 것인가(조닝에 의한 허가)를 둘러싸고 시 의회

---

27) 또한 Boarnet and Crane(1999)에는 이 이외의 사례도 언급되어 있다. 그리고 제2장 제1절 3에서 언급한 몰 오브 아메리카(Mall of America)도 같은 사례이다.

28) 미국에서 시·군·구 등의 지방정부의 법적 기반은 다른 선진국(여기서는 주로 유럽을 상정)과는 달리 매우 취약함에도 불구하고, 실태로서는 매우 큰 자율성을 가지고 있으며 특히 토지이용과 학교교육의 면에서 큰 문제를 야기하고 있다는 것에 대해서는 지금까지 많은 분석이 이루어졌다. 이에 대해서는 Briffault(1990a) 등을 참조.

에서 대논쟁이 일어났다. 반년 이상에 걸친 논의 결과 1개 점포는 인정했지만 다른 1개 점포는 불허가했는데, 그 논쟁의 과정에서 저임금이 큰 문제가 되었다.

이로 인해 대형점을 대상으로 한 시 독자적인 최저임금제도를 만들어야 된다는 여론이 형성되어, 2006년 7월 26일 통칭 「대형점 임금법('Big-Box' Wage Law, 또는 간단히 'Big-Box' Law)」이 35 : 14라는 압도적인 다수의 지지를 얻어 제정되었다. 이 법률은 연방정부가 규정하고 있는 최저 시급 5.15달러, 일리노이 주가 규정하고 있는 최저 시급 6.5달러를 상회하는 것으로, 2007년 7월부터 9.25달러에 더하여 부가급부 1.5달러를 최저수준으로 했으며 이후 서서히 인상하여 2010년까지는 시급 10달러와 부가급부 3달러로 하도록 규정하고 있다. 대상이 되는 곳은 연간 매출 10억 달러 이상의 기업이 경영하는 9만 제곱피트(8,360m^2) 이상의 소매점이다(Washburn and Ciokajlo, 2006a).

당시 샌프란시스코, 앨버커키, 워싱턴 D.C., 산타페, 매디슨을 포함한 140개 이상의 시가 독자적인 최저임금제도를 마련했다. 단, 시로부터 사업을 수탁받는 경우의 조건으로 되어 있는 경우가 많았으며, 시와의 계약과는 관계없는 사업자를 규제하는 경우에도 거의 모든 사업을 대상으로 하고 있으며, 시카고와 같이 대형점만을 한정한 제도는 최초라고 알려져 있다(Higgins and Washburn, 2006). 제도의 대상이 되는 것은 월마트뿐만 아니라 타깃이나 홈데포 등과 같은 디스카운트계에서부터 블루밍데일즈(Bloomingdale's), 노드스트롬(Nordstrom), 삭스 피프스 애비뉴(Saks Fifth Avenue) 등과 같은 고급 백화점 등 총 42개 점포의 7,500명의 종업원에 이른다(Rose, 2006).

이 법률에 대하여 리처드 데일리(Richard Daley) 시장은 9월 11일 거부권을 발동했다. 데일리 시장은 시내에서 일하는 사람들 수준의 임금을 보증한다는 것에 대해서는 동감을 하지만 시카고만 임금을 높게 책정하면 취업기회와 거래가 시로부터 멀어지게 되는 결과를 초래한다고 주장했다(Washburn and Mihalopoulos, 2006). 이에 대해 시의회는 9월 13일 재투표를 실시했다. 정원 50명의 2/3 이상인 34명이 찬성을 하면 시장의 거부권이 기각되는 규정이었기 때문에 7월의 찬성자가 유지된다면 동법은 최종적으로 성립되는 것이었지만, 시장에게 설득된 3명이 반대표를 던져(1명은 결석) 결국 폐안되었다(Washburn and Ciokajlo, 2006b).

이 법에 대한 평가는 차치하더라도 데일리 시장이 거부권 발동의 이유로서 언급하고 있는 것처럼, 이 법이 제정되었을 경우 신규 대형점이 시 경계의 바로 바깥쪽에 출점·집적할 가능성이 전혀 없지는 않다. 즉, 시카고 시만 대형점의 종업원에게 생활급을 보증하고자 하면 대형점을 그러한 제도가 없는 인접 시·군·구에게 빼앗길 위험성이 있다는 것이다. 따라서 일본과는 달리 시·군·구에 최저임금제도를 제정하는 권한이 있다고 하더라도 현실적으로는 제정하지 못하는 셈이다. 그 결과 지역 전체의 저임금으로 인해 사회복지사업을 지속할 수밖에 없게 된다.[29)]

이러한 분권제에 근거한 합리성의 패러독스, 저속하게 표현하자면 지방정부 간의 쟁탈전을 방지하고자 하는 시도가 없었던 것은 아니다.[30)]

---

29) 소매업 등의 저임금 분야에서 일하고 있는 종업원 중에는 풀타임 고용임에도 불구하고 시가 제공하고 있는 빈곤자를 위한 급식시설(soup kitchen)을 이용하고 있는 사람이 적지 않다고 한다(Bernhardt and Theodore, 2006).

30) 분권제에 의한 문제의 대응방법으로서, 각 주에 따라 제도상의 차이가 매우 크기 때문에 미국 전역이라고는 할 수 없지만 19세기에서 20세기 초에 걸쳐 신규 개발이 진행되는 교외의 중소 시·군·구(또는 시·군·구가 되지 않은 지역)를 중심도시가 강제적으로 합병해버리는 궁극적인 해결책을 채용하는 경우가 적지 않았다. 즉, 주택 및 상업개발의 진전을 모두 자신의 지역 내에 포함시키기 위하여 대도시에 의한 주변지역의 합병이라는 수단은 일반적으로 이용되었다(Palen, 1995: 177). 그러나 오늘날에는 그러한 강제적 합병을 금지하는 주가 대부분이다. 이러한 상황 속에서 다수 분립하는 시·군·구(지방정부)의 이해를 어떻게 조정하는가에 대해서는,

예를 들면 오리건 주의 포틀랜드 도시권에서는 도시계획을 중심으로 도시권 내의 25개 시가 협력하기 위한 메트로(metro, 정식명은 Portland metropolitan service district)가 1978년 주민(州民)투표로 성립되었으며, 1992년에는 도시권 주민의 투표로 자치헌장(Home Rule Charter)으로까지 규정하여 활동하고 있다. 단, 고정자산세 등의 세수를 공유화하는 구조를 갖추고 있지 않다.[31)]

또한 미네소타 주의 미니애폴리스, 세인트폴 도시권에서도 도시권 내의 개발·도시계획을 조정하기 위하여 1967년 주 의회가 도시권협의회(Metropolitan Council)를 설립하여 활동하고 있다. 여기서는 포틀랜드 도시권의 메트로와는 달리 고정자산세 수입의 일부를 분배하는 제도가 만들어졌다.[32)] 그럼에도 불구하고 제2장 제1절 3에서 살펴본 미니애폴리스의 메트로돔과 블루밍턴의 몰 오브 아메리카 개발과 같은 문제가 발생하고 있다. 또한 오하이오 주의 데이턴(Dayton) 시를 중심으로 한 몽고메리 카운티(Montgomery County)에서는 1990년대에 자발적인 협정으로 경제개발을 도모하면서 지방정부 간의 공평을 유지하기 위한 시도(Economic Development/ Government Equity Plan: ED/GE Plan)가 있었다.[33)]

예를 들면 Rusk(1995)와 같이 도시권 전체를 대상으로 한 정부(metro government)를 확립해야 한다는 주장과, Frug(1996)와 같이 현행과 같은 지방정부의 협조·협력으로 해야 한다는 주장, 그리고 그 중간이라고도 할 수 있는 Briffault(1996) 등의 사이에서 논의가 계속되고 있다. 또한 중소 시·군·구(또는 시·군·구 미형성 지역) 측이 중심도시와의 합병을 선택하는 최대의 요인은 상하수도 등의 공공 서비스의 확보인데, 공공 서비스의 제공을 거부하고 자립노선을 선택하는 중소 시·군·구도 있다. 이러한 공공 서비스와 시·군·구의 합병, 도시권 내에서의 시·군·구 분립 문제에 대해서는 Garnett(2005)이 자세하게 정리하고 있다.

31) 상세한 내용은 Abbott et al.(1994)을 참조. Rusk(1995: 108) 등에도 간단하게 소개되어 있다.

32) 도시권협의회 전체에 대해서 Orfield(1997)가 상세하게 논하고 있다. 세 분배제도에 대해서는 Porter(1997: 216, 231~234), Rusk(1995: 106~107) 등에서도 소개하고 있다.

매사추세츠 주 케이프코드 지역에서도 1990년 반스터플 카운티를 구성하는 15개 마을의 플래닝 활동을 조정하는 케이프코드 위원회가 주법에 의해 설치되어 활동하고 있다. 이에 대해서는 다음 장에서 자세히 설명하고자 한다.

또한 메인 주에서는 2007년 제정된 「정보공개 성장 법(Informed Growth Act)」에 의해 7만 5,000제곱피트(6,970m²) 이상의 대형점 개발에 대해서는 개발예정 시·군·구뿐만 아니라 인접 시·군·구에 대한 영향예측조사도 실시한 후에 개발을 인정할 것인가에 대한 심의를 하는 제도가 도입되었다. 이에 대해서도 다음 장에서 살펴보도록 하자.

한편 버몬트 주에서는 1997년 제정된 「Act 60」(2003년 「Act 68」로 개정)에 의해 시·군·구 대신 주가 고정자산세를 징수하고 아동 수 등의 필요에 따라 시·군·구(학교구)에 배분하는 제도를 도입함으로써 시·군·구가 개발경쟁에 뛰어드는 것을 억제하고자 했다.

또한 캘리포니아 주에서도 제정은 되지 못했지만 지방정부의 영업세를 현재와 같이 징수한 지방정부에 귀속시키는 것이 아니라 주 전체에서 합계한 후 인구수에 따라 지방정부에 배분하는 주법이 제안된 적이 있다(Wassmer, 2002: 1326의 n.25).

이와 관련하여 중국의 상황에 대해서도 살펴보도록 하자. 최근 수년간 중국에서는 카르푸와 월마트가 급속하게 점포를 출점하여 수익을 올리고 있는데, 이에 대하여 일본에서는 이들 구미 대규모 소매기업이 가지고 있는 효율적인 경영시스템의 성과라고 평가하고 있는 듯하다. 그러나 실태를 살펴보면 납입업자로부터 고액의 리베이트를 받는 등 우월적 지위의 남용과 지방정부로부터 무상 또는 매우 저렴한 가격으로 토지·점포 등을 제공받아

33) 내용 및 평가에 대한 상세한 내용은 Rusk〔1999: 201~221(Chapter 10)〕를 참조.

〈그림 3-3〉 월마트 모델(2)

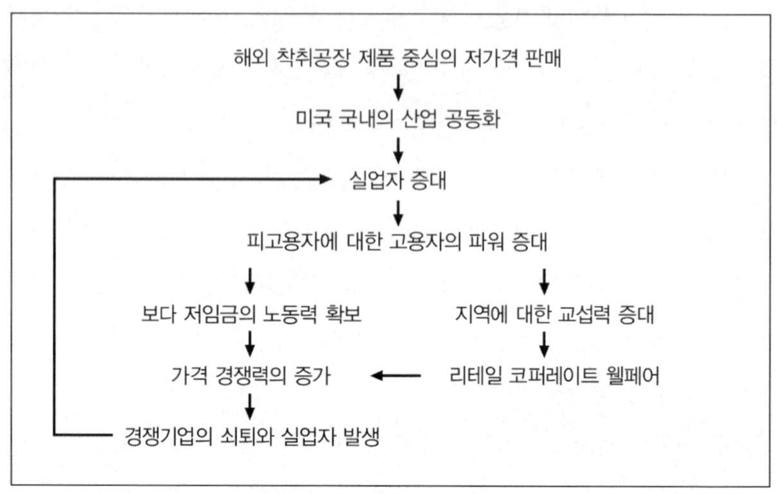

출점함으로써 이익을 확보하면서 단기간에 급속한 출점이 가능했다는 것이 명백하게 밝혀졌다.[34] 납입업자와의 관계는 차치하더라도 여기서도 지방정부 간의 경쟁에 근거한 합리성의 패러독스가 이용되고 있다.

현재 일본에서는 지방분권화를 '선(善)'으로 간주하고 추진하고 있는데, 그 결과로서 미국과 같은 패러독스 문제가 발생하기 시작했다(原田英生, 2007). 분권화의 공과(功過)에 대해서 냉정하게 분석·논의할 필요가 있다고 판단된다.

생산의 해외이전이나 지방정부 간의 유치경쟁이라는 관점에서 월마트의 비즈니스 모델을 도식화하면 <그림 3-3>과 같다.

34) 陳立平, 「중국 소매시장의 국제화와 글로벌 소매기업의 현지화 전략」(유통경제대학 대학원 경제학연구과 학위논문, 2008).

9. 월마트 모델이 경제에 미치는 마이너스 영향

<그림 3-3>의 비즈니스 모델에 대해서 부연설명하자면, 산업공동화로 인한 실업자의 증대가 월마트 확대의 추진력이 된다고는 하지만, 인간은 소비자로서만 존재할 수 없다는 문제가 있다. 소비를 하기 위해, 즉 월마트 등으로부터 상품을 구입하기 위해서는 화폐를 가지고 있어야만 한다. 그 화폐를 어떻게 얻을 것인가는 금융자산의 운용으로부터 얻는 사람을 제외하면 통상은 생산 등의 경제활동에 종사하여 얻는다. 그런데 만약 생산활동의 대부분이 해외로 이전된다고 하면, 많은 사람들은 어떻게 소비활동의 상품을 구입하기 위한 화폐를 획득할 것인가? 극단적으로 말하자면 월마트의 비즈니스 모델은 자본주의의 자기붕괴과정이라고도 할 수 있다.

월마트는 자유로운 시장과 소비자의 자유로운 선택에 따르고 있을 뿐이라고 주장하고 있지만 실제로는 그러한 주장과 모순되고 있지는 않는가(Jacques et al., 2003: 528). 실제로 월마트의 파워는 자유시장의 기능을 파괴하고 있다(Lynn, 2006: 30)는 지적이 미국에 존재한다.

또한 월마트는 중심가의 상점가를 쇠퇴시키고 임금을 낮춤으로써 출점지역에 대하여 제공하는 것보다 약탈하는 것이 더 많다. 만약 월마트가 미국에서 제1의 기업이라고 한다면, 미국은 일하는 사람과 그 커뮤니티를 위한 진정한 직장, 본래의 임금, 진실성 있는 공공정책을 가진 국가라기보다 생산성과 진보라는 환상을 남발하는 공상적인 경제(Alice-in-wonderland Economy)를 가진 국가가 된다는 지적도 있다(Editorial, 2002).

월마트 옹호자들은 월마트의 가격인하 효과는 임금인하 효과를 상회하고 있기 때문에 미국 노동자의 구매력을 상승시킨다고 주장하지만, 사실은 미국 일반가정의 소비지출 중에서 월마트에서 구입할 수 있는 물건의 지출비율이 매년 크게 감소하고 있다. 지출이 증대하고 있는 것은 주거비, 의료비, 교통비,

교육비 등 월마트에서 구입할 수 없는 것들이다. 그 결과 월마트에 의한 가격인하 효과가 있다고 하더라도 임금인하로 인한 충격이 더 크다고 할 수 있다(Bernstein et al., 2006: 4~5).

또한 월마트에 의한 가격인하 효과는 다른 소매점의 가격도 인하하여 시장 전체에 미치고, 또한 고소득자 및 중산층, 저소득자 모두에게 영향을 미치지만, 소매업의 임금인하는 노동자 계층에게만 부담시키게 된다는 비대칭관계에 있다는 비판도 존재한다(Dube and Wertheim, 2005).

물론 월마트의 임금이 매우 낮고, 그 결과 종업원에 대한 공적부조·공적부담이 필요하게 되지만, 만약 고용되는 사람들이 원래 실업 또는 반실업 상태였다면 공적부담은 오히려 감소할 가능성이 존재한다(Irwin and Clark, 2006a: 9). 간단하게 말하자면 공적보조를 하더라도 수입이 전혀 없는 사람에 대하여 하는 것보다는 그 부담이 적다는 것이다. 이 주장에 대해서도 몇 가지 반론이 가능하다.

첫 번째로 월마트 종업원의 대부분은 만약 월마트가 존재하지 않았다면 실업상태가 아니라 보다 임금이 높은 직장에 취직했을 것이라는 주장이다(Neumark et al., 2007: 36). 월마트는 경쟁 상대가 되는 많은 지역 소매업자를 퇴출시켜버리기 때문에 월마트에서 일하는 사람들로서는 만약 소매업에서 일하고자 원한다면 월마트에 대해서 불만이 있다고 하더라도 다른 선택의 여지가 없는 셈이 되는 것이다(Featherstone, 2004a: 175). 더욱이 공장이 해외로 이전해버렸다면 월마트 또는 레스토랑업계와 같은 저임금의 취업기회만 존재하게 된다. 월마트의 고용이 실업자 등을 고용함으로 인한 고용증가가 아니라 기타 소매업이나 제조업으로부터의 이동이 중심이라면, 임금은 감소하며 공적부담은 증가하게 되는 것이다.

만약 실업자 고용이 중심이 되어 그 결과로서 실업자들에 대한 공적부조는 감소한다고 하더라도, 기존 소매점의 도산·철퇴·축소 등으로 인하여 새로운 실업이 발생한다면 공적부담의 총액은 증가할 수도 있다. 왜냐하면 새로운 실업자들은 이전에 거의 공적부조에 의존하지 않았기 때문이다. 여기서도 워터베드 효과(waterbed effect)가 발생하는 것이다.

만약 월마트가 신규로 고용하는 사람들이 이전에 실업 또는 반실업 상태였던 사람이었다면 고용 후에 공적부담이 발생한다고 하더라도 부담 총액은 감소하며, 또한 기존 소매점과의 워터베드 효과 현상도 발생하지 않는다면 문제가 없다고 해도 무방한가? 그렇지 않다. 왜냐하면 종업원이 공적부담에 의존할 필요가 없을 정도의 임금을 지불하고 있는 기존 소매업자와의 사이에서 공평·공정이라는 문제가 있기 때문이다. 월마트의 종업원에게 제공되는 공적부조의 원천에는 기존 소매업자가 납부한 세금도 포함되어 있다는 것을 고려하면 더더욱 그러하다. 바로 이것이 두 번째 문제이다.

세 번째로 종업원의 정신적 부담의 문제가 존재한다. 오늘날 노동자가 처해진 상황보다 1930년대 대공황 때가 손해가 적다는 평가가 있다. 대공황기에는 수백만 명의 사람들이 직업을 잃었지만 대다수의 사람들은 그 원인으로서 시장 시스템을 비난하고 자신들을 가책하지는 않았다. 그리고 문제해결을 정부에 요구했으며, 이로 인해 뉴딜정책이 탄생했다. 그러나 오늘날에는 사람들이 당시와 같이 한목소리로 개선을 요구하는 움직임은 없으며, 일시적 해고(lay off)를 당하면 자신에게 잘못이 있는 것은 아닌가 하고 스스로를 탓하게 되기 때문이다(Uchitelle, 2006: 8).[35)]

보다 근원적으로 문제를 살펴보면, 월마트의 옹호자들이 자주 주장하는 '저가격인가 고임금인가, 월마트에서 물건을 구입할 수 있도록 할 것인가 아닌가'와 같은 이분법은 처음부터 잘못되었다. 선택해야 하는 것은 월마트

35) 이에 대해서는 일본에서 주장되고 있는 '빈곤 자기책임'론과 여기서 발생하는 문제와 거의 일치한다. 일본의 '빈곤 자기책임'론에 대한 비판적인 검토에 대해서는 湯淺誠(2008) 등을 참조.

가 종업원의 대우를 개선하는가 아닌가와 같은 것이어야 한다는 지적도 존재한다(Bernstein et al., 2006: 8).

월마트가 신규로 개점할 때 종업원을 모집하면 엄청난 수의 응모자가 몰려든다. 월마트의 발표에 의하면 2006년 여름 신규 개점을 위하여 3개월간 모집한 종업원 희망자는 평균보다 7배나 많았다고 한다(Greenhouse and Barbaro, 2006). 또한 2006년 9월 시카고 시내에 처음으로 출점할 때에는 450명 모집에 1만 5,000명이 지원했다고 연차보고서(annual report)에 자랑스럽게 게재했다(Wal-Mart 2007 Annual Report: 6).[36] 이를 근거로 좋은 직장이기 때문에 지원자가 많다는 주장이 종종 제기되고 있는데, 그러나 이는 무료급식소[37]에 매우 긴 줄이 서 있는 것을 보고 맛이 매우 좋을 것이라고 판단하는 것과 마찬가지라는 비판과 논의의 설정 자체가 잘못되었다는 비판도 존재한다(Dicker, 2005: 30).

월마트에만 국한되지 않고 대형 소매기업에 대한 이러한 사회적인 비판이 현시점에서의 소비자의 구매행동, 점포 선택에 어느 정도 영향을 미치고 있는가는 확실하지 않다. 단, 2004년 매킨지(McKinsey) 조사보고서에 의하면, 신문 등에 보도되는 부정적인 면을 접하고 월마트에서의 구입을 중지한 고객이 8%에 달한다고 한다(Frank, 2006; Ortega, 2007: 1279).

또한 2005년 12월 퓨 조사센터(Pew Research Center for the People & the Press)가 미국 18세 이상 1,502명을 대상으로 전화조사를 한 결과에 의하면, 34%가 월마트는 직장으로서 부적당(bad)하다고 응답했으며, 24%는 미국에 바람직하지 않은 존재(bad)라고 응답했다. 월마트가 가장 좋은 점은 저가격

36) Davey(2006)에서는 400명 모집에 약 1만 1,000명이 응모한 것으로 되어 있는데, 월마트가 연차보고서에 기재했기 때문에 이 수치가 정확할 것으로 판단된다.
37) 노숙자 등에게 식사를 제공하는 시설.

(50%)이며 가장 나쁜 점은 종업원의 대우(20%)라고 응답했다. 또한 소득이 높을수록 비판적인 응답이 증가하는 경향을 보이고 있다(Pew Research Center, 2005: 6~8).

또한 소비자가 월마트에서 물건을 구입하는 것에 대해 양심의 가책을 느끼기 시작하고 있다는 것은 월마트의 대변인도 인정하고 있다(Useem, 2004: 58).

여성차별에 관한 재판(듀크스 재판)을 둘러싼 논의 중에는 월마트 고객의 대부분을 차지하는 여성이 월마트를 경원시하기 시작했다는 예측이 존재하는 한편, 고객의 대부분은 월마트를 좋아하는 것이 아니라 저가격을 좋아하기 때문에 가격이 유지되는 한 크게 줄지는 않을 것이라는 견해도 존재한다는 것은 제1장 제5절의 '각주 48'에서 지적했다.

어떤 것이 올바른 것인가는 여기서 판단할 수 없지만, 느리기는 해도 중장기적으로는 상당한 영향이 발생할 것은 틀림없을 것이다.

마지막으로 앞 절에서 논한 정보의 비대칭성·정보격차를 이용한 경영에 대한 보충설명을 하고자 한다.

최근 수년간 미국에서도 일본 정도는 아니지만 매스컴에 의한 정보의 전국화가 서서히 진행되고 있다. 그 결과 어떤 지역에서 발생한 사건·경험이 미국 전역에 알려질 가능성이 지금까지보다 높아지고 있다. 그러나 매스컴에 의한 정보의 전국화보다도 급격한 속도로 진행되고 있는 것이 인터넷을 통한 경험·지식·정보의 공유화이다.[38] 이로 인해 월마트와 지방정부·시민 간 및 인접(경쟁)한 지방정부 간의 정보격차가 낮아지고 있으며, 결과로 출점

38) 몇 년 전에 들은 이야기로는 월마트를 비판하는 홈페이지가 미국 전역에서 약 1,500개 정도 있었다고 한다. 당시에는 이들 홈페이지가 개별적으로 정보를 제공하는 정도였기 때문에 전체를 파악하기에는 어려웠다. 그러나 최근에는 상호 링크가 걸려 있기 때문에 중요한 정보, 예를 들면 출점영향조사보고 등은 어느 홈페이지에 접속하든 열람할 수 있게 되어 있다.

교섭 등에서 우위성이 축소 또는 상실될 가능성이 나타나기 시작하고 있다. 더욱이 출점의 영향·효과에 관한 정보의 보급이 다음 장에서 언급할 빅박스, 슈퍼스토어에 대한 출점규제를 도입하는 큰 계기가 되고 있다.

대규모·최첨단의 정보 네트워크 시스템을 구축하고 이를 최대한으로 활용한 경영을 실시함으로써 정보 시스템화의 혜택을 받고 있는 월마트가 그 진전·보급으로 인해 경영의 우위성이 축소 또는 손실될 수밖에 없다는 사실은 아이러니하다고 할 수 있다.

제4장

대형점에 대한 입지규제

1. 규제주체: 연방정부에는 없는 규제권한

일본은 대형점은 물론 주택이든 공장이든 개발행위나 건설행위에 대하여 국가의 법제도로 규제하고 있다. 최근 「도시계획법」에 의한 규제의 경우 준도시계획구역제도의 도입, 특별용도지구의 내용 규정 등에서 도도부현이나 시정촌의 재량권이 꽤 증가했으나, 기본적인 법제도는 국가 전체로서 일체화된 것이다. 농촌에 대한 개발규제는 「농지법」, 「농진법(농촌진흥지역의 정비에 관한 법률)」에 의한 건축규제에 대해서는 단체규정(單体規定)·집단규정(集団規定) 모두 「건축기준법」에 의해 전국 일률적인 제도로 시행되고 있다.

이에 비해 미국은 미국정부 또는 연방정부에 도시계획이나 토지이용규제와 관련된 기능이나 권한이 부여되어 있지 않다. 국내 문제에 관한 미국정부의 기능은 주간(州間)·주제(州際)라고 불리는 주와 주 사이의 경우에 한정되어 있다(단, 주간·주제의 개념은 시대의 흐름에 따라 확대되고 있다). 물론 대형점 등의 입지에 대해서도 직접적으로 규제할 수 없다.[1)]

토지이용에 대한 직접적인 규제가 금지되어 있는 연방정부는 바람직하다고 판단되는 개발을 위해 민간업자나 지방정부를 대상으로 보조정책으로 유도한다(Logan and Molotch, 1987: 166). 단, 연방정부가 개발행위에 대한 규제를 하지 않는 것에 전혀 예외가 없는 것은 아니다. 하천부지나 습지(wetland) 개발의 경우 육군 공병대(army corps of engineers)의 허가가 필요하다. 원래 국방상·군사상 관점에서 육군 공병대가 주요 하천 등의 수로를 관리하고 있었으나, 자연환경보전이라는 시각이 강화됨에 따라 지정지역에서는 「연방수질정화법(Clean Water Act)」에 의해 육군 공병대의 허가 없이 개발이 불가능하게 되었다.[2)]

이유를 불문하고 과거 하천부지 등의 쇼핑센터 개발계획이 육군 공병대의 허가를 받지 못해 중지되거나, 다른 장소에 새롭게 습지를 조성하는 완화조치(mitigation)를 조건으로 허가된 사례가 몇 건 있다. 2005년에도 미시건호 연안 도시 레이크포레스트(Lake Forest)에서 40에이커 정도의 습지에 점포를 건설하고자 한 코스트코가 점포가 조성될 경우 발생될 빗물 등으로 인접 초원의 희소가치와 초원에 생식하는 희귀동식물에 악영향을 미칠 위험이 있다고 판단하여 개발이 중지되었다(Berger and Channick, 2005).

이 외에도 직접적인 규제권한이 없는 연방정부가 보조정책을 활용하여 쇼핑센터나 대형점 개발에 간접적인 규제를 한 경우가 있다. 대표적인 사례

---

1) Fisher(1985), Logan and Molotch(1987: 166), Smith(1983: 27) 등 참조.

2) 육군공병대가 토지이용·개발에 대하여 실시하고 있는 규제에 대해서는 Carter(2003), U.S. Army Corps of Engineers(2003) 등을 참조. 또한 공병대는 실시하는 규제 프로그램의 목적·역사·법적 근거 등과 함께 절차 등에 관한 해설을 게재한 홈페이지(http://www.usace.army.mil/cw/cecwo/reg/)를 개설하고 있다.

가 1970년대 말 카터 정권이 채용한 CCG(Community Conservation Guidance) 정책[3])이다.

이는 연방주택·도시개발성(Department of Housing and Urban Development: HUD)으로부터 도시개발사업 보조금(Urban Development Action Grant: UDAG)[4])을 받아 활성화에 노력하고 있는 중심도시(특히 다운타운)에 타격을 줄 수 있는 교외 쇼핑센터 개발과 관련된 도로, 상하수도 등의 인프라 정비에 대하여 연방정부가 보조를 하지 않는다고 부처 간에 협의(메모)한 것이다.

당시 주와 지방도시가 실시한 인프라 정비에 대한 투자의 60~70%는 연방정부로부터 받은 보조로 이루어졌기 때문에 중심부 활성화에 대하여 UDAG가 보조를 하는 한편, 중심부의 활성화와 대립하는 교외 쇼핑센터 개발에 필요한 인프라 정비에 보조를 하는 것은 명백하게 모순되며, 보조효과를 감소시키는 것은 물론 보조금을 낭비하는 결과를 초래하기 때문에 이 제도는 의미가 있는 정책이었다고 평가할 수 있다.

당초에는 '지역 소핑센터 정책(Regional Shopping Center Policy)'이라는 명칭의 대통령령으로 규정하려고 했으나, 전미소매업자협회(National Retail Merchants' Association: NRMA)와 국제쇼핑센터협회(International Council of Shopping Centers: ICSC)의 맹렬한 반대로 인해 명칭을 변경함과 동시에 강제력이 없는 관계부처 간 합의서로 변경되었다(Kowinski, 1985: 148~149; Lord, 1981: 34~35; Sussman, 1981: 65~68).

---

3) CCG 정책의 내용 및 평가에 대해서는 Dawson and Lord(1985: 10~14), Kaplan (1981), Lord(1981), Peirce and Hagstrom(1979), Sussman(1981), White House (1981) 등을 참조.

4) UDAG에 대해서는 Nathan and Webman(1980)이 상세하게 논하고 있다. 기타로는 Dawson and Lord(1985: 14~22), Gist(1980), 建設省都市局(1993: 102~107) 등을 참조.

이로 인해 출발부터 그 실효성에 큰 제약이 따르게 되었으며, 1980년 대통령선거에서 카터가 패배하고 1981년 레이건 정권으로 교체됨과 동시에 규제완화책의 일환으로서 폐지되고 말았다. 그러나 소수이지만 규모를 축소하거나 계획을 변경한 쇼핑센터도 있었으며(Lord, 1981: 35~36), 쇼핑센터 개발이 초래하는 부정적인 면을 사회적으로 명확하게 밝히는 데 기여함과 동시에 적어도 쇼핑센터 개발의 속도를 늦추는 효과를 가지고 있었다는 평가도 있다(Lord, 1985: 222).

한편 이 정책이 운용되기 시작한 1979년 11월부터 1981년 6월 폐지되기까지의 24곳의 쇼핑센터 개발계획에 관한 조사가 실시되었으나(Dawson and Lord, 1985: 12) 충분한 조사가 이루어지지 못했으며, 또한 다른 정부기관에 대하여 보조를 금지시키는 권한이 HUD에 없었기 때문에 큰 성과를 이루지는 못했다는 부정적인 평가도 있다(Dawson and Lord, 1985: 14).

이 정책이 만약 1960년대 말부터 1970년대 초에 채택되었다면 매우 큰 영향을 미쳤을 것이다(Lord, 1981: 35). 제3장 제4절에서 살펴본 바와 같이 당시의 연방정부는 상업시설의 교외화를 억제하기보다는 오히려 조세제도로 교외형 쇼핑센터의 개발 및 건설을 촉진하고 있었던 것이 현실이었다.

또한 CCG는 그 정책목적이나 의도에도 불구하고 중심도시의 도심부(CBD) 이상으로 기존의 교외형 쇼핑센터를 보호하는 결과를 초래했다(Lord, 1981: 35)는 점에도 유의할 필요가 있다.

그리고 1970년대에는 CCG 이외에도 이론적으로는 유사한 간접적 규제가 가능한 「공공 경제개발에 관한 법률(Public Works and Economic Development Act)」, 「애팔래치아 지역 개발 법률(Appalachian Regional Development Act)」 등과 같은 법률이나 제도가 존재했으나(Fix, 1980), 교외의 쇼핑센터 개발규제로 실제 적용되지 못했으며 레이건 정권에 의해 폐지되고 말았다. 현재는 위에서 언급한 육군 공병대에 의한 규제를 제외하고는 연방정부는 간접적인 규제도 실시하고 있지 않다.

또한 1970년대에는 연방정부가 플래닝을 각 주마다 의무화하는 것을 신중하게 검토했으나 결국 실현되지는 못했다. 각 주마다 상황이 다르다는 것을 고려하여 무리라고 판단한 듯하다(Burby and May, 1997: 147).

미국에서 토지이용규제는 뉴슨스(Nuisance)[5]를 규제하는 뉴슨스법의 계보에 속하여, 시민의 건강, 안전, 도덕, 공공의 이익을 유지·향상시키기 위한 권한인 경찰권(police power)의 발현이라고 여겨지고 있다. 그리고 이 경찰권은 본래 주정부에 귀속된다. 즉, 도시계획이나 대형점 개발규제의 권한이 개념상으로는 주정부에 있다는 것을 의미한다.

그러나 19세기 말부터 20세기 초에 걸쳐 주정부가 그 권한의 대부분을 시·군·구 등 지방정부에 위양했다. 이로 인해 각 지방정부는 독자적인 법률[6]을 제정하여 거의 독립적으로 집행하고 있다. 즉, 경찰권의 일부로서의 토지이용규제는 개념상으로는 주정부에 속하는 권한이지만 현실적으로는 지방정부가 구체적인 법제도를 제정하여 실시하고 있는 것이다.

단, 미국의 지방정부제도는 한국의 시·군·구와 같이 전국적으로 통일되어 있지는 않다. 각 주마다 매우 상이하며, 같은 주 내에서도 다양한 지방정부가 존재한다. 그리고 독자적인 법 제정과 집행이 가능한 지방정부는 미국 전역에 4만 개 가까이 존재한다. 이들 지방정부는 거의 독자적인 판단에 의해 제도를 만들거나(또는 만들 수 없다고 판단하거나) 하기 때문에 미국 전역에는 실로 다양한 제도가 존재하는 셈이다.

---

5) 제3자에 손해나 불이익을 주는 행위로 불법방해, 근린방해, 생활방해로 번역되는 경우가 많다.

6) 지방정부가 제정하는 규칙은 law로 불리는 경우도 있지만 ordinance로 불리는 경우가 더 많다. ordinance는 조례로 번역되는 것이 일반적이지만 일본의 조례보다 훨씬 자율도가 높기 때문에 법률로 번역하는 것이 적절하다고 판단된다.

또한 1970년대 또는 1990년대 이후 심각한 환경 문제가 대두됨에 따라 환경보전 또는 지속 가능한 개발이라는 시각에서의 규제가 추가로 생겨나는데, 이에 대해서는 지방정부와 같은 좁은 구역이 아니라 주 전체를 대상으로 하도록 주정부가 제도를 제정하여 집행까지 담당하는데, 도시권과 같은 범위에서는 그 범위에 소재하는 지방정부가 연합조직을 형성하여 담당하는 등 다른 차원의 규제도 나타나 복선적이고 중층적인 제도 형태가 되었다.

토지이용·개발규제를 둘러싼 분쟁에서 토지소유자 측의 제소 이유로 가장 많은 부분을 차지하는 것은 개발 규제로 인해서 얻어야만 될 이익(개발이익)을 얻지 못한 '보상 없는 수용(taking)[7)]'에 해당하는 것이거나, 절차가 부적정하거나 불공정하다는 것이다. 이들 모두 미국 헌법에 의해 연방, 주, 지방과 같은 각 정부에 금지되어 있는 행위이며, 일반적으로 전자는 테이킹(taking) 조항(보상 없는 수용), 후자는 두 프로세스(due process 적정과정) 조항이라고 불리고 있다(미국 헌법에는 미국 정부의 행위에 대한 테이킹 조항, 두 프로세스 조항을 제5수정으로 규정했으며, 또한 제14수정에서 주의 행위에 대해서도 양 조항이 적용된다고 규정하고 있다). 양 조항에서 분쟁이 많이 발생하는 것이 성인용품점(adult shop) 등의 출점규제에 대하여 미국 헌법 제1수정에서 보장된 언론의 자유와 관련된 문제들이다.

미국에서는 연방재판소와 주 재판소가 병존하고 있다. 개발을 둘러싼 분쟁은 연방과 주의 양 재판소에 제소되는 경우가 많은데, 주 재판소는 차치하더라도 연방재판소의 결정이 주정부나 지방정부의 개발규제에 결정적인 영향을 미친다는 의미에서는 사법부이기는 하지만 연방정부가 관여하고 있다는 해석도 가능하다.

---

7) 테이킹의 개념, 법제도와의 관계 등에 대한 상세한 설명은 Epstein(1985)을 참조.

2. 다양한 입지규제제도

앞 절에서 살펴본 바와 같이 일본과 같이 일원화된 규제(그리고 그 규제의 틀 안에서 지자체의 조례에 의한 규제)와 달리 미국에서는 50개의 주정부, 4만여 개의 지방정부가 각각의 규제, 그리고 일부 연방정부에 의한 규제가 더해지면 대형점 등의 개발에 관한 규제를 미국 전역에 일률적으로 논하는 것은 거의 불가능하다. 대형점 등을 개발·출점하는 데 어느(종류) 정도(규제의 강도)의 규제가 있는가는 출점·개발지에 따라 크게 달라진다.

이러한 점을 고려하면 규제의 강도에는 매우 큰 차이가 존재하지만, 많은 지역에서 거의 공통적으로 적용되고 있는 제도를 그 내용과 목적 등을 고려하여 정리하면 아래와 같다.

① 조닝(zoning) 규제

② 토지분할규제(subdivision control)

③ 환경보호법에 의한 규제

④ 성장관리(growth management, 최근에는 smart growth라고 표현)

⑤ 공공설비 관련 규제(public facility control)

⑥ 건축규제

⑦ 경관규제(aesthetics control), 옥외광고·사인보드 규제

⑧ 개발이익강제징수(development exaction), 개발영향부담금(development impact fees)

⑨ 기타〔커브컷(curb cut) 규제 등〕

이 중 환경보호법에 의한 규제와 성장관리는 통상 주 전체 또는 도시권과 같은 넓은 지역(region)에서 실시되는 경우가 많으며, 그 외에는 거의 시·군·구

등과 같은 지방정부 단위에서 실시된다. 또한 환경보호법에는 「연방환경정책법(National Environmental Policy Act: NEPA)」[8] 등의 연방법도 포함된다. 그러나 미국에서 연방법에 의한 환경규제는 기본적으로는 연방의 행정기관에 의한 행위(예를 들면 보조금을 포함한 사업지출)에 대한 규제를 말한다. 따라서 신규 개발에서 접근도로의 건설 등 기반정비에 연방정부가 지출(보조금 등)을 한 경우를 제외하고, 이러한 공적지출이 없는 민간업자의 개발행위만 있는 경우에는 직접적인 규제를 할 수 없다.

반복해서 언급하는 사항이지만, 연방정부의 권한·효력을 제외하고는 미국 전역에서 상기의 각종 규제책이나 수단이 모두 실시되는 것은 아니다. 대부분을 적용하고 있는 곳이 존재하는 반면, 토지분할규제와 건축규제 정도만 실시하고 있는 곳도 있다. 또한 공공설비 관련 규제나 경관규제는 조닝의 일부로서 실시되는 곳도 있으며 조닝과는 별도로 독립된 제도(법률)로서 실시되는 곳도 있다.

또한 기타로 예시된 커브컷 규제란 대형점이든 주택이든 주차장을 사용하기 위하여 도로의 녹지를 자동차가 횡단하는 것에 대한 허가로, 모든 주와 지방정부가 관할하는 도로에 대해서 적용되고 있다. 이 허가를 받지 않는 한 주차장을 이용할 수 없다. 즉, 주변에 노상주차가 금지되어 있는 경우 이 허가를 얻지 않는 한 주차장이 있어도 이용할 수 없기 때문에 소매점이든 주택이든 사실상 개발이 불가능하다. 대형점 개발이 커브컷 규제에 의해 규제되는 경우는 매우 드물지만 다음과 같은 사례도 있다.

1970년대 중반, 당시 북동부에서 공격적으로 쇼핑센터 개발을 추진했던 피라미드(Pyramid)사가 매사추세츠 주 서부에 있는 피츠필드 시(당시 인구 5만 4,000명)의 교외에 대규모 쇼핑센터(Lenox Mall)를 개발하고자 했다. 만약

8) NEPA에 대해서는 Clark and Canter eds.(1997) 등을 참조.

이 개발이 계획대로 추진되면 해당 지역 소매활동의 중심지·집적지인 피츠필드의 다운타운은 급격하게 쇠퇴할 것이라는 우려가 발생했다. 이에 당시 주지사는 피츠필드의 다운타운 내의 입지장소를 변경하도록 개발업자를 설득했으며, 1978년에는 출점예정지의 주 도로와 관련된 커브컷을 허가하지 않았다. 그 결과 쇼핑센터 개발계획은 좌절되었다(Gratz, 1989: 241~244; Osborne, 1988: 24).

위에서 언급하지는 않았지만 마스터플랜 또는 종합계획(comprehensive plan 또는 general plan)을 규제제도의 하나로 포함하는 견해도 있다. 미국의 마스터플랜이나 종합계획은 일본의 「도시계획법」 제18조의 시정촌 마스터플랜이나 「지방자치법」 제2조에 근거한 시정촌 종합계획보다 구체적인 내용이 포함되어 있다고 해도 무방하다. 개발 등에 관한 규제에 대해서도 그 실효성이 담보되어 있는 경우가 많다. 그러나 모든 주의 지방정부에 마스터플랜 또는 종합계획을 의무적으로 작성하도록 규정되어 있지는 않으며, 의무화·제도화되어 있는 경우에도 계획에 포함되어야 할 내용에는 많은 차이가 존재한다. 또한 실효성이 담보되어 있는 경우에도 그 실행력은 마스터플랜 또는 종합계획에서 나오는 것이 아니라 구체적인 규제는 조닝 등에 의해서 이루어진다.

미국에서 조닝은 "계획이 없는 조닝"이라고 비판을 받는 경우가 많다. 이는 장기적인 비전 또는 플랜 없이 현재의 토지이용을 고정화한 경향이 강하기 때문이다. 따라서 장기적인 비전에 근거한 토지이용규제, 그리고 이를 구체화한 조닝으로 전환해간다는 점을 고려하면 마스터플랜이나 종합계획은 큰 의미를 가진다고 할 수 있다. 또한 조닝 등과 같은 규제에 대해 행정이 재량권을 자의적으로 남용하고 있다는 비판(특히 재판)이 대두하고 있는 것을 감안하면, 마스터플랜 또는 종합계획의 존재는 절대적인 필요조건이라고는 할 수 없지만 조닝의 근거는 될 수 있다. 특히 일반적으로 개발을 전면적으로 동결하는 모라토리엄(moratorium)을 선언할 경우 등에 마스터플랜 또는 종합계획을 그 전제로 하는 경우가 많다.[9] 단, 이 장에서 논하고자 하는 구체적인 규제제도와 비교해볼 때 그 성격이 약하기 때문에 구체적인 설명은 하지 않고자 한다.

3. 규제의 중심이 되는 조닝

1) 조닝의 역사

대형점뿐만 아니라 미국에서 개발규제의 중심이 되는 것은 조닝이다.[10] 조닝이란 어떤 토지의 이용에 관하여 부지·건물을 어떻게 사용할 것인가라는 용도의 측면과 부지 내 건물의 위치·규모·형상 등과 같은 물리적인 측면의 양면에서 이루어지는 규제이다. 이러한 의미로는 일본의 지역지구제(地域地區制)도 조닝의 한 종류라고 볼 수 있다. 그러나 일본의 지역지구제와는 규제

9) 종합계획(comprehensive plan)과 조닝과의 관계에 대해서는 Haar(1955), Mandelker(1976) 등을 참조. 또한 Mandelker(1988, 1993, 1997, 2003)도 언급을 하고 있다. 또한 뒤에 언급할 라마포 마을의 성장관리정책과 같은 토지이용규제·개발규제의 종합계획(comprehensive or master or city plan)의 의의·중요성에 대해서는 Sullivan and Michel(2003)이 상세하고 분석하고 있다. Rohan(Release), Vol.6, Chapter 37 The Comprehensive or Master Plan에서는 최신 제도 동향을 포함하여 각 주별로 분석하고 있다.

10) 필자가 1990년 7월부터 8월에 걸쳐 미국 전역의 대형 쇼핑센터 개발업자를 상대로 실시한 조사(대상 159개 사, 유효응답 64개 사)에 의하면, 거의 모든 개발업자가 개발 시 공적규제의 영향을 받고 있다고 응답했는데, 가장 많은 영향을 받는 규제로서 조닝을 언급한 경우가 31개 사로 가장 많았으며 다음으로 환경보호규제가 25개 사였다. 자세한 내용은 原田英生(1999: 제1장)을 참조.

내용이나 규제의 강도, 실효성 면에 매우 큰 차이가 존재하며(지방정부에 따라 큰 차이가 존재하지만), 미국의 조닝제도는 전혀 다른 별도의 규제제도라고 보아도 무방하다. 또한 일본의 도시계획제도가 일부 토지에만 적용되는 것과는 달리, 미국 조닝제도 규제주체(주로 지방정부)의 관할지역은 농지 등을 포함하여 모두가 대상이 된다.

미국의 조닝은 1885년 캘리포니아 주 머데스토 시가 세탁소의 입지를 규제한 것이 시초라고 알려져 있다(Smith, 1983: 23). 1890년대에는 샌프란시스코 시 등 캘리포니아 주의 다른 도시에서도 비슷한 규제가 채택되기 시작했다. 즉, 세탁소에서 발생하는 악취나 오염수 등이 주변 주민에게 악영향을 미칠 가능성이 있다는 이유로 입지 가능한 장소를 기존 점포들이 입지해 있는 장소로 한정했는데, 이 때문에 신규 입지 가능한 장소가 없어지게 되었다. 그러나 주변 주민의 생활환경 보호라는 것은 표면적인 이유이며, 이 규제의 진정한 목적은 당시 폭발적으로 증가하고 있던 중국인 세탁소를 억제하는 것이었다(Delafons, 1969: 19~20).

1909년에는 로스앤젤레스 시가 공장을 7개 지구(후에 27개 지구로 증가)로 제한하고 나머지를 주택지로 규제했다(Smith, 1983: 24).

1910년 이후에는 세탁소나 공장이라는 특정 분야의 입지를 규제하는 것뿐만 아니라 종합적인 개발·토지이용규제로서 조닝이 전개되었다. 대표적인 사례가 1916년 제정된 뉴욕 시의 조닝이다. 뉴욕 시가 종합적 조닝(comprehensive zoning)을 제정한 계기는 다음과 같은 두 가지라고 알려져 있다(Toll, 1969: 74~116, Chapter 3).

첫째, 뉴욕 시는 맨해튼 남쪽지역(Lower Manhattan)을 중심으로 미국 내 봉제업의 중심지이다. 1916년 이전부터 이 지구에 고급소매점이 집적하기 시작했다. 그러나 토지이용규제가 전혀 없었기 때문에 고급점포와 봉제공장(대부분은 건물의 2층 등을 이용한 소규모 작업장)이 혼재하고 있었다. 따라서 고급점포를 이용하는 귀부인 고객들이 점심시간이나 퇴근시간에 수수한 복장을 한 여공들과 만나는 경우가 많았다. 이에 귀부인들이 점포에 불만을 제기했으며, 고급점포들은 봉제공장의 이전을 시 의회에 건의했다.

한편 오늘날 고급점포가 가장 많이 밀집해 있는 미들 맨해튼(Middle Manhattan)은 당시 억만장자의 거리(millionaires' row)라고 불리는 고급주택가였다. 여기에 윌리엄 월도프 아터(William Waldorf Ator) 자작(子爵)의 저택이 있었는데, 앙숙관계였던 아터 자작과 이웃에 살던 아터 자작의 숙모가 적개심에서 각자의 저택을 경쟁적으로 증축하기 시작했다. 이로 인해 주변의 저택에 통풍이나 채광 등에 악영향을 미치게 되었다. 그 결과 아터 자작에게 비난이 집중되었을 뿐만 아니라 공적규제의 필요성이 거론되게 되었다. 여담이지만 이러한 상황에 환멸을 느낀 아터 자작은 저택을 매각하고 영국으로 귀국하게 되었는데, 그 저택이 후에 월도프 아스토리아 호텔(Waldorf Astoria Hotel)이 되었다.

이러한 경위로 인해 뉴욕 시의 조닝은 용도와 물리적인 측면이라는 양면에서, 특히 특정한 용도·지구 등에 한정하지 않고 모든 지역·용도를 대상으로 한 종합적인 규제가 이루어지게 되었다. 단, 어떤 개발행위가 주위에 미치는 불편함이나 뉴슨스를 규제하는 권한은 본래 주정부에 귀속된다. 이에 시·군·구 등과 같은 지방정부가 과연 조닝을 제정하여 실행하는 권한이 있는가가 문제가 된다.

이러한 점에 대해 연방 상무성(당시에는 주택·도시개발성은 설립되어 있지 않았다)이 조닝과 관련된 권한을 주정부에서 지방정부로 위양하기 위한 특별법을 각 주가 제정하도록 촉진하고자 1922년 주의 특별법 모델(Standard State Zoning Enabling Act: SZEA)을 책정하여 공표했다.[11] 이에 따라 대부분의

11) SZEA 및 연방 상무성이 시·군·구의 플래닝을 촉진하기 위하여 1928년 책정·공표한

주에서 조닝 권한을 지방정부로 이양하는 수권법(授權法) 또는 권능부여법이 제정되어(일부에서는 주 헌법을 개정하여 지방정부에 조닝 권한을 부여하는 것을 규정한 주도 있다), 주정부와 지방정부와의 권한귀속 문제는 일단락되었다. 단, 주정부에서 지방정부로의 권한부여는 후에 큰 문제를 야기하게 된다.

한편 이러한 조닝에 의한 규제는 연방헌법이 규정한 테이킹 조항(합주국 헌법 제5수정, 제14수정) 및 이퀄프로텍션(equal protection, 평등보호) 조항(합주국 헌법 제14수정), 두프로세스(due process, 적정과정, 적법절차) 조항(합주국 헌법 제5수정, 제14수정)에 위반되는가에 대해 논의가 활발하게 이루어졌다.

우선 테이킹 문제에 대해서는 앞에서 살펴본 로스앤젤레스 시의 조닝 규제로 인해, 자신이 소유하고 있던 토지에서 점토를 채굴하여 벽돌공장을 경영하고 있던 원고로부터 제소된, 벽돌공장을 금지함으로 인해 점토를 채굴하면 80만 달러의 가치가 있는 토지를 다른 용도로밖에 사용할 수 없게 되었기 때문에 6만 달러로 가치가 떨어졌다는 주장에 대해 1915년 연방최고재판소는 테이킹에 해당되지 않는다는 판결을 내렸다〔Hadacheck v. Sebastian, 239 U.S. 394(1915)〕. 이 판결이 조닝규제를 확산시키는 큰 계기가 되었다.

단, 테이킹 조항은 일단 해결이 되었지만, 이퀄프로텍션 조항 및 두프로세스 조항은 아직 해결되지 않았다. 이 문제에 대해서는 오하이오 주 클리블랜드 시 교외의 유클리드의 조닝에 의해 공업용지로서의 이용을 인정받지 못한 부동산업자가 단독주택 이외의 아파트나 비주거계 개발을 규제하는 것은 헌법 위반이라고 연방재판소에 제소했다. 이에 대해 1926년 연방최고재판소는 유클리드 지역의 조닝규제는 합헌, 즉 이퀄프로텍션 조항 및 두프로세스 조항에 위배되지 않는다고 판결했다〔Village of Euclid v. Ambler Realty

---

「Standard City Planning Enabling Act(SPEA)」는 American Law Institute(1968)의 Appendix A(pp. 210~221), B(pp. 222~271)에 게재되어 있다.

Co., 272 U.S. 365(1926)]. 이로 인해 조닝규제는 헌법상의 근거를 얻게 되었다.

주정부에 의한 수결법의 제정, 연방최고재판소에서의 해더체크(Hadacheck) 판결, 유클리드(Euclid) 판결 등으로 인해 1920년대 후반 이후 조닝법은 지방정부에 급속하게 확산되었다.

2) 용도특정 조닝

도입 당초 조닝은 누적적 조닝(cumulative zoning) 또는 피라미드형 조닝(pyramidal zoning)으로 불렸던 것처럼 규제가 엄격한 용도는 보다 규제가 완화된 존에서 개발을 할 수 있었다. 즉, 단독주택 존, 아파트 존, 상업·업무 존, 공업 존과 같은 순으로 규제가 완화된다고 가정하면, 단독주택은 아파트 존에서도 공업 존에서도 조성이 가능하다. 아파트는 단독주택 존에서는 조성할 수 없지만 상업·업무 존이나 공업 존에서는 가능하다. 그러나 공장은 공업 존에서만 조성이 가능하다.

일반적으로 공업 존의 지가는 단독주택 존이나 아파트 존보다 싸기 때문에 공업 존에 단독주택이나 아파트를 건설하는 사례가 증가하게 된다. 입주 당시에는 주변 공장에서 발생하는 소음이나 매연 등을 감수하더라도 지가가 싸기 때문에 불만이 발생하지 않았으나, 시간이 경과함에 따라(특히 입주자가 변경되면) 공장과의 분쟁이 빈번하게 발생하게 된다. 또한 주택이 증가하게 되면 지방정부로서는 예상하지 못했던 학교나 공원 등과 같은 생활기반시설을 정비해야만 하는 상황에 처한다.

이러한 사태에 대하여 많은 지방정부는 기존의 누적적 조닝을 대신하여 각 조닝에 특정 용도만 인정하는 용도특정 조닝(exclusive use zoning)을 채택하게 된다. 이 경우 각 조닝에 명시된 용도나 물리적 조건에 한해 개발이 인정된다. 그 결과 공장 존에는 공장만 건설할 수 있기 때문에 복수의 용도가 혼재하는 일이 없어져, 용도의 단순화가 이루어지게 되었다.

실제로는 공장 존이나 상업 존과 같은 일반적인 구분이 아니라 상세하게 용도구분을 하고 있다. 구체적인 사례를 살펴보도록 하자.

(1) 뉴욕 시[12)]

뉴욕 시의 현행 조닝법에서는 지번(枝番)으로 세분화되어 있는 것까지 포함하면 주거계 존(residence districts)이 39개, 상업·업무계 존(commercial districts)이 84개(대분류로는 8), 공업계 존(manufacturing districts)이 21개로 구분되어 있으며, 또한 배터리 파크(Battery Park) 특별 존, 매디슨 애비뉴(Madison Avenue) 보전 특별 존 등과 같은 특별 존이 35개 지정되어 있다. 각각에 상세한 정의가 내려져 있기 때문에 조닝법은 2,000페이지가 넘는 분량으로 구성되어 있다.

상업·업무계 구분에 대해서는 다음 8개 종류로 대분류되어 있다.

C1: 지역 소매(local retail)

C2: 지역 서비스(local service)

C3: 수변 휴양(Waterfront Recreation)

C4: 상업·업무 전반(general commercial)

C5: 한정적 중심상업·업무(restricted central commercial)

C6: 종합적 중심상업·업무 전반(general central commercial)

C7: 오락(commercial amusement)

C8: 서비스 전반(general service)

---

12) City of New York Zoning Resolution, Article I: General Provisions, Chapter 1, and Article Ⅲ: Commercial District Regulations, Chapter 2, 기타.

그리고 각 분류(존)에서 인정하고 있는 업종 등의 용도그룹(use groups), 경우에 따라서 각 용도(점포 등)의 규모, 주차장에 관한 사항 등이 상세하게 규정되어 있다.

여기서 용도그룹이란 다양한 용도의 기능이나 주변에 미치는 영향(nuisance characteristics)의 공통적인 것을 모은 것으로, 주거 관련(용도그룹 No.1~2), 커뮤니티 시설 관련(용도그룹 No.3~4), 지역 소매·서비스 관련(용도그룹 No.5~9), 광역 쇼핑·오락 관련(용도그룹 No.10~12), 수변 휴양 관련(용도그룹 No.13~15), 자동차 서비스 관련(용도그룹 No.16), 제조 관련(용도그룹 No.17~18) 등과 같이 18개 그룹으로 분류되어, 각 용도그룹이 어떤 존에서 인정될 것인가를 규정하고 있다.

예를 들면, 슈퍼마켓이나 식육점을 포함한 식료품점, 약국(drugstore)과 같은 용도그룹 No.6은, C1, C2, C4, C5, C6, C8(기타 공업계 존의 일부)에서 인정되고 있다. 단, 같은 용도그룹 No.6이라도 의료품 소매점이나 직물 소매점, 가구 소매점, 잡화점 등에 대해서는 C1과 C2존에서는 바닥면적 1만 제곱피트(930m²) 이하라고 제한하고 있다. 한편 백화점(department store)과 같은 용도그룹 No.10은 C4, C5, C6, C8(기타 공업계 존의 일부에서 특별허가를 받은 경우)에서, 조제식품점(delicatessen store)과 같은 용도그룹 No.12는 C4, C6, C7, C8(기타 공업계 존의 일부에서 특별허가를 받은 경우)에서 각각 인정되고 있으나, C1이나 C2에는 입점할 수 없다.

소매점 이외의 업무에 대해서도 상세하게 규정되어 있는데, 도매사무소에 대해서 간단하게 살펴보도록 하자. 부속창고가 1,500제곱피트(140m²)까지(용도그룹 No.7)이면 C2에도, 2,500제곱피트(232m²)까지(용도그룹 No.11)이면 C5, C6에도 입점할 수 있으나, 이를 초과하는 경우(용도그룹 No.16)에는 C8 또는 공업계 존의 일부에서만 인정되고 있다. 또한 샘플 재고용 쇼룸이나 사무소(용도그룹 No.10)는 C4, C5, C6, C8에서 인정된다.

이러한 소매점이나 도매사업소를 주거계 존에 조성하는 것은 일절 인정되고 있지 않지만, 서비스 시설 중에서도 병원이나 의료시설은 용도그룹 No.4로서 대부분의 상업·업무계 존과 함께 주거계 존의 상당 부분(모두는 아님)에서 인정되고 있다.

또한 각 존은 인정되는 용도그룹과 별도로 건물의 높이나 셋백 등에 대한 상세한 규제로 인해 보다 세분화된〔지번(枝番)으로 분류된〕 존으로 구분되어 있다.

(2) 시카고 시[13]

시카고 시는 1957년부터 적용되고 있던 구조닝법을 2004년 전면 개정하여, 2004년 5월부터 부분 시행 후 11월부터 전면 시행했다. 따라서 미국 대도시 중에서는 가장 새로운 조닝법이라고 할 수 있다.

신법에서는 주거계가 대분류로 3구분(세분화하면 10구분), 업무·상업계가 근린쇼핑구역(B1), 근린복합용도구역(B2), 커뮤니티 쇼핑구역(B3), 근린상업구역(C1), 자동차 연계 상업구역(C2), 상업·제조업·업무구역(C3) 등 6구분(세분화하면 24구분), 공업계가 3구분(세분화하면 9구분), 다운타운이 4구분(세분화하면 11구분), 기타 공원, 공공용지 등과 같은 특별목적 구역으로 분류되어 있다.

시카고 시의 경우 주류판매점 등 일부 업종을 제외하고 B1에서 C3의 업무·상업계 존에는 원칙적으로 소매점의 출점이 인정되고 있다. 단, 자동차 판매에 대해서는 B1과 B2에는 인정되고 있지 않다. 주유소(gasoline stand)에 대해서도 알코올을 제공하지 않으면 모든 존에서 인정되고 있으나, 알코올을 제공하는 경우에는 B1과 B2에서는 허가를 받지 못한다. 선술집(tavern)은

13) 「Chicago Zoning Ordinance」, Chapter 17-3, 기타.

C1, C2, C3에서는 허가, B3에서는 개별심사, B1, B2에서는 불허가이다. 또한 시카고 시의 경우 도매사업소는 상업용도가 아니라 공업용도로 분류되어 있는데, 창고 등과 함께 C1, C2, C3에서는 허가, B1, B2, B3에서는 불허가이다.

또한 B1, B2, C1의 각 존에서는 소매점을 포함한 상업시설의 총 바닥면적이 2만 5,000제곱피트(2,320m²)를 초과해서는 안 된다. B3, C2, C3 존에서 총 바닥면적이 7만 5,000제곱피트(6,970m²) 이상인 개발을 위해서는 의무적으로 개별심사를 받아야 한다.

도보 쇼핑에 적합한 환경을 정비하여 공공교통의 이용, 경제 활력, 보행자의 안전성과 쾌적성을 촉진하기 위해 업무·상업계 존 내에 다수의 보행자용 통로(pedestrian street)를 설치하고 그곳에서는 도로변에 스트립 센터(Strip center)나 자동차 관련 업종 입점이 금지되어 있다.

또한 이러한 소매점의 주거계 존에의 출점은 일절 인정되지 않는다. 한편 공업계 존에는 3,000제곱피트(280m²) 이하의 음식료품 소매점에 한해 인정하고 있다. 그 외 소매에 대해서는 공장 등의 총 바닥면적의 20%를 초과하지 않는 경우에 국한하여 그 장소에서 생산한 것의 직매소(直賣所)만 인정된다. 다운타운에 관해서는 4구분 중의 하나인 다운타운 주택 존(DR)에서는 소매점이 일절 인정되지 않지만 다른 3개의 존에서는 인정되고 있다.

(3) 로스앤젤레스 시[14)]

로스앤젤레스 시는 용도에 대하여 공공용지, 농업 등을 포함하여 35개 유형으로 구분하고 있다(기타 특별계획 존이 7구분). 또한 건물의 높이, 건축면적 등에 관한 규제 구분이 다수 존재하고 있으며, 양자를 결합하여 구체적

14) 「City of Los Angeles Municipal Code」, Chapter I: General Provisions and Zoning, Section. 12.13~12.16.

인 존을 정의하고 있다.

상업·업무계 존의 주요 용도를 살펴보면, 가장 규제가 엄격한 'C1 한정적 상업 존'에서는 베이커리, 서적·문구점, 과자점, 약국, 의류품점, 꽃집, 식료품점, 철물점·전기기구점, 보석점, 구두점, 미용실, 세탁소, 수선집 등이 인정되고 있다. 단, 상품판매는 신품 소매만으로 한정되어 있다. 또한 점포는 총 면적 10만 제곱피트(9,290m²)보다 소규모인 것으로 제한된다.

'C1.5 한정적 상업 존'에서는 C1에서 인정되는 용도에 더하여 건축자재점, 백화점, 냉동식품점, 자물쇠점, 신문판매점, 무역사무소(부설창고 3,000제곱피트 이하), 영화관 등이 인정받을 수 있다. 상품판매는 소매업으로 한정된다.

또한 'C2 상업 존'에서 인정되는 용도에는 목수·배관공사 용품점, 실내장식 용품점, 중고차 판매점, 간판제작점, 타이어 판매점 등이 추가된다. 도매사업소도 인정되지만, 창고는 4,500제곱피트(420m²) 이하이어야 한다. 'C4 상업 존'에는 복싱경기장, 게임센터, 사격장, 스케이트링크, 볼링장 등의 오락시설, 농구장, 야구장, 축구장, 병원, 중고품점, 공공 서비스 시설 등이 추가로 인정된다.

(4) 필라델피아 시[15]

필라델피아 시의 현재 조닝법에는 주거계는 부지 1만 제곱피트(930m²) 이상의 1세대용 단독주택 존, 부지 1만 제곱피트 이상의 고층아파트 존 등 31개로 구분하고 있다. 또한 공업계는 업종한정 공장 존, 일반공장 존 등 9개로 구분하고 있으며, 상업·업무계는 10개로 구분하는 등 전체를 55개 종류로 구분하고 있다. 상업계 10구분은 각각 인정되는 업종 등의 용도(역으로 금지되는 용도)나 건물의 높이, 바닥면적, 주차에 관련된 사항이나 옥외조

15) 「Philadelphia Code」, Title 12: Zoning and Planning, Chapter 14-300, 14-200.

명의 시간제한 등에 대해서도 규정되어 있다.

이 상업계 10구분 중에는 근린형 쇼핑센터(Neighborhood Shopping Center: NSC) 존, 광역 쇼핑센터(Area Shopping Center: ASC) 존이 있다. 모두 하나의 부지 내에 한 개 또는 복수의 건물로 복수의 소매점·서비스점이 개별 또는 복합적으로 영업하고 있는 것이라고 정의되어 있는데, 근린형 쇼핑센터는 1개의 건물이 4,000제곱피트(370m²) 이하이며 업종도 일상생활용품으로 한정된다. 이에 비해 광역 쇼핑센터는 부지가 8만 제곱피트(7,430m²) 이상이며 대부분 소매·서비스 업종의 영업이 인정된다. 이 외에도 각각의 존에 대해서 건물의 높이, 주차장 등에 대한 상세한 규정, 규제가 이루어지고 있다. 물론 근린형 쇼핑센터는 근린형 쇼핑센터 존에만 건설할 수 있으며, 광역 쇼핑센터 존을 포함하여 다른 존에는 건설할 수 없다.

NSC, ASC 이외의 상업계 존은 C-1, C-2, C-3, C-4, C-5, C-6, C-7, OC 등과 같은 기호이기 때문에 이해하기 어렵지만, 간단하게 설명하자면 개발밀도, 업종 등의 규제에 대하여 C-1이 가장 엄격하며 C-5가 가장 완화되어 있다. C-6과 C-7은 주로 자동차 고객을 대상으로 한 소매점·서비스점이 해당된다. 또한 C-1, C-2, C-7, NSC가 근린형 소매·서비스인 것에 비해 C-3, C-6, ASC는 광역형(regional) 소매·서비스, C-4, C-5는 다운타운(center city)의 소매·서비스에 해당된다. 이 외에 주로 사무소를 대상으로 한 존인 OC를 포함하여 모두 10개 구분으로 나뉜다. 인정되는 업종, 인정되지 않는 업종, 부지규모, 셋백, 높이, 주차장 등에 관한 구체적인 규정, 규제 내용에 대해서는 각 존마다 적어도 2페이지, 많을 경우 수십 페이지에 적혀 있다.

또한 상업 관련 시설에 대해서는 상업계 10구분 이외에 주택 존 31개 구분 중에서 조건부 소규모 소매시설 등의 병설이 가능한 존(residential with limited accessory commercial districts 및 planned residential development districts)이 5구분으로 나뉜다.

(5) 댈러스 시[16)]

댈러스 시의 존은 주거계가 농업 1개 구분(농업 및 주거), 1세대용 7개 구분, 타운하우스 4개 구분, 집합주택 6개 구분, 비주거계가 사무소 7개 구분, 소매 3개 구분, 업무·공장(commercial/industrial) 4개 구분, 중심지(central area) 2개 구분, 혼합용도(mixed use) 3개 구분, 복합상업(multiple commercial) 4개 구분, 도시회랑(urban corridor) 3개 구분, 주차장 1개 구분으로 나누어져 있다. 그리고 각 존마다 인정되는 용도와 함께 셋백, 개발밀도, 높이, 건폐율 등이 규정되어 있다.

이 중 소매 3개 구분에 대하여 살펴보면, 가장 규제가 엄격한 '근린서비스 구역(NS)'은 주변 주민에게 편리한 소매 및 서비스를 제공하는 것을 목적으로 하고 있다. 여기에서 인정되는 소매점은 세탁소, 3,500제곱피트(325㎡) 이하의 종합소매점이나 식료품점, 주유소(gasoline stand), 레스토랑(드라이브 인 및 드라이브 스루는 제외)으로 한정된다. 소매점 이외에는 노인복지시설, 탁아시설, 교회, 대학, 도서관, 학교, 병원, 드라이브 인 창구가 있는 금융기관 등이 가능하다.

'커뮤니티 소매구역(CR)'에는 NS에서 인정되는 소매점은 물론 가구점, 3,500제곱피트 이상의 종합소매점이나 식료품점, 홈 센터, 주류판매점, 종묘점·식목점, 드라이브 인 및 드라이브 스루 레스토랑, 영화관 등도 추가로 가능하다. 소매점 이외에도 NS에서 인정되는 시설에 더하여 병원, 호텔·모텔, 드라이브 인 창구가 있는 금융기관, 세차장, 비즈니스 스쿨, 라디오·TV 방송국, 경찰서, 소방서, 우체국 등이 가능하다.

또한 '광역 소매구역(RR)'에 인정되는 소매점에는 자동차 판매점 등이

16) 「Dallas City Code」, Volume Ⅳ, Chapter 51A Part Ⅱ: The Dallas Development Code, Section 51A-4.122~51A-4.127.

추가된다. 소매점 이외에는 버스 터미널, 헬리콥터 발착장(heliport), 여객철도역 등이 추가로 가능하다. 중심지 2개 구분이나 혼합용도 3개 구분, 복합상업 4개 구분에 대해서도 소매점에 관해서는 RR이 거의 동일하게 용도가 인정되고 있다(자동차 판매점이 인정되거나 인정되지 못하는 등의 약간의 차이가 존재).

한편, 도시회랑 지구의 소매점에 대해서는 NS와 CR의 중간 정도의 용도규제가 이루어지고 있다.

(6) 보스턴 시[17)]

보스턴 시의 조닝은 주거계 존이 3개 구분(세분화하면 16개 구분), 업무계 존이 지역형(L)과 일반(B)의 2개 구분(세분화하면 18개 구분), 공업계가 8개 구분(세분화하면 13개 구분)으로 되어 있으며, 이 외 공공용지 구역(세분화하면 10개 구분), 다운타운 구역, 근린구역, 하버파크 구역(Harbor Park Districts), 특별구역 각 1개 구분으로 나누어져 있다.

한편 각종 용도는 그 성격 등으로 인해 89개 유형으로 분류되어(枝番으로 분류하면 더욱 증가), 각 용도에 대해 존별로 개발이 인정되는 것, 심사조건부 인정되는 것, 인정되지 않는 것으로 지정되어 있다.

소매점에 한정하여 살펴보면, 주변 주민 등을 대상으로 영업하는 소매점은 존 L, 존 B 및 공업계의 일부 존에서 인정되고 있다. 단, 오전 6시 이전 또는 심야 0시 이후에 영업을 하는 소매점은 심사조건부 허가 대상이 된다. 한편 백화점, 가구점, 종합슈퍼(general merchandise mart) 등과 같이 시내의 많은 소매수요에 대응하기 위한 소매점의 경우는 존 L에서는 심사조건부 허가 대상이 된다.

17) 「Boston Zoning Code and Enabling Act」, Article 3 Establishment of Zoning Districts, Article 8 Regulation of Uses.

또한 존 B 및 공업계의 일부 존에서도 총 바닥면적 7만 5,000제곱피트(6,970m²) 미만일 경우에는 무조건 인정되지만, 7만 5,000제곱피트 이상인 경우에는 심사조건부 허가 대상이 된다(단, 일부 지역에서는 심사조건 불필요).

(7) 캘리포니아 주 오클랜드 시[18)]

각 존에서 개발이 가능한 용도를 특정하고 있는 것은 지금까지 살펴본 바와 같은 대도시뿐만이 아니다. 대부분의 시·군·구에서 실시하고 있다고 해도 과언이 아니다. 여기서는 중규모 도시로서 캘리포니아 주 오클랜드 시(인구 36만 명), 소도시로서 몬태나 주 보즈먼 시(인구 3만 명)의 조닝을 살펴보도록 하자.

우선 오클랜드 시의 경우 주거계가 1에이커 부동산 주거 존(One Acre Estate Residential Zone), 저밀도 주거 존(Low Density Residential Zone), 고층 아파트 주거 존(High-Rise Apartment Residential Zone) 등 12개 존, 상업계가 17계 존, 공업계가 4개 존, 그 외에 공공용지, 의료센터 존, 시민센터 존, 연구센터 존 등 18개 존 등 총 51개 존으로 구분되어 있다. 상업계 17개 존은 다음과 같다.

C-5: 동네 상업 존

C-10: 지역 유통 상업 존

C-20: 쇼핑센터 상업 존

C-25: 사무실 상업 존

C-27: 마을 상업 존

18) 「Oakland Municipal Code」, Title 17: Planning, Chapter 17.10, 17.34~17.64, 17.134.

C-28: 상업 쇼핑 지역 존

C-30: 지역 주요도로 상업 존

C-31: 특별 유통 상업 존

C-35: 지역 쇼핑 상업 존

C-36: 게이트웨이 불러바드 서비스 상업 존

C-40: 커뮤니티 주요도로(Thoroughfare) 상업 존

C-45: 커뮤니티 쇼핑 상업 존

C-51: 중심 비즈니스 서비스 상업 존

C-52: 올드 오클랜드 상업 존

C-55: 중심 핵 상업 존

C-60: 도시 서비스 상업 존

HBX: 주택 비즈니스 혼합 상업 존

한편 용도(activity types)에 대해서도 주거활동, 시민활동, 상업활동, 제조활동, 농업·채취활동이라는 대분류하에서 상세하게 분류되어 있다. 상업활동의 경우 30개 종류로 세분화되어 있다. 단, 여기서 말하는 상업이란 매우 광범위한 개념이기 때문에 소매업에 한정하여 살펴보면, 식료품 판매, 편의점, 주류 판매, 일상생활용품 판매·일상생활서비스〔의료품, 화장품(toiletry), 담배, 잡지 등의 판매 및 미용실, 빨래방 등의 서비스〕, 일반상품 판매, 일반상품·식품 종합형 대규모 소매(large-scale combined retail and grocery sales commercial activities), 자동차 판매·리스 등으로 나누어져 있다. 기타 관련된 업종으로는 패스트푸드, 업무용 상품 판매, 일반도매판매 등이 있다.

일반상품·식품 종합형 대규모 소매란 매장면적이 10만 제곱피트(9,290m²)를 초과하고, 매장의 10% 이상이 비과세 상품(구체적으로는 식료품과 의약품) 매장으로 되어 있는 소매점 중에서 홀세일 클럽 등과 같은 회원제 점포나

자동차 판매점을 제외한 소매를 말한다. 즉, 월마트의 슈퍼센터 등 일반상품의 할인점과 슈퍼마켓이 합쳐진 소위 슈퍼스토어를 말한다. 상기의 소매활동 분류 중의 일반상품 판매에서 이 일반상품·식품 종합형 대규모 소매는 제외된다. 이 용도(활동) 분류는 2003년 조닝법 개정에 의해 추가되었다.

이러한 용도(활동)의 정의를 근거로 각 존마다 허가 대상 활동, 개별심사(조건부) 대상 활동(conditionally permitted activities)이 게재되어 있다. 예를 들면 C-5는 교통량이나 주차를 발생시키지 않기 위한 일상생활용품 전문 소규모 소매활동을 창출하여 유지하고 촉진하기 위하여 설정한 존이며, 일상생활용품 판매·일상생활서비스, 일반상품 판매는 인정하지만 식료품 판매, 편의점, 주류 판매는 허가 대상이 된다. 또한 패스트푸드, 자동차 판매, 업무용 상품 판매, 도매판매 등은 인정되지 않는다. 그리고 인정하고 있는 것에 대해서도 1개 점포의 규모는 5,000제곱피트(465m²)를 초과해서는 안 된다.

C-10은 주택지 가까이에 형성되는 소규모 소매집적지구로서 일상적인 구매에 대응하도록 소규모 점포 구역을 창출·유지·촉진하기 위하여 설정된 존이다. 식료품 판매, 일상생활용품 판매·일상생활서비스, 일반상품 판매가 인정되고 있는데, 편의점, 주류 판매는 허가심사 대상이 된다. 패스트푸드 등은 C-5와 마찬가지로 인정되지 않는다.

C-20, C-25는 식료품 판매, 일상생활용품 판매·일상생활서비스, 일반상품 판매는 인정되지만, 편의점, 패스트푸드, 주류 판매가 허가심사 대상이 된다. 또한 C-20은 근린형 쇼핑센터로 개발되는 것에 한정한다.

한편 C-28은 주택지 근처의 대로 등에 비교구매를 주로 하는 도보고객이 많이 모이도록 고밀도 결절점을 형성하는 중규모 소매점으로 이루어진 상점가를 창출·유지·촉진하기 위한 존이다. 식료품 판매, 일반상품 판매는 인정되지만, 일반생활용품·일반생활서비스, 편의점, 주류 판매는 허가심사 대상이 된다. 또한 1개의 점포 규모는 7,500제곱피트(700m²)를 초과할 수 없다.

C-40은 식료품 판매, 일반생활용품·일반생활서비스, 일반상품 판매, 일반 도매판매, 자동차 판매가 인정되고 있다. 단, 편의점, 패스트푸드, 주류 판매는 허가심사 대상이 된다.

여기서 중요한 것은 일반상품·식품 종합형 대규모 소매는 활동유형으로 정의되어 있는데, 모든 존에서 허가 대상, 허가심사 대상으로 게재되어 있지 않다는 것이다. 이는 모든 존에서(시내 전역에서) 일반상품·식품 종합형 대규모 소매가 허가되지 않는다는 것을 의미한다. 즉, 10만 제곱피트(9,290m²)를 초과하고 매장의 10% 이상에서 식료품을 취급하는 슈퍼스토어의 출점을 금지하는 리테일 사이즈 캡제를 도입하고 있다. 리테일 사이즈 캡제에 대해서는 다음 절에서 상세하게 살펴보고자 한다.

한편 심사 (조건부) 허가(conditionally permitted)는 개개의 개발안건에 대하여 공청회를 개최한 후 계획(planning)위원회에서 허가·불허가에 대하여 심사·결정을 하는데, 만약 그 결정에 불복할 경우에는 시의회에서 최종적으로 결정하는 절차를 거친다. 허가 시 개발내용에 관한 조건이 부가되는 경우가 많다. 존에 따라서는 일정 규모 이상〔2만 5,000제곱피트(2,320m²) 이상 또는 10만 제곱피트 이상〕의 개발은 그 용도에 관계없이 모두 심사 대상이 된다. 또한 편의점의 경우 조건부 허가 대상이 되는데, 개점 후에 조건을 충족하지 못한다고 판단되면 다시 조건을 부가한다. 그럼에도 불구하고 개선이 되지 않을 경우에는 허가가 취소된다.

(8) 몬태나 주 보즈먼 시[19)]

보즈먼 시의 상업·업무 존은 주로 주변 주민의 일상적인 요구에 대응하는 소규모 소매점·서비스점이 입점하는 '근린업무지구(B-1)', 상호 관련되는

19) 「Bozeman Unified Development Ordinance」, Chapter 18.18, 18.80.

광범위한 소매·서비스의 집적인 '커뮤니티 업무지구(B-2)', 소매·서비스는 물론 행정 서비스, 문화활동까지 집적된 '중심업무지구(B-3)'의 3가지로 분류되어 있다. 그리고 상업·업무와 관련된 많은 용도(활동)와 각 존과의 교차표에 허가, 심사, 불허가 중 한 가지가 지정되어 있다.

예를 들면 편의소매점(convenience uses)은 B-2에서는 허가되어 있지만, B-1, B-3에서는 심사 대상이 된다. 또한 대형 소매점은 B-2에서는 인정되지만, B-1과 B-3에서는 인정되지 않는다. 이 외의 소매점은 B-1, B-2, B-3 모두에서 허가된다. 소매점 이외의 경우, 예를 들면 세탁소는 B-1에서는 불허가, B-2, B-3에서는 심사 대상이 된다. 도매영업소는 소매직판소를 병설한 경우에는 B-2에서 심사 대상, B-1과 B-3에서는 불허가, 샘플만 취급하며 창고가 없는 경우에는 B-2, B-3에서는 허가, B-1에서는 불허가이다.

또한 여기서 편의소매점이란 교통 발생량이 큰 소매점을 말하며, 주유소, 식음료품점 등을 말한다. 또한 대형 소매점이란 하나의 테넌트로 4만 제곱피트(3,720m²) 이상을 차지하는 소매점을 말한다.

3) 경제활동에 영향을 미치는 규제

조닝의 발상은 시민의 건강, 안전, 공공의 이익을 위하여 개발행위를 규제하는 것이다. 쉽게 설명하자면 모든 개발은 많든 적든 주위에 영향을 미치기 때문에 그 마이너스 측면(nuisance)이 최소가 되도록 규제를 하는 것을 말한다. 이러한 취지에 부합한다면 규제는 경제적인 행위에도 미친다. 전항에서 살펴본 용도특정 조닝에도 그러한 경향이 존재하지만 보다 직접적인 규제가 이루어지는 경우도 있다. 예를 들면 캘리포니아 주 버클리(Berkeley) 시와 카멜(Carmel) 시 등에서는 업종별 할당제(use quotas 또는 use limitations)라는 제도가 채택되어 있다.[20)]

버클리 시의 경우 원래는 주택지 내의 근린상점가였던 엘름우드가에 1970년대 이후 광역상권을 가진 부티크(Boutique) 등이 출점했기 때문에 주변 주민들은 쇼핑객들의 자동차로 인한 도로혼잡, 매연가스, 일상생활용품 소매점의 감소 등에 의한 불편함을 겪게 되었다. 이에 조닝으로 의료품점은 10개 점포를 초과하지 않을 것, 보석·장신구점, 선물용품점 등은 모두 12개 점포를 초과하지 않을 것 등 업종별로 점포 수 제한을 두는 것은 물론 점포규모도 2,500제곱피트(230m²)를 초과하지 않을 것 등의 규제를 1984년부터 실시하고 있다. 또한 영업시간도 특별허가를 얻지 않은 경우 오전 7시부터 오후 10시까지로 제한하고 있다. 이후 1985년에 북셔턱 상점가, 1988년에는 텔레그라프 애비뉴 상점가와 솔라노 애비뉴 상점가에서도 유사한 규제가 실시되고 있다.[21]

문화인 도시로서 유명한 카멜시의 경우에는 시의 규모가 작은 이유도 있기 때문에 지정된 지구(거리)의 식료품점 수의 상한이 설정되어 있으며, 이 외에도 보석점, 식료품점, 레스토랑, 주류 판매점, 호텔·모텔에 대해서 시 전체에서의 점포 수(호텔·모텔의 경우 총 객실 수, 고급 레스토랑의 경우에는 규모도 제한된다)의 상한이 설정되어 있다.[22]

버클리 시에서는 또한 주류 판매점에 대한 규제도 실시되고 있다. 미국에서는 주정부 직영점포에서만 주류 판매가 가능한 컨트롤(control) 주와 민간면허업자가 소매판매를 하는 논-컨트롤(non-control) 주가 존재하는데, 캘리포

20) 업종별 할당제도가 도입된 경위, 규제의 내용과 문제 등에 대해서는 Keating(1985), McElyea(1987), 原田英生(1999: 85~89) 등을 참조.

21) 「City of Berkeley Municipal Code and Zoning Ordinance」, Title 24: Zoning Ordinance, Chapter 23E.44C-E, 23E.48C-NS, 23E.56C-T, 23E.60C-SO.

22) 「City of Carmel-By-The-Sea Municipal Code」, Title 17: Zoning, Chapter 17.14, 17.56.

니아 주는 논-컨트롤 주이다. 주정부로부터 주류판매면허를 취득한 민간업자가 주류 소매점을 개점하고자 할 경우 버클리 시에서는 1,000피트(약 300m) 이내에 기존 주류 판매점이 존재할 경우에는 신규 출점으로 인해 시의 경제상황이 좋아질 것인가, 1,000피트 이내에 공원이나 학교는 없는가, 그 지역의 범죄가 증가할 가능성은 없는가 등과 같은 검토를 실시한 후에 출점 여부를 결정하게 된다.[23)]

또한 오리건 주 포틀랜드 시에서는 편의점에 대한 출점규제가 이루어지고 있다. 즉, 신축 건물이든 기존 건물이든 편의점을 출점하고자 하는 자는 조닝 또는 건축허가 신청 시 다음과 같은 절차를 거치지 않으면 안 된다.

① 경찰본부로부터 범죄방지 및 범죄경계훈련 프로그램의 인정서 취득, ② 주류 판매에 점원 훈련 프로그램에 대한 오리건 주 주류취득위원회로부터 인정서 취득, ③ 쓰레기 처리에 관한 상세한 계획서, ④ 비디오 게임 취급시간이나 벤치·테이블의 배치 등의 항목에서 언급한 불량 청소년 모임방지책, ⑤ 경관유지책, ⑥ 지역에 미치는 영향이나 기존 거래관행(current business practice)에 미치는 문제에 대해 그 지역의 단체나 관계되는 개인과 장기간에 걸쳐 비공식 차원에서 대응할 것을 규정한 서류, ⑦ 시의 근린 조정(調停) 프로그램(the City's Neighborhood Mediation Program) 가입이라는 제 항목을 충족한 '훌륭한 주민 계획(Good Neighbor Plan)'안을 작성하고, 또한 출점예정지로부터 150피트(45m) 이내의 모든 부동산 소유자, 400피트(120m) 이내의 주민단체 등에 서면으로 통지한 설명이나 협의의 장소를 설치하지 않으면 안 된다.

필요에 따라서 이 협의회는 몇 번에 걸쳐 설명을 들을 수 있는데, '훌륭한

23) 「City of Berkeley Municipal Code and Zoning Ordinance」, Title 24: Zoning Ordinance, Chapter 23E.16, Section 23E.16.040.

주민 계획'에 대해서 모든 참가자로부터 동의를 얻을 것이 의무화되어 있지는 않다. 출점자의 의무는 협의회의 참가자 리스트와 동의한 사항, 동의를 얻지 못한 사항, 계속해서 협의할 사항을 명기하여 조닝허가 신청 시 첨부한다.[24)]

이 외에도 간판 등에 대하여 엄격한 규제가 이루어지고 있는 것이 일반적이며, 소매점·서비스점의 영업시간을 조닝으로 규제하고 있는 곳도 있다. 단, 조닝은 4만 개 가까운 지방정부가 개별적으로 규정하며 미국 전역에서의 통계 등도 존재하지 않기 때문에 이러한 소매점에 대한 규제가 어느 정도의 지방정부에서 실시되고 있는가와 같은 상세한 정보는 명확하게 알 수가 없다.

4) 디자인(경관) 규제

파사드(Facade: 건물의 외관)의 디자인, 점포의 형상·외관, 점포 외벽의 색·모양 등은 다른 점포와의 식별을 명확하게 하고 그 존재를 명확하게 알리기 위한 수단으로 소매업자에게는 주요한 의사결정사항 중의 하나이다. 특히 체인스토어의 경우 체인의 정체성(identity)을 표현하는 가장 중요한 수단이라고 할 수 있다.

그러나 이러한 점포의 디자인 등이 주위의 경관이나 분위기 등과 조화를 이루지 못한다고 하면, 지역·커뮤니티로서는 큰 손실을 볼 수밖에 없다. 이는 간판, 네온사인 등의 옥외광고에 대해서도 마찬가지이다.

이에 대부분의 지역·지방정부는 소매점포는 물론 건물의 디자인, 사용재료 등에 대한 규제, 옥외광고에 대한 규제를 실시하고 있다. 그 결과 예를 들면 맥도널드가 골든 아치(Golden Arches)를 설치하지 못한다거나, 주변과의

24) 「Code of the City of Portland」, Title 33: Planning and Zoning, Chapter 33.219.

조화를 고려하여 파사드의 디자인이나 외벽의 색깔을 수수하게 칠할 수밖에 없는 사례도 드물지 않다.

이러한 규제는 조닝의 일부로서 실시되는 경우도 있으며, 경관규제(aesthetics control), 옥외광고·사인보드 규제를 위한 독자적인 제도에 의해 실시되는 경우도 있다. 단, 이 책에서는 지면관계상 더 이상 검토하지 않고자 한다.25)

5) 리조닝(re-zoning)

조닝법에서는 출점예정지의 용도지구(zone)의 변경(예를 들면 중규모 소매점 존에서 대형 소매기업 존이나 광역 쇼핑센터 존으로의 변경)이 필요한 경우에는 조닝법의 조문개정을 수반하지 않는 개발예정지의 용도지구 지정 변경일지라도 시의회에서의 조닝법 개정(re-zoning)이 필요하다.

이는 조닝법은 존의 정의나 상세한 규제내용을 명기한 텍스트(조문)와 시내의 모든 부지를 각 존으로 지정한 도면으로 구성되어 있기 때문에 어떤 부지의 용도변경(텍스트상에 이미 존재하고 있는 용도 간의 변경)도 조닝법이

25) 맥도널드 등 패스트푸드를 중심으로 한 체인점의 파사드 디자인 등에 대한 규제에 대해서는 Fleming(1994, 2002)이 다수의 컬러사진 등을 사용하여 상세하게 설명하고 있다. 또한 최근의 슈퍼스토어, 빅 박스 개발에 관한 것은 McConnell(2004)을 참조. 이전부터 실시되고 있는 이러한 종류의 규제의 일반론에 대해서는 Duerksen(1986), Glassford(1983) 등이 자세하고 설명하고 있다. 주택 등을 포함한 경관규제 전반에 대해서는 Mandelker(2003: Chapter 11 Aesthetics, Sign Regulation and Historic Preservation), Rohan(Release, Vol. 2, Chapter 16 Aesthetic Zoning), Williams and Taylor(2003: Vol. 1, Chapter 12 To Project Aesthetics), Young (1996: Vol. 2, Chapter 9 Types of Zoning Regulation, F(§9.72~79) Control of Exterior Design) 등에서 지금까지의 재판사례 등을 포함하여 상세하게 논하고 있다.

개정되기 때문이다〔도면상의 존 지정변경뿐일 경우에는 리매핑(re-mapping)인 경우도 있다〕.

이때 조닝법 개정 절차에 대해서는 각각의 조닝법에서 규정하고 있는데, 각 지방정부에 따라서 차이는 있지만 매우 엄격한 절차를 거치도록 한 곳이 많다.

존 구분을 늘리거나 존의 정의나 규제내용을 변경하는 것과 같은 텍스트 개정이라는 의미에서의 조닝법 개정을 실시하는 경우 당연히 공청회(public hearing)가 개최된다. 그러나 텍스트 변경을 수반하지 않는 도면 변경뿐일지라도 공청회가 개최되는 것이 일반적이다.

예를 들면 어떤 주택용지 또는 농지(조닝법상 농지로 규정되어 있는 경우도 있지만 광대한 부지를 가지는 단독주택 존으로 지정되어 있는 경우도 많다)를 상업용지로 변경하고자 하거나, 조닝법상으로는 본래 인정되지 않는 특례적 허가(variance)를 받기 위해서는 반드시 공청회가 열린다고 보아도 무방하다. 이때 개발신청자에게 매스컴 등에 공고를 내거나 예정지에 공고를 게시하게 할 뿐만 아니라 일정 범위 내의 주민이나 부동산 소유자에게 배달증명우편으로 공청회 개최 안내를 송부하는 것을 의무화한 경우도 적지 않다.

공청회는 어떤 사항을 결정하는 장소는 아니지만, 기본적으로 이해관계자라면 누구라도 발언할 수 있다. 단, 해당 지방정부 이외의 주민이 발언할 수 있는 기회는 보장되어 있지 않는 것이 일반적이다. 따라서 시 경계 주변의 개발에서는 인접 시·군·구의 주민에게 미치는 영향이 크다는 것이 명백해도 영향을 받는 사람들 입장에서는 발언의 기회가 박탈되는 경우도 많다.

여하튼 공청회에서의 논의와 기타 자료 등을 근거로 조닝법에 의해 계획(planning)위원회나 조닝위원회가 결정권·재량권을 가지고 있다면 그곳에서 결정하고, 시의회가 심의·결정할 사항이라면 위원회로부터 시의회에 권고를 하는 등의 절차가 일반적이다. 시의회에서 결정하는 경우의 결정방법 등 또한 조닝법에 규정되어 있으며 지방정부마다 상이하다.

예를 들면 제3장 제8절에서 살펴본 바와 같이, 시카고에서는 2004년 겨울부터 다음해 여름에 걸쳐 월마트의 시내 2개 점포 출점계획을 둘러싸고 대논쟁·대분쟁이 일어났는데, 2개 출점예정지 모두 용도변경이 필요했다. 그리고 2개 출점계획 모두 조닝법 개정에는 시의회에서의 2/3 이상의 찬성이 필요했는데, 결과적으로 한 곳의 출점예정지의 용도변경은 인정되었지만 다른 한 곳은 시의회의 과반수의 찬성이 있었음에도 불구하고 2/3 찬성에 1표가 부족하여 출점이 불허되었다(Mihalopoulos, 2004).

솔직하게 말하면 시카고의 경우 조닝법 개정(도면 변경)은 시의회가 주최하는 공청회 등의 절차를 거친 후에 통상은 의회의 단순 다수결로 결정된다. 그러나 조닝법 개정 부지 소유자의 20% 이상 또는 인접지나 도로를 둘러싼 반대 측 토지의 20% 이상의 소유자로부터의 반대가 있는 경우에는 시의회에서 2/3 이상의 찬성을 얻지 못하는 한 조닝법 개정할 수 없다고 규정되어 있다.[26)]

또한 위에서 언급한 특례적 허가란 조닝법에 규정된 대로 규제를 실시하면 부동산 소유자에게 현저하게 불이익이 돌아가는 한편, 규제를 완화하여도 주변에 거의 영향을 미치지 않을 경우에 예외적으로 부여되는 규제완화조치이다. 예를 들면 필자 본인이 직접 목격한 사례에서는, 빌딩 벽면에 간판설치가 전면적으로 금지되어 있는 곳에 새롭게 입주한 레스토랑에 폭 30~40cm, 높이 수십 cm의 안내판 설치가 인정된 경우가 있었다. 이 경우에도 주변에 공청회 개최안내가 통지되었으며, 다른 안건과 함께 공청회가 개최되었다. 이 건에서 반대의견을 제시한 사람은 거의 없었으며, 조닝조정평의회(Zoning Board of Adjustment)에서 원안대로 특례적 허가가 내려졌다.

---

26) 「Chicago Zoning Ordinance」, Chapter 17-13-0300.

4. 빅 박스, 슈퍼스토어에 대한 새로운 규제수법

1) 급증하는 출점분쟁과 새로운 규제의 도입

최근 10~20년간 월마트 등 빅 박스의 급격한 증대, 이것이 지역경제 및 지역사회에 미치는 영향 등을 이유로 각 지역에서 주민단체, 환경보호단체, 노동조합 등이 중심이 된 출점반대운동이 빈번하게 발생하고 있다.[27) 그리고 이러한 반대운동에 호응하는 것처럼 1990년대 말부터 기존의 소매점·소매활동에 대한 일반적인 규제에 더하여 빅 박스나 체인점에 특정한 규제를 제도화하는 지방정부가 증가하고 있다.

제2장 제3절 2에서도 지적하고 있는 것처럼 월마트 등의 빅 박스 출점저지운동의 대표적인 지도자인 알 노만(Al Norman)이 주장하는 스프롤-버스터스(Sprawl-Busters)에 의하면, 2007년 9월 시점에서 빅 박스 출점저지에 성공한 커뮤니티는 미국 전역에서 330여 개를 상회한다. 저지를 위하여 이용된 수단이 모두 조닝법인 것은 아니다. 제2장 제3절 1에서 언급한 바와 같이 버몬트 주에서는 「환경보호법(Act 250)」으로 인해 출점이 인정되지 않은 경우도 있다. 그러나 빅 박스가 출점하지 못했던 요인으로 압도적으로 많은 것이 조닝 허가와 관련된 것이다.

이미 언급한 바와 같이 조닝법에서는 개발·진출 가능한 용도·시설 목록을 갱신(list up)하여 그것을 시내의 각 부지마다 적용하고 있기 때문에, 예를 들어 기존 소매점포용지 이외에는 일절 소매점포용 존을 설치하지 않는다거

27) 출점반대운동에 관해서는 많은 보고서가 있는데, 특히 뉴욕 주립대학의 커뮤니티론 담당교수와 뉴욕 대학교 로스쿨 교수가 뉴욕 시의 북쪽에 위치하고 있는 작은 마을에서의 월마트 출점을 둘러싼 수년간의 분쟁을 500페이지를 초과하는 분량으로 정리한 Porter and Mirsky(2002)가 참고할 만하다.

나, 대규모 소매시설용 존을 설치하지 않는 규제도 가능했다. 소매시설을 모두 배제한다는 지방정부는 그다지 없지만, 아파트를 전면적으로 배제하는 지방정부는 적지 않다. 저소득자용 아파트 등이 건설되면 공적부담이 증가하고 치안이 악화되며 주변의 지가가 떨어진다는 것 등을 이유로 해서 큰 사회적 문제가 되었다.[28)]

또한 대형점용 존에 토지를 마련하여 개발신청을 하면 해당 부지의 용도를 주거계 등 대형점 개발을 인정하지 않는 존으로 갑자기 변경해버리는 사례나, 개발신청 후에 모라토리엄을 선언하여 신청을 무효화시켜버리는 사례도 있다.

예를 들면 1980년대 말 프랑스의 카르푸가 뉴욕 시 교외 롱아일랜드의

---

28) 소수민족이나 저소득자를 쫓아내는 조닝을 배타적 조닝(exclusionary zoning)이라고 한다(Meshenberg, 1976: 15). 배타적 조닝을 채택하는 지자체가 도시권 내에서 출현하게 되면 사회보장 등의 재정적 부담을 저소득자의 거주를 인정한 일부 지자체에 전가시키게 된다. 이 문제에 대해 가장 유명한 사례가 필라델피아 도시권 내의 마운트로럴(Mount Laurel) 마을의 조닝에 관한 재판이다. 이 마을은 필라델피아의 확대에 따라 급속하게 도시화가 시작되었다. 그러나 아파트를 전면적으로 금지하고 넓은 부지에서의 단독주택만을 인정한 조닝을 채택하고 있었기 때문에 흑인 등의 저소득자에게는 거주의 기회가 없었다. 이에 대해 흑인권리향상운동을 전개하는 NAACP(National Association for the Advancement of Colored People)가 뉴저지 주 재판소에 제기한 재판에서, 뉴저지 주 최고재판소는 각 지자체는 공정한 비율로 저소득자의 거주기회를 제공하지 않으면 안 되며, 따라서 주 의회는 적절한 조치를 찾아야만 한다는 위헌판결을 2회에 걸쳐 내렸다〔Southern Burlington County NAACP v. Township of Mt. Laurel(1975)(Mt. Laurel(I)), Southern Burlington County NAACP v. Township of Mt. Laurel(1983)(Mt. Laurel(Ⅱ))〕. 배타적 조닝 및 Mt. Laurel 재판에 대해서는 Mandelker(2003: Chapter 7) 등을 참조할 것. 배타적 조닝에 관한 전반적인 논의에 대해서는 Mandelker(2003: Chapter 7 Discriminatory, Exclusionary and Inclusionary Zoning), Williams and Taylor(2003: Vol. 3, Chapter 68 Recent Development on Exclusionary Zoning), Young(1996: Vol. 2, Chapter 8 Exclusionary Zoning) 등을 참조할 것. 또한 Rohan(Release)에서도 언급을 하고 있다.

브룩헤이븐에 미국 제1호점을 출점하고자 했을 때 발생한 분쟁이 전형적인 사례이다. 카르푸는 쇼핑센터 등이 인정되는 부지를 마련하고 조닝 허가신청을 함과 동시에 지구·카운티·주 당국과의 협의하여 교통·환경 문제에 대해서도 동의를 구했다. 그러나 브룩헤이븐은 원래라면 거의 자동적으로 허가되어야 할 조닝신청을 1년 이상 보류한 채 그 기간 동안 조닝법을 개정하여 출점예정지는 대형점의 출점이 인정되지 않는 새로운 정의의 존으로 변경했기 때문에 출점을 인정할 수 없다고 신청을 각하했다. 물론 이에 대해 카르푸는 재판을 제기했으나 결심 전에 미국에서 전면적으로 철수하기로 결정되었기 때문에 화해했다(原田英生, 1999: 72~74).

또한 소매점포가 포함되어 있었는지에 대한 여부와 1980년 전후의 사건이기 때문에 정확한 시기에 대해서는 알 수 없지만 캘리포니아 주 산타모니카시의 복합개발에서, 선거로 시의회의 구성이 변해 이미 착공한 공사에 대해서 새로운 시의회가 모라토리엄을 선언하여 공사를 중단시키고 개발업자와 재협의하여 계획을 일부 변경한 사례도 있다(Porter, 1987: 105).

이처럼 기존에 존재했던 규제에 더하여 최근 수년간 새로운 빅 박스 규제를 채택하는 움직임이 활발하게 일어나고 있다. 주된 규제로서는 리테일 사이즈 캡제와 사전영향조사의 의무화(CIR 또는 RIR) 등이 있다. 또한 빅 박스와 같은 대형 소매기업뿐만 아니라 편의점, 커피숍 등도 포함한 체인점의 출점을 규제하는 움직임도 있다.

이러한 새로운 규제제도는 사전영향조사의 의무화의 일부로 주의 환경보호법이나 성장관리정책에 근거해서 실시되고 있는 사례가 있으나, 기본적으로는 조닝에 의한 규제의 일환으로서 제도화되어 있다. 즉, 원래의 조닝규제에 부가적인 규제(overlay zoning)라는 형태를 취하고 있는 것이 대부분이다. 사전영향조사의 의무화에 대해서는 환경보호법이나 성장관리정책에 대해서 언급한 후 살펴보도록 하고, 여기에서는 리테일 사이즈 캡제도와 체인점

규제에 대해서 설명하고자 한다.

2) 리테일 사이즈 캡

리테일 사이즈 캡제란 신규로 출점하고자 하는 소매점 규모의 상한을 정하고, 이를 상회하는 규모의 출점은 인정하지 않는다는 제도이다. 매사추세츠 주 그린필드 시가 1991년 2만 제곱피트(1,860m²) 이상의 소매점 출점을 금지한 것이 최초라고 알려져 있다.

일반적으로는 수천m²를 상한으로 하고 있는 경우가 많다. 이는 빅 박스, 특히 월마트의 슈퍼센터 등은 1만m²를 초과하는 규모가 많기 때문이다. 다만, 그린필드 시와 같이 보다 소규모의 면적을 상한으로 규정하고 있는 지방정부도 존재한다. 또한 해당 시·군·구의 전역을 대상으로 하고 있는 경우도 있으며, 예를 들면 중심부는 규제 대상 예외로(또는 다른 지역보다 상한치를 크게 하거나) 하는 것과 같이 지역을 구분하여 적용하고 있는 경우도 있다.

미국 전역에서 어느 정도의 지방정부가 이 제도를 채택하고 있는가는 명확하지 않지만, 현시점에서 적어도 수십 개의 지방정부가 채택하고 있다. 중견도시로서는 샌프란시스코 시, 오클랜드 시, 미주리 주의 캔자스시티 시(특정 지구만 대상) 등에서 채택하고 있는데, 일반적으로는 중소도시에서 많이 제도화되어 있다.

캔자스시티 시의 경우 이전부터 노스비치 지구 등 특정 근린상업 존(neighborhood commercial district)에서는 소매점을 포함한 비주거계 용도의 상한을 2,000제곱피트(185m²)에서 6,000제곱피트로 한다는 규제가 존재하고 있었는데, 2004년 5월부터는 시 전역을 대상으로 대규모 소매점포(large-scale retail uses)에 대하여 다음과 같은 규제책을 수립했다.[29)]

① 다운타운 상업 존(C-3 zoning district) 이외에서는 1개 점포(1 테넌트: a single retail use)가 5만 제곱피트(4,645m2)를 초과할 경우에는, 이미 그 용도가 금지되어 있는 것 이외에 대해서도 개별심사에 의한 조건부허가(conditional use authorization)가 필요하다.

② 다운타운 상업 존에서는 9만 제곱피트(8,360m2)를 초과하는 것에 대해서는 이미 그 용도가 금지되어 있는 것 이외에 대해서도 개별심사에 의한 조건부허가가 필요하다.

③ 다운타운 상업 존 이외의 조닝지구에서는 1개 점포가 12만 제곱피트(11,150m2)를 초과하는 신규 출점 및 기존 점포의 증축은 금지한다.

④ 다운타운 상업 존에서는 1개 점포가 12만 제곱피트를 초과하고 2만개 품목(stockkeeping units: SKUs)을 취급하며, 비과세품목(구체적으로는 식료품과 의약품)의 매장이 총 매장면적의 5% 이상을 차지하는 신규 출점은 금지한다.

그리고 앞의 ①, ②의 개별심사의 내용으로는 대규모 소매점포를 포함한 조건부허가의 일반적인 조건으로 다음과 같은 것 등을 예로 들 수 있다.[30]

i) 근린상업 존에서는 대형점의 출점으로 그 지역에서 필요로 하는 기타 근린형 서비스(소매)점이 퇴출될 가능성의 정도

ii) 그 지구에 살거나 일하고 있는 사람들의 건강, 안전, 편의성 등을 저해하거나 부동산가치가 하락하지는 않는가

29) 「City and County of San Francisco Municipal Code, Planning Code」, Article 1.2, Section 121.6.

30) 「City and County of San Francisco Municipal Code, Planning Code」, Article 3, Section 303.

iii) 시의 마스터플랜에 마이너스 영향을 미치지는 않는가 등의 조건에 더하여, 대규모 소매점포 허가를 위한 고유조건으로서

a) 해당 점포의 주차가 도로에 미치는 영향의 정도

b) 해당 소매활동이 복합개발을 구성하는 요소인가(a component of mixed-use project), 또는 복합적인 활동을 촉진하게 되는가

c) 출점예정지에 통행량을 유발함으로 인한 교통 패턴의 변화

d) 해당 소매점의 종업원이 필요로 하는 주택, 공공교통, 탁아시설, 기타 공공 서비스에 대한 영향

오클랜드 시가 2003년부터 시내 전역에 매장면적이 10만 제곱피트(9,290m²)를 초과하고, 매장의 10% 이상에서 비과세상품(식료품·의약품)을 취급하고 있는 일반상품·식품통합형 대규모 소매의 출점을 인정하지 않고 있는 것은 이미 앞의 제3절 2에서 살펴보았다.

한편, 2003년에 실시된 몬태나 주 보즈먼 시의 규제에서는 "(부동산) 사용의 상호성을 확보하여 지역의 피폐, 환경악화, 쇠퇴를 방지하여, 보즈먼 시에 살고 있는 사람들의 건강과 안전, 일반복지를 증가시키기 위하여"[31] 1개 점포(1개 테넌트)가 7만 5,000제곱피트(6,970m²) 이상이 되는 대형점은 전면 금지, 4만 제곱피트(3,720m²)~7만 7,000제곱피트인 중형점은 개별심사를 실시하도록 하고 있다.

단, 보즈먼 시의 심사내용은 샌프란시스코 시의 심사내용과 비교하면 매우 상이하다. 보즈먼 시의 심사에서는 중형점의 출점이 그 지역의 주민이나 소매점, 교통 등에 미치는 영향을 심사하는 것이 아니라, 해당 테넌트(중형점)가 철수할 경우 그 점포에 다른 테넌트를 유치할 수 있는가, 즉 빈 점포가

31) 「Bozeman Unified Development Ordinance」, Section 18.40.180.

되는 것을 막을 수 있는가에 대하여 평가를 한다. 보통, 경쟁조건 등을 고려하면 중형점(또는 대형점)이 철수한 후에 유사한 업종·업태, 동일한 규모의 테넌트가 입점하기는 어렵다. 이에 하나의 (중규모) 점포를 구획을 나누어 복수의 테넌트를 입점시키는 것이 빈 점포를 막을 가능성이 높다. 그러나 일반적으로 하나의 (중형 또는 대형) 점포를 건설한 후에 구획을 나누어서 입점시키는 것은 출입구나 각종 배관 등의 문제로 매우 어렵다. 이에 보즈먼시의 제도는 해당 중형점이 철수하는 것을 상정하여, 미리 복수의 테넌트를 재활용할 수 있도록 한 것이다.

구체적으로 살펴보면, 중형점은 조닝법에 기재된 '특정 소매점 개발에 대한 디자인·부지개발 가이드라인(Design and Site Development Guidelines for Certain Retail Development)'을 따르지 않으면 안 된다. 특히 건물의 설계는 복수의 테넌트에 의한 재활용이 가능하도록 배관, 전기배선, 난방, 환기 및 공조 등에 대하여 구획을 나누어서 대응할 것, 복수의 테넌트에 분할할 수 있는 실내구조를 조성할 것, 주차장도 복수의 테넌트용으로 구분하여 도보로 안전하고 기능적으로 접근할 수 있도록 할 것, 경관(landscaping schemes)도 복수의 출입구에 적합하도록 할 것 등의 조건을 충족하지 않으면 안 된다.[32)]

이는 제2장 제5절에서도 지적한 바와 같이 미국에서는 빈 점포, 특히 쇼핑센터나 대형 점포에서 빈 점포가 대량 발생하여 경제적·경관적인 면뿐만 아니라 마약거래장소가 되는 등의 범죄와의 관련도 문제가 되고 있기 때문이다.

중소도시의 상한치(size caps)의 구체적인 예를 몇 가지 더 살펴보면 다음과 같다.

32) 같은 글.

- 오리건 주 애슐랜드: 4만 5,000제곱피트
- 메릴랜드 주 이스턴: 6만 5,000제곱피트
- 아이다호 주 헤일리: 건평(건축면적) 3만 6,000제곱피트(일부 상업지구에서는 2만 5,000제곱피트)
- 뉴욕 주 노스엘바(Lake Placid): 단독점포는 4만 제곱피트, 쇼핑센터는 6만 8,000제곱피트
- 매사추세츠 주 노샘프턴: 9만 제곱피트〔단, 2만 제곱피트 이상은 도로에 접한 2층으로 건설하든지, 1제곱피트당 5달러의 대책비(mitigation fee)를 지불할 것〕
- 뉴멕시코 주 산타페: 15만 제곱피트(단, 3만 제곱피트 이상은 건축·부지 디자인 기준을 충족해야 함)

3) 체인점 규제

일부 시·군·구에서는 「정형적 사업 규제법(Formula Business Ordinance 또는 Formula Retail Ordinance)」 등으로 불리는 법률로써 소매점, 음식점, 서비스점 등의 체인점에 대한 규제를 도시계획법·조닝의 일부로서 실시하고 있다. 2004년 4월부터는 샌프란시스코 시에서도 실시되고 있는데, 2006년 11월부터는 규제지역을 확대했다.

샌프란시스코 시 법률의 정형적 소매사업(formula retail use)이란 미국 전역에서 11개 점포 이상 전개하여 상품구색(array of merchandise), 점포외관(facade), 장식(decor and color scheme), 종업원 유니폼, 사인, 트레이드마크 등 중에서 2개 이상 표준화된 것을 사용하는 점포를 말한다. 단, 리테일 유즈(retail use)라는 용어를 보면 일본에서 뜻하는 소매점만을 대상으로 하고 있는 것이 아니라 레스토랑, 패스트푸드, 커피숍, 바 등과 같은 음식점, 영화관,

게임센터 등까지도 대상으로 하고 있다.[33] 대상이 되는 조직형태로는 레귤러 체인뿐만 아니라 프랜차이즈 등도 포함된다.

단, 규제대상지역은 시내 전역이 아니라 주택가 주변의 근린상업 존에 체인점(정형적 소매사업) 출점이 규제대상이 된다. 구체적으로는 특정 근린상업 존 2개소(the Hayes Gough neighborhood commercial district, the North Beach neighborhood commercial district)에 체인 출점을 금지함과 동시에, 그 이외의 근린상업 존 중에서 지정된 지구에 출점을 할 경우에는 해당 지구에 이미 진출해 있는 체인점의 집중도, 해당 지구에서의 기타 유사 소매점(other similar retail uses)의 출점 허가 가능성, 해당 지구 내의 기존 건축물·경관과의 융화성(compatibility), 해당 지구의 빈 점포율, 해당 지구의 근린형 소매 서비스와 시 전체를 위한 소매 서비스와의 혼합 상태(existing mix of citywide-serving retail uses and neighborhood-serving retail uses) 등의 사항을 포함한 조사(design review)를 실시하고 개별심사를 하여야 한다.

샌프란시스코 시에서 이러한 제도를 도입한 이유는 근린상업 존에서의 체인점 증가는 중소 업자의 사업기회를 박탈하게 되며, "다양한 소매 서비스를 발전시킨다"라는 시의 목적을 저해할 수 있기 때문이다. 즉, 시의 종합계획에는 "기존의 근린 서비스형 소매업을 보호하고 발전시킨다"라는 것을 8대 정책 중의 하나로 취급하고 있기 때문이다.[34]

샌프란시스코 시 이외에 이러한 규제제도를 채택하고 있는 지방정부가 어느 정도인지는 확실하지 않지만, 캘리포니아 주의 카멜 시, 콜로라도 시,

---

33) 미국에서 리테일(retail) 활동, 리테일 점포는 물품판매의 소매만을 지칭하는 것이 아니라 은행·변호사사무소 등을 포함한 개인을 상대로 하는 유통·서비스 활동 및 이를 위한 점포·시설 모두를 의미하는 것이 일반적이다.

34) 「City and County of San Francisco Municipal Code, Planning Code」, Article 7, Section 703.3.

퍼시픽 그로브 시, 메인 주 포틀랜드 시 등 중소도시를 중심으로 20~30개 이상은 존재한다.

5. 환경보호법 · 성장관리정책

1) 벌링턴 피라미드몰 계획을 둘러싼 분쟁

일본의 환경보호법은 자연보호를 상정하는 것이 일반적이다. 그러나 미국의 환경보호법은 물론 자연환경의 보전·보호가 큰 비중을 차지하고 있지만, 그 외에 사회적 환경, 경제적 환경 등의 보전도 포함된다. 또한 자연환경 이상으로 사회적 환경이나 경제적 환경에 역점을 두고 있는 곳도 적지 않다. 그 결과 교외에 대형점이 출점하고자 할 경우, 그 출점으로 인해 도시중심부(downtown)의 상점가가 큰 타격을 받아 부동산가치가 폭락하고, 이로 인한 고정자산세 수입의 감소가 신규 출점으로 발생하는 고정자산세 수입보다 크다고 예측될 경우 등과 같이 경제적 환경을 악화시키기 때문에 환경보호법으로 인해 신규 출점이 저지되는 경우도 있다.

예를 들면 제2장 제3절 1에서 살펴본 바와 같이 1970년에 제정된 버몬트 주의 환경보호법인 「토지이용·개발계획법(Vermont Land Use and Development Act <Title 10 Vermont Statutes Annotated, Chapter 151 & 154>, 통칭 Act 250)」에서는 주택, 공장, 상점 등 용도에 관계없이 일정 규모 이상의 개발은 모두 해당 개발이 환경에 미치는 영향을 평가하여, 개발계획의 수정을 요구하거나 개발을 불허가할 수 있도록 규정하고 있다.

「Act 250」의 제정 이후 약 35년 정도 경과한 동안 주택개발, 상업개발 등을 포함하여 평균적으로 연간 수백 건의 개발신청이 있었는데 그중에서 수 %가 불허인 것으로 나타났다〔기타 조건부허가(계획의 수정)가 상당수 존재한다〕. 이 35년 정도의 역사 속에서 가장 대규모이고 장기적인 분쟁, 즉 「Act 250」을 둘러싼 분쟁으로서만이 아니고 세계적으로도 유례가 없는 가장 대규모이고 오랜 기간에 걸쳐 진행된 소매출점분쟁이 벌링턴 피라미드 몰(후에 계획을 변경하여 메이플 트리 플레이스로 개명) 계획을 둘러싼 분쟁이라는 쇼핑센터 개발과 관련된 분쟁이다.

이 분쟁에 대해서는 서장 제6절 2에서도 간단하게 소개하고 있지만 좀 더 자세하게 검토해보고자 한다.[35)]

이 장 제2절의 커브컷 규제에서도 언급한 대형 쇼핑센터 개발업자인 피라미드(Pyramid)사가 1976년 3월, 버몬트 주 최대 도시인 벌링턴 시(인구 약 4만 명, 도시권 인구 약 13만 명)의 중심부에서 10km 정도 동쪽에 위치한 윌리스턴의 목초지 72에이커(29헥타르)를 취득, 7월에는 같은 지역에 백화점 2개 점을 포함한 50만 제곱피트(46,450m²)의 쇼핑센터(Pyramid Mall of Burlington) 건설계획 허가를 신청했다. 조닝상으로는 대형 상업시설의 개발을 인정하는 지구였기 때문에 토지분할규제(subdivision control)와 부지개발계획(site plan review)에 관한 허가신청이었다.

이 지역의 계획(planning)위원회는 이 신청에 대해 즉시 허가했다. 허가를 받은 피라미드사는 지구환경위원회에 「Act 250」과 관련된 허가를 신청했다. 그러나 1978년 10월 지구환경위원회는 신청을 각하, 즉 불허라는 결정을 내렸다. 이에 대해 피라미드사는 위원회의 결정은 주 헌법에 위배된다고 주 재판소에 제소했으나, 승소할 여지가 없다고 판단하여 1983년 6월 재판을 취소함과 동시에 쇼핑센터 개발계획을 중단했다.

이후 계획을 일부 축소하여 1987년에 재신청(Maple Tree Place)했으나, 전과

---

35) 보다 상세한 내용은 原田英生(1999: 33~49) 참조.

마찬가지로 지역주민단체, 환경보호단체, 벌링턴 시 등의 격렬한 반대에 직면했다. 이에 피라미드사는 주택과 상업시설의 일체적인 개발, 특히 대형점은 최대 5만 제곱피트(4,645m²) 이하라는, 기존 쇼핑센터의 상식과는 전혀 다른 개발계획을 지역주민과 협력하여 작성하고, 그 계획에 근거한 협정서를 벌링턴 시와 함께 체결, 1997년 말 지구환경위원회로부터 허가를 얻었다.

이 허가에 대해서는 개발예정지 주변의 복수의 토지소유자가 소유지의 개발로 인해 마이너스 효과가 발생한다는 이유로 반대하고 주 환경평의회에 제소했으나 평의회는 1998년 6월 이 제소를 각하했다. 이로써 최초 계획신청으로부터 22년이나 경과하여 최종적으로 허가를 받게 되었다.

여기서 주의할 필요가 있는 것이 1978년 10월 지구환경위원회가 쇼핑센터 개발계획을 불허가한 논거이다. 위원회에서는 43회에 걸친 공청회를 개최하여 피라미드사 및 반대자(윌리스턴 지역의 주민단체, 주 관계부서, 벌링턴 시 등) 쌍방으로부터 제출된 보고서, 자료, 데이터 등 150점 이상을 정밀하게 조사하고 최종적으로 불허했다. 이 결정서[36]는 본문 67페이지, 부속자료 9페이지로 구성되어 있는데, 서두에 다음과 같이 지적하고 있다.

> 이 개발계획은 기존 사업자에게 직접적이고 중대한 영향을 미칠지도 모른다. 그러나 이것이 지자체나 기타 정부기관에 의한 공공 서비스의 제공 능력에 중대한 영향을 미친다는 것이 나타나지 않는 한, 사기업의 경쟁에 미치는 효과는 「Act 250」의 영향평가와는 관계가 없다. 신청자는 이 계획에서 사람들이 통상 '환경'이라는 단어로 상상할 수 있는 환경의 평가기준을 충족시키는 충분한 노력을 다했다. 수질오염의 제거, 경관의 유지 및 친환경 대책에 관해서는 적어도 고려를 하고 있다고 볼 수 있다.

36) State of Vermont's District Environmental Commission #4(1978).

그러나 「Act 250」에서는 보다 넓은 의미에서의 환경 문제에 대해 평가할 것을 요구하고 있다. 웹스터 사전(Merriam-Webster)에는 환경을 "개인 또는 커뮤니티의 생활에 영향을 주는 사회적·문화적 상태의 총계"로 정의하고 있다. 이 개발계획이 미치는 경제적 영향이 문제의 핵심이 되는 것은 바로 이러한 의미에서 해석이 되기 때문이다.

그리고 위원회는 일반론으로서 이러한 종류의 개발은 공공 서비스 시설에 대한 부담과 균형을 이루는 이상의 세수가 발생하는가, 고용기회의 증가 등과 같은 공적이익을 발생시킨다면 커뮤니티의 중심지로부터 떨어진 것도 용인할 수 있지만 그러하지 않는 한 커뮤니티의 중심지에 인접해야 된다는 것을 지적하고 있다. 그리고 이 계획은 기존의 집락과 인접하지 않기 때문에 공공 서비스 제공을 위해 직간접적인 비용이 발생하게 되는데 이 비용은 개발로 인해 발생하는 세수, 기타 공적이익을 상회한다고 지적하고 있다.

특히 문제가 되는 것이 다음과 같은 사항이다. 즉, 이 계획은 이 지역의 기존 소매면적의 1/3에 해당된다. 그 결과 벌링턴 시의 소매판매액의 40%, 기타 인접 시·군·구의 소매판매액의 약 20%가 이 쇼핑센터로 이동할 것으로 예상된다. 따라서 각 기존 상업집적지의 부동산가치가 하락하게 되며, 그 결과로 벌링턴 시 등의 고정자산세 수입은 감소하게 된다. 고정자산세 수입의 대부분은 학교교육비로 사용하고 있기 때문에 교육 서비스의 수준을 유지하기 위해서는 벌링턴 시 등에 대한 주정부로부터의 교육비 보조를 30만 달러 증가하지 않으면 안 된다. 윌리스턴 지역에 대한 주정부로부터의 보조는 17만 5,000달러 삭감할 수 있으나 차액 12만 5,000달러만큼의 주정부 부담이 증가하게 되는 것이다.

즉, 이 쇼핑센터 개발계획에서 고려하지 않으면 안 되는 것은 도로혼잡 발생 등 사회적인 환경의 악화라는 것도 있지만, 그 이상으로 분산적 개발에 의한 사회적 기반설비 비용 발생과 벌링턴 시 등의 다운타운의 소매 매출액 격감 → 다운타운의 부동산가치 하락 → 벌링턴 시 등의 고정자산세 수입 감소 → 공공 서비스(학교교육) 수준 유지를 위한 주정부로부터의 보조 증가 → 개발에 의한 세수증가를 고려하더라도 주 전체에서의 재정악화라는 과정으로 인해 경제적인 환경이 악화된다는 논리이다.

이 "중심부의 매출액 격감 → 부동산가치 하락 → 고정자산세 수입 감소 → 재정악화라는 사회적 비용의 발생"이라는 논리와 분산적 개발에 의한 사회적 기반설비 비용라는 시각은 제2장 제3절 1에서 소개한 버몬트 주 북부 세인트알반스(St. Albans)에 월마트 출점계획에 대하여 1995년 주 환경 평의회가 내린 최종결정에도 명확하게 나타나 있다. 또한 평의회의 결정에 불복한 월마트와 개발업자의 제소에 대한 1997년 주 최고재판 결정에서도 거의 동일한 취지가 나타나 있다.

「Act 250」에서 말하는 환경에는 일본이나 한국 사람들이 통상적으로 상상하는 자연환경뿐만 아니라 지방정부 재정에 미치는 영향 등 경제적·사회적인 환경도 포함되어 있다고 할 수 있다.

2) 성장관리정책(smart growth)

서장 제4절 2에서 상세하게 살펴본 바와 같이 미국에서는 아이젠하워 정권의 주택정책(특히 복귀병사에 대한 교외주택건설 초우대조치) 등의 원인으로 인해 1950년대 이후 급속하게 교외화, 스프롤화가 진행되었다. 그 결과 도시 중심부의 쇠퇴와 슬럼화, 우량농지 및 자연의 파괴가 미국 전역에서 진행되었다. 특히 캘리포니아 주 등에서는 이러한 경향이 현저하게 나타났다.

중심도시의 쇠퇴와는 반대로 교외도시에서는 급증하는 인구에 따른 사회자본·생활자본의 정비가 제대로 이루어지지 않는 문제, 재정압박 등의 문제가 발생하게 되었다. 이에 1969년 뉴욕 시 북쪽 약 30마일 정도 떨어진 곳에 뉴욕 시의 교외주택지로서 빠르게 개발이 진행되고 있었던 라마포 지역이 조닝법을 개정하여 하수도, 도로 등의 공공 서비스 수요와 해당 주택 개발계획과의 정합성을 포인트화하고, 일정 포인트 이상을 획득한 계획만을 허가하는 제도를 도입했다.[37] 그리고 1971년에는 샌프란시스코 시 교외의 캘리포니아 주 페털루마시가 연간 주택건설을 500호로 제한하는 조치를 도입했다(Mandelker, 2003: §10.06; Porter, 1997: 31~32; Young, 1996: §10.06). 소위 성장관리정책(growth management)의 시작이라고 할 수 있다.

지방정부 차원이 아니라 주정부 차원에서는 캘리포니아 주에서 스프롤화가 다시 시작되고 있는 것을 우려한 오리건 주가 1973년 오리건 주 법안 100(Oregon State Bill 100)으로 도시개발 경계선(Urban Growth Boundaries: UGBs)을 제도화한 것이 최초라고 알려져 있다(Abbott et al., 1994: ix; Gale, 1992: 425 등).[38]

그러나 성장을 관리한다는 것은 자유시장을 신봉하는 미국에는 어울리지 않는다는 비판도 존재한다. 특히 규제가 없는 개발을 희망하는 부동산업계·개발업계가 일반시민의 지지를 얻기 위해 이러한 주장을 할 가능성이 높다. 이에 오늘날 미국에서는 성장관리라는 용어는 거의 자취를 감추고, '스마트

37) 라마포 마을의 제도에 대해서는 이 제도의 도입을 지도한 로버트 프라이리히(Robert H. Freilich)가 정리한 Freilich(1999)에서 상세하게 분석하고 있다. 또한 Young (1996: §10.08)에서도 논하고 있다.

38) 1970년에 제정된 버몬트 주의 「Act 250」도 본래는 성장관리정책을 의도하고 있었지만 주 의회의 총론찬성·각론반대적인 논의로 인해 성장관리정책으로서 구체화되지 못하고 환경보호법으로서 집행되게 되었다. 이에 「Act 250」을 성장관리정책으로 취급하는 경우도 있지만, 1988년에 제정된 통칭 「Act 200(Vermont Municipal and Regional Planning and Development Act <Title 24 Vermont Statutes Annotated, Chapter 117>)」이 버몬트 주의 성장관리정책의 출발이라고 여기는 것이 일반적이다.

성장(smart growth)' 또는 '지속가능한 개발(sustainable development)'이라는 용어가 등장했다.[39]

스마트 성장이라는 단어는 성장관리라는 용어가 '사회주의적'이기 때문이라는 이유로 거부하는 사람들도 존재했지만, '현명한 개발', '스마트한 개발'이라고 하면 반대하기 어려워지기 때문에 사용되기 시작했다고 알려져 있다. 여하튼 성장관리정책 또는 스마트 성장 정책은 이를 채용하는 주나 지역에 따라 그 내용이나 구체적인 규제방법이 달라진다. 다만 거의 모든 지역에서 공통적인 사항은 우선 종합계획(comprehensive plan)을 책정한다는 것이다. 여기서 종합계획이란 아래에서 지적하는 것과 같은 모든(또는 대부분) 목표의 실현을 위해 토지이용에서부터 재정까지를 포함한 종합적인 계획을 말한다. 이러한 의미에서 살펴보면 일본의 기초 지자체가 「지방재정법」 제2조에 근거하여 책정하는 종합계획과 성격이 유사하지만, 엄격한 토지이용·개발규제나 경우에 따라서는 구체적인 재정계획 등이 수립되어야 하기 때문에 일본의 종합계획보다는 실현가능성이 높은 계획이라고 할 수 있다.

존 데그로브(John. M. DeGrove)는 많은 성장관리정책에서 공통적인 구체적인 목표는 다음과 같다고 한다(DeGrove, 1992: 161).

① 컨시스턴시(consistency 일관성)의 실현
② 컨커런시(concurrency 동시발생)의 확보
③ 콤팩트(compact)한 도시의 형성, 스프롤 방지, 시가지 활성화
④ 저렴한 주택의 공급
⑤ 경제력이 없는 지구·쇠퇴한 지구에서의 경제 (재)개발

39) 미국도시계획협회(American Planning Association: APA)에서는 "Growing Smart"라는 용어를 사용하고 있으며, Stuart Meck ed., *Growing Smart Legislative Guidebook: Model Statutes for Planning and the Management of Change*(2002)라는 해설서를 발간했다.

⑥ 농지, 공공용지, 자연환경상 중요한 지역(예를 들면 습지 등)의 보전, 희귀동식물의 보호

기타 학자들의 주장을 고려하여 위의 6가지에 한 가지를 더 추가하면 다음과 같다.

⑦ 친인간적(people-friendly)이고 자연환경과 조화로운(environment-friendly) 도시의 형성

이 중에서 생소한 컨시스턴시와 컨커런시에 대해서 좀 더 살펴보자. 컨시스턴시란 일관성·정합성이라는 의미이다. 즉, 한마디로 표현하자면 '정책의 일관성'을 실현·확보하고자 하는 것이다. 보다 구체적으로 말하자면, 성장관리와 같은 종합적인 정책을 실시하기 위해서는 3종류의 컨시스턴시가 반드시 필요하다. 즉, 수직적인 컨시스턴시, 수평적인 컨시스턴시, 내부적인 컨시스턴시(local consistency)이다(Burby and May, 1997: 8~9). 수직적인 컨시스턴시란 주, 도시권이나 카운티 등과 같은 지방, 시·군·구와 같이 상이한 정부 차원에서의 정책이 일관성을 가져야 한다는 것을 의미한다. 한편 개발에 수반되는 영향이나 문제가 하나의 시·군·구 지역 내에만 머무르는 경우는 거의 없다. 자연환경을 보전해야 하는 지구의 영역이 시·군·구의 구역을 초과하는 경우가 적지 않다. 또한 도시권 내의 중심도시가 시가지 활성화를 위해 노력하고 있는 경우, 인접 시·군·구가 대규모의 신도심 개발을 계획하거나 대형 소매시설을 유치한다면 그 활성화 노력은 실패로 돌아갈 수밖에 없다. 이에 인접 시·군·구 또는 인접 지방 간의 정책조정(실현 가능한 차원의 정합성)을 요구하는 것이 수평적 컨시스턴시이다. 또한 지방정부 내부에서 경제국, 건설국, 교통국, 환경보호국 등이 일관성이 있는 종합계획에 입각하

여 구체적인 플랜이나 계획을 수립하고, 이에 따라 구체적인 시책을 채택하도록 요구하는 것이 내부적 컨시스턴시이다.

컨커런시는 성장관리정책의 중심을 이루는 사고방식·수법의 하나로, '일치', '동시발생' 등으로 번역되는 것이 일반적이다. 성장관리정책이 도입되게 된 계기 중의 하나는 주택이나 상업시설 등의 급속한 증가로 인해 도로, 상하수도 등과 같은 사회적인 인프라가 대응할 수 없는 경우가 발생했기 때문이다. 이러한 사태에 대하여 시·군·구에 따라서는 모라토리엄을 선언하여 사회적인 인프라 정비가 완료될 때까지 모든 개발을 동결하는 경우가 적지 않았다. 이에 개발행위를 사회적인 인프라 정비의 진행상황과 부합하도록 의무화한 규칙이 컨커런시이다. 정의하자면 "컨커런시란 특정의 사회적 기반에 대해 기존에 규정한 서비스 수준을 밑돌지 않는 경우 이외에는 개발을 인정하지 않는다고 지방정부에 의무화한 법적인 제도"(DeGrove, 1992: 7)라고 할 수 있다.

많은 경우 일정 계획을 포함한 인프라의 정비계획이 책정되고, 정비 상황과 보조를 맞춘 개발을 인정하게 된다. 이때 인프라의 정비가 신규 개발을 위해서 필요하다고 판단될 경우에는 정비비용의 부담을 개발자에게 요구하는 개발영향부담금(development impact fee)제도와 함께 이루어져 있는 경우가 많다. 개발영향부담금이란 도로, 하수도, 오수처리시설, 공원 등 사회적 인프라 정비에 필요한 투자에 대해서 해당 개발이 부담해야 할 금액을 개발허가시 개발업자로부터 징수하는 제도이다(Frank and Downing, 1988: 3).[40]

40) 보다 자세한 것은 Frank and Downing(1988), Nelson ed.(1988)을 참조. 또한 개발이익강제징수(development exaction)도 사회적 인프라 정비비용의 일부를 개발업자에게 요구하지만 금전 또는 현물과 같은 개발이익강제징수의 제공내용 및 금액이 교섭에 의해 결정된다. 그러나 개발영향부담금은 미리 결정된 방식·수식에 근거하여 산출된 금액을 지불하는 방법이다. 개발이익강제징수에 대해서는 Frank

라마포 지역이나 페털루마 시의 규제도 컨커런시의 일종이라고 말할 수 있는데, 주 전체에 걸쳐 컨커런시를 제도화한 곳은 「1985년 성장관리법(1985 Florida Growth Management Act)」 및 같은 해 이 법을 수정한 「1985 글리치 법안(1985 Glitch Bill)」에 의한 플로리다 주이다.[41] 플로리다 주의 성장관리정책으로 컨커런시의 대상이 된 사회적 기반은 도로, 오수처리, 폐기물처리, 우수처리, 상수도, 공원·레크리에이션 시설 등 6가지에 해당 지역에서는 공공교통을 추가했다(Ben-Zadok, 2005: 2176; Powell, 1994: 67).

단, 주 전체와 같은 넓은 지역에서 동일 기준의 컨커런시를 적용하면 결과적으로 스프롤을 촉진시킬 수밖에 없다. 특히 사회적 기반 중에 정비비용과 시간이 가장 많이 필요한 도로를 일률적인 기준으로 컨커런시의 대상으로 한 경우 스프롤 현상에 박차를 가하게 되는 결과를 초래한다. 즉, 도로혼잡은 시가지, 특히 도심부에 심한 것이 일반적이다. 만약 시가지와 전원지대의 도로혼잡을 같은 기준으로 평가하고, 도로 광폭 등으로 혼잡이 완화될 때까지 혼잡이 심한 지역에서의 신규 개발을 금지·제한하거나 정비를 위한 개발영향부담금 등을 징수한다면, 주택개발 또는 상업시설개발 여부를 떠나 개발업자는 개발이 진행 중인 교외지역을 벗어나 거의 혼잡이 발생하지 않는 전원지대에서의 신규 개발, 즉 스프롤 개발을 선택할 것이다.

사실 플로리다 주의 경우 제도도입으로 인해 스프롤을 촉진하는 결과가 되어버렸다(Marshall, 2002: 1509, 1512~1513). 이에 플로리다 주는 1993년

---

and Rhodes eds.(1987)을 참조.

41) 플로리다 주에서 성장관리법을 제정하게 된 경위 및 배경, 그리고 이후 개정 등에 대해서는 DeGrove(1992: 7~31)의 "2. Florida: A Second Try at Managing Massive Growth Pressures"에서 상세하게 설명하고 있다. 또한 Ben-Zadok(2005)은 플로리다 주의 성장관리정책의 목적으로서 컨시스턴시, 컨커런시, 콤팩트 개발 등 3가지를 언급했다. 그리고 역점이 컨시스턴시에서 컨커런시로, 다시 콤팩트 개발로 변화하며, 이에 따라서 법 개정 등이 이루어지는 경위를 분석하고 있다.

법을 개정하여 컨커런시의 기준 중 도로에 대하여 시가지의 공터 개발, 시가지에서의 재개발, 다운타운 활성화사업 및 역(驛) 빌딩과 같은 공공교통기관을 촉진·강화하는 프로젝트에 대해서는 주의 일률적인 기준을 충족하지 않아도 된다는 예외적 취급으로 변경했다(Powell, 1994: 69). 즉, 1985년 법에서는 거의 요구하지 않았던 콤팩트 개발이라는 기준이 1993년 개정 법에 도입되어, 이후 1996년, 1999년 개정에서 매우 엄격하게 적용되었다(Ben-Zadok, 2005: 2180~2181).

플로리다 주의 성장관리정책, 특히 컨커런시 문제에 대한 검토는 이 정도로 하고 미국 전역을 살펴보면, 각 지역의 제도·정책, 모든 성장관리정책이 앞에서 언급한 ①~⑦의 목표를 모두 포함하고 있지는 않다. 그중에서는 컨커런시라는 목표가 없는 경우도 있다. 그러나 모두는 아니지만 ①~⑦ 중에서 많은 부분이 목표로 설정되어 있다.

성장관리정책은 모든 개발행위를 대상으로 하고 있는 경우가 많다. 예를 들면 오리건 주의 도시개발 경계선(UGBs) 규제는 경계선 바깥쪽의 농지나 자연녹지 등을 보전하기 위해 원칙적으로 대형점 등을 포함한 모든 도시시설의 개발을 인정하지 않고 있다. 단, 플로리다 주의 컨커런시 규제에서 알 수 있듯이 가장 역점을 두고 있는 대상이 주택개발이라는 것은 많은 지역에서 공통적이라고 할 수 있다.

6. 사전영향조사의 의무화

1) CIR

대규모 개발이 계획된 경우 그 개발로 인해 지역 사회나 경제에 어떠한 영향을 미치는가를 알아보기 위해 지역사회에 미치는 영향 보고서(Community Impact Report 또는 Review: CIR)라는 사전영향평가(Assessment)를 개발신청 시에 제출하도록 하여 그 결과에 따라 개발 인정 여부를 개별로 심사하는 제도이다. 최근 수년간 이 CIR이 주목을 받고 있는 이유는 나중에 언급할 로스앤젤레스 시 등 빅 박스의 출점규제수단으로서 이 제도를 도입하고 있는 지방정부가 나타났기 때문이다.

후술할 매사추세츠 주 케이프코드 위원회(Cape Cod Commission)[42]에 의한 규제나 앞 절에서 언급한 버몬트 주 「Act 250」의 심사는 빅 박스뿐만 아니라 모든 대형 개발을 대상으로 하고 있는데, 그 대상은 차치하더라도 커뮤니티를 초월한 지역에서의 영향을 심사하기 위해 지역에 미치는 영향보고서(Regional Impact Review: RIR)를 활용했는데 이것 또한 CIR의 한 종류로 볼 수 있다.

지방정부가 CIR을 채택하는 경우는 조닝법에 의한 통상의 조닝규제에 부가적인 조닝(overlay zoning)을 하는 것이 일반적이다. 즉, 이미 언급한 바와 같이 조닝으로는 근린상업 존, 광역상업 존 등과 같이 존을 구분하고, 각 존에 인정되는 용도(활동), 셋백, 건폐율, 용적률, 높이 등이 상세하게 규정되어 있는데, 관계된(소매점포를 설치하는) 모든 존에 대해서 개개의 규제와는 별도로 공통의 규제를 일괄적으로 더하는 것이 부가적 조닝이다. 앞에서 언급한 리테일 사이즈 캡 또한 대부분의 경우 부가적 조닝으로 시행되고 있다.

또한 케이프코드 위원회나 버몬트 주의 경우에는 조닝법이 아니라 특별법으로 실시되고 있다.

---

42) 매사추세츠 주법에 의해 설립된 케이프코드 지역의 지방정부의 연합위원회.

2) 로스앤젤레스 시의 CIR

CIR의 대표적인 예가 2004년 10월부터 실시되고 있는 로스앤젤레스 시의 경우이다. 전술한 바와 같이 캘리포니아 주에는 월마트가 다수 출점하고 있었지만 대부분 재래형 할인점으로, 슈퍼마켓 부문을 병설한 슈퍼센터는 없었다. 그러나 미국 전역의 동향을 고려하여 주 내의 대부분의 지방정부는 재래형 할인점에서 슈퍼센터로의 전향이 불가피하다고 판단, 2002년 전후로 슈퍼센터 출점의 영향조사와 필요한 경우 규제에 대한 검토를 시작했다(사실 2003년 봄, 월마트사가 캘리포니아 주에서 급속하게 슈퍼센터를 출점하고자 하는 계획을 수립하고 있다고 발표했다).[43]

주 내 대도시 중에서 먼저 규제 검토를 시작한 곳이 샌디에이고 시인데, 2004년에 슈퍼스토어 규제법안(조닝 개정 법안)이 시의회에서 폐안되었다. 그 후 2006년 11월 매장면적이 9만 제곱피트(8,360m²)를 초과하고 식료품도 판매하는 슈퍼스토어의 출점을 금지하는 법안이 의회에서 제정되었으나, 2007년 6월 시장이 거부권을 행사하여 시행되지 못했다. 그 대신에 동월 5만 제곱피트(4,645m²) 이상의 대형점에 대해서는 개별심사에 의한 허가제를 내용으로 하는 「대형점법(Large Retail Ordinance)」이 제정되었다.

또한 샌프란시스코 시에서는 이 장 제4절 2에서 살펴본 바와 같이 2004년 5월부터 슈퍼스토어를 인정하지 않는 리테일 사이즈 캡제를 도입하고 있다. 오클랜드 시에서도 2003년 조닝법을 개정하여 '일반상품·식품통합형 대규모 소매(large-scale combined retail and grocery sales commercial activities)'를 규정하고, 그 개발·출점을 인정하는 존을 일절 인정하지 않음으로써 시내 전역에

43) 2004년 봄 시점의 주 내 각 지방정부의 대응에 대해서는 캘리포니아 대학교 로스쿨의 클랜턴 등이 정리한 보고서가 있다(Clanton et al., 2004).

서 그러한 개발을 불허했다는 것은 이 장 제3절 2와 7에서 이미 살펴보았다.

이에 대해 주 내 최대 도시인 로스앤젤레스 시에서는 슈퍼스토어 규제의 시비, 규제할 경우의 방법 등에 대하여 전문기관에 위탁하여 조사를 했는데 그 최종보고서가 2003년 10월 제출되었다(Rodino Associates, 2003). 이 보고를 받고 그해 12월 16일, 시의 법무장관이 시의회의 주택·커뮤니티·경제진흥위원회(The Housing, Community and Economic Development Committee)에 의견서를 제출했다(City of Los Angeles's Attorney, 2003). 이 의견서에서 규제대상의 범위(슈퍼스토어의 정의), 규제지역, 규제내용에 대하여 각각 3가지 안을 제시했다. 규제지역으로서는 ① 시 전체, ② 경제재생지원지구(economic assistance area)와 그 주변 1마일, ③ 조닝법에서 10만 제곱피트 이상의 빅 박스가 출점 가능한 지역 등 3가지이며, 규제내용으로서는 ① 출점금지, ② 출점하는 경우의 영향완화조치의 의무화, ③ 조닝법에서의 조건부허가(conditional use permit)제의 강화 등 3가지이다.

이 의견서에 대해서 다음날 시의회 위원회는 경제재생지원지구와 그 주변 1마일에 슈퍼스토어의 출점을 금지하는 법안을 제정하도록 법무장관에게 요구할 것을 결의했다. 즉, 시내 특정 지역에서의 리테일 사이즈 캡제를 검토하게 된 것이다. 그러나 법안 제정과정에서 리테일 사이즈 캡제는 위법 소송이 제기될 경우 100% 승소할 수 있는 보증이 없다는 우려가 제기되어, 2004년 봄 실제로 시의회에 제출된 법안은 CIR로 변경되었다. 최종적으로는 이 법안이 2004년 8월 제정되어 10월부터 시행되고 있다.

로스앤젤레스 시의 제도[44]에는 10만 제곱피트(9,290m²) 이상의 슈퍼스토어를 경제재생지원지구에 출점하고자 하는 자는 그 영향에 대하여 시가

44) 「City of Los Angeles Municipal Code」, Chapter I: General Provisions and Zoning, Subdivision 14 of Subsection U of Section 12.24.

지정한 조사기관에 위탁하여 조사하지 않으면 안 된다는 규정이 있다. 그 조사결과 및 커뮤니티 재개발부서 등에서 제출한 각종 자료를 근거로 하여 시 플래닝위원회 또는 시의회는 모든 경제적 이해손실을 고려하여 해당 슈퍼스토어의 출점이 출점영향지역(impact area)의 경제적 활성화(economic welfare)에 현저하게 악영향을 미치지 않는다는 것을 확인하지 않으면 개발의 허가를 할 수 없다.

여기서 말하는 슈퍼스토어란 10만 제곱피트 이상의 매장면적을 보유하고 있으며, 그중에서 10% 이상이 비과세상품(식료품·의료품)을 판매하고 있는 곳을 말한다. 이와 유사한 상품구성일지라도 홀세일 클럽과 같은 회원제 점포는 제외된다. 또한 경제재생지원지구는 주의 기업유치지구(state enterprise zone), 연방정부의 경제재생지구(federal renewal community zone), 커뮤니티 재개발국 사업실시지구(community redevelopment agency project area), 지진 복구 프로젝트 지구(earthquake project area) 및 각 지구의 주변 1마일의 완충지대를 조합한 지구를 말한다. 또한 출점영향지역은 출점예정지에서 반경 3마일의 지역으로 정의되어 있다.

출점예정자는 이 조사로 인해서 다음과 같은 사항을 명백하게 밝히지 않으면 안 된다.

① 출점영향지역 내에서 지금까지 2만 제곱피트(1,860m2) 이상의 식품 마켓을 조성하고자 하여 실패한 적이 있는가? 신청할 출점이 기존의 식료품점이나 쇼핑센터에 마이너스 영향을 미치는가 또는 플러스 영향을 미치는가?

② 출점의 결과 기존 점포의 폐점이 발생하는가?(만약 그렇다면 어떠한 점포인가?) 혹은 그 지구의 경제 활성화와 연결될 수 있는가?

③ 출점계획은 기존 주택의 파괴를 동반하는가? 또는 출점지 주변의 저소

득자용 주택을 감소시키는 결과를 초래하는가?

④ 공원이나 녹지, 광장, 탁아시설, 커뮤니티 센터를 파괴하거나 해체할 경우가 발생하는가?

⑤ 출점영향지역 내의 주민에게 현재보다 저렴한 가격 또는 고품질의 상품이나 서비스를 제공할 수 있는가?

⑥ 출점영향지역 내의 고용이 감소하지는 않는가? 혹은 경제 활성화나 고용증가로 이어지는가(이 영향을 측정하기 위하여 대체고용 수, 신규 창출 고용 수, 고용의 특성, 파트타임과 풀타임의 상황, 없어지는 고용의 직종 등을 명백하게 밝히지 않으면 안 된다)?

⑦ 시의 세수에 플러스 혹은 마이너스 영향을 미치는가?

⑧ 해당 부동산의 임대계약 등에 출점한 슈퍼스토어가 폐점하여 빈 점포가 된 경우 일정 기간 빈 점포로 방치하는가 등과 같은 부동산의 사후 이용(the subsequent use of the property)에 관한 제약이 존재하는가?(전술한 바와 같이 슈퍼스토어 등에서는 스스로 폐점한 후에 경쟁점포를 입점시키지 않는다는 조건의 계약이 체결되어 있는 경우가 많다. 이로 인해 대형 빈 점포가 증가하게 되는 것이다)

⑨ 전체적으로 출점영향지역에 대하여 경제적으로 현저하게 마이너스 영향을 미치는가 또는 플러스 영향을 미치는가, 아니면 피폐하게 만들 것인가?

⑩ 만약 현저한 경제적 마이너스 영향이 발생한다면 이에 대한 완화책은 준비되어 있는가? 출점자에 의한 완화책은 무엇인가?

앞에서 지적한 바와 같이 시는 제출된 이 조사결과 및 기타 정보를 근거로 하여 해당 출점계획을 인정할 것인가를 개별심사를 한다. 여기서 중요한 것이 지금까지 연방정부, 주정부 및 시에 의해 활성화를 위한 지원이 이루어지고 있는 지구와 그 주변을 경제재생지원지구로 정의하고, 출점이 그 지구에 미치는 영향을 심사대상으로 하고 있다는 점이다.

또한 CIR의 제출이 의무화되어 있는 대상지역은 시역의 40~60% 정도 된다고 추계된다(Editorial, 2004).

3) 잉글우드 시의 CIR

제1장 제6절 4에서 언급한 바와 같이 로스앤젤레스 서부에 위치한 잉글우드 시에서는 2002년 15만 5,000제곱피트(14,400m²)를 초과하는 슈퍼스토어의 출점을 금지하는 리테일 사이즈 캡제를 제정했다. 그러나 월마트의 후원을 받은 이 조례의 폐지를 요구하는 주민투표 요구로 인해 즉시 폐지되었으며, 월마트의 출점을 무조건적으로 인정하는 것을 요구한 주민제안(Measure) 04-A의 성립까지 유도했다. 이 주민제안은 주민투표에서 부결되었지만, 월마트를 비롯한 슈퍼스토어, 빅 박스가 다시 지역을 무시하고 출점을 강행할 우려가 있다고 판단하여 2006년 7월 로스앤젤레스 시의 제도와 유사한 CIR을 의무화했다.[45]

잉글우드 시의 CIR이 대상으로 하고 있는 슈퍼스토어는 10만 제곱피트(9,290m²) 이상의 매장면적을 보유하고 있으며, 그중에서 10% 이상이 비과세 상품(식료품·의약품)을 판매하고 있는 곳으로, 홀세일 클럽 등과 같은 회원제 점포는 제외된다. 즉, 앞에서 살펴본 로스앤젤레스 시 CIR의 슈퍼스토어의 정의와 기본적으로 동일하다. 또한 로스앤젤레스 시와 같이 경제재생지원지구에의 출점만을 대상으로 하는 것이 아니라 시내 전역에의 출점이 대상이

45) 「Inglewood Municipal Code」, Chapter 12, Section 12-95.5. Coditions. Specific Uses. (J) Superstores.

되며 조사항목은 로스앤젤레스 시의 CIR과 거의 동일하다.

단, 잉글우드 시의 제도가 로스앤젤레스 시와 상이한 점은 로스앤젤레스 시에서는 하나의 점포가 10만 제곱피트 이상인 경우를 대상으로 하고 있기 때문에 건물을 2개 이상 나누어서 출점할 경우에는 대상이 되지 않지만, 잉글우드 시에서는 1명의 업자가 동일 부지 내 또는 인접부지 내에서 복수의 건물에서 영업할 경우 합계 매장면적이 10만 제곱피트를 초과하면 제도의 대상이 된다는 점이다. 이는 리테일 사이즈 캡제를 포함하여 매장면적에 대한 제한이 추가되면 제한규모 이하로 분리한 복수의 점포를 나열하여 출점하고자 하는 전략을 월마트 등이 수립했기 때문에 이에 대응하기 위한 제도라고 할 수 있다.

또한 2004년 8월 로스앤젤레스의 CIR법(조닝 개정법)이 시의회에서 가결된 후에 슈퍼스토어〔매장면적 13만 제곱피트(12,080m²) 이상이며, 그중 10%가 식료품을 판매하는 대형점〕의 출점 시, 주는 해당 지방정부에 대하여 로스앤젤레스 시와 거의 같은 내용의 CIR을 실시하도록 요구할 수 있도록 한 캘리포니아 주법(AB1056)이 주 의회의 상하원에서 가결되었다(Salladay, 2004). 그러나 아놀드 슈워제네거 지사의 거부권 발동으로 성립되지는 못했다.

로스앤젤레스 시나 잉글우드 시 이외에서 CIR을 제도화한 지방정부가 몇 군데인지는 명확하지 않지만, 적어도 10개 도시 이상은 될 것으로 판단된다. 여하튼 개발업자 등 개발신청자의 부담으로 지방정부가 규정한 항목을 조사하고, 그 결과를 신청 시 제출하도록 의무화한 것이다. 이 외에도 일정 규모 이상의 개발(large-scale development)에 대해서는 개별심사에 근거한 특별허가〔special (use) permit 또는 conditional (use) permit〕를 조건으로 하고, 경우에 따라서는 개발내용에 조건을 부가하여 허가하는 지방정부가 대부분이다.

4) 케이프코드의 RIR

케이프코드는 보스턴 시에서 남동쪽으로 약 100km 떨어진 곳에 위치한, 대서양에 갈고리 모양으로 가늘고 길게 뻗어 있는 반도이다. 17세기 초반에 이미 어업기지가 형성되었으며, 행정조직으로서의 마을이 형성된 역사를 가지고 있다. 현재도 어업이 주요 산업인데, 제2차 세계대전 후 여름 휴양지로서 별장이나 호텔 등의 개발이 활발하게 이루어졌다. 이로 인해 피서객을 포함한 신구 주민 간, 거주민·리조트 손님·리조트 산업의 임시종업원 간의 알력, 기반시설을 위한 지방정부의 부담 등의 문제가 발생되었다.

행정조직상 케이프코드 지역은 카운티로서는 반스테이플 카운티와 일치하지만, 시·군·구로서는 제2장 제3절 2에서 토지이용 유형별 재정부담 분석에 대해서 소개한 반스테이플 마을을 포함한 15개 마을로 구성되어 있다. 각 마을은 독자적인 조닝법에 의해 개발규제를 하고 있기 때문에 재정적으로 유리한 시설은 적극적으로 유치하고, 적자가 발생하거나 지역주민이 혐오하는 시설(소위 LULU: Locally Unwanted Land Use)은 다른 마을로 미루는 조닝규제, 소위 '재정적 조닝(Fiscal Zoning)'을 채택하고 있다. 이는 지역 전체의 자연적·사회적·경제적 환경을 악화시키는 결과로 이어진다.

이에 1990년 반스테이플 카운티의 주민투표 결과를 받은 매사추세츠 주의회는 「케이프코드 위원회법(Cape Cod Commission Act)」을 채택했다. 이 법으로 인해 케이프코드 지역 15개 마을의 계획활동의 조정 및 일정 규모 이상의 개발에 대하여 검증권한을 가진 광역 플래닝·규제기관으로서의 케이프코드 위원회가 만들어졌다. 이 법 섹션(Section) 1. (d)에서 위원회의 역할은 개발에 필요한 사회적 인프라의 정비 속도와 지구에 대해 유도·조정을 함과 동시에, 하나의 마을을 초과하여 영향을 미치는 개발계획에 대해 검토하고 해당 개발의 플러스·마이너스 및 이 지역의 광역계획이나 마을의 종합계획과의 정합성을 평가하고, 또한 경제활동의 계절적 변동이 큰 것에 대한 영향을 완화하여 조화로운 지속적인 경제발전을 실현하는 것이라고 규정되어 있다.

현재 1만 제곱피트(930m²) 이상의 개발 등이 '지역에 영향을 미치는 개발(Development of Regional Impact: DRI)'로 지정되어 있으며, 그러한 종류의 개발을 계획·신청하는 자는 사전영향조사 결과를 제출하여야만 한다. 이 조사 결과를 받은 위원회는 개발의 수리 또는 각하에 대한 결정을 내린다. 개발예정지 마을은 위원회의 각하 결정에 대해서는 거부할 수 없지만, 개발 수리 결정에 대해서는 불허가로 변경할 수도 있다.

개발 신청자가 제출해야 하는 자료·조사보고서의 내용은 자연자원, 경제 문제, 교통 문제, 주택 문제, 역사보전, 폐기물 문제, 지하수 보전, 지역종합계획과의 관련 등 매우 다양하며, 위원회에서는 각 항목에 관한 기술정보(technical bulletin)를 공표하고 있다. 예를 들면 경제 문제에 관한 고시(DRI economic development technical bulletin)에는 과거 3년간 실적 및 개발 프로젝트 완성 후 3년간의 예측에 대해서 고용, 재정, 주택수요, 공급 또는 생산하는 서비스·상품 등에 대하여 상세한 자료를 제출하도록 규정하고 있다. 이 중 고용 관련 규정을 살펴보면, 고용순증 수, 풀타임·파트타임·계절종업원·파견종업원과 같은 내역뿐만 아니라 고령자·장애인·소수민족 고용, 그리고 임금·급여·부가급부 등의 자료를 요구하고 있다.[46)]

위원회는 신청계획이 '케이프코드 지역정책 계획'에 규정된 최저달성기준을 충족하고 있지 않으면 개발을 허가하지 않는다.

---

46) Cape Cod Commission, DRI04-002 Economic Development Technical Bulletin, Approved 10/7/04. 또한 이 경제고시를 포함한 고시액 및 리뷰 절차 등에 대해서는 동 위원회의 Regulatory Program: Guides and Technical Bulletins의 홈페이지(http://www.capecodcommission.org/regulatory/guides.htm)에서 열람할 수 있다.

5) 메인 주

메인 주에서는 2007년 6월 7만 5,000제곱피트(6,970㎡) 이상의 대형점을 출점하는 경우, 주 내의 지자체가 CIR을 시행하지 않을 경우 CIR의 의무화를 규정한 「성장관련정보공개법(Informed Growth Act, LD 1810)」이 제정되었다.[47] 버몬트 주의 「Act 250」 등 대규모 개발에 대하여 사전영향조사를 의무화한 주법은 많이 존재한다. 뉴저지 주 등 6개 주에서 유사한 주법을 검토 중이지만 대형점 출점에 국한하여 사전영향평가를 의무화한 주법이 제정된 것은 메인 주가 처음이다(Hudson, 2007).

메인 주 제도에는 대형점을 출점하고자 하는 자는 주 기획부서에 4만 달러와 함께 개발신청을 하여야 한다. 주 기획부서는 필요경비 1,000달러를 제외한 3만 9,000달러를 출점예정지의 지자체에 조사비용으로 지원을 한다. 지자체는 이 비용을 이용하여 해당 대형점이 기존 소매점의 영업에 미치는 영향, 대형점이 취급하게 될 주요 상품 또는 서비스를 제공하고 있는 기존 점포의 수와 위치, 소매업의 임금과 부가급부에 대한 영향, 소매 종업자 수의 증감, 소매 매출액 중 지역 내에서 순환되거나 재투자되는 액수, 지자체의 세수, 도로·경찰·소방·상하수도 등 필요한 재정지출 등에 관한 경제영향 조사를 실시하여 공표한다. 그 후 공청회를 개최하여 시민, 기존 소매업자, 출점예정자 등의 의견을 청취하는데, 이때 출점이 영향을 미칠 것으로 예상되는 근린 지자체에도 안내하여 그들에게도 발언의 기회를 부여한다. 이러한 절차를 거친 후 지자체는 출점의 가부를 결정하게 되는데, 위에 열거한 조사항목 중 적어도 2가지 이상에서 마이너스가 예측되는 경우에는 허가를 해서는 안 되는 것으로 규정되어 있다.

---

47) 「Maine's Public Law」, Chapter 347, Section 1.30-A MRSA c. 187, sub-c.3-A.

또한 점포가 1개 부지 내에서 복수의 건물로 분산되어 있는 경우, 이 법률에서의 대형점은 이들 모두를 합산하여 판단한다.

7. 빈 점포 발생 방지책

반복해서 지적하고 있는 것처럼 대형점 또는 중형점이 빈 점포가 되면 경관상의 문제뿐만 아니라 범죄 발생 등으로 인해 그 주변을 포함한 지역에 심각한 마이너스 영향을 미치게 된다. 이에 대형점·중혐점의 출점을 허가할 때 사전에 빈 점포 방지책을 조건으로 하고 있는 제도도 존재한다. 이 장 제4절 2의 리테일 사이즈 캡제에서 살펴본 몬태나 주 보즈먼 시의 심사제도가 그중 한 가지인데, 이 외 다른 방법을 채택하고 있는 지방정부도 있다. 예를 들면 조지아 주 피치트리 시에서는 1만 제곱피트(930m²) 이상의 점포를 임차하는 소매업자는 만약 폐점할 경우 폐점 후에도 임대료를 지속적으로 지불하는 방법 등으로 다른 테넌트가 입접하는 것을 막지 않을 것, 만약 테넌트가 폐점한 경우에는 그 점포 소유자는 다음 계약을 누구와라도 자유롭게 할 수 있을 것을 명기한 임대계약서의 사본을 시에 제출해야 되는 것이 출점허가의 조건이다.[48] 이는 제2장 제5절에서 살펴본 바와 같이 소매기업 중에는 스스로 폐점한 후 경쟁회피를 위해 빈 점포를 그대로 방치해두는 경우가 있기 때문이다.

한편 캘리포니아 주 오크데일 시에서는 4만 제곱피트(3,720m²) 이상의 소매점포를 개발할 때, 만약 1년 이상 빈 점포가 될 경우에 점포를 허물고

48) 「Code of Ordinances City of Peachtree City」, Appendix A: Zoning, Article X Requirements by District, Section 1006 GC General Commercial District.

이후에 부지를 관리하기 위해 필요한 비용을 보증금(performance/ surety bond)으로 납부하는 것이 개발허가조건이다.[49)]

또한 위스콘신 주 워와토사 시에서는 5만 제곱피트(4,645m²) 이상의 신규 점포 개발 시에는 1제곱피트당 20센트를 시의 토지관리기금(land conservation fund)으로 납부해야 하는 것이 조건이다. 만약 해당 점포가 빈 점포가 된 경우 부동산 소유자 또는 사용자는 건물의 철거 또는 재활용계획을 12개월 이내에 시의 도시계획위원회에 제출하여 승인을 받아야만 한다. 기한 내에 승인을 받지 못할 경우에는 토지관리기금 등으로 건물의 재활용 또는 개개발이 가능하다.[50)]

8. 토지이용규제 · 개발규제에 대한 사법판단

조닝이나 성장관리정책 등으로 인해 토지이용·개발행위는 많은 제약을 받게 되었다. 토지소유자의 입장에서는 자유로운 개발이 제한됨으로 인해 토지의 가격이 떨어지는 상황이 발생할 수 있다. 개발이익에 대한 보상이 없는 제한·수용, 즉 연방헌법에서 금지하고 있는 테이킹에 해당할 가능성도 존재한다.

공공의 복지, 공공의 이익을 위하여 조닝 등으로 개발규제를 하는 것은 앞에서 언급한 바와 같이 연방최고재판소의 1915년 해더체크 판결, 1926년

---

49) 「Oakdale City Code」, Chapter 36. Zoning, Section 36-23.35 Property Development Standards.

50) 「Wauwatosa Municipal Code」, Title 24: Zoning and Land Use Control, Chapter 24.25 Large Retail Development, Section 24.25. 040 Maintenance and Reuse of Properties.

유클리드 판결 등에서 합헌이라고 판결되었다. 그러나 문제는 보상이 없이 어디까지 규제할 수 있는가이다.

원래는 테이킹을 둘러싼 소송은 연방재판소보다 주 재판소에서 야기되는 경우가 많았다. 판결에는 테이킹을 인정하여 조닝규제완화를 명령한 사례, 역으로 테이킹을 인정하지 않고 규제를 지지하는 사례 모두가 존재한다. 통계 등이 존재하지 않기 때문에 확실한 자료는 아니지만, 조닝규제를 지지하여 테이킹을 인정하지 않는 사례가 많은 듯하다. 그중에는 자유롭게 개발이 가능할 경우 발생할 개발이익이 조닝규제로 인해 개발내용(용도·규모 등)이 제약되었기 때문에 90% 가까이 손실되었다는 소송에 대해 공공의 이익을 위하여 개인이 허용해야 하는 한도 내라는 주 최고재판소의 판결이 존재한다.[51)]

성장관리정책의 시초라고 알려져 있는 뉴욕 주 라마포의 포인트제도에서도 부동산업자가 주 재판소에 테이킹으로 제소했지만 1심에서 피고(라마포 지역) 승소, 2심에서 원고(부동산업자) 역전 승소, 그리고 최고재판에서는 다시 피고가 승소했다. 즉, 보상이 없는 포인트제도가 인정된 것이다.[52)]

연방최고재판소에서는 1915년 해더체크 판결 이후 조닝규제에 의한 대부분의 테이킹 문제에 관여하게 되었는데, 1980년대 후반 이후 몇 건의 중요한 판결이 나게 된다. 특히 유명한 것이 사우스캐롤라이나 주의 「해안선관리법」에 의하여 소유하고 있는 해변에 일체의 건설행위를 금지당한 원고가 제기한

---

51) 이 장 제3절 1에서 살펴본 연방최고재판소의 해더체크 재판에서도 90% 이상의 가치감소가 합헌이라는 판결이 내려졌다.

52) Golden v. Planning Board of the Town of Ramapo, No. 525-1970(Sup. Ct. Rockland County, Nov. 19, 1970); 37 A. D. 2d 236, 324, N. Y. S. 2d 178(1971); 30 N. Y. 2d 359, 334 N. Y. S. 2d 138, 285 N. E. 2d 291(1972), appeal dismissed, 409 U.S. 1003(1972).

루카스(Lucas) 재판에서 1992년 위헌판결, 즉 테이킹에 해당한다는 판결이 내려진 사례이다.[53] 그 전의 퍼스트 잉글리시(First English) 판결[54]이나 놀란(Nollan) 판결[55] 등을 포함하여 연방최고재판소는 유해성 테스트(noxious test)를 엄격하게 실시하게 되었다.

유해성 테스트란 해당 개발행위가 주위 또는 광역사회에 어떠한 마이너스 영향을 미치는가에 대하여 구체적으로 검토하는 것을 말한다.[56] 해더체크 판결에서는 벽돌공장 주변에는 인가도 없으며 조업으로 인한 피해를 받는 주민이 없었음에도 불구하고 추상적인 차원에서 공해를 발생시킬 우려가 있다고 판단하여 규제한 것을 당시 연방최고재판소는 지지했다.

루카스 판결로 인해 유해성 테스트가 엄격하게 실시되었는데, 만약 다시 해더체크 재판이 있다면 테이킹으로 위헌이라는 판결이 내려질 가능성은 매우 높다. 그러나 유해성 테스트의 결과로서 뉴슨스라는 것이 증명된다면, 루카스 재판과 같이 이익이 전혀 없어지는 것처럼 극단적인 경우는 제외하더라도 개발이익의 감소가 발생하는 경우라도 무보상 규제가 인정된다고 판단해도 무방할 것이다.[57]

소송대국이라고 할 수 있는 미국이기 때문에 조닝법 등에 의한 입지규제·개발규제를 둘러싼 많은 소송이 일어나고 있다. 단, 소매점포 등의 상업시설

---

53) Lucas v. South Carolina Coastal Council, 112S. Ct. 2886(1992).

54) First English Evangerical Lutheran Church v. County of Los Angeles, 482 U.S. 304(1987).

55) Nollan v. California Coastal Comm'n, 483 U.S. 825, 107S. Ct. 3141(1987).

56) noxious란 유해 또는 불건전이라는 의미이며, nuisance라는 점에서 개발규제를 실시하는 제도로서 핵심적인 부분이 된다.

57) 이 문제에 대해서는 Mandelker(1997, 2003), Rohan(Release), Williams and Taylor(2003), Young(1996-1997) 등에서 논하고 있으며, 루카스 판결이 내려진 직후 이 문제에 대해 직접 논한 것은 Callies ed.(1993)를 참고할 것.

개발을 둘러싼 재판은 상대적으로 적은 편에 속한다.

상업시설개발을 둘러싼 재판은 개발에 반대하는 측(출점반대파)이 제소하는 재판, 출점자 또는 개발업자가 제소하는 재판이 존재하는데, 이것 또한 통계 등이 없기 때문에 정확한 자료는 알 수 없지만 후자, 즉 출점자·개발업자가 제소하는 경우가 많을 것으로 판단된다.

단, 제2장 제1절에서 상세하게 살펴본 바와 같이 최근에는 지방정부가 대형점의 진출이 세수증가나 지역 고용증가로 이어진다고 판단하여(사실은 반대로 세수감소나 고용감소라는 결과로 이어질 가능성이 높지만), TIF나 기업유치지구(enterprise zone)제도 등의 기업우대조치를 이용하여 대형점을 유치하거나 출점예정지를 강제수용(eminent domain 또는 condemnation)하는 사례가 증가하고 있기 때문에, 지역주민이나 출점예정지의 부동산소유자가 토지수용권의 남용, 용지매수에서의 불공정, 부당한 보상금의 지출 등을 근거로 지방정부를 제소하는 사례도 나타나고 있다.

또한 최근 제도화된 리테일 사이즈 캡제로 인하여 예상되는 개발이익이 손해를 보았다는 재판도 제기되었다. 주 재판소의 경우 캘리포니아 주 최고재판소가 2006년 털록 시의 리테일 사이즈 캡제를 인정하는 판결을 내렸다. 그러나 연방재판소의 경우에는 최고재판소의 판결까지는 이르지 않았다. 특히 리테일 사이즈 캡제는 연방헌법이 보증한 주제통상조항에 저촉할 가능성이 있다는 지적도 있기 때문에(Denning and Lary, 2005), 최종적인 사법판단이 내려졌다고는 단언할 수 없는 측면도 있다.

단, 이들 규제제도는 도시 중심부, 즉 다운타운의 경제활력 유지에 큰 목적이 있다. 이 점에 대하여 예를 들면 아이다호 주 헤일리 시의 조닝법의 규제강화(downzoning)로 인해 예정되어 있던 교외 쇼핑센터의 개발이 어려워지게 된 개발업자의 제소에 대하여, 1995년 같은 주 최고재판소는 "어떤 업무용도의 확장을 커뮤니티 중에서 어디에 인정할 것인가에 대한 것은 통상 경찰권의 적절한 행사에 해당된다. …… 커뮤니티의 다운타운 중심부의 경제적 활력과 경관상 가치를 유지한다는 것은 조닝의 적절한 목적이다"라는 판결을 내렸다.[58)]

이러한 다운타운의 옹호, 교외개발에 대한 규제는 의도했는가 하지 않았는가의 여부를 떠나 경쟁을 제한하는 효과는 발생했다. 이 점에 대해서는 제2장 제3절 1에서 자세하게 언급한 바와 같이 버몬트 주 몬태나 주 세인트알반스의 월마트 출점을 둘러싼 분쟁에서 월마트 및 개발업자가 강력하게 주장했으나, 주 환경평의회는 그 논리를 인정하지 않고 불허가 결정을 내렸다. 또한 월마트 등의 제소에 대해 버몬트 주 최고재판소는 1997년 "지자체가 공공서비스를 부담할 수 있는 능력은 해당 지자체의 세수원, 즉 행정구역 내의 부동산평가액에 의한다. 따라서 개발·출점계획이 기존 소매점포의 부동산평가에 마이너스 영향을 미친다면 이는 공공의 건강·안전·복지에 관계되기 때문에 부동산가치의 유지가 경쟁의 유지 및 촉진보다 우선한다"라는 취지의 판결을 내렸다.

2006년 4월에는 캘리포니아 주 중부의 소도시인 털록이 조닝으로 식료품 전반을 취급하는 10만 제곱피트(9,290m²) 이상의 빅 박스를 금지한 것에 대해 출점을 예정하고 있던 월마트가 제소한 재판에서, 캘리포니아 주 공소재판소는 지역점포가 쇠퇴하고 그 결과로 지역이 황폐화되는 것을 방지하기 위하여 빅 박스, 슈퍼스토어를 금지하는 것은 시의 정당한 행위라고 시 승소 판결을 내렸다(Egelko, 2006a).[59)] 이에 대하여 월마트는 즉시 상고했으나 같은 해 7월 캘리포니아 주 최고재판소는 이유 개시 없이 심사를 하지 않는다는

---

58) Sprenger Grubb & Associates v. City of Hailey, 903 P. 2d 741(Idaho 1995).

59) 이 판결(Wal-Mart Stores, Inc. et al. v. City of Turlock et al., Court of Appeal, Fifth District, California, April 5, 2006)은 http://ceres.ca.gov/ceqa/2006/Wal-Mart_Stores_Inc.v._City_of_Turlock.pdf에서 열람할 수 있다.

결정을 내렸다(Egelko, 2006b). 또한 연방헌법이 규정한 주제통상조항에 위반한다는 이유로 주 재판소와 병행하여 제소한 연방 지방재판소에서도 같은 해 7월 털록 시의 승소 판결이 내려졌다(Egelko, 2006b).

2007년 6월에는 털록 시에서 남동쪽으로 수십 킬로 떨어진 소도시인 핸퍼드가 지역에서 성업 중인 가구점을 포함한 현재의 다운타운을 지키기 위해 대형 가구점이 새롭게 다운타운에 진출하는 것을 인정하지 않은 사실에 대한 재판에서, 캘리포니아 주 최고재판소는 다운타운에서의 경쟁은 제한되어 있지만 별도의 상업개발 예정지를 지정하고 그곳에서의 대형점의 출점을 인정하고 있기 때문에 문제가 되지 않으며, 다운타운을 유지하고자 하는 것은 공적인 목적으로서 적법하다고 시 승소 판결을 내렸다(Hernandez v. City of Hanford)(Egelko, 2007b).[60]

조닝 등으로 쇼핑센터나 대형점의 출점·개발을 규제하면 당연히 기존 점포(중소점에 국한되지 않고 쇼핑센터나 대형점 등도 대상이 된다)의 경쟁조건을 완화하는 것이 된다. 이러한 의미에서 출점규제와 「반트러스트법(독점금지법)」과의 관련이 문제가 되는 것은 최근의 슈퍼스토어나 빅 박스 규제에 국한된 것만은 아니다. 과거 수차례 논의가 이루어졌으며 재판 예도 적지 않다. 물론 논자에 따라 주장 내용이 조금씩 변하고 판례 또한 상황이나 조건에 따라 변한다. 단, 출점규제가 개별 특정점포의 보호를 목적으로 한 것이 아니라, 예를 들면 다운타운을 보호하기 위한 것이며 그리고 그것이 주민이나 시민에게 플러스가 된다는 주장이라면 출점규제에 의한 결과로서의 경쟁제한은 합법이라고 판단되어왔다고 보아도 무방하다(Bartelt, 1960; Dabney, 1979; Hamilton, 1978; Levin, 1983; Mandelker, 1962; Weaver and Duerksen,

60) 이 재판에서는 주 공소심에서 패소한 시가 주 최고재판소에서 역전 승소했는데, 최고재판소의 판결(Adrian Hernandez et al. v. City of Hanford et al.)은 http://www.courtinfo.ca.gov/opinions/documents/S143287.PDF에서 열람할 수 있다.

1977 등).

즉, 어떤 개발에 대해 물리적인 면과 환경적인 면에서의 영향과 경제적인 면에서의 영향이 상호 관련되어 있다는 것에 대해서는 논의의 여지가 없다는 것이다(Roper and Humstone, 1998: 763).

환상으로서의 시장주의를 넘어서

지금까지 월마트 등 대형 소매기업의 문제와 이에 대한 대응으로서의 출점규제에 대해서 살펴보았다. 미국에서 자유롭고 공정한 경쟁이 이루어지고, 그 결과 대형 소매기업이 승리하고 있다는 것은 신화이자 환상이라는 것은 이미 밝혀졌다고 생각한다. 이 책에서는 소매업에 국한해 언급했지만 일부 산업 간 차이가 있으나 세제 문제, 기업지원정책(corporate welfare) 문제 등은 거의 모든 산업에서 공통적이라고 판단된다.

이러한 의미에서 일본에서 믿고 있는 자유롭고 공정한 경쟁이 이루어지는 국가로서 미국이라는 것은 '허구(fiction)로서의 미국'이다. 달리 말하자면 '문서(text) 속의 미국'이라고 해도 무방하다.

서장 제3절에서도 소개한 바와 같이 미국에서는 "자유시장을 목격할 수 있는 유일한 곳은 정치가의 연설 속뿐이다(Milchen, 2003)"라는 지적도 존재하지만, 이러한 현상은 일본보다는 양호하다고 할 수 있다. 왜냐하면 일본의 경우 환상에 불과한 자유로운 시장이 일부 정치가의 연설 속에 국한되는 것이 아니라 경제관료 대부분을 포함한 정책입안자들이 '허구로서의 미국'을 '현실의 미국'과 혼동하여 정책입안을 하고 있기 때문이다.

정치가의 연설이라면 그것이 환상을 불러일으킨다고 하더라도 영향은 거의 미미할 것이며, 설령 영향이 있다고 하더라도 그다지 크지 않을 것이다. 그러나 실제 정책이 허구를 토대로 만들어진다고 하면 그 영향은 상상할 수 없을 만큼 크다고 할 수 있다.

왜냐하면 로널드 도어(Ronald Dore)가 지적하고 있는 것처럼 미국의 비즈니스 스쿨이나 대학원에서 공통의 문화, 공통의 제도로서 미국의 제도나 정책을 배우고 온 학자들이 부적절하게 막대한 발언력을 가지고 있기 때문이다(ドーア, 2005: 175~178). 이 도어의 지적에 대하여 보충설명하자면, 공통의 제도로서 교육을 받은 미국의 제도에는 허구가 적지 않다는 점, 그리고 많은 일본의 경제관료가 미국에 유학을 하고 그 교육을 받아왔기 때문이다.

여하튼 미국의 대형 소매기업의 문제로 되돌아가 보자. 지금까지 지적해온 것과 같은 문제가 존재한다고 하더라도 이는 그곳에서 일하는 종업원이나 물건을 구입하는 소비자의 선택·판단의 결과이기 때문에 무엇이 나쁘냐고 반론이 있을 수도 있다.

사실 미주리 대학의 케네스 트로스키(Kenneth Troske)가 월마트는 지금까지 권총을 사람들의 머리에 대고 위협적으로 일을 시킨 것이 결코 아니라는 지적을 하고 있으며(Barton, 2004), 클린턴 정권에서 노동장관을 역임했던 캘리포니아 대학교 버클리 캠퍼스의 로버트 라이시(Robert Reich) 교수도 월마트의 창업자 샘 월튼과 그 후계자가 소비자나 투자가의 머리에 총을 대고 위협적으로 물건을 사게 하거나 투자를 권유함으로써 세계 최대의 소매기업을 이룩한 것은 아니라고 언급하고 있다(Reich, 2007: 90).

제2장 제6절 4에서 지적한 응급피임약(Morning-After-Pill) 구입이 곤란한 경우나 다른 가까운 곳에서 일할 장소가 없는 경우를 제외하면, 모든 지적이

매우 정당하다고 생각될 수도 있다. 확실히 월마트는 종업원을 위협하여 일을 시키거나 소비자에게 강요하여 물건을 판매하고 있지는 않다. 그러나 제1장 제4절 3에서 지적한 것처럼 월마트는 주민들이 월마트를 대신하여 일할 직장이 거의 없는 곳에 출점을 하고 있다는 분석도 있다. 만약 그렇다면 권총을 들이대지는 않았다고 하더라도 월마트에서 일을 할 수밖에 없는 상황에 처해지는 것이라고 할 수는 있다.

또한 가까운 곳에 대신해서 일을 할 장소나 물건을 구입할 장소가 있다고 하더라도, 종업원이나 소비자가 자율적으로 선택을 했는가는 의문이 발생한다. 형태상으로는 선택을 하고 있는 것처럼 보일지라도, 완전하게 자유로운 선택이 보증되었다고 할 수는 없다. 사실은 앤드류 슈무클러(Andrew B. Schmookler)가 지적한 것처럼 "시장 시스템이 우리에게 주는 것은 선택이라는 환상이다"(Schmookler, 1993: 5)라는 것의 결과라는 측면이 큰 것은 아닐까? 즉, "어떤 종류의 니즈나 욕망에는 민감하게 반응하는 한편, 다른 니즈나 욕망에는 거의 반응을 하지 않는 것이 시장의 본질이다. …… 우리들의 선택은 그 선택을 하는 시장의 성질에 의해 왜곡된다"(Schmookler, 1993: 11), "시장 시스템은 그것이 어느 정도 다양한 선택의 여지를 준비하고 있다고 하더라도, 그 선택의 여지에서 매우 중대한 것이 배제되거나 우리가 모르는 사이에 우리들의 선택을 결정해버리기도 한다. 우리가 하는 선택은 결국 시장 시스템이 지배하는 가치관에 의해 만들어지게 되는 것이다"(Schmookler, 1993: 11~12)라는 것이며, 선택의 대부분은 환상에 불과한 것이다.

만약 슈무클러가 지적한 것처럼 선택이 환상이라는 상황이 아니라 자율적인 선택이 이루어지는 경우일지라도 그 선택의 기준에 대해서는 검토할 필요가 있다고 생각된다. 즉, 우리들이 어떤 행동을 선택한 것이 미치는 영향에 대해서 영향의 정도, 영향이 미치는 시간적인 길이와 공간적인 범위를 어느 정도까지 고려해야 할 것인가 또는 고려할 수 있는 것인가의 문제인 것이다.

예를 들면 어떤 물건을 구입하는 데 도보로 갈 수 있는 가까운 소매점은 비싸고, 승용차로 갈 수밖에 없는 먼 곳의 대형점은 싸다고 가정을 해보자. 이 경우 승용차를 사용함으로써 발생하는 이산화탄소를 어떻게 생각하는 것이 바람직할까? 이산화탄소의 발생이 지구온난화를 악화시키는 것은 부정할 수 없는 과학적인 원리라고 보아도 무방하겠지만, 그것이 일상생활에 중대한 영향을 미치고 또한 인간의 생존 그 자체에 영향을 미치는 것은 다음 세대의 일일 것으로 생각된다. 그리고 현재 승용차를 사용하는 것은 지구온난화의 수억분의 일 또는 수조분의 일보다 작을 수도 있는 미미한 것일 수도 있다. 또한 그 영향은 본인의 생활범위·행동범위에 미친다기보다 지구 전체에 미치는 영향이며, 가족 등의 관계자에게 미치는 영향이라면 숫자로 표현할 수 없을 정도로 미미할 것이다. 역으로 내가 아무리 지구온난화에 대해 주의를 하더라도 지구 반대편에 살고 있는 사람들이 아무런 주의를 하지 않는다면 그 노력은 헛되게 될 가능성이 높다.

이러한 상황 속에서 사람들의 의식, 그 의식에 의한 행동이라는 것을 생각하면 승용차로 싼 물건을 구입하러 가는 선택이 대부분일 것이다. 특히 경제적으로 여유가 없는 사람들에게는 그 이외의 선택은 없을 것으로 판단된다(물론 승용차를 소유하고 있을 만큼의 경제력은 있다고는 하지만).

지구온난화와 승용차 이용이라는 문제에 국한된 것은 아니다. 착취공장에서 생산된 상품인가의 여부에 대해서도, 또는 다시 물건을 사러 간 점포의 종업원이 생활을 할 수 없을 정도의 임금을 받고 있을 수도 있다는 것에 대해서도 그 종업원이 가족이나 지인이 아닌 한 행동을 선택할 때의 기준이 되기는 어렵다.

여기서 그러한 선택이 바람직하지 못하다는 비난을 하는 것은 아니다. 시간이나 공간적인 범위, 또는 인간관계 등의 면에서 인간의 인식 틀을 넘어설 가능성이 있다는 것이다.

라이시는 이 책에서 지금까지 언급한 것과 같은 문제가 발생한 것은 월마트나 월스트리트가 소비자나 투자가의 요구를 맹렬한 파워로 결집한 것에 비해, 시민적인 가치를 결집하는 구조가 쇠퇴해왔기 때문이며(Reich, 2007: 126), 그리고 시민적인 가치는 그것을 효과적으로 표현하는 수단이 없는 것은 물론 소비자나 투자가의 욕망이 시민적 가치보다 더 강했기 때문이라고 지적하고 있다(Reich, 2007: 89). 그리고 투자가와 마찬가지로 소비자가 사회적인 책임에 대해서 충분한 고려를 하지 않게 되었다는 것도 지적하고 있다(Reich, 2007: 178).

여기서 라이시의 분석을 부정하고자 하는 것은 아니다. 책임 있는 행동을 하지 않는 소비자가 증가하고 있다는 것도 부정할 수 없다. 그러나 라이시와 같이 소비자와 시민을 이분하여 논하면, 문제의 본질을 파악할 수 없게 되는 것은 아닐까? 다시 말하자면, 가장 큰 문제는 사람들의 인지능력과 관련된 것이라고 생각되기 때문이다. 즉, 지구온난화 등의 문제에 대해서 단순히 이론적·이념적으로 이해하는 것이 아니라, 행동의 지침·기준이 되도록 이해할 수 있는가 하는 것이다. 소위 머리로 아는 것만으로는 행동으로 연결되지는 않는다. 몸으로 알지 않는 한 행동의 원동력이 되지는 않는다. 이때 승용차의 사용이나 착취공장의 문제에서 시간축이나 공간축 모두 통상 우리들이 몸으로 알 수 있는 차원을 초과해버리는 과제이다.

이것을 전제로 한다면 이러한 문제에 대해서 추상적인 논의·주장이 아니라 보다 구체적이고 많은 사람들의 생활에 근거한 논의가 전개되지 않는 이상, 사람들의 행동지침 및 선택기준은 극히 단기의 주변에 국한된 것을 근거로 판단하는 즉시적·근시안적인 것이 될 수밖에 없다. 단, 이것은 소비자와 시민이 분열되어 있다는 것을 의미하는 것은 아니다.

소비자와 시민이 분열되어 있고 소비자의 파워가 시민의 가치를 능가해버렸거나, 인간의 인지능력이 시민적 가치를 행동기준으로 하기 어렵다고 하더라도 지금까지 논해온 것과 같은 문제를 어떻게 해결할 것인가 하는 과제가 대두될 것은 틀림없는 사실이다.

이에 대해서 라이시는 종업원에게 충분한 임금이나 의료보험을 제공하고 있지 않다고 월마트를 비난함으로 인해 감정적으로는 사람들의 못마땅함이 줄어드는 면이 있을지는 모르지만, 이것이 사태의 개선에는 전혀 도움이 되지 않는다(Reich, 2007: 13)고 한다. 왜냐하면 초자본주의(supercapitalism)하에서는 기업은 소비자를 유인하고 투자가를 만족시키기 위해 필요한 것이라면 어떠한 일이라도 하는 존재이며(Reich, 2007: 195), 경영자는 자사의 이윤과 사회 전체의 이익의 밸런스를 도모하고자 하는 것을 인정하지 않기 때문이며(Reich, 2007: 197), 문제의 원흉은 기업의 탐욕이나 경영자의 무신경이 아니라 보다 싸게 좋은 물건을 구입하고자 하는 소비자와 보다 많은 배당을 바라는 투자가들로부터의 압박이 증대하고 있기 때문이다(Reich, 2007: 103)고 주장하고 있다. 즉, 초자본주의에서 기업의 사회적 책임에 대해서 논하거나 주장하는 것은 무의미하며 오히려 유해할 수도 있기 때문이다(Reich, 2007: 170~172).[1)]

이러한 것과 관련이 있을 것으로 판단되는데, 오늘날 세계 최대 규모의 재단이 된 월마트의 월튼가 재단(Walton Family Foundation)과 월마트 재단(Wal-Mart Foundation)은 월마트의 특정 정치목적을 위해 활동하고 있으며(Feng and Krehely, 2005), 대도시의 출점에 대한 무마용으로 요란하게 홍보하고 있는 월마트의 중소 독립소매점 지원 프로그램도, 그 프로그램 적용 제1호인 시카고에서 거의 도움이 되지 못했다는 평가를 받고 있는 듯하다(Jones,

1) 기업, 적어도 대기업이 사회적 책임을 다하는 존재가 아니라는 것은 초자본주의에 국한된 것은 아니라고 생각하지만, 적어도 초자본주의에서 그러하다는 것에 대해서는 전혀 이의가 없다.

2007).

여하튼 사람들의 시민으로서의 측면·가치관이 같은 사람인 소비자나 투자가로서의 측면·가치관에 승리하는 방법은, 법률이나 기타 규제에 의해 구매행동이나 투자행동을 개인적인 선택으로서만 아니라 사회적인 선택도 고려하도록 하는 수밖에 없다(Reich, 2007: 127). 이는 모든 기업을 대상으로 한 법 규제가 없는 한 경영진은 빠져나갈 방법을 찾으려고 하기 때문이다. 기업민주주의 등은 환상에 불과한 것이다(Reich, 2007: 177). 기업이 소비자나 투자가에게 유리한 행동을 취하는 것에 제동을 걸기 위해서는 그러한 행위를 위법으로 규정하는 수밖에 없다. 현재의 규칙에 근거하여 행동하고 있는 기업을 비난하는 것은 타당하지 않다. 그들의 행동을 변화시키고 싶다면 규칙을 바꿀 수밖에 없다(Reich, 2007: 213~214).

소비자와 시민의 이분법에 입각하든 사람들의 인식능력을 논하든 이 라이시의 규제필요론·규제강화론은 문제의 본질을 꿰뚫고 있다. 그리고 일본의 경우 미국 이상으로 검토할 필요가 있는 것으로 판단된다. 왜냐하면 기타 분야는 차치하더라도 적어도 대형점의 출점 문제를 포함한 개발·토지이용에 대해서 일본의 제도는 미국의 일부 지역과 함께 선진국에서는 그 예가 없을 정도로 규제가 약하기 때문이며, 보다 직접적으로 말하자면 규제가 없는 국가, 규제가 어중간한 국가이기 때문이다. 2007년 11월에 개정된 「도시계획법」과 「건축기준법」이 시행되어 대형점의 출점에 대하여 약간의 규제가 이루어지게 되었지만, 제4장에서 소개한 미국의 규제, 이 책에서는 살펴보지는 않았지만 유럽 제국의 규제와 비교하면 매우 약한 것이 사실이다. 그리고 약하기는 하지만 대형점(정확하게는 대형 소매점포를 비롯한 대규모 집객시설) 등에 대한 규제는 시작되었지만, 주택을 비롯한 일반개발에는 거의 미치지 못하고 있는 실정이다.

일본에서 이러한 개발규제가 이루어지지 못하고 있는 이유는 개발에 의한 이익, 개발의 권리를 최우선시하여 개발이 주변에 미치는 마이너스 영향(외부불경제, 미국 규제론의 근거가 되는 뉴슨스)는 거의 고려하지 않았기 때문이다. 미국에서도 개발권의 보호는 중요한 사항이며, 그것이 연방헌법에서 보장된 테이킹 조항으로 나타나 있다. 그러나 공공의 이익을 위하여 테이킹은 매우 제약을 받고 있는 것도 제4장에서 살펴본 바이다. 일본에서도 이를 참고할 필요가 있다고 생각한다.

동시에 여기서는 지적만 하는 것으로 끝맺겠지만 미국에는 테이킹, 즉 개발권 등의 개인자산을 정부가 수용하는 것을 문제로 삼는다면, 역으로 기빙, 즉 도로건설 등과 같은 정부의 행위가 개인의 자산가치를 증대시키는 경우는 어떻게 해석할 것인가 하는 논의도 있다(Barnhizer, 2003).

일본의 경우 더욱 고려하지 않으면 안 되는 것이 현재 진행되고 있는 지방분권화와 관련된 문제이다. 여기서 지방분권화를 부정하고 싶은 생각은 없으며, 지방분권은 민주주의의 기초라는 생각을 가지고 있다는 것은 확인해 두고 싶다. 단, 여기에는 전제가 있다. 즉, 세수나 고용기회 등을 둘러싸고 '합리성의 역설(paradox)'을 발생시키는 지자체 간의 파멸로 치닫는 경쟁이 전개된다면 분권에 의한 이익을 얻는 것은 대기업뿐이며, 시민들은 이익보다는 오히려 부담이 더 커질 위험이 있다는 것은 이 책에서 살펴본 바대로 명확한 사실이다.

미국에서도 다음과 같은 지적이 존재한다. 즉, 민주주의라는 점에서는 정부는 가능한 한 작은 정부, 그리고 사람들에게 친숙한 존재인 편이 바람직하다. 그러나 한편으로는 오늘날 문제의 대부분이 도시권이라는 범위에서 계획·대처하는 것이 불가피하다는 점과 정부의 효율성이라는 측면에서 광역정부가 요구되고 있다. 미국의 도시 200년 역사에서 이러한 상반되는 요청에 직면하게 된 것은 최근의 일이다(Jackson, 1985: 154~155).

일본의 소비세는 미국의 영업세와 같이 주나 지방정부의 제도가 아니라 전국 일률적인 제도이다. 따라서 현재 상황에서는 지자체 간의 소비세 쟁탈 사태가 발생할 가능성은 그다지 크지 않다. 그러나 결코 그러할 가능성이 제로라고는 할 수 없다. 왜냐하면 현행 소비세 5% 중에서 1%는 지방소비세로서 도도부현 및 시정촌의 세금이기 때문이다. 현재의 제도에서는 국가가 5% 모두를 일단 징수하고, 1%의 분에 대해서는 각 도도부현마다 '소비에 상당하는 액'으로 일정하게 배분한다. 도도부현은 수령한 액의 절반을 징수하고 절반은 시정촌에 일정하게 배분한다. 여기서 도도부현에게 배분하는 기준이 되는 '소비에 상당하는 액'은 '상업통계', '서비스업 기본통계', '사업소·기업통계'의 판매액이나 종업자 수에 인구를 덧붙여 산출하고 있는데, 가장 큰 비중을 차지하고 있는 것이 상업통계의 판매액이다.[2]

이는 A현의 소비자가 B현에서 물건을 구입하면 그 부분만큼 A현이 아니라 B현의 지방소비세가 증대하게 되는 것이다. 판매액만이 아니라 인구도 고려하여 일정하게 배분하는 점, 도도부현에서 0.5%, 시정촌에서 0.5%로 미국의 영업세에 비하여 세율이 낮은 점 때문에 현재로서는 노골적인 대형점 유치경쟁이 이루어지지는 않고 있다. 그러나 지방교부세가 축소되는 한편 도도부현이나 시정촌이 독자적으로 새로운 세금을 부과하는 시도가 이루어지고 있는 것을 감안하면 미래에는 미국과 같이 소비세의 확보를 목적으로 한 대형점의 유치경쟁이 발생할 가능성도 존재한다.

한편 미국을 뒤좇는 형태로 공장의 해외이전과 아웃소싱 등이 진행되고 있기 때문에 지역의 고용확보를 목적으로 한 기업유치 경쟁이 발생할 수밖에 없다. 사실 신규 고용에 대하여 보조금을 제공하는 도, 현, 시가 존재하고 있다는 사실이 이미 5년 전에 보도되었다.[3] 현재 고용 목적으로 소매업에

---

2) 지방소비세제도, 특히 세의 배분 문제에 대한 상세한 내용은 (財)地方自治情報センター(2008)를 참조.

3) "きしむ雇用", ≪朝日新聞≫, 2003년 8월 4일 자.

보조금을 지원하고 있다는 이야기가 들리고 있지는 않지만 이러한 것이 언제까지 이어질지는 미지수이다.

즉, 이대로 간다면 미국과 같은 '합리성의 역설'이 발생할 가능성은 충분히 있다. 따라서 분권화를 진행하기 전에 미국과 같은 전철을 밟지 않도록 도도부현 간, 시정촌 간의 이해조정을 하는 메커니즘을 만들어둘 필요가 있다. 이미 늦은 감도 있지만 미국과 같이 사태가 악화되기 전에 준비를 해두는 것이 필요하다.

이상에서 진술한 정부와 관련된 것과는 별도로 이 책의 분석에서 얻을 수 있는 유통론·상업론 연구에 대한 시사점을 한 가지만 지적하자면 아래와 같다.

유통론·상업론에서는 지금까지 소매업의 발전에 관하여 맥나이어(M. P. McNair)의 '소매 수레바퀴' 가설, 닐센(O. Nielsen)의 '진공지대' 이론 등이 주장되어왔다. 이들 이론 및 가설의 근저에 있는 공통적이 생각이 경영혁신에 의한 비용의 절감과 소비자에 대한 대응에 의해 발전해왔다는 것이다. 과연 그럴까?

여기서 월마트를 포함한 소매기업의 성장이 어떠한 경영혁신도 없이 이루어졌다는 주장을 할 생각은 없다. 그러나 판매기법이든 조직혁신이든 또는 정보 시스템화나 공급망관리(supply chain management)든 그러한 경영혁신으로 소매기업의 성장을 모두 설명할 수는 없다. 소매업은 소비자와만 접촉하고 다른 것은 존재하지 않는 진공 속에서 활동하고 있지 않다. 다수의 환경에 둘러싸여 있는데, 특히 공적정책·제도와의 관계는 무시할 수 없다. 공적정책·제도가 특정 소매기업에 유리하게 작용하여, 또는 어떤 소매기업이 정책·제도를 자신들에게 유리하도록 이용한 결과, 이용한 기업은 성장하지만 이용하지 못한 기업은 성장하지 못하거나 소멸해버린 측면도 존재한다. 경우에 따라서는 기업을 성장시키는 요인으로서 경영혁신보다도 크게 작용을 했을 수도 있다. 어떠한 정치력을 활용하여 자기들에게 유리한 정책이나 제도를 제정하도록 한 기업이 성장하는 경우도 존재할 수 있다.

또한 울워스(Woolworths)나 20세기 전반 다른 많은 체인스토어, 그리고 오늘날 월마트 등도 경쟁 상대보다 저가격으로 판매할 수 있었던 최대의 요인이 종업원을 경쟁 상대보다 저렴한 임금으로 고용할 수 있었기 때문이라고 한다면, 공적정책보다 광범위한 경제·사회환경도 고려할 필요가 있다. 예를 들면 월마트의 경우 1950~1960년대의 미국 농업의 대기업화, 이에 의한 자영농의 붕괴, 그 결과로서의 오자크 지방 노동시장의 상황과 같은 것을 고려하지 않고 정보 시스템을 중심으로 한 경영혁신만을 논한다면 큰 오류를 범할 수 있다. 물론 연방정부를 중심으로 한 노동정책도 매우 크게 작용을 했다.

여하튼 경영혁신의 면에서만 논하는 소매업태발전론은 격하게 말하자면 픽션이라고도 할 수 있다.

미국에서뿐만 아니라 일본에서도 공적정책·제도, 그리고 광범위한 의미에서의 경제·사회환경을 고려한 소매기업의 성장 프로세스를 명확하게 밝힐 필요가 있다.

마지막으로 하버드 대학교의 라쉬 페인(Rashi Fein) 명예교수(의료경제학)가 자주 언급하는 "우리들은 사회 속에 살고 있는 것이지 경제 속에서 살고 있는 것이 아니다"라는 말을 되새겨볼 필요가 있다는 밥 오르테가(Bob Ortega)의 지적은(Ortega, 2007: 1286) 핵심을 찌르고 있다고 할 수 있다. 또한 "소비자는 왕이다"라는 소비자 중심주의, 소비자 지향주의가 과연 타당한 것인가? 이는 경우에 따라서 제3장 제7절 등에서 논한 바와 같이 자본주의를 붕괴로 이끌 수도 있지 않을까? 이러한 의미에서 사회 전체의 사조를 변화시킬 필요가 있다는 것을 지적하고 이 책을 마무리하고자 한다.

참고문헌·자료

Abbott, Carl, Deborah Howe, and Sy Adler(eds.). 1994. *Planning the Oregon Way: A Twenty-Year Evaluation*. Oregon State University Press.

Abelson, Reed and Michael Barnaro. 2006.7.20. "Judge Gives Wal-Mart Reprieve on Benefits." *New York Times*, p.C1.

Adams, Roy J. 2005. "Organizing Wal-Mart: The Canadian Campaign." *Justlabour: A Canadian Journal of Work and Society*, Vol. 6&7. from http://www.justlabour.yorku.ca/volume67/pdfs/01%20Adams%20Press.pdf

Adams, Thomas J. 2006. "Making the New Shop Floor: Wal-Mart, Labor Control, and the History of the Postwar Discount Retail Industry in America." in Nelson Lichtenstein(ed.). *Wal-Mart: The Face of Twenty-First-Century Capitalism*. New Press.

Adamy, Janet. 2003.10.19. "Wal-Mart's Benefits Come under Fire." *Contra Costa Times*. (contracostatimes.com) Walnut Creek, CA, p.G01.

Adler, Moshe. 2003. "Unionization and Poverty: The Case of New York City Retail Workers." *Working Paper*, No.127. Economic Policy Institute. from http://www.epi.org/workingpapers/wp127.pdf

AFL-CIO. 2003. *Wla-Mart: An Example of Why Workers Remain Uninsured and Underinsured*. from http://www.aflcio.org/corporatewatch/walmart/upload/Wal-Mart_ final.pdf

_____. 2006. *The Wal-Mart Tax: Shifting Health Care Costs to Taxpayers*. from http://www.aflcio.org/corporatewatch/walmart/upload/walmartreport_031406.pdf

American Law Institute. 1968. *A Model Land Development Code: Tentative Draft No.1*.

American Planning Association. 1996. *Modernizing State Planning Statutes: The Growing Smart Working Papers*, Vol.1.

_____. 1998. *Modernizing State Planning Statutes: The Growing Smart Working Papers*, Vol.2.

Amrhine, Richard. 2004.2.15. "Wal-Mart's Low Prices Carry a High Price Tag Here and Abroad." *Free Lance-Star*. from freelancestar.com.

Anderson, Eric T., Nathan M. Fong, Duncan I. Simester, and Catherine E. Tucker. 2006. "Do Internet Tax Policies Place Local Retailers at a Competitive Disadvantage?" from http://www.kellogg.northwestern.edu/faculty/anderson_e/htm/PersonalPage_Files/Papers/Internet_tax/pdf

Anderson, Robert M. 1982. *Law of Zoning in Pennsylvania*, 2 Vols. Lawyers Co-operative Publishing.

Angelou Economics. 2003. *Santa Fe Independent Business Report*. Santa Fe Independent Business & Community Alliance. from http://staylocal.org/info/pdf/Angelou-Report-On-Santa-Fe-Ind-Biz.pdf

Antieau, Chester J. (Release~1997). *Antieau's Local Government Law*, 1st ed., 4 Vols. Matthew Bender.

Appelbaum, Eileen, Annette Bernhardt, and Richard J. Murnane. 2003. "Low-Wage America: An Overview." in Eileen Appelbaum, Annette Berhardt and Richard J. Murnane(eds.). *Low-Wage America: How Employers Are Reshaping Opportunity in the Workplace*. Russell Sage Foundation.

Arbor Heights/Warner Park Neighborhood Association, Manhattan, Kansas. 1999. *Impact of a Proposed Wal-Mart Supercenter on Manhattan, Kansas, and Its Primary and Secondary market Areas*. from http://www.ksu.edu/audubon/walmart_impact.pdf

Archer, Anna M. 2005. "Shopping for a Collective Voice When Unionization Is Unattainable: 1.6 Million Women Speak Up in Dukes v. Wal-Mark Stores, Inc." *Houston Law Review*, 42(3), pp. 837~880.

Armour, Stephanie. 2004.6.23. "Wal-Mart in Record Sex-Bias Lawsuit 1.6M Women Covered; Retailer Plans Appeal." *USA Today*, p.1A.

Armstrong, Anne. 2003.9.15. "Wal-Mart's Standard of Living." *Washington Post*, p. A22.

Ashworth, G. J. and H. Voogd. 1990. *Selling the City: Marketing Approaches in Public Sector Urban Planning*. Belhaven.

Associated Press. 2000.4.25. "Wal-Mart Union Vote Said Legal." *JS Online*(Milwaukee Journal Sentinel).

_____. 2002.11.27. "Workers Tell Wal-Mart's Darker Side." *Seattle Times*(seattletimes.com).

_____. 2003a.9.24. "Wal-Mart Could Face Escalation of Lawsuit/Women Seeking Class-Action Status." *Houston Chronicle* (HoustonChronicle.com), p.2.

_____. 2003b.10.24. "Wal-Mart Knew of Illegal Workers." *againstthewal.com*.

_____. 2003c.11.24. "Workers in Wal-Mart suit Apply for Class Action Status Work Hours, Pay Practices Called Unfair." *South Florida Sun-Sentinel* (sun- sentinel.com), p. 6B.

_____. 2004a.3.8. "Grocery Union Ready for More Disputes." *nytimes.com*.

_____. 2004b.6.24. "Wal-Mart Case May Prompt Industry Change." *nytimes.com*.

Atkinson, Robert D. 2003. *Leveling the E-Commerce Playing Field: Ensuring Tax and Regulatory Fairness for Online and Offline Businesses, Progressive Policy Institute Policy Report*. from http://www.ppionline.org/documents/Internet_Taxation_0603.pdf

Austen, Ian. 2005.2.10. "Wal-Mart to Close Store in Canada with a Union." *New York Times*, p. C3.

Babcock, Richard F. 1966. *The Zoning Game: Municipal Practices and Policies*. University of Wisconsin Press.

Babcock, Richard F. and Charles L. Siemon. 1985. *The Zoning Game Revisited*. Oelgeschlager: Gunn & Hain.

Baiman, Ron. 2006. "The Estimated Economic Impact of a Chicago Big Box Living Wage Ordinance." *Review of Radical Political Economics*, 38(3), pp. 355~364.

Baiman, Ron and Daniel Weiske. 2004. *The Estimated Economic Impact of a Chicago Big Box Living Wage Ordinance*. UIC Center for Urban Economic Development. from http://www.aflcio.org/corporatewatch/walmart/upload/chicago_bigbox_ordinance. pdf

Bainbridge, Stephen. 2006.9.13. "What Left and Right Both Miss about the Wal-Mart Debate." *TCS Daily*. from http://www.tcsdaily.com/printArticle.aspx?ID=091306E

Bair, Fred, Jr. 1980. "Two Side of a Pyramid: The Case for the Burlington Mall." *Planning*, 46(5), pp. 25~26.

Barbaro, Michael. 2005.10.24. "Wal-Mart to Expand Health Plan for Workers." *New York Times*, p. C1.

_____. 2006a.1.13. "Maryland Sets a Health Cost for Wal-Mart." *New York Times*, p. A1.

_____. 2006b.2.24. "Wal-Mart to Expand Health Plan." *New York Times*, p. C1.

_____. 2006c.8.8. "Wal-Mart's Latest Special: 6% Raises at Some Stores." *New York Times*, p. C4.

_____. 2007a.1.18. "Appeals Court Rules for Wal-Mart in Maryland Health Care Case." *New York Times*, p. C4.

_____. 2007b.9.19. "Health Plan Overhauled at Wal-Mart." *New York Times*, p. C1.

Barbaro, Michael and Reed Abelson. 2007.1.11. "Wal-Mart Says Health Plan is Covering More Workers." *New York Times*, p. C13.

Barnett, Jonathan. 1995. *The Fractured Metropolis: Improving the New City, Restoring the Old City, Reshaping the Region*, HarperCollins.

Barnhizer, Daniel D. 2003. "Givings Recapture: Funding Public Acquisition of Private Property Interests on the coasts." *Harvard Environmental Law Review*, 27(2), pp. 295~375.

Bartelt, Louis F., Jr. 1960. "Shopping Centers and Land controls." *Notre Dame Lawyer*, 35(2), pp. 184~210.

Barton, Paul. 2004.3.7. "Wal-Mart Draws Capitol Hill Fire-Labor Practices Nettle Lawmakers." *Arkansas Democrat-Gazette*(ardemgaz.com), Front Section.

Basker, Emek. 2002. "Job Creation or Destruction?: Labor-Market Effects of Wal-Mart Expansion." from http://www.missouri.edu/~baskere/WalMart.pdf(단, 2004년도에 수정판으로 변경되었기 때문에 현재는 열람할 수 없다).

_____. 2005a. "Job Creation or Destruction?: Labor-Market Effects of Wal-Mart Expansion." *Review of Economics and Statistics*, 87(1), pp. 174~183.

_____. 2005b. "Selling a Cheaper Mousetrap: Wal-Mart's Effect on Retail Prices." *Journal of Urban Economics*, 58(2), pp. 203~229.

_____. 2007. "The Causes and Consequences of Wal-Mart's Growth." *Journal of Economic Perspectives*, 21(3), pp. 177~198.

Baue, Bill. 2006.6.16. "Norwegian Government Pension Fund Dumps Wal-Mart and Freeport on Ethical Exclusions." *SocialFunds.com*. from http://www.socialfunds.com/news/print.cgi?sfArticleId=2034

Bay Area Economic. 2001. *Economic Impacts Analysis of Wal-Mart Expansion*. prepared for Wal-Mart and City of Bozeman.

Bay Area Economic Forum. 2004. *Supercenters and the Transformation of the Bay Area Grocery Industry: Issues, Trends, and Impacts*. Bay Area Economic Forum(a partnership of the Bay Area Council and the Association of Bay Area Government). from http://www.policy.rutgers.edu/faculty/chatman/Supercenters.pdf

Bayers, Chip. 1999.3. "The Inner Bezos." *Wired*, Issue 7. 03, pp. 115~121. from http://www.wired.com/wired/archive/7.03/bezos_pr.html

Bean, Jonathan J. 1996. *Beyond the Broker State: Federal Policies toward Small Business, 1936~1961*. University of North Carolina Press.

Beatley, Timothy. 1994. *Ethical Land Use: Principles of Policy and Planning*. Johns Hopkins University Press.

Beatley, Timothy and Kristy Manning. 1997. *The Ecology of Place: Planning for Environment, Economic, and Community*. Island Press.

Beaumont, Constance E. 1994. *How Superstore Sprawl Can Harm Communities and What Citizens Can Do about It*. National Trust for Historic Preservation.

_____. 1996. *Smart States, Better Communities*. National Trust for Historic Preservation.

_____. 1997. *Better Models for Superstores: Alternatives to Big-Box Sprawl*. National Trust for Historic Preservation.

Beaumont, Constance E. and Leslie Tucker. 2002. "Big-Box Sprawl(And How to Control It)." *Municipal Lawyer*, 43(2), pp. 7~9, 30~31.

Beckman, Theodore N. and Herman C. Nolen. 1938. *The Chain Store Problem: A Critical Analysis*. McGraw-Hill.

Bell, Kevin. 2007.4.19. "Wal-Mart Loses Bid to Halt Union Effort in Canada." *Blooberg.com*.

Belluck, Pam. 2004.5.25 "Preservationists Call Vermont Endangered, by Wal-Mart." *New York Times*, p. A18.

Belman, Dale and Paula B. Voos. 2004. "Changes in Union Wage Effects by Industry: A Fresh Look at the Evidence." *Industrial Relations*, 43(3), pp. 491~519.

Bendick, Marc, Jr. 2003. *The Representation of Women in Store Management Wal-Mart Stores, Inc.* Bendick and Egan Economic Consultants, Inc. from http://www.walmart

class.com/staticadata/reports/rl.2.html

Ben-Zadok, Efraim. 2005. "Consistency, Concurrency and Compact Development: Three Faces of Growth Management Implementation in Florida." *Urban Studies*, 42(12), pp. 2167~2190.

Bergdahl, Michael. 2004. *What I Learned from Sam Walton: How to Compete and Thrive in a Wal-Mart World*. John Wiley & Sons.

Berger, Susan and Robert Channick. 2005.8.19. "Costco Ends Bid for Store in Lake Forest." *Chicago Tribune*, p. 1.

Berliner, Dana. 2003. *Public Power, Private Gain: A Five-Year, State-by-State Report Examining the Abuse of Eminent Domain*. Institute for Justice. from http://www.castlecoalition.org/pdf/report/ED_report.pdf

Bernhardt, Annette. 2003.10.29. "Wal-Mart Makes Workers Pay." *Atlanta Journal-Constitution*(ajc.com), p. 15A.

Bernhardt, Annette, Anmol Chaddha and Siobhan McGrath. 2005. "What Do We Know about Wal-Mart?: An Overview of Facts and Studies for New Yorks." *Economic Policy Brief*, No. 2. Brennan Center for Justice at New York University School of Law. from http://www.brennancenter.org/programs/downloads/about walmart.pdf

Bernhardt, Annette and Nik Theodore. 2006.6.25. "How Large Retailers Can Be Neighborly." *Chicago Tribune*, p.7.

Bernstein, Jared and L. Josh Bivens. 2006.6.15. "The Wal-Mart Debate: A False Choice between Prices and Wages." *EPI Issue Brief*, #223. Economic Policy Institute. from http://www.epinet.org/issuebriefs/223/ib223.pdf

Bernstein, Jared, L. Josh Bivens, and Arindrajit Dube. 2006. "Wrestling with Wal-Mart: Tradeoffs between Profits, Prices, and Wages." *EPI Working Paper*, #276. Economic Policy Institute. from http://www.epinet.org/workingpapers/wp276.pdf

Beyard, Michael D. and W. Paul O'Mara et al. 1999. *Shopping Center Development Handbook*, 3rd ed. ULI-ithe Urban Land Institute.

Bhatnagar, Ritu. 2004. "Dukes v. Wal-Mart as a Catalyst for Social Activism." *Berkeley Women's Law Journal*, 19, pp. 246~256.

Bianchi, Dan and Dan Swinney. 2004. *Wal-Mart: A Destructive Force for Chicago*

Communities and Companies: Special Report to The New Chicago School of Community Economic Development. Center for Labor and Community Research. from http://www.clcr.org/publications/pdf/walmart_impact_analysis.pdf

Bianco, Anthony. 2006a. *The Bully of Bentonville: How the High Cost of Wal-Mart's Everyday Low Prices Is Hurting America*. Doubleday.

_____. 2006b.2.13. "No Union, Please, We're Wal-Mart." *Business Week*, pp. 78~81.

Bianco, Anthony and Wendy Zellner. 2003.10.6. "Is Wal-Mart too Powerful?" *Business Week*, pp. 54~62.

Bingham, Richard D. 1986. *State and Local Government in an Urban Society*. Random House.

Blaesser, Brian W. and Alan C. Weinstein(eds.). 1989. *Land Use and the Constitution: Principles for Planning Practice*. Planners Press.

Blanchard, Troy, Michael Irwin, Charles Tolbert, Thomas Lyson, and Alfred Nucci. 2003. "Suburban Sprawl, Regional Diffusion, and the Fate of Small Retailers in a Large Retail Environment, 1977-1996." *Sociological Focus*, 36(4), pp. 313~331.

Blanchard, Troy and Todd L. Matthews. 2006. "The Configuration of Local Economic Power and Civic Participation in the Global Economy." *Social Forces*, 84(4), pp. 2241~2257.

Blank, Paul. 2005. "Wake-up Wal-Mart and Win." *Social Policy*, 36(1), pp. 45~48.

Bloom, Paul N. and Vanessa G. Perry. 2001. "Retailer Power and Supplier Welfare: The Case of Wal-Mart." *Journal of Retailing*, 77, pp. 379~396.

Bloomberg News. 2006.7.11. "Safeway Is Dismissed from Suit." *Los Angeles Times*, p. C.6.

Boarnet, Marlon and Randall Crane. 1999. *The Impact of Big Box Grocers on Southern California: Jobs, Wages, and Municipal Finances*. prepared for the Orange County Business Council. from http://www.coalitiontlc.org/big_box_study.pdf

Boggs, Richard. 2008.6.6. "On the 30th Anniversary of Proposition 13: 30 Years after the Tax Revolt." *San Francisco Chronicle*, p. B-11.

Bonacich, Edna and Jake B. Wilson. 2005. "Hoisted by Its Own Petard: Organizing Wal-Mart's Logistics Workers." *New Labor Forum*, 14(2), pp. 67~75.

Botelho, Jeffrey A. 2006. "Who Should Pay the Human Price of 'Everyday Low Prices'?" *St. Thomas Law Review*, 18, pp. 825~852.

Bourdieu, Pierre. 1986. "The Forms of Capital." in John G. Richardson(ed.). *Handbook of Theory and Research for the Sociology of Education*. Greenwood(Originally Published in French, 1983).

Boyd, David W. 1997. "From 'Mom and Pop' to Wal-Mart: The Impact of the Consumer Goods Pricing Act of 1975 on the Retail Sector in the United States." *Journal of Economic Issues*, 31(1), pp. 223~232.

Briffault, Richard. 1990a. "Our Localism: Part I－The Structure of Local Government Law." *Columbia Law Review*, 90(1), pp. 1~115.

_____. 1990b. "Our Localism: Part II－Localism and Legal Theory." *Columbia Law Review*, 90(2), pp. 346~454.

_____. 1996. "The Local Government Boundary Problem in Metropolitan Areas." *Stanford Law Review*, 48(5), pp. 1115~1171.

_____. 2000. "Localism and Regionalism." *Buffalo Law Review*, 48(1), pp. 1~30.

Brion, Denis J. 1991. *Essential Industry and the NIMBY Phenomenon*. Quorum Books.

Brittain-Catlin, William. 2005. *Offshore: The Dark Side of the Global Economy*, Picador ed. Picador.

Broder, John M. 2004.4.5. "Stymied by Politicians, Wal-Mart Turns to Voters." *New York Times*, p. A14.

Brower, David J., David R. Godschalk, and Douglas, R. Portwr(eds.). 1989. *Understanding Growth Management: Critical Issues and a Research Agenda*. ULI-the Urban Land Institute.

Brownstein, Ronald. 2006.1.15. "Maryland Puts a Premium on Employer-Paid Health-care." *Los Angeles Times*, p. A22.

Bruce, Donald and William F. Fox. 2000. "E-Commerce in the Context of Declining State Sales Tax Bases." *National Tax Journal*, 53(4, Part 3), pp. 1373~1390.

_____. 2001. *State and Local Sales Tax Revenue Losses from E-Commerce: Updated Estimates*. Center for Business and Economic Research. The University of Tennessee, from http://cber.bus.utk.edu/ecomm/ecom0901.pdf

_____. 2004. *tate and Local Sales Tax Revenue Losses from E-Commerce: Estimates as of July*

2004. Center for Business and Economic Research. The University of Tennessee. from http://www.gfoa.org/documents/TNecom merce2004.pdf

Bruce, Donald, William Fox, and Matthew Murray. 2003. "To Tax or Not To Tax?: The Case of Electronic Commerce." *Contemporary Economic Policy*, 21(1), pp. 25~40.

Bull, Cristina. 2002. "NOW Declares Wal-Mart A Merchant of Shame." *National NOW Times,* Fall. from http://www.now.org/nnt/fall-2002/walmart.html?printableu

Burby, Raymond J. and Peter J. May. 1997. *Making Governments plan: State Experiments in Managing Land Use*. Johns Hopkins University Press.

Burchell, Robert, Anthony Downs, Barbara McCann, and Sahan Mukherji. 2005. *Sprawl Costs: Economic Impacts of Unchecked Development*. Island Press.

Bureau of Governmental Research. 2003. *Tax Increment Financing in New Orleans*. from http://www.bgr.org/BGR%20in%20the%20News/BGR%20Reports/TIF%20Study4.03.pdf

Burns, Greg. 2004.6.23. "Class Action OKd against Wal-Mart." *Chicago Tribune*, p. 1.

Callies, David L.(ed.). 1993. *After Lucas: Land Use Regulation and the Taking of Property without Compensation*. American Bar Association.

Calthorpe, Peter. 1993. *The Next American Metropolic: Ecology, Community, and the American Dream*. Princeton Architectural Press.

Calthorpe, Peter and William Fulton. 2001. *The Regional City*. Island Press.

Carr, Jennifer and Cara Griffith. 2006.9.11. "Borders or Cabela's?: Choosing a Model for Analyzing Sales Tax Nexus." *State Tax Note*, pp. 765~769.

Carter, Nicole T. 2003. *Report for Congress: Army Corps of Engineers: Civil Works Reform Issues in the 107th Congress*. Congressional Research Service. The Library of Congress.

Castelli, Elise. 2005.3.19. "Wal-Mart Settles Case on Illegal Cleaning Crews for $11 Million." *Los Angeles Times*, p. A22.

Caves, Roger W. 1992. *Land Use Planning: The Ballot Box Revolution*. Sage.

Chambers, Susan. 2005. *Supplemental Benefits Documentation, Board of Directors Retreat FY06, Wal-Mart Stores, Inc.: Reviewing and Revising Wal-Mart's Benefits Strategy*. from http://www.nytimes.com/packages/pdf/business/26walmart.pdf

Chapman, Jeffrey I. 1991. "The Impacts of Proposition 13 on Urban Development and Land Use." in Frederick D. Stocker(ed.). *Proposition 13: A Ten-Year Retrospective.* Lincoln Institute of Land Policy.

_____. 1998. *Proposition 13: Some unintended Consequences.* Public policy Institute of California. from http://www.ppic.org/content/pubs/OP_998JCOP.pdf

Cho, Cynthia H. 2006.7.27. "Guilty Plea in Ralphs Labor Case." *Los Angeles Times*, p. C2.

Christopherson, Susan. 2001. "Can Walmartization be Stopped?: Barriers to the Globalization of Retailing." from http://www.clarku.edu/leir/christopherson.htm

City of Los Angeles's Attorney. 2003. Report No. R03-0585, *Report Re: Options for Regulating the Development of Superstores.* from http://www.wakeupwalmart.com/facrs/regulating-development.pdf

Civic Economics. 2002. *Economic impact Analysis: A Case Study—Local Merchants vs. Chain Retailers.* prepared for Liveable City, from http://www.liveablecity.org/lcfullreport.pdf

_____. 2004. *The Andersonville Study of Retail Economics.* from http://www.andersonville study.com/AndersonvilleStudy.pdf

_____. 2008. *A guide to Retail Impact Studies.* from http://www.informed growthact.com/guide.pdf

Clanton, Adam, Kerry Duffy, Supervised by Joanna K. Weinberg, Edited by Jodene Isaacs. 2004. *California Responses to Supercenter Development: A Survey of Ordinances, Case and Elections*, prepared at the request of the Governor's Office of Planning and Research, Public Law Research Institute(University of California, Hastings College oof the Law). from http://www.uchastings.edu/site_files/cslgl/plri_big_box_paper_04.pdf

Clark, Ray and Larry Canter(eds.). 1997. *Environmental policy and NEPA: Past, Present, and Future.* St. Lucide Press.

Cleeland, Nancy and Abigail Goldman. 2003.11.25. "Grocery Unions Battle to Stop Invasion of the Giant Stores." *Los Angeles Times*, p. A1.

Cleeland, Nancy, Evelyn Iritani, and Tyler Marshall. 2003.11.24. "Scouring the Globe to Give Shoppers an $8.63 Polo Shirt." *Los Angeles Times*, p. A1.

Cleeland, Nancy and James F. Peltz. 2004.2.28. "2-Tier Plan Is Crucial to Grocery Pact." *Los Angeles Times*, p. A1.

Cohen, Lizabeth. 1989. "Encountering Mass Culture at the Grassroots: The Experience of Chicago Workers in the 1920s." *American Quarterly*, 41(1), pp. 63~33.

_____. 1996. "From Town Center to Shopping Center: The Reconfiguration of Community Marketplaces in Postwar America." *American Historical Review*, 101(4), pp. 1050~1081.

_____. 2003. *A Consumers' Republic: The Politics of Mass Consumption in Postwar America*. Alfred A. Knopf.

Coleman, James S. 1988. "Social Capital in the Creation of Human Capital." *American Journal of Sociology*, 94(Supplement), pp. S95~S120.

_____. 1990. *Foundations of Social Theory*. Belknap Press of Harvard University Press.

Collins, Richard C., Elizabeth B. Waters, and A. Bruce Dotson. 1991. *America's Downtowns: Growth, Politics, and Preservation*. Preservation Press.

Colliver, Victoria. 2005.10.25. "Health Insurance for $25." *San Francisco Chronicle*, p. D-1.

_____. 2007.1.12. "Most Workers at Wal-Mart Insured; Half Avoid Its Plan." *San Francisco Chronicle*, p. C-1.

Congress for the New Urbanism(Michael Leccese and Kathleen McCormick(eds.)). 2000. *Charter of the New Urbanism*. McGraw-Hill.

Congress for the New Urbanism and PriceWaterhouseCoopers. 2001a. *Greyfield Regional Mall Study*.

_____. 2001b. *Greyfields into Goldfields: From Failing Shopping Centers to Great Neighborhoods*.

Congress of the United States/Congressional Budget Office. 2003. *Economic Issues in Taxing Internet and Mail-Order Sales*. from http://www.cbo.gov/ftpdocs/46xx/doc4638/10-20-InternetTax.pdf

Conlin, Michelle and Wendy Zellner. 2001.7.16. "Is Wal-Mart Hostile to Women?" *Business Week*, Online edition.

Consumer Reports. 2003.10. "Time to Switch Drugstores?" *Consumer Reports*, pp. 30~34.

_____. 2005.9. "Where to Buy Appliances." *Consumer Reports*, pp. 32~34.

_____. 2006.8. "Appliances: Where to Buy and How to Save." *Consumer Reports*, pp.

40~42.

Cooper, Claire. 2004.4.15. "State Supreme Court Clears Way for Wal-Mart Class-Action Suit." *Sacramento Bee* (sacbee.com), p. D3.

Corbett, Judy and Michael Corbett. 2000. *Designing Sustainable Communities: Learning from Village Homes*. Island Press.

Courtney, Elizabeth. 2005. "Solving and Re-solving the Big Box Dilemma in Vermont Communities." *Vermont Journal of Environmental Law*, 6, pp. 97~105.

Cox, Kevin R. and R. J. Johnston(eds.). 1982. *Conflict, Politics and the urban Scene*. St. Martin's.

Cox, Stan. 2003.6.10. "Wal-Mart Wages Don't Support Wal-Mart Workers." *AlterNet*.

Cummings, Scott L. 2007. "Law in the Labor Movement's Challenge to Wal-Mart: A Case Study of the Inglewood Site Fight." *California Law Review*, 95, pp. 1927~1998.

Curran, Deborah. 2002. *Challenging the Sprawl of Big Box Retail: The Smart Growth Approach to "Zone It and They Will Come" Development*. The POLIS Project on Ecological Governance. Eco-Research Chair of Environmental Law & Policy. Faculty of Law & School of Environmental Studies. University of Victoria, Canada, and Smart Growth British Columbia. from http://www.polisproject.org/polis2/PDFs/BigBoxRetail.pdf

Curry, Tom. 2005.7.5. "Campaign Veterans Run Anti-Wal-Mart Effort." *MSNBC.com*.

Curtin, Daniel J., Jr. 2005. "Regulating Big Box Stores: The Proper Use of the City or County's Police Power and Its Comprehensive Plan: California's Experience." *Vermont Journal of Environmental Law*, 6, pp. 31~47.

Cuyahoga County Planning Commission. 2000. *Northeast Ohio Regional Retail Analysis*. from http://planning.co.cuyahoga.oh.us/retail/pdf/retailstudy.pdf

Dabney, James. 1979. "Antitrust Aspects of Anticompetitive Zoning." *Antitrust Bulletin*, 24(3), pp. 435~477.

Daniels, Cora. 2003.7.21. "SUITS; Women vs. Wal-Mart." *Fortune*(fortune.com).

Davey, Monica. 2006.9.12. "Chicago Mayor Vetoes Big-Store Minimum Wage." *New York Times*, p. A14.

Davis, Leslie 'Buzz'. 2003.9.1. "Leslie 'Buze' Davis: Wal-Mart Threatens Our Way of Life, Must Be Unionized." *madison.com*(operated by Capital Newspapers, Madison, WI).

Dawson, Alexandra D. 1982. *Land-Use Planning and the Law.* Garland STPM Press.

Dawson, John A. and J. Dennis Lord(eds.). 1985. *Shopping Centre Development: Policies and Prospects*. Nichols Publishing.

Dawson, John A. and J. Dennis Lord. 1985. "Federal and State Intervention in Shopping Centre Development in the USA." in John A. Dawson and J. Dennis Lord(eds.). *Shopping Centre Development: Policies and Prospects*. Nichols Publishing.

DeGrove, John M. 1992. *The New Frontier for Land Policy: Planning and Growth Management in the States*. Lincoln Institute of Land policy.

Delafons, John. 1969. *Land-Use Controls in the United States*, 2nd ed. MIT Press.

Delaware Valley Regional Planning Commission. 2007. "From-Based Codes for Big-Box Retail." *Municipal Implementation Tool*, #13, from http://www.dvrpc.org/asp/Pubs/reports/MIT013.pdf

Denning, Brannon P. and Rachel M. Lary. 2005. "Retail Store Size-Capping Ordinances and the Dormant Commerce Clause Doctrine." *Urban Lawyer*, 37(4), pp. 907~955.

Denzin, Brent and Erin E. Hupp. 2006. *Know Your Rights: Annexation and Zoning Decisions: A Guide to the Land Use Decisions that Affect Big-Box Development*. Midwest Environmental Advocates. from http://www.midwestadvocates.org/advocacy/Sustaining%20Communities/Toolkit/Land%20Use/Annexation%20and%20Zoning/AnnexationandZoningTool-kit.pdf

Dey, Ken. 2006.8.31. "Cabela's Cuts Deal on Online Sales Tax." *IdahoStatesman.com*, from http://www.sayno2outdoorsretailsubsidies.com/pdfs/Aug3106IdahoStatesman.pdf

Dicker, John. 2002.7.8. "Union Blues at Wal-Mart." *Nation*, pp. 14~19.

______. 2005. *The United States of Wal-Mart*. Jeremy P. Tarcher/Penguin.

Dolan, Matthew, Stephanie Desmon and Andrea Walker. 2006.7.20. "Court Voids 'Wal-Mart Law'." *Baltimore Sun*, p. 1.A.

Drogin, Richard. 2003. *Statistical Analysis of Gender Patterns in Wal-Mart Workforce*. Drogin, Kakigi & Associates. from http://www.walmartclass.com/staticdata/reports/r2.pdf

Drucker, Jesse. 2007.2.1. "Wal-Mart Cuts Taxes by Paying Rent to Itself." *Wall Street Journal*, p. A1.

Duany, Andres, Elizabeth Plater-Zyberk, and Jeff Speck. 2000. *Suburban Nation: The Rise of Sprawl and the Decline of the American Dream*. North Point Press.

Dube, Arindrajit and Ken Jacobs. 2004. *Hidden Cost of Wal-Mart Jobs: Use of Safety Net Programs by Wal-Mart Workers in California*. UC Berkeley Center for Labor Research and Education. from http://laborcenter.berkeley.edu/retail/walmart.pdf

Dube, Arindrajit and Alex Lantsberg. 2004. *Wage and Health Benefit Restructuring in California's Grocery Industry: Public Costs and Policy Implications*. UC Berkeley Center for Labor Research and Education. from http://laborcenter.berkeley.edu/retail/grocery_fullreport.pdf

Dube, Arindrajit, T. William Lester, and Barry Eidlin. 2007. *A Downward Push: The Impact of Wal-Mart Stores on Retail Wages and Benefits*. UC Berkeley Center for Labor Research and Education. from http://www/laborcenter.berkeley.edu/retail/walmart_downward_push07.pdf

Dube, Arindrajit and Steve Wertheim. 2005. *Wal-Mart and Job Quality—What Do We Know, and Should We Care?*, prepared for Presentation at Center for American Press. from http://laborcenter.berkeley.edu/lowwage/walmart_jobquality.pdf

Duerksen, Christopher J. 1986. *Aesthetics and Land-Use Controls: Beyond Ecology and Economics*. American Planning Association.

Duerksen, Chris and Robert Blanchard. 1998. "Belling the Box: Planning for Large-Scale Retail Stores." *Proceedings of the 1998 National Planning Conference*, from http://www.ase.edu/caed/proceedings98/Duerk/duerk.html

Duneier, Mitchell. 1999. *Sidewalk*. Farrar, Straus and Giroux.

Dunham-Jones, Ellen. 1997. "Temporary Contracts: On the Economy of the Post-Industrial Landscape." *Harvard Design Magazine*, No.3, pdf. ed. from http://www.gsd.harvard.edu/research/publications/hdm/back/3dunhamjoned.pdf

Durning, Alan T. 1996. *The Car and the City*. Northwest Environment Watch.

Eagle, Steven J. 1974. "Shopping Center Control: The Developer Besieged." *Journal of Urban Law*, 51(4), pp. 585~647.

Economist. 2004. "Special Report: Wal-Mart: How Big Can It Grow?" *Economist, April*,

17, pp. 63~65.

Editorial. 2002.4.8. "Welcome to Wal-Martland." *Madison Capital Times*. from http://www.commondreams.org/views02/0409-05.htm

_____. 2004.8.16. "A Hope Law on Wal-Mart." *Los Angeles Times*, p. B10.

Edney, Hazel. 2006.10.16. "Jesse Jackson Accuses Wal-Mart of Trying to 'But' Its Critics." *Louisiana Weekly*. from http://www.louisianaweekly.com/weekly/news/articleagte.pl?20061016t

Egelko, Bob. 2004.7.7. "Wal-Mart Challenges Size of Class Action Suit." *San Francisco Chronicle*, p. B-3.

_____. 2006a.4.6. "Cities Can Keep Out Big Stores." *San Francisco Chronicle*, p. C-1.

_____. 2006b.6.8. "Top Court Turns Down Wal-Mart." *San Francisco Chronicle*, p. B-1.

_____. 2007a.2.7. "Wal-Mart Sex Discrimination Suit Advances." *San Francisco Chronicle*, p. B-1.

_____. 2007b.6.8. "Court Gives Cities Sway Over Big-Box Sites," *San Francisco Chronicle*, p.B-1.

Ehrenreich, Barbara. 2001. *Nickel and Dimed: on (not) Getting by in America*. Henry Holt.

Ellickson, Robert C. 1973. "Alternatives to Zoning: Covenants, Nuisance Rules, and Fines as Land Use Controls." *University of Chicago Law Review*, 40(4), pp. 681~781.

_____. 1977. "Suburban Growth Controls: An Economic and Legal Analysis." *Yale Law Journal*, 86(3), pp. 385~511.

Engdahl, Kirsten(ed.). 2006. *Are Chain Stores Ruining America?*. Greenhaven Press(An Imprint of Thomson Gale).

Engwicht, David. 1993. *Reclaiming Our Cities and Towns: Better Living with Less Traffic*. New Society Publishers.

Epstein, Richard A. 1985. *Taking: Private Property and the Power of Eminent Domain*. Harvard University Press.

Ernst, Edward G. and Emil M. Hartl. 1930a.11.12. "Chains Versus Independents: I. The Price War." *Nation*, pp. 517~519.

_____. 1930b.11.19. "Chains Versus Independents: Ⅱ. Chain Stores and the Community." *Nation*, pp. 545~547.

_____. 1930c.11.26. "Chains Versus Independents: Ⅲ. Chain Management and Labor." *Nation*, pp. 574~576.

_____. 1930d.12.3. "Chains Versus Independents: Ⅳ. The Fighting Independents." *Nation*, pp. 606~608.

Fairris, David and Michael Reich. 2005. "The Impacts of Living Wage Policies: Introduction to the Special Issue." *Industrial Relations*, 44(1), pp. 1~13.

Farrell, James J. 2003. *One Nation Under Goods: Malls and thd Seductions of American Shopping*. Smithsonian Books.

Featherstone, Liza. 2002.12.6. "Wal-Mart Values." *Nation*, pp. 11~14.

_____. 2004a. *Selling Women Short: The Landmark Battle for Workers' Rights at Wal-Mart*. Basic Books.

_____. 2004b.6.28. "Rollback Wages!: Will Labor Take the Wal-Mart Challenge?" *Nation*, pp. 11~17.

_____. 2005a.1.3. "Down and Out in Discount America." *Nation*, pp. 11~15.

_____. 2005b.3.28. "Race to the Bottom." *Nation,* pp. 16~20.

_____. 2005c.11.21. "Manna from Hell." *Nation*, pp. 15~20.

Featherstone, Liza and United Students Against Sweatshops. 2002. *Students Against Sweatshops*. Verso.

Feng, Betty and Jeff Krehely. 2005. *The Waltons and Wal-Mart: Self-Interested Philanthropy*. National Committee for Responsive Philanthropy.

Fischel, William A. 1980. "Externalities and Zoning." *Public Choice*, 35(1), pp. 37~43.

_____. 1985. *The Economics of Zoning Laws: A Property Rights Approach to American Land Use Controls*. Johns Hopkins University Press.

Fisher, Morton P., Jr. 1985. "Dealing with Federal, State, and Local Government." in Donald H. Siskind(ed.). *Shopping Center Development*. Real Estate Law and Practice Cource Handbook Series No.268. Practising Law Institute.

Fishman, Charles. 2006. *The Wal-Mart Effect: How the World's Most Powerful Company Really Works—and How It's Transforming the American Economy*. Penguin.

Fisk, Margaret and Karen Gullo. 2006.9.8. "Costco Allegedly Ignored Bias Advice." *Seattle Times*(seattletimes.nmsource.com).

Fix, Michael. 1980. "Addressing the Issue of the Economic Impact of Regional Malls in Legal Proceedings." *Urban Law Annual*, 20, pp. 101～133.

Flanigan, James. 2004.2.15. "Costso Sees Value in Higher Pay." *Los Angeles Times*, p. C1.

Fleischmann, Arnold. 1989. "Politics, Administration, and Local Land-Use Regulation: Analyzing Zoning as a Policy Process." *Public Administration Review*, 49(4), pp. 337～344.

Fleming, Ronald L. 1994. *Saving Face: How Corporate Franchise Design Can Respect Community Identity*. American Planning Association.

_____. 2002. *Saving Face: How Corporate Franchise Design Can Respect Community Character*, Revised ed. American Planning Association.

Forester, John. 1989. *Planning in the Face of Power*. University of California Press.

Forgrieve, Janet. 2003a.9.26. "Residents Weigh in on Wal-Mart." *Rocky Mountain News* (nl.newsbank.com).

_____. 2003b.10.9. "Wal-Mart Proposal Criticized." *Rocky Mountain News*(nl.newsbank.com).

_____. 2003c.11.21. "Wal-Mart Opponents Say Firm Will Reap Tax Windfall." *Rocky Mountain News*(nl.newsbank.com).

Forsberg, Mary E. 2005. *Attention Shoppers: You Pay the Health Insurance Bills for Some of New Jersey's Largest Employers*. New Jersey Policy Perspective. from http://www.njpp.org/rpt_familycare.html

Forster, Julie. 2003.11.6. "Judge Certifies Wal-Mart Suit Class Action." *St. Paul Pioneer Press*(twincities.com), p.1C.

Frank, James E. and Paul B. Downing. 1988. "Patterns of Impact Fee Use." in Arthur C. Nelson(ed.). *Development Impact Fees: Policy Rationale, Practice, Theory, and Issues*. Planners Press.

Frank, James E. and Robert M. Rhodes(eds.). 1987. *Development Exactions*. Planners Press.

Frank, Laura. 2003.4.29. "Tennessee Wants to End No-Tax' Net Sales." *Tennessean*. from http://www.tennessean.com/government/archives/03/04/32116492.shtml

Frank, T. A. 2006.4. "Everyday Low Vices: How Much Should We Hate Wal-Mart?" *Washington Monthly*. from http://www.washingtonmonthly.com/features/2006/0604.frank.html

Franklin, Andrew W. 2001. "The Impact of Wal-Mart Supercenters on Supermarket Concentration in U.S. Metropolitan Areas." *Agribusiness*, 17(1), pp. 105~114.

Frece, John W. 2005. "Twenty Lesson from Maryland's Smart Growth Initiative." *Vermont Journal of Environmental Law*, 6, pp. 106~132.

Freeman, Richard. 2005. "Fighting for Other Folks' Wages: The Logic and Illogic of Living Wage Campaigns." *Industrial Relations*, 44(1), pp. 14~31.

Freeman, Richard and Arthur Ticknor. 2003.11.14. "Wal-Mart Is Not a Business, It's an Economic Disease." *Executive Intelligence Review*. from http://www.larouchepub.com/other/2003/3044wal-mart.html

Freilich, Robert H. 1999. *From Sprawl to Smart Growth: Successful Legal, Planning, and Environmental Systems*. American Bar Association.

Freilich, Robert H. and Bruce G. Peshoff. 1997. "The Social Costs of Sprawl." *Urban Lawyer*, 29(2), pp. 183~198.

Friedelbaum, Stanley H. 1999. "Private Property, Public Property: Shopping Centers and Expressive Freedom in the States." *Albany Law Review*, 62, pp. 1229~1263.

Frieden, Bernard J. and Lynne B. Sagalyn. 1989. *Downtown, Inc., How America Rebuilds Cities*. MIT Press.

Front Range Economic Strategy Center. 2003.11.28. "The Alameda Square/Wal-Mart Redevelopment." *www.fresc.org*.

Frug, Gerald E. 1980. "The City as a Legal Concept." *Harvard Law Review*, 93(6), pp. 1057~1154.

_____. 2002. "Beyond Regional Government." *Harvard Law Review*, 115(7), pp. 1763~1836.

Frug, Jerry. 1996. "The Geography of Community." *Stanford Law Review*, 48(5), pp. 1057~1154.

Fruth, William H. 2000. *The Flow of Money and Its Impact on Local Economies*. National Association of Industrial and Office Properties. from http://www.naiop.org/governmentaffairs/growth/fruth_report.pdf

Fukuyama, Francis. 1999. *Social Capital and Civil Society*. International Monetary Fund. from http://www.imf.org/external/pubs/ft/seminar/1999/reforms/hukuyama.htm

Fulton, William. 1997. *The Reluctant Metropolis: The Politics of Urban Growth in Los Angels*.

Solano Press.

Gale, Dennis E. 1992. "Eight State-Sponsored Growth Management Programs: A Comparative Analysis." *Journal of the American Planning Association*, 58(4), pp. 425~439.

Garcetti, Eric. 2003. "Committee Recommends No Supercenters in Assistance Zones." for Immediate Release, December 17. from http://www.lacity.org/council/cd13/cd13press/cd13cd13press13216155_12182003.pdf

Garnett, Nicole S. 2001. "On Castles and Commerce: Zoning Law and the Home-Business Dilemma." *William and Mary Law Review*, 42, pp. 1191~1244.

_____. 2005. "Unsubsidizing Suburbia." *Minnesota Law Review*, 90(2), pp. 459~499.

Garreau, Joel. 1991. *Edge City: Life on the New Frontier*. Doubleday.

Garrett, Martin A., Jr. 1987. *Land Use Regulation: The Impacts of Alternative Land Use Rights*. Praeger.

Garrison, Jessica and Sara Lin. 2004.4.2. "Wal-Mart vs. Inglewood a Warm-Up for L. A. fight." *Los Angeles Times*, p. A1.

Garvin, Alexander. 2002. *The American city: What Works, What Doesn't*. McGraw-Hill.

Gillette, Howard, Jr. 1985. "The Evolution of the Planned Shopping Center in Suburb and City." *Journal of the American Planning Association*, 51(4), pp. 449~460.

Gillham, Oliver. 2002. *The Limitless City: A Primer on the Urban Sprawl Debate*. Island Press.

Gimein, Mark. 2002.3.18. "Sam Walton Made Us a Promise." *Fortune*, pp. 70~76.

Girion, Lisa. 2003.4.28. "Brief Details Gender Bias Claims at Wal-Mart." *Los Angeles Times*, p. C1.

_____. 2005.1.25. "Grocers, Union in Bay Area Reach Deal." *Los Angeles Times*, p. C1.

Girion, Lisa and Abigail Goldman. 2004.6.23. "Wal-Mart Must Face Huge Sex-Bias Suit." *Los Angeles Times*, p. A1.

Gist, John R. 1980. "Urban Development Action Grants: Design and Implementation." in D. B. Rosenthal(ed.). *Urban Revitalization*. Sage.

Glassford, Peggy. 1983. *Appearance Codes for Small Communities*. American Planning Association.

Glover, Paul. 1994. "Does Ithaca Need Wal-Mart?" Ithaca HOURs. from http://www.lightlink.com/hours/ithacahours/archive/9406.html

Goetz, Stephan J. and Anil Rupasingha. 2006. "Wal-Mart and Social Capital." *American Journal of Agricultural Economics*, 88(5), pp. 1304~1310.

Goetz, Stephan J. and Hema Swaminathan. 2006. "Wal-Mart and County-Wide Poverty." *Social Science Quarterly*, 87(2), pp. 211~226.

Goldberg, Jeffrey. 2007.4.2. "Selling Wal-Mart." *New Yorker*, pp. 32~38.

Goldman, Abigail. 2004.8.18. "Costco Manager Files Sex-Bias Suit." *Los Angeles Times*, p. C1.

_____. 2006.2.24. "Wal-Mart Says It Will Boost Health Benefits." *Los Angeles Times*, p. A1.

_____. 2007a.1.26. "Wal-Mart to Pay $33-million Settlement in Overtime Case." *Los Angeles Times*, p. C3.

_____. 2007b.2.7. "Wal-Mart Loses Job-Bias Appeal." *Los Angeles Times*, p. C3.

Goldman, Abigail and Nancy Cleeland. 2003.11.23. "An Empire Built on Bargains Remakes the Working World." *Los Angeles Times*, p. A1.

Goldman, Abigail, and Lisa Girion. 2005.10.27. "Wal-Mart's Memo Blurs Its Message on Benefits." *Los Angeles Times*, p. C1.

Good Jobs First. (undated). "Eminent Domain Improperly Used to Make Way for Retail Stores." *Subsidy Litigation Watch*, Vol.1, No.2.

Goodman, Peter S. and Philip P. Pan. 2004.2.8. "Chinese Workers Pay for Wal-Mart's Low Prices." *Washington Post*, p. A01.

Goolsbee, Austan. 2000. "In a World without Borders: The Impact of Taxes on Internet Commerce." *Quarterly Journal of Economics*, 115(2), pp. 561~576.

Graaf, John de, David Wann, and Thomas H. Naylor. 2001. *Affluenza: The All-Consuming Epidemic*. Berrett-Koehler Publishers.

Gratz, Roberta B. 1989. *The Living City*. Simon & Schuster.

Gratz, Roberta B., with Norman Mintz. 1998. *Cities Back from the Edge: New Life for Downtown*. Preservation Press/John Wiley & Sons.

Gray-Barkan, Tracy. 2004. "Southern California's Wal-Mart Wars." *Social Policy*, 35(1), pp. 31~38.

_____. 2007. *Wal-Mart and Beyond: The Battle for Good Jobs and Strong Communities in Urban America*. Los Angeles Alliance for a New Economy and Partnership for Working Families from http://www.lanne.org/walmart/report/index.html#chapters

Green, Andrew A. 2005.5.18. "Governor to Veto Wal-Mart Health Bill." *Baltimore Sun*, p. 1D.

_____. 2006.1.13. "Wal-Mart Veto Falls." *Baltimore Sun*, p. 1A.

Greenhouse, Steven. 2002.6.25. "Suits Says Wal-Mart Forces Workers to Toil off the Clock." *New York Times*, p. A1.

_____. 2003a.10.24. "Wal-Mart Raids by U.S. Aimed at Illegal Aliens." *New York Times*, p. A1.

_____. 2003b.10.25. "Cleaner at Wal-Mart Tells of Few Breaks and Low Pay." *New York Times*, p. A10.

_____. 2003c.11.5. "Illegally in U.S., and Never a Day Off at Wal-Mart." *New York Times*, p. A1.

_____. 2004a.1.13. "In-House Audit Says Wal-Mart Violated Labor Laws." *New York Times*, p. A16.

_____. 2004b.1.18. "Workers Assail Night Lock-Ins by Wal-Mart." *New York Times*, Section 1, p. 1.

_____. 2004c.8.18. "Woman Sues Costco, Claiming Sex Bias in Promotions." *New York Times*, p. C3.

_____. 2004d.8.26. "U.S. Wins Back Pay for Janitors." *New York Times*, p. A16.

_____. 2005a.2.12. "Wal-Mart Agrees to Pay Fine in Child Labor Cases." *New York Times*, p. A9.

_____. 2005b.2.21. "Labor Dept. to Investigate Its Treatment of Wal-Mart." *New York Times*, p. A11.

_____. 2005c.3.19. "Wal-Mart to Pay U.S. $11 Million in Lawsuit on Immigrant Workers." *New York Times*, p. A1.

_____. 2005d.5.4. "Choosing Sides over $9.68 an Hour." *New York Times*, p. C1.

_____. 2005e.7.17. "How Costco Became the Anti-Wal-Mart." *New York Times*, p. BU1.

_____. 2005f.11.1. "Labor Dept. Is Rebuked over Pact with Wal-Mart." *New York*

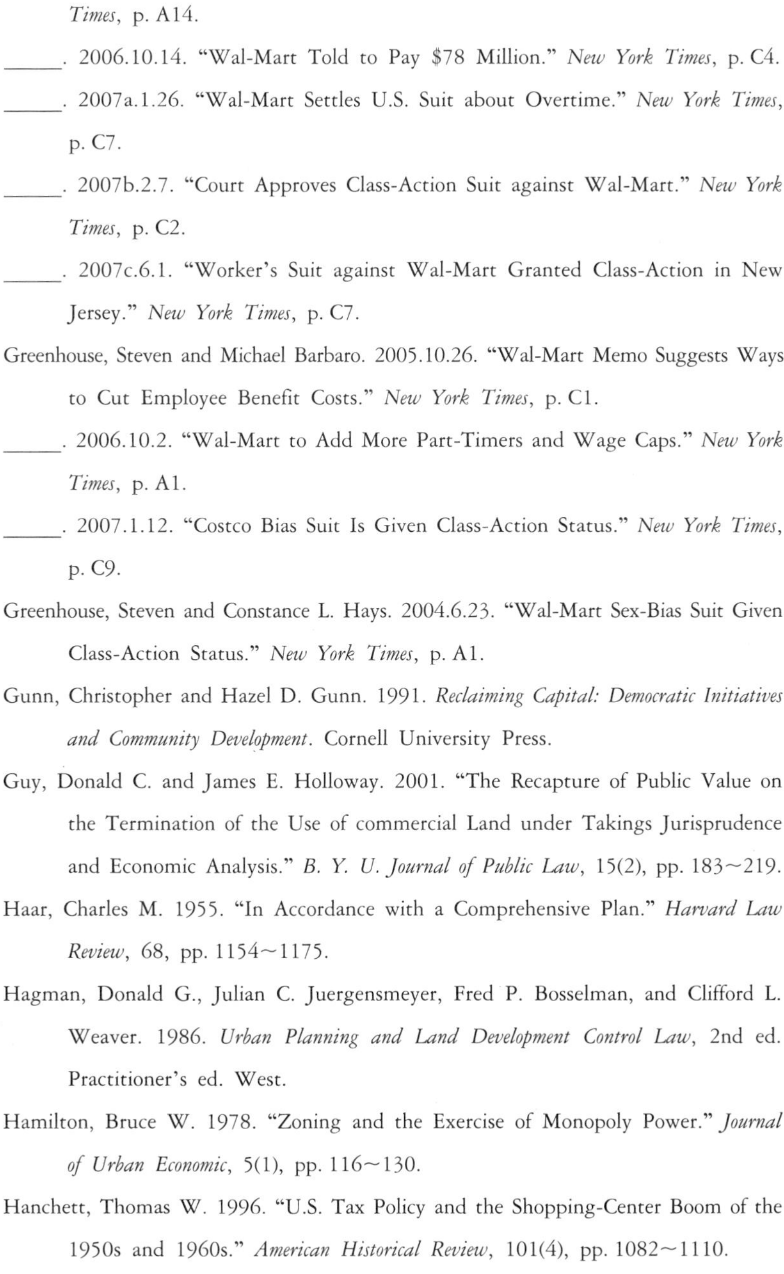

Times, p. A14.

_____. 2006.10.14. "Wal-Mart Told to Pay $78 Million." *New York Times*, p. C4.

_____. 2007a.1.26. "Wal-Mart Settles U.S. Suit about Overtime." *New York Times*, p. C7.

_____. 2007b.2.7. "Court Approves Class-Action Suit against Wal-Mart." *New York Times*, p. C2.

_____. 2007c.6.1. "Worker's Suit against Wal-Mart Granted Class-Action in New Jersey." *New York Times*, p. C7.

Greenhouse, Steven and Michael Barbaro. 2005.10.26. "Wal-Mart Memo Suggests Ways to Cut Employee Benefit Costs." *New York Times*, p. C1.

_____. 2006.10.2. "Wal-Mart to Add More Part-Timers and Wage Caps." *New York Times*, p. A1.

_____. 2007.1.12. "Costco Bias Suit Is Given Class-Action Status." *New York Times*, p. C9.

Greenhouse, Steven and Constance L. Hays. 2004.6.23. "Wal-Mart Sex-Bias Suit Given Class-Action Status." *New York Times*, p. A1.

Gunn, Christopher and Hazel D. Gunn. 1991. *Reclaiming Capital: Democratic Initiatives and Community Development*. Cornell University Press.

Guy, Donald C. and James E. Holloway. 2001. "The Recapture of Public Value on the Termination of the Use of commercial Land under Takings Jurisprudence and Economic Analysis." *B. Y. U. Journal of Public Law*, 15(2), pp. 183~219.

Haar, Charles M. 1955. "In Accordance with a Comprehensive Plan." *Harvard Law Review*, 68, pp. 1154~1175.

Hagman, Donald G., Julian C. Juergensmeyer, Fred P. Bosselman, and Clifford L. Weaver. 1986. *Urban Planning and Land Development Control Law*, 2nd ed. Practitioner's ed. West.

Hamilton, Bruce W. 1978. "Zoning and the Exercise of Monopoly Power." *Journal of Urban Economic*, 5(1), pp. 116~130.

Hanchett, Thomas W. 1996. "U.S. Tax Policy and the Shopping-Center Boom of the 1950s and 1960s." *American Historical Review*, 101(4), pp. 1082~1110.

_____. 1998. "Taking Shopping Center: Federal Tax Policy, Commercial Sprawl, and the Decline of Community." from http://www-1.tu-cottbus.de/BTU/Fak2/TheoArch/Wolke/X-positionen/Hanchett/hanchett.html(This article first appeared in The Long Term View 2(1998), a policy journal published by the Massachusetts School of Law)

Hancock, Jay. 2007.2.7. "Wal-Mart: Always Low Taxes." *Baltimore Sun*, p.1D.

Handy, Susan L. and Kelly J. Clifton. 2001. "Local Shopping as a Strategy for Reducing Automobile Travel." *Transportation*, 28, pp. 317~346.

Hansell, Saul. 2008a.2.18. "BITS; New Plan to Get Sales Tax Online." *New York Times*, p. C5.

_____. 2008b.5.2. "Amazon Files Complaint over New State Law on Collection of Sales Tax." *New York Times*, p. B5.

Hardwick, M. Jeffrey. 2004. *Mall Maker: Victor Gruen, Architect of an American Dream*. University of Pennsylvania Press.

Harper, F. J. 1982. "'A New Battle on Evolution': The Anti-Chain Store Trade-at-Home Agitation of 1929-1930." *Journal of American Studies*, 16(3), pp. 407~426.

Harris, Bonnie. 2002.8.25. "Wal-Mart Hit with Labor Suits." *Indianapolis Star*(indystar.com).

Harrison, Bennett and Barry Bluestone. 1988. *The Great U-Turn: Corporate Restructuring and the Polarizing of America*. Basic Books.

Harrop, Froma. 2003.10.22. "COMMENTARY—Wal-Mart's Everyday High Costs." *Providence Journal*(projo.com), p. B05.

Hart, Stanley I. and Alvin L. Spivak. 1993. *The Elephant in the Bedroom: Automobile Dependence and Denial: Impacts on the Economy and Environment*. New Paradigm Books.

Hawker, Norman W. 1996.7.7. "Wal-Mart and the Divergence of State and Federal Predatory Pricing Low," *Journal of Public Policy and Marketing* 15(1), pp.141~147.

Hays, Constance L. 2004.7.7 "Wal-Mart Seeking Review of Class-Action Suit Status." *New York Times*, p. C7.

Head, Simon. 2004.12.16. "Inside the Leviathan." *New York Review of Books*, 51(20), pp. 80~81, 85~86, 88~89.

Healy, Robert G. and John S. Rosenberg. 1979. *Land Use and the States*, 2nd ed. Johns

Hopkins University Press.

Herbst, Moira. 2005.7.5. "The Costco Challenge: An Alternative to Wal-Martization?" *LRA Online*(The Labor Research Association). from http://www.laborresearch.org/print.php?id=391

Hicks, Michael J. 2005. "Does Wal-Mart Cause an Increase in Anti-Poverty Program Expenditures?" from http://129.3.20.41/eps/pe/papers/0511/0511015.pdf

Higgins, Michael and Gary Washburn. 2006.7.28. "'Big-Box' Law Faces Test" *Chicago Tribune*, p. 1.

Hill, Elizabeth. 2001. *California's Tax System: A Primer*, LAO(California's Legislative Analyst's Office). from http://www.lao.ca.gov/2001/tax_primer/0101_taxprimer.pdf

Hiltzik, Michael. 2003.10.16. "Supermarkets Can Blame Themselves." *Los Angeles Times*, p. C1.

______. 2004.3.4. "UFCW Sacrifices Workers While Declaring Victory." *Los Angeles Times*, p. C1.

Hirsch, Jerry. 2007a.1.31. "Healthcare Is Central to Grocery Contract Talks." *Los Angels Times*, p. C1.

______. 2007b.3.21. "Union to Seek Strike Vote from Albertsons Workers." *Los Angels Times*, p. C3.

______. 2007c.4.23. "Grocery Conflict Rooted in Last Strike." *Los Angels Times*, p. A1.

______. 2007d.6.2. "Grocery Talks Clear Big Hurdle." *Los Angels Times*, p. A1.

______. 2007e.7.18. "Grocery Strike Averted as Chains, Union Reach Accord." *Los Angels Times*, p. A1.

Hoopes, James. 2006. "Growth Through Knowledge: Wal-Mart, High Technology, and the Ever Less Visible Hand of the Manager." in Nelson Lichtenstein(ed.). *Wal-Mart: The Face of Twenty-First-Century Capitalism*. New Press.

Hornbeck, J. F. 1994. *CRS Report for Congress: The Discount Retail Industry and Its Effect on Small Towns and Rural Communities*. Congressional Research Service, The Library of Congress.

Horowitz, David A. 1988. "The Crusade against Chain Stores: Portland's Independent Merchants, 1928-1935." *Oregon Historical Quarterly*, Winter, pp. 341~368.

Horowitz, Donna, Eric Slater, and Lee Romney. 2004.6.24. "Wal-Mart Plaintiff Still Loves the Store." *Los Angeles Times*, p. B1.

Horwitz, Richard P. 1985. *The Strip: An American Place*. University of Nebraska Press.

Horwood, Edgar M. 1958. "Public Policy and the Outlying Shopping Center." *Journal of the American Institute of Planners*, 24(4), pp. 215~222.

Hudson, Kris. 2007.6.29. "Legislators Aim for Big Boxes." *Wall Street Journal*, p. A8.

Huffman, James L. and Elizabeth Howard. 2002. "The Impact of Land Use Regulations on Small and Emerging Businesses." in Patricia E. Salkin(ed.). *Zoning and Planning Law Handbook*. Thomson, pp. 823~850(Originally published at *Journal of Small and Emerging Business Law* 5, pp. 49~(2001)).

Hughes, Katherine L. 1999. "Supermarket Employment: Good Jobs at Good Wages?" *IEE Working paper*, No.11. from http://www.tc.columbia.edu/iee/PAPERS/workpap11.pdf

Humstone, Elizabeth and Thomas Muller. 1995. *Impact of Wal-Mart on Northwestern Vermont*, prepared for the Preservation Trust of Vermont, the Vermont Natural Resources Council, and Williston Citizens for Responsible Growth.

Hundley, Tom. 2007.11.19. "Norway Puts Its Money Where Its Ethics Are." *Los Angeles Times*, p. C5.

Hunsberger, Brent. 2002. "Worker Testimony Conflicts with Wal-Mart's Image." *Oregonian*(oregonlive.com). Portland, OR, November 26.

Hutchinson, Earl O. 2004.4.8. "Inglewood Opens the Wal-Mart Wars." *Los Angeles Times*, p. B15.

Ingram, Paul and Hayagreeva Rao. 2004. "Store Wars: The Enactment and Repeal of Anti-Chain-Store Legislation in America." *American Journal of Sociology*, 110(2), pp. 446~487.

Institute for Local Self-Reliance. 2003. *The Economic Impact of Locally Owned Businesses vs. Chains: A Case Study in Midcoast Maine*. from http://www.newrules.org/retail/midcoaststudy.pdf

Institute for Policy Studies. 2005. *Wal-Mart's Pay Gap: CEO Compensation 871 Times as High as U.S. Wal-Mart Worker Pay; 50,000 Times Chinese Worker Pay*, from http://www.ips-dc.org/getfile.php?id=154

Iritani, Evelyn. 2005.12.12. "Wal-Mart Hopes WTO Will Help It Open a Door." *Los Angels Times*, p. C1.

Irwin, Elena G. and Jill Clark. 2006a. *The Local Costs and Benefits of Wal-Mart*. from http://aede.osu.edu/programs/ComRegEcon/walmart/Irwin_Clark-WalMart_Final_03-06.pdf

_____. 2006b. "Wall Street vs. Main Street: What are the Benefits and Costs of Wal-Mart to Local Communities?" *Choices*, 21(2), pp. 117~122.

Irwin, Michael, Charles Tolbert, and Thomas Lyson. 1997.2. "How to Build Strong Home Towns." *American Demographics*, pp. 43~47.

itvs. 2001. "PBS-STORE WARS: Chat." from http://www.pbs.org/itvs/storewars/chat_transcript.html

Jackson, Kenneth T. 1985. *Crabgrass Frontier: The Suburbanization of the United States*. Oxford University Press.

_____. 1996. "All the World's an Mall: Reflections on the Social and Economic Consequences of the American Shopping Center." *American Historical Review*, 101(4), pp. 1111~1121.

Jacobs, Jane. 1961. *The Death and Life of Great American Cities*. Random House.

Jacobs, Jerry. 1984. *The Mall: An Attempted Escape from Everyday Life*. Waveland Press.

Jacobs, Ken, Arindrajit Dube, and Felix Su. 2007. "Declining Health Coverage in the Southern California Grocery Industry." UC Berkeley Center for Labor Research and Education. from http://laborcenter.berkeley.edu/healthcare/grocery_industry07.pdf

Jacques, Peter, Rebecca Thomas, Daniel Foster, Jennifer McCann, and Matthew Tunno. 2003. "Wal-Mart or World-Mart?: A Teaching Case Study." *Review of Radical Political Economics*, 35(4), pp. 513~533.

Jakle, John A. and Keith A. Sculle. 2004. *Lots of Parking: Land Use in a Car Culture*. University of Virginia Press.

Jarmin, Ronald S., Shawn D. Klimek, and Javier Miranda. 2005. "The Role of Retail Chains: National, Regional, and Industry Results." Discussion Paper CES 05-30. Center for Economic Studies, Bureau of the Census. from http://www.ces.census.gov/index.php/ces/1.00/cespapers?down_key=101740

Jay, Jessica E. 1997. "The "Malling" of Vermont: Can the "Growth Center" Designation Save the Traditional Village from Suburban Sprawl?" *Vermont Law Review*, 21(3), pp. 929~975.

Johansen, Erin. 2004.2.9. "DURA Relied on TIF to Bring in Projects." *Denver Business Journal*(bizjournals.com/denver).

Johansson, Erin. 2005. *Wal-Mart: Rolling Back Workers' Wages, Rights, and the American Dream*. American Rights at Work. from http://www.americanrightsatwork.org/docUploads/WalmartReport%5Flowers%2E.pdf

Johnson, Jason. 2004.10.6. "Supermarket Janitors Awarded $22.4 Million in Class-Action Suit." *San Francisco Chronicle*, p. B-3.

Jones, Sandra M. 2007.10.7. "Wal-Mart Strategy Stumbles." *Chicago Tribune*, p. 1.

Kabel, Marcus. 2005.11.7. "Feds: Wal-Mart Execs Knew Workers Illegal." *SFGate.com*.

_____. 2007.6.12. "N. Y., Mo. Courts Spilt on Wal-Mart Suits." *SFGate.com*.

Kalra, Ritu. 2005a.2.17. "Blumenthal Takes Aim at Wal-Mart." *latimes.com*(from the Hartford Courant).

_____. 2005b.2.19. "Federal Inspector to Review Wal-Mart Child Labor Deal." *latimes.com*(from the Hartford Courant).

Kaplan, Marshall. 1981. "Community Conservation Guidance: A Promising Initiative." in George Sternlieb and James W. Hughes(eds.). *Shopping Centers: U.S. A., Center for Urban Policy Research*. Rutgers, the State University of New Jersey.

Karjanen, David. 2006. "The Wal-Mart Effect and the New Face of Capitalism: Labor Market and Community Impacts of the Megaretailer." in Nelson Lichtenstein(ed.). *Wal-Mart: The Face of Twenty-First-Century Capitalism*. New Press.

Karjanen, David and Murtaza Baxamusa. 2003. *Subsidizing Wal-Mart: A Case Study of the College Grove Redevelopment Project*. Center on Policy Initiatives. from http://www.onlinecpi.org/downloads/Subsidizing%20WalMart.pdf

Kasler, Dale. 2004.6.23. "Judge Deals Big Blow to Wal-Mart." *Sacramento Bee* (sacbee.com).

Kay, Jane H. 1997. *Asphalt Nation: How the Automobile Took Over America, and How We Can Take It Back*. Crown Publishers.

Keating, W. Dennis. 1985. "The Elmwood Experiment: The Use of Commercial Rent

Stabilization to Preserve a Diverse Neighborhood Shopping Districts." *Washington University Journal of Urban and Contemporary Law*, 28, pp. 107～194.

Kelbaugh, Doug(ed.). 1989. *The Pedestrian Pocket Book: A New Suburban Design Strategy*. Princeton Architectural Press.

Kendig, Lane. 1987. *New Standards for Nonresidential Uses*. American Planning Association.

Klein, Michael W., Scott Schuh, and Robert K. Triest. 2003. *Job Creation, Job Destruction, and International Competition*. Upjohn Institute.

Klein, Naomi. 2000. *No Logo: Taking Aim at the Brand Bullies*. Picador(松島聖子 譯. 2001. 『ブランドなんか、いらない―搾取で巨大化する大企業の非情』. はまの出版).

Kletzer, Lori G. 2002. *Imports, Exports, and Jabs: What Does Trade Mean for Employment and Job Loss?* Upjohn Institute.

Kotin, Allan and Richard Peiser. 1997. "Public-Private Joint Ventures for High Volume Retailers: Who Benefits?" *Urban Studies*, 34(12), pp. 1971～1986.

Kotler, Philip, Donald H. Haider, and Irving Rein. 1993. *Marketing Places: Attracting Investment, Industry and Tourism to Cities, States, and Nations*. Free Press.

Kowinski, William S. 1985. *The Malling of America: An Inside Look at the Great Consumer Paradise*. William Morrow.

_____. 2002. *The Malling of America: Travels in the United States of Shopping*, 2002 ed., Xlibris.

Krauss, Clifford. 2005.3.10. "For Labor, a Wal-Mart Closing in Canada Is a Call to Arms." *New York Times*, p. C5.

Krugman, Paul. 2005.5.13. "Always Low Wages. Always." *New York Times*, p. A23.

_____. 2006.10.6. "The War against Wages." *New York Times*, p. A25.

Kunstler, James H. 1993. *The Geography of Nowhere: The Rise and Decline of America's Man-Made Landscape*. Simon & Schuster.

_____. 1996. *Home from Nowhere: Remaking Our Everyday World for the 21st Century*. Simon & Schuster.

_____. 2004. "Cargo Karma: We Got What We Asked for." *Orion Magazine*, Online Edition. from http://www.orionmagazine.org/pages/oo/curmudgeon/index_Cargo Karma.html

Laband, David N. and Deborah H. Heinbuch. 1987. *Blue Laws: The History, Economics, and Politics of Sunday-Closing Laws*. Lexington Books.

Land Use Clinic(University of Georgia School of Law and College of Environment & Design). 2004. *Controlling Big Box Retail Development in Georgia*. from http://www.lawsch.uga.edu/landuseclinic/research.bigbox3.htm

Langdon, Philip. 1994. *A Better Place to Live: Reshaping the American Suburb*. University of Massachusetts Press.

Larkin, Jocelyn and Christine E. Webber. 2003. *Plaintiffs' Motion for Class Certification*, filed in U.S. District Court for the Northern District of California, April 28.

Lassar, Terry J. 1989a. *Carrots and Sticks: New Zoning Downtown*. ULI-the Urban Land Institute.

_____. 1989b.11. "Zoning for Retail Uses Downtown." *Urban Land*, pp. 16~20.

Lassar, Terry J. and Douglas R. Porter. 1988.1. "Zoning to Revitalize Downtown Retailing." *Urban Land*, pp. 34~35.

LeDuff, Charlie and Steven Greenhouse. 2004.2.28. "Grocery Workers Relieved, If Not Happy, at Strike's End." *New York Times*, p. A8.

Lee, Grant. 2004. *Wal=Militia:The Conspiracy of Wal-Mart and the Government: A National Report*. Xlibris.

Lee, Henry. 2005.12.23. "Wal-Mart Loses Suit over Lunch Breaks." *San Francisco Chronicle*, p. A-1.

Lee, Maurice W. 1939. *Anti-Chain-Store Tax Legislation*. University of Chicago Press.

Lee, Matthew R. and Graham C. Ousey. 2001. "Size Matters: Examining the Link between Small Manufacturing, Socioeconomic Deprivation, and Crime Rates in Nonmetropolitan Communities." *Sociological Quarterly*, 42(4), pp. 581~602.

Lee, Trymaine. 2008.4.15. "State Steps up Efforts to Collect a Sales Tax Owed by More in a Digital Age." *New York Times*, p. B7.

Lefcoe, George. 2006. "The Regulation of Superstores: The Legality of Zoning Ordinances Emerging from the Skirmishes between Wal-Mart and the United Food and Commercial Workers Union." *Arkansas Law Review*, 58, pp. 833~882.

Lentzner, Jay. 1977. "The Antitrust Implications of Radius Clauses in Shopping Center Leases." *University of Detroit Journal of Urban Law*, 55(1), pp. 1~71.

LeRoy, Greg. 2003. "Subsidizing Sprawl: How Economic Development Programs are going Awry." *Multinational Monitor*, 24(10). from http://www.multinational monitor.org/mm2003/03october/october03corp1.html

_____. 2005. *The Great American Jobs Scam: Corporate Tax Dodging and the Myth of Job Creation*. Berrett-Koehler.

LeRoy, Greg and Sara Hinkley. 2002. *No More Secret Candy Store: A Grassroots Guide to Investigating Development Subsidies*. Good Jobs First. from http://www.goodjobs first.org/pdf/nmcs.pdf

Levin, Murray S. 1983. "The Antitrust Challenge to Local Government Protection of the Central Business District." *University of Colorado Law Review*, 55, pp. 21~81.

Levine, Jonathan. 2006. *Zoned Out: Regulation, Markets, and Choices in Transportation and Metropolitan Land-Use*. Resources for the Future.

Lewis, Paul G. 2001. "Retail Politics: Local Sales Taxes and the Fiscalization of Land Use." *Economic Development Quarterly*, 15(1), pp.21~35.

Lewis, Paul G. and Elisa Barbour. 1999. *California Cities and the Local Sales Tax*. Public policy Institute of California.

Lewyn, Michael. 2000. "Suburban Sprawl: Not Just an Environmental Issue." *Marquette Law Review*, 84, pp. 301~382.

_____. 2006. "The Law of Sprawl: A Road Map." Express Preprint Series, Paper 1238. from http://law.bepress.com/cgi/viewcontent.cgi?article=5888&context=expresso

Lichtenstein, Nelson(ed.). 2006. *Wal-Mart: The Face of Twenty-First-Century Capitalism*. New Press.

Lichtenstein, Nelson. 2006. "Wal-Mart: A Template for Twenty-First-Century Capitalism." in Nelson Lichtenstein(ed.). *Wal-Mart: The Face of Twenty-First-Century Capitalism*. New Press.

_____. 2007. "Way Working at Wal-Mart is Different." *Connecticut Law Review*, 39(4), pp. 1649~1684.

Liebing, Ralph W. 1987. *Construction Regulations Handbook*. John Wiley & Sons.

Liedtke, Michael. 2003.9.25. "Wal-Mart Asks Judge to Break Up Lawsuit." *Atlanta Journal-Constitution*(ajc.com).

Limanond, Thirayoot and Debbie A. Niemeier. 2004. "Effect of Land Use on Decisions of Shopping Tour Generation: A Case Study of Three Traditional Neighborhoods in WA." *Transportation*, 31(2), pp. 153~181.

Lin, Sara. 2004.4.4. "Wal-Mart and Its Foes Vie for Support." *Los Angeles Times*, p.B3.

Linowes, R. Robert and Donald T. Allensworth. 1973. *The Politics of Land Use: Planning, Zoning, and the Private Developer*. Praeger.

_____. 1975. *The States and Land-Use Control*. Praeger.

Logan, John R. and Harvey L. Molotch. 1987. *Urban Fortunes: The Political Economy of Place*. University of California Press.

Longhine, Laura. 2004.1.21. "Shopping for Values at Wal-Mart, Low Prices Don't Come Cheap." *Free Times*(free-times.com).

Longstreth, Richard. 1997. *City Center to Regional Mall: Architecture, the Automobile, and Retailing in Los Angeles, 1920-1950*. MIT Press.

Lopez, Steve. 2004.4.4. "Inglewood May See a Corporate Takeover." *Los Angeles Times*, p. B1.

_____. 2007.6.27. "Another Employee's Butchered Benefits." *Los Angeles Times*, p. B1.

Lord, J. Dennis. 1981. "Governmental Intervention in Retail Development: The Community Conservation Guidance Policy in the United States." *Planning Outlook*, 24(1), pp. 33~37.

_____. 1985. "The Malling of the American Landscape." in John A. Dawson and J. Dennis Lord(eds.). *Shopping Centre Development: Policies and Prospects*. Nichols Publishing.

Los Angeles Times. 2004a.3.7. "The Strike Has Ended." *latimes.com*.

_____. 2004b.7.7. "Wal-Mart Appeals Bias Ruling." *Los Angeles Times*, p. C2.

Lydersen, Kari. 2006.5.1. "Target as Bad as Wal-Mart? You Decide." *AlterNet*.

Lynn, Barry C. 2006.7. "Breaking the Chain: The Antitrust Case against Wal-Mart." *Harper's Magazine*, pp. 29~36.

Lyson, Thomas A. 2006. "Big Business and Community Welfare: Revisiting a Classic Study by C. Wright Mills and Melville Ulmer." *American Journal of Economics and Sociology*, 65(5), pp. 1001~1023.

MacKenzie, James J., Roger C. Dower, and Donald D. T. Chen. 1992. *The Going Rate: What It Really Costs to Drive*. World Resources Institute.

Maher, Kris. 2007.1.3. "Wal-Mart Seeks New Flexibility in Worker Shifts." *Wall Street*

Journal, p. A1.

Mandelker, Daniel R. 1962. "Control of Competition as a Proper Purpose in Zoning." *Zoning Digest*, 14(2), pp. 33~42.

_____. 1976. "The Role of the Local Comprehensive Plan in Land Use Regulation." *Michigan Law Review*, 74, pp. 899~973.

_____. 1988. *Land Use Law*, 2nd ed. Michie.

_____. 1993. *Land Use Law*, 3rd ed. Michie.

_____. 1997. *Land Use Law*, 4th ed. Lecis Law Publishing.

_____. 1999. "Managing Space to Manage Growth." *William and Mary Environmental Law and Policy Review*, 23, pp. 801~828.

_____. 2003. *Land Use Law*, 5th ed. Matthew Bender.

Mander, Kai and Alex Boston. 1996. "Wal-Mart: Global Retailer." in Jerry Mander and Edward Goldsmith(eds.). *The Case Against the Global Economy: and for a Turn toward the Local*. Sierra Club Books.

Manning, Jeff. 2002.12.20. "Jury Finds Wal-Mart Broke Laws on Overtime." *Oregonian* (oregonlive.com).

Marsh, Adrienne J. 1981. "The Federal Antitrust Laws and Radius Clauses in Shopping Center Leases." *Hastings Law Journal*, 32, pp. 839~870.

Marshall, John T. 2002. "Florida's Downtowns: The Key to Smart Growth, Urban Revitalization, and Green Space Preservation." *Fordham Urban Law Journal*, 29(4), pp. 1509~1527.

Maryland Department of Planning. 2001. *Managing Maryland's Growth: Models and Guidelines: "Big-Box" Retail Development*. from http://www.mdp.state.md.us/mgs/bigbox/bigbox_v3.pdf

Massachusetts's Division of Health Care Finance and Policy. 2005. *Employers Who Have 50 or More Employees Using Public Health Assistance: A Report by the Executive Office of Health and Human Services, Division of Health Care Finance and policy*. from http://www.mass.gov/Eeohhs2/docs/dhcfp/r/pubs/05/50+_ees_ph_assist.pdf

_____. 2006. *Employers Who Have 50 or More Employees Using Public Health Assistance: A Report by the Executive Office of Health and Human Services, Division of Health Care Finance and policy*. from http://www.mass.gov/Eeohhs2/docs/dhcfp/r/pubs/06/

50+ee_2006_report.pdf

_____. 2007. *The Use of Public Health Assistance in Massachusetts in FY06: Employers Who Have Fifty or More Employees Using Mass Health or the Uncompensated Care Pool: A Report by the Executive Office of Health andHuman Services, Division of Health Care Finance and Policy*. from http://www.mass.gov/Eeohhs2/docs/dhcfp/r/pubs/07/50+_ee_2007_report.pdf

Mathieu, Jennifer. 2002.7.25. "Wal-Mart's Biggest Bargain? It Mary Be Squeezing Free Overtime out of Workers." *Houston Press*(houstonpress.com).

Mattera, Philip and Anna Purinton. 2004. *Shopping for Subsidies: How Wal-Mart Uses Taxpayer Money to Finance Its Never-Ending Growth, Good Jobs First*. from http://www.goodjobsfirst.org/pdf/wmtstudy.pdf

Mattera, Philip, Allison Lack, and Karla Walter. 2007. *Growing at Whose Expense ?: How Tax Avoidance by Shopping Mall Developer General Growth Properties, Inc. Harms Communities and Burdens Other Taxpayers*. Good Jobs First. from http://www.goodjobsfirst.org/pdf/ggp.pdf

Matthews, Robert G. 2005.10.14. "Online Retailer Skips Sales Tax ?: You Might Sue." *Wall Street Journal*, p. B1.

Mazerov, Michael. 2003. *Closing Three Common Corporate Income Tax Loopholes Could Raise Additional Revenue for Many States*, Revised ed. Center on Budget and Policy Priorities. from http://www.cbpp.org/4-9-02sfp.pdf.

McConnell, Akila S. 2004. "Making Wal-Mart Pretty: Trademarks and Aesthetic Restrictions on Big-Box Retailers." *Duke Law Journal*, 53, pp. 1537~1567.

McCourt, Jeff and Greg LeRoy. 2003. *A Better Deal for Illinois: Improving Economic Development Policy*. Good Jobs First. from http://www.goodjobsfirst.org/pdf/il.pdf

McElyea, William D. 1987. "Playing the Numbers: Local Government Authority to Apply Use Quotas in Neighborhood Commercial Districts." *Ecology Law Quarterly*, 14, pp. 325~364.

McGovern, Stephen J. 1998. *The Politics of Downtown Development: Dynamic Political Cultures in San Francisco and Washington, D.C.* University Press of Kentucky.

McIntyre, Robert S. and T. D. Coo Nguyen. 2004. *Corporate Income Taxes in the Bush Years*. A Joint Project of Citizens for Tax Justice & the Institute on Taxation and Economic Policy. from http://www.ctj.org/corpfed04an.pdf

McKay, Floyd J. 2004.2.18. "Wal-Mart Nation: The Race to the Bottom." *Seattle Times* (seattletimes.nwsource.com).

Mckenzie, Donald. 2005. "Wal-Mart Escalates the War on Workers." *Canadian Press* (ReclaimDenocracy.org), February 9.

McKenzie, Evan. 1994. *Privatopia: Homeowner Associations and the Rise of Residential Private Government*. Yale University Press.

McLeod, Jaime. 2005.12.21. "Outdoor Megastore Eyes Scarborough." *Forecaster*. from http://www.theforecaster.net/story.php?storyid=4654&ftype=search

Meck, Stuart(ed.). 2002. *Growing Smart Legislative Guidebook: Model Statutes for Planning and the Management of Change*, 2 Vols. American Planning Association.

Mehta, Chirag, Ron Baiman, and Joe Persky. 2004. *The Economic Impact of Wal-Mart: An Assessment of the Wal-Mart Store Proposed for Chicago's West Side*. UIC Center for Urban Economic Development. from http://www.uic.edu/cuppa/uicued/npuclications/recent/nwal-martreport.pdf

Merriam, Dwight H. 2005. "Breaking Big Boxes: Learning from the Horse Whisperers." *Vermont Journal of Environmental Law*, 6, pp. 7~30.

Meshenberg, Michael J. 1976. *The Language of Zoning: A Glossary of Words and Phrases*. American Society of Planning Officials.

Meyerson, Harold. 2003.8.27. "In Wal-Mart's America." *Washington Post*, p. A25.

_____. 2005.11.7. "Open Doors, Closed Minds." *American Prospect*. from http://www.prospect.org/cs/articles?crticleId=10574

Mihalopoulos, Dan. 2004.5.27. "Wal-Mart Gets Half a Loaf; West Side Store OKd; South Side Site Gets Shelved." *Chicago Tribune*, p. 1.

Milchen, Jeff. 2003.12. "Stop Calling It 'Free Trade!'." *Reclaim Democracy.org*. from http://reclaimdemocracy.org/global_corporatization/corporate_capitalism_freetrade.html

_____. 2004.4. "Wal-Mart Loses a Battle, But Why Was It Allowed to Fight?" *Reclaim Democracy.org*. from http://reclaimdemocracy.org/personhood/walmart_california_ballot_initiative.html

Milkman, Ruth. 2004.3.5. "Striking Out." *TomPaine.com*. from http://www.tompaine.

com/Archive/scontent/10059.html

Miller, Andy. 2004.2.27. "Wal-Mart Stands out on Rolls of Georgia's PeachCare for Kids Health Insurance." *Atlanta Journal-Constitution*(ajc.com), p. B1.

Miller, Ashley S. 2003. "Book Review: Developing Regionalism: A Review of The Regional City: Planning for the End of Sprawl by Peter Calthorpe and William Fulton." *N. Y. U. Environmental Law Journal*, 11, pp. 843~862.

Miller, David Y. 2002. *The Regional Governing of Metropolitan America*. Westview Press.

Miller, George. 2004. *Everyday Low Wages: The Hidden Price We All Pay for Wal-Mart*. A Report by the Democratic Staff of the Committee on Education and the Workforce, U.S. House of Representatives. from http://www.wakeupwalmart.com/facts/miller-report.pdf

Mills, Edwin S. 1979. "Economic Analysis of Urban Land-Use Controls." in Peter Mieszkowski and Mahlon Strazheim(eds.). *Current Issues in Urban Economic*. Johns Hopkins University Press.

Mills, Edwin S. and Wallace E. Oates(eds.). 1975. *Fiscal Zoning and Land Use Controls: The Economic Issues*. Lexington Books.

Milne, Janet E. 2005. "Foreword: The Big Box Challenge." *Vermont Journal of Environmental Law*, 6, pp. 1~6.

Minard, Richard A. 1989. "Vermont Decides How to Grow." *Journal of Real Estate Development*, 4(4), pp. 1~23.

Misczynski, Dean J. 1986. "The Fiscalization of Land Use." in John J. Kirlin and Donald R. Winkler(eds.). *California Policy Choices*, Vol. 3. School of Public Administration of University of Southern California.

Mitchell, Stacy. 2000a. *The Home Town Advantage: How to Defend Your Main Street against Chain Stores... and Why It Matters*. Institute for Local Self-Reliance.

_____. 2000b. "The Impact of Chain Stores on Community." *2000 APA National Planning Conference Proceedings*. from http://www/public.asu.edu/caed/proceedings 00/MITCHELL/mitchell.htmu

_____. 2003.12.1. "Does Wal-Mart Really Need Our Tax Dollars?" *High Country News* (hcn.org).

_____. 2004.2. "Protecting Locally Owned Retail: Planning Tools for Curbing Chains and Nurturing Homegrown Businesses." *Main Street News*, No.204, pp. 1~7.

_____. 2006a. *Big-Box Swindle: The True Cost of Mega-Retailers and the Fight for America's Independent Businesses*. Beacon Press.

_____. 2006b. "Declaration of Independents." in Hildegarde Hannum, E. F. Schumacher Society(ed.). *Twenty-Sixth Annual E. F. Schumacher Lectures*. from http://www.smallisbeautiful.org/publications/mitchell_06.html

Mitchell, Stacy and Jeff Milchen. 2001.4.17. "Littering the West with Vacant Superstores." *Writers on the Range*, serviced by High Country News(hcn.org).

Moe, Richard and Carter Wikie. 1997. *Changing Places: Rebuilding Community in the Age of Sprawl*. Henry Holt.

Mokhiber, Russell and Robert Weissman. 2001.12. "Corporations Behaving Badly: The Ten Worst Corporations of 2001." *Multinational Monitor*, 22(12). from http://multinationalmonitor.org/mm2001/01december/dec03corp1.html

_____. 2003.12. "Multiple Corporate Personality Disorder: The 10 Worst Corporations of 2001." *Multinational Monitor*, 24(12). from http://multinationalmonitor.org/mm2003/03december/dec03corp1.html

Moreton, Bethany E. 2006. "It Came from Bentonville: The Agrarian Origins of Wal-Mart Culture." in Nelson Lichtenstein(ed.). *Wal-Mart: The Face of Twenty-First-Century Capitalism*. New Press.

Morford, Mark. 2006.5.24. "Can You Still Hate Wal-Mart?" *San Francisco Chronicle*, Web ed.

Morgenson, Gretchen. 2004.4.4. "Two Pay Packages, Two Different Galaxies." *New York Times*, Section 3, p. 1.

Morris, Bruce R. 1979. *The Economics of the Special Taxation of Chain Stores*. Arno Press (The Thesis submitted for the Degree of Doctor of Philosophy in Economics in the Graduate School of the University of Illinois, 1937의 Reprint).

Morrison, Patt. 2004.3.30. "The Cost of Cut-Rate Democracy." *Los Angeles Times*, p. B3.

Moskowitz, Harvey S. and Carl G. Lindbloom. 1993. *The New Illustrated Book of Development Definitions*. Center for Urban Policy Research at the State University of New Jersey.

Muller, Thomas and Elizabeth Humstone. 1993. *Phase One Report: Retail Sales Impact of Proposed Wal-Mart on Franklin Count*. from http://walmartwatch.com/img/documents/battlemart_docs/Economic_Impact/Economic_Impact_on_Franklin_County_VA.pdf

_____. 1996. *What Happened When Wal-Mart Came to Town?: A Report on Three Iowa Communities with a Statistical Analysis of Seven Iowa Counties*. National Trust for Historic Preservation. from http://walmartwatch.com/img/documents/battlemart_docs/Economic_Impact/Stats_in_Seven_Iowa_Counties_when_Wal-Mart_came_to_town.pdf

Multistate Tax Commission. 2003. *Corporate Tax Sheltering and the Impact on State Corporate Income Tax Revenue Collections*. from http://www.statetax.org/Contnet/ContentGroups/Home_Page_Content/Right_Column_Area/MTCTaxShelteringReportJuly2003Final.pdf

Murray, Sheila E. and Kim Rueben. 2007. "School Finance over Time: How Changing Structures Affect Support for K-12 Education." Lincoln Institute of Land Policy Working Paper WP07SM1. from http://www.lincolninst.edu/pubs/dl/1277Murray%20Rueben%20Final.pdf

Nader, Ralph. 2000. *Cutting Corporate Welfare*. Seven Stories Press.

Nathan, Richard P. and Jerry A. Webman(eds.). 1980. *The Urban Development Action Grant Program: Papers and Conference Proceedings on Its First Two Years of Operation*. Princeton Urban and Regional Center, Woodrow Wilson School of Public and International Affairs at Princeton University.

National Governors Association. 2001. "Growth tool Kit: Convert Dead Suburban Malls into Town Centers." in NGA Center for Best Practices Issue Brief. from http://www.nga.org/portal/site/nga/menuitem.9123e83a1f6786440ddcbeeb501010a0/?vgnextoid=adeb265b32010VgnVCM1000001a010101aRCRD

_____. 2002a.11.12. "States Pass Streamlined Sales Tax Agreement." from http://www.nga.org/nga/newsRoom/1,1169,C_PRESS_RELEASE^D_4632,00,00.html

_____. 2002b.11.26. "Sales Tax Simplification." from http://www.nga.org/nga/lobbyIssues/1,1169,C_LOBBY_ISSUE^D_1232,00.html

National Labor Committee(NLC). 2005. *How Can Wal-Mart Sell a Denim Shirt for*

$11.67?: Only by Using Slave Labor. from http://www.nlcnet.org/admin/media/document/shop/Dateline_followup_2.pdf

National Labor Relations Board. 2006.9.28. "Decision and Order: Wal-Mart Stores, Inc., and United Food and Commercial Workers Union, Local 455, Local 540, Local 455." 348 NLRB, No.16.

National Labor Relations Board, Office of the General Counsel. 2001.1.19. "Advice Memorandum: Wla-Mart Stores, Inc., Cases 16-CA-20298 and 16-CA-20321."

Nellen, Annette. 2004. "Internet Business, Local Taxation and Nexus." Annual Conference of California Municipal Revenue and Tax Association. from http://www.cob.sjsu.edu/nellen_a/e-commerce10-04.pdf

Nelson, Arthur C.(ed.). 1988. *Development Impact Fees: Policy Rationale, Practice, Theory, and Issues*. Planners Press.

Neumark, David, Junfu Zhang, and Stephen Ciccarella. 2007. "The Effects of Wal-Mart on Local Labor Markets." IZA Discussion Paper, No. 2545. from http://www.newrules.org/retail/neumatkstudy.pdf

New Jersey Department of the Treasury, Office of State Planning. 1995. *Creating Communities of Place: Big Box Retail*.

New York Times. 2003.11.15. "The Wal-Martization of America." *New York Times*, p. A12.

_____. 2004.6.25. "Women and Wal-Mart." *New York Times*, p. A22.

Nicholas, James C., Arthur C. Nelson, and Julian C. Juergensmeyer. 1991. *A Practitioner's guide to Development Impact Fees*. Planners Press.

Nivola, Pietro S. 1999. *Laws of the Landscape: How Policies Shape Cities in Europe and America*. Brookings Institution Press.

Norman, Al. 1999. *Slam-Dunking Wal-Mart!: How You Can Stop Superstore Sprawl in Your Hometown*. Raphel Marketing.

_____. 2004. *The Case against Wal-Mart*. Raphel Marketing.

_____. 2005. "Sprawl and the Coercive Force of Zoning Law: Fear and Loathing." *Vermont Journal of Environment Law*, 6, pp. 90~96.

Note. 1973. "The Antitrust Implications of Restrictive Covenants in Shopping Center Leases." *Harvard Law Review*, 86(7), pp. 1201~1249.

NTHP. 2004. "America's 11 Most Endangered Historic Places 2003." from http://www.preservationnation.org/travel-and-sites/sites/northeast-region/state-of-vermont-2004.html

O'Brien, Helene and Sarita Gupta. 2005. "Local Power Can Change Wal-Mart: The ACORN and Jobs with Justice Organizing Strategy." *Social Policy*, 36(1), pp. 16~20.

O'Dell, John. 2004.3.1. "Workers OK Grocery Pact to End Strike." *Los Angeles Times*, p. B1.

Office of Congressman Anthony D. Weiner. 2004. *Wal-Mart: The Anatomy of a Bad Neighbor: Workers, Business and Society Suffer When a Wal-Mart Comes to Town*. from http://weiner.house.gov/reports/12.16.04WalMart.pdf

Oldenburg, Ray. 1997. *The Great Good Place*, 2nd ed. Marlowe & Co.

Oldenburg, Ray(ed.). 2001. *Celebrating the Third Place: Inspiring Stories about the "Great Good Place" at the Heart of Our Communities*. Marlowe & Co.

Olsson, Karen. 2003. "Up against Wal-Mart." *Mother Jones*, March/April. from http://www.motherjones.com/news/feature/2003/03/ma27601.html

Orfield, Myron. 1997. *Metropolitics: A Regional Agenda for Community and Stability*, Revised ed. Brookings Institution Press/The Lincoln Institute of Land Policy.

Ortega, Bob. 2000. *In Sam We Trust: The Untold Story of Sam Walton and Wal-Mart, the World's Most Powerful Retailer*, Paperback ed. Three Rivers Press(長谷川眞實譯. 2000.『ウォルマート』. 日経BP社).

_____. 2007. "Behind the New Face of Wal-Mart." *Connecticut Law Review*, 39(4), pp. 1271~1286.

Osborne, David. 1988. *Laboratories of Democracy*. Harvard Business School Press.

Pagano, Michael A. and Ann O'M. Bowman. 1995. *Cityscapes and Capital: The Politics of Urban Development*. Johns Hopkins University Press.

Palamountain, Joseph C., Jr. 1955. *The Politics of Distribution*. Harvard University Press.

Palen, J. John. 1995. *The Suburbs*. McGraw-Hill.

Pan, Peter G. 2003. *"Big Box" Retailing*. Legislative Reference Bureau of Hawaii. from http://hawaii.gov/lrb/rpts03/bbox.pdf

PBS. 2002.11.8. "NOW with Bill Moyers."(Transcript은 http://www.pbs.org/now/).

______. 2003.12.8. "NOW with Bill Moyers."(Transcript은 http://www.pbs.org/now/).

Peirce, Neal R. 2003.11.2. "Wal-Mart Will Get Its Comeuppance." *Houston Chronicle* (HoustonChronicle.com), Section: Editorial.

______. 2007.6.24. "'Green' Wal-Mart: An Oxymoron?" *postwritersgroup.com*, Washington Post Writers Group.

Peirce, Neal R. and Jerry Hagstrom. 1979.11.17. "White House Goes Downtown with Its Shopping Center Policy." *National Journal*, 11(46), pp. 1943~1946.

Peltz, James F. 2004a.3.8. "How the Supermarket Strike Was Settled." *Los Angeles Times*, p. C1.

______. 2004b.3.9. "Strike Took Heavy Toll on Grocery Chains," *latimes.com*.

______. 2004c.12.21. "Grocers, Union Agree to Contract," *Los Angeles Times*, p. C1.

Perin, Constance. 1977. *Everything in Its Place: Social Order and Land Use in America*. Princeton University Press.

Perlow, Mara. 2006.4.14. "Workers Fight for Living Wage in Chicago." *Gazette Magazine*. from www.experclick.com/NewsReleaseWire/default.cfm?Action=ReleasePrint&ID=12311

Peterson, Jonathan M. 1995. "Taming the Sprawlmart: Using an Antitrust Arsenal to Further Historic Preservation Goals." *Urban Lawyer*, 27(2), pp. 333~383.

Petroleumsfondets Etiske Rad. 2005. "To the Ministry of Finance: Recommendation of 15 November 2005." from http://www.regjeringen.no/nb/sub/Styrer-rad-ulvalg/Etikkradet/english/documents/Recommendation-of-15-November-2005.html?id=423978

Petrovic, Misha and Gary G. Hamilton. 2006. "Making Global Markets: Wal-Mart and Its Suppliers." in Nelson Lichtenstein(ed.). *Wal-Mart: The Face of Twenty-First-Century Capitalism*. New Press.

Pew Research Center. 2005. *Wal-Mart: A Good Place to Shop but Some Critics Too*. from http://people-press.org/reports/pdf/265.pdf

Pindell, Terry. 1995. *A Good Place to Live: America's Last Migration*. Henry Holt.

Platt, Rutherford H. 1996. *Land Use and Society: Geography, Law, and Public Policy*. Island Press.

Pollard, W. L. 1931. "Outline of the Law of Zoning in the United States." *Annals of the American Academy of Political and Social Science* 155(PartⅡ), pp. 15~33.

Pomp, Richard D. 2005. *Taxing Smarter and Fairer: Proposals for Increased Accountability and Transparency in the Connecticut Tax Structure*. Connecticut Common Cause, from http://www.commoncause.org/atf/cf/{8A2D1D15-C65A-46D4-8CBB-2073440751B5}/Pomp%20study%20FINAL.pdf.

Popper, Frank J. 1981. *The Politics of Land-Use Reform*. University of Wisconsin Press.

_____. 1988. "Understanding American Land Use Regulation Since 1970: A Revisionist Interpretation." *Journal of the American Planning Association*, 54(3), pp. 291~301.

Porter, David and Chester L. Mirsky. 2002. *Megamall on the Hudson:Planning, Wal-Mart, and Grassroots Resistance*. Trafford.

Porter, Douglas R. 1987. "Exactions and the Development Process." in James E. Frank, and Robert M. Rhodes(eds.). 1987. *Development Exactions*. Planners Press.

_____. 1997. *Managing Growth in America's Communities*. Island Press.

Porter, Douglas R., Ben C. Lin, Susan Jakubiak, and Richard B. Peiser. 1992. *Special Districts: A Useful Technique for Financing Infrastructure*. ULI-the Urban Land Institute.

Portes, Alejandro. 1998. "Social Capital: Its Origins and Applications in Modern Sociology." *Annual Review of Sociology*, 24, pp. 1~24.

Powell, David. 1994.11. "Environmental and Land Use Law: Recent Changes in Concurrency." *Florida Bar Journal*, pp. 67~70.

Pristin, Terry. 2004.6.16. "COMMERCIAL REAL ESTATE; Abandoned Space, the Final Frontier? Hey, It's a Whole Other Business." *New York Times*, p. C6.

Putnam, Robert D. 1993. *Making Democracy Work: Civic Traditions in Modern Italy*. Princeton University Press.

_____. 1995. "Tuning In, Tuning Out: The Strange Disappearance of Social Capital in America." *PS: Political Science and Politics*, 28(4), pp. 664~683.

_____. 2000. *Bowling Alone: The Collapse and Revival of American Community*. Simon & Schuster.

Quinn, Bill. 2000. *How Wal-Mart is Destroying America (and the World) and What You Can Do about It*, 2nd ed. Ten Speed Press.

Quisumbing, Merritt. 2005. "Corporate Responsibility and Labor: Choosing Where to

Buy Groceries: The High Price of Wal-Mart's "Always Low Prices. Always"." *Journal of Law and Social Challenges*, 7, pp. 111~140.

Raine, George. 2004a.11.24. "Grocery Labor Talks Echo Issues of L.A." *San Francisco Chronicle*, p. A-1.

_____. 2004b.12.21. "Deal by Union, Grocers, Grocers." *San Francisco Chronicle*, p. D-1.

_____. 2005.1.25. "Grocers, Unions Reach Contract Terms." *San Francisco Chronicle*, p. A-1.

Randall Gross, Development Economics. 2004. *Resource Document: Understanding the Fiscal Impacts of Land Use in Ohio*, prepared for ACP-Visioning & Planning, Ltd. and the Mid-Ohio Regional Planning Commission. from http://www.morpc.org/pdf/fiscalimpacts.pdf

Reich, Michael. 2005. "Living Wage Ordinances in California." in *The State of California Labor 2003*. Institute of Industrial Relations, UCLA, pp. 199~226.

Reich, Robert B. 2007. *Supercapitalism: The Transformation of Business, Democracy, and Everyday Life*. Alfred A. Knopf.

Resseguie, Harry E. 1965. "Alexander Turney Stewart and the Development of the Department Store, 1823-1876." *Business History Review*, 39(3), pp. 301~322.

Reuters. 2007.12.12. "Class-Action Bias Suit against Wal-Mart Reaffirmed." *nytimes.com*.

Rigney, Kirsten S. P. and Sally Welch. 2007. "Symposium Introduction." *Connecticut Law Review*, 39(4), pp. 1267~1270.

Ring, Raymond J., Jr. 1999. "Consumers' Share and Producers' Share of the General Sales Tax." *National Tax Journal*, 52(1), pp. 79~90.

Ritzer, George. 1996. *The McDonaldization of Society*, Revised ed. Pine Forge Press(正岡寛司 監 譯. 1999.『マクドナルド化する社會』. 早稲田大學出版部).

Rivoli, Pietra. 2005. *The Travels of a T-Shirt in the Global Economy*. John Wiley & Sons (雨宮寛·今井章子 譯. 2007.『あなたのTシャツはどこから來たのか?』. 東洋経済新報社).

Roberts, Peggy. 2006a. "Cabela's, Lawmakers Seek 'Reinterpretation' of Tax Law." *Forecaster*, August 17. from http://www.theforecaster.net/story.php?storyid=7245&ftype=search

_____. 2006b.8.24. "Business Leaders Oppose Tax Break for Cabel's Sales." *Forecaster.* from http://www.theforecaster.net/story.php?storyid=7320&ftype=search

_____. 2006c.8.24. "Cabela's Decision Energizes Scarborough Project." *Forecaster.* from http://www.theforecaster.net/story.php?storyid=8195&ftype=search

Rodino Associates. 2003. *Final Report on Research for Big Box Retail/Superstore Ordinance*, per-pared for Industrial and Commercial Development Division, Community Development Department, The City of Los Angeles.

Rodriguez, Rosemary E. 2004.6.18. "Speakout: Mayor not Ignoring Alameda Square." *Rocky Mountain News*(nl.newsbank.com).

Rohan, Patrick J. (Release). *Zoning and Land Use Controls*, 10 Vols. Matthew Bender.

Roper, William E. and Elizabeth Humstone. 1998. "Wal-Mart in Vermont: The Case against Sprawl." *Vermont Law Review*, Vol. 22, pp. 755~791.

Rose, Barbara. 2004.12.11. "Taxes from Internet Sales: Illinois to Receive $2.4 Million from Online Retailers." *Chicago Tribune*, p. 1.

_____. 2006.7.23. "Stakes Are High in 'Big Box' Clash." *Chicago Tribune*, p. 1.

Rosen, Ellen I. 2002. *Making Sweatshops: The Globalization of the U.S. Apparel Industry*. University of California Press.

_____. 2006. "How to Squeeze More out of a Penny." in Nelson Lichtenstein(ed.). *Wal-Mart: The Face of Twenty-First-Century Capitalism*. New Press.

Rosen, Ruth. 2004.5.3. "'Merchant of Shame'." *San Francisco Chronicle*, p. B-7.

Ross, Thomas W. 1986. "Store Wars: The Chain Tax Movement." *Journal of Law and Economics*, 29(1), pp. 125~137.

Rowell, Andy. 2003. "Welcome to Wal-Mart: Wal-Mart's Inexhaustible March to Conquer the Globe." *Multinational Monitor*, 24(10). from http://multinational monitor.org/mm2003/03october/october03corp2.html

Rubin, Janice E. 1994. *CRS Report for Congress: Predatory Pricing and State Below-Cost Pricing Statutes: Brief Discussion*. Congressional Research Service·The Library of Congress.

Rubinkam, Michael. 2005.11.19. "Wal-Mart Arrests Are a Warning, Feds Say." *SFGate.com*.

Rupasingha, Anil, Stephan J. Goetz, and David Freshwater. 2006. "The Production of Social Capital in US Counties." *Journal of Socio-Economics*, 35, pp. 83~101.

Rusk, David. 1995. *Cities without Suburbs*, 2nd ed. Woodrow Wilson Center Press.

______. 1999. *Inside Game/Outside Game: Winning Strategies for Saving Urban America*. Brookings Institution Press.

Ryant, Carl G. 1973. "The South and the Movement against Chain Stores." *Journal of Southern History*, 39, pp. 207~222.

Rybczynski, Witold. 1995. *City Life: Urban Expectations in a New World*. HarperCollins.

Safdie, Moshe, with Wendy Kohn. 1997. *The City after the Automobile: An Architect's Vision*. Stoddart.

Salkin, Patricia E. 2005. "Supersizing Small Town America: Using Regionalism to Right-Size Big Box Retail." *Vermont Journal of Environmental Law*, 6, pp. 48~66.

Salladay, Robert. 2004.8.17. "Region and State; Assembly Oks Bill on Megastores." *Los Angeles Times*, p. B5.

Saporito, Bill. 2003.1.13. "Can Wal-Mart Get Any Bigger?" *Time*, pp. 30~35.

Sarkar, Pia. 2007.1.12. "Costco Suit Gets Class-Action Status." *San Francisco Chronicle*, p. C-1.

Satterthwaite, Ann. 2001. *Going Shopping: Consumer Choices and Community Consequences*. Yale University Press.

Savitt, Ronald. 1985. "Issues of Tenant Policy Control: The American Perspective." in John A. Dawson and J. Dennis Lord(eds.). *Shopping Centre Development: Policies and Prospects*. Nichols Publishing.

Schacter, Harry W. 1930. "War on the Chain Store." *Nation*, pp. 544~545.

Schear, Abe J. and Thomas A. Sheehan Ⅲ. 1976. "Restrictive Lease Clauses and the Exclusion of Discounters from Regional Shopping Centers." *Emory Law Journal*, 25, pp. 609~637.

Schmid, A. Allan. 2003. "Discussion: Social Capital as an Important Lever in Economic Development Policy and Private Strategy." *American Journal of Agricultural Economics*, 85(3), pp. 716~719.

Schmookler, Andrew B. 1993. *The Illusion of Choice: How the Market Economy Shapes Our Destiny*. State university of New York Press (河田富司 譯. 1997.『選擇という幻想—市場経済の呪縛』. 青土社).

Schneider, Greg and Dina ElBoghdady. 2003.11.6. "Stores Follow Wal-Mart's Lead in Labor." *Washington Post*, p. A01.

Schneider, Mark. 1986. "The Market for Local Economic Development: The Growth of Suburban Retail Trade, 1972-1982." *Urban Affairs Quarterly*, 22(1), pp. 24~41.

Schragger, Richard C. 2005. "The Anti-Chain Store Movement, Localist Ideology, and the Remnants of the Progressive Constitution, 1920-1940." *Iowa Law Review*, 90, pp. 1011~1094.

Schwartz, Jonathan. 1997. "Prisoners of Proposition 13: Sales Taxes, Property Taxes, and the Fiscalization of Municipal Land Use Decisions." *Southern California Law Review*, 71, pp. 183~217.

Sedore, David. 2003.8.31. "Wal-Mart Government Perks Raise Questions." *Palm Beach Post*(PalmBeachPost.com).

Seligman, Brad. 2006. "Patriarchy at the Checkout Counter: The Dukes v. Wal-Mart Stores, Inc., Class Action Suit." in Nelson Lichtenstein(ed.). *Wal-Mart: The Face of Twenty-First-Century Capitalism*. New Press.

Selvin, Molly. 2005.12.9. "Best Buy Workers File Bias Lawsuit." *Los Angeles Times*, p. C1.

Selvin, Molly and Abigail Goldman. 2005.12.23. "Wal-Mart Workers Win Suit." *Los Angeles Times*, p. A1.

Serres, Chris. 2005. "Target vs. Wal-Mart: Is Target Corporation Any Better for Workers?" *ReclaimDemocracy.org* (First published in *the Minneapolis Star-Tribune*, May 22).

Sexton, Terri A., Steven M. Sheffrin, and Arthur O'Sullivan. 1999. "Proposition 13: Unintended Effects and Feasible Reforms." *National Tax Journal*, 52(1), pp. 99~111.

Sheehy, Benedict. 2004. "Corporations and Social Costs: The Wal-Mart Case Study." *Journal of Law and Commerce*, 24(1), pp. 1~55.

Shields, Martin and Matt Kures. 2007. "Black Out of the Blue Light: An Analysis of Kmart Store Closing Decisions." *Journal of Retailing and Consumer Services*, 14, pp. 259~268.

Shils, Edward B. 1997. *The Shils Report: Measuring the Economic and Sociology Impact of the Mega-Retail Discount Chains on Small Enterprise in Urban, Suburban and Rural Communities*.

Shipler, David K. 2004. *The Working Poor: Invisible in America*. Alfred A. Knopf.

Shires, Michael A. 1999. *Patterns in California Government Revenues Since Proposition 13*. Public Policy Institute of California. from http://www.ppic.org/content/pubs/report/R_399MSR.pdf

Shoemake, Justin. 1999. "The smalling of America?: Growth Management Statutes and the Dormant Commerce Clause." *Duke Law Journal*, 48, pp. 891~931.

Shuit, Douglas P. 2004.2. "People Problems on Every Aisle." *Workforce Management*. from http://www.workforce.com/section/09/feature/23/62/39/index_printer.html

Shulman, Beth. 2003. *The Betrayal of Work: How Low-Wage Jobs Fail 30 Million Americans and Their Families*. New Press.

Shultz, Michael M. 1989. "Zoning and the Prevention of Competition." in *ALI-ABA Course of study Materials; Land Use Institute: Planning, Regulation, Litigation, Eminent Domain, and Compensation*, Vol.Ⅲ, pp. 1707~1719. American Law Institute.

Simson, John G. 1980. "Two Side of a Pyramid: The Case against the Burlington Mall." *Planning*, 46(5), p. 24, 27.

Sixel, L. M. 2002a.4.15. "Profiting from Death?" *Houston Chronicle*(chron.com).

_____. 2002b.8.7. "Wal-Mart Shifting Its Legal Angle." *Houston Chronicle*, p. B1.

Skeen, Jim. 1999.9.5. "AB 178 May End 'Big-Box' Bid Wars; Rival Cities Often Compete for Stores." *Los Angeles Daily News*. from http://www.thefreelibrary.com/_/print/PrintArticle.aspx?id=83621477

Smith, Herbert H. 1983. *The Citizen's Guide to Zoning*. Planners Press.

Smith, Jack Z. 2003.12.5. "Up against the Wal-Mart." *Fort Worth Star-Telegram*, p. 11B.

Smith, Kennedy L. 1995. "The Impact of Discount Superstores on Traditional Business Districts."(Testimony submitted to the Town of North Elba Planning Board). from http://www.mainstreet.org/documents/NMSC_KennedySmithTestimony_NY_NorthElba.pdf.

Smith, Robert W. 2002. *Regional Land Use Planning and Regulation on Cape Cod: Reconciling Local and Regional Control*. Department of City and Regional Planning, University of California, Berkeley. from http://www.curp.neu.edu/pdfs/CapeCodReport.pdf

Smith, Rodney T. 1991. “Local Fiscal Arrangements, Home Rule, and California's Fiscal Constitution after Proposition 13.” in Frederick D. Stocker(ed.). *Proposition 13: A Ten-Year Retrospective*. Lincoln Institute of Land Policy.

Sobel, Lee S., with Ellen Greenberg and Steven Bodzin. 2002. *Greyfields into Goldfields: Dead malls Become Living Neighborhoods*. Congress for the New Urbanism.

Sokolow, Alvin D. 1998. “The Changing Property Tax and State-Local Relations.” *Publius: The Journal of Federalism*, 28(1), pp. 165~187.

_____. 2000. “The Changing Property Tax in the West: State Centralization of Local Finances.” *Public Budgeting and Finance*, 20(1), pp. 85~104.

Squires, Gregory D.(ed.). 1989. *Unequal Partnerships*. Rutgers University Press.

Staff of the Joint Committee on Taxation. 2001. *Overview of Issues Related to the Internet Tax Freedom Act and of Proposals to Extend or Modify the Act*. from http://www.house.gov/jct/x-64-01.pdf

State of Vermont's District Environmental Commission #4. 1978. *Re: Pyramid Company of Burlington*.

_____. 1997. *Re: Maple Tree Place Associates*.

State of Vermont's Environmental Board. 2006. *Act 250: A Guide to Vermont's Land Use Law*, Revised ed.

Stein, Jay M.(ed.). 1993. *Growth Management: The Planning Challenge of the 1990's*. Sage.

Sternlieb, George, Robert W. Burchell, and David Listokin. 1978. *Impact of Pyramid Mall on Burlington's Municipal Fisc*. Center for Urban Policy Research, Rutgers, the State University of New Jersey.

Sternlieb, George and James W. Hughes(eds.). 1981. *Shopping Centers: U.S.A., Center for Urban Policy Research*. Rutgers, the State University of New Jersey.

Stevenson, Sandra M. (Release, 1997~). *Antieau on Local Government Law*, 2nd ed. 2Vols. Matthew Bender.

Stewart, Paul W. and J. Frederic Dewhurst. 1939. *Does Distribution Cost Too Much?: A Review of the Costs Involves in Current Marketing Methods and a Program for Improvement*. Twentieth Century Fund.

Stocker, Frederick D.(ed.). 1991. *Proposition 13: A Ten-Year Retrospective*. Lincoln Institute of Land Policy.

Stocker, Frederick D. 1991. "Introduction." in Frederick D. Stocker(ed.). *Proposition 13: A Ten-Year Retrospective*. Lincoln Institute of Land Policy.

Stone, Kenneth E. 1995. *Competing with the Retail Giants: How to Survive in the New Retail Landscape*. John Wiley & Sons.

Stone, Nate and Chris Nevitt. 2003a. *Wal-Mart at Alameda Square: A Bad Investment for Denver*. Front Range Economic Strategy Center. from http://www.fresc.org/downloads/Wal-Mart%20Issue%20Brief%20-%20Bad%20Investment%20for%20Denver.psd

_____. 2003b. *New Light on a Bad Deal: Previously Withheld DURA Documents Make the Case against Wal-Mart at Alameda Square*. Front Range Economic Strategy Center. from http://fresc.unionactive.com/docs/Publications/ Wal-Mart%20Issue%20Brief%20(2003%2011-19)%20-%20New%20Light%20on%20Bad%20Deal%20.pdf

Stout, John and Jo-Anne Pickel. 2007. "The Wal-Mart Waltz in Canada: Two Steps Forward, One Step Back." *Connecticut Law Review*, 39(4), pp. 1493~1511.

Stowe, Stacey. 2005.6.18. "Connecticut Finds More Labor-Law Violations at Wal-Mart." *New York Times*, p. B2.

Strasburg, Jenny. 2004.8.18. "Female Workers File Suit against Costco." *San Francisco Chronicle*, p. C-1.

Strasser, Susan. 2006. "Woodworth to Wal-Mart: Mass Merchandising and the Changing Culture of Consumption." in Nelson Lichtenstein(ed.). *Wal-Mart: The Face of Twenty-First-Century Capitalism*. New Press.

Streitfeld, David. 2004.6.28. "It's Berkeley Vs. Bentonville as Lawyers Take on Wal-Mart." *Los Angeles Times*, p. A1.

Struck, Doug. 2005.4.14. "Wal-Mart Leaves Bitter Chill." *Washington Post*, p. E01.

Sucher, David. 1995. *City Comforts: How to Build an Urban Village*. City Comforts Press.

Sullivan, Edward J. 2004. "Recent Developments in Land Use, Planning and Zoning Law: Comprehensive Planning." *Urban Lawyer*, 36(3), pp. 541~555.

_____. 2005. "Cudgels and Collaboration: Commercial Development Regulation and Support in the Portland, Oregon-Vancouver, Washington Metropolitan Region."

Vermont Journal of Environmental Law, 6, pp. 67~89.

Sullivan, Edward J. and Matthew J. Michel. 2003. "Ramapo Plus Thirty: The Changing Role of the Plan in Land Use Regulation." *Urban Lawyer*, 35(1), pp. 75~111.

Superme Court of Arkansas. 2003.7.3. *Re: UNITED FOOD and COMMERCIAL WORKERS INTERNATIONAL UNION; Douglas Dority, Individually and as President of the United Food and Commercial Workers International Union; John Doe; and Mary Roe v. WAL-MART STORES, INC.*

Sussman, Albert. 1981. "Community Conservation Guidelines: A Failure." in George Sternlieb and James W. Hughes(eds.). *Shopping Centers: U.S.A., Center for Urban Policy Research*. Rutgers, the State University of New Jersey.

Talanker, Alyssa and Kate Davis. 2003. *Straying from Good Intentions: How States are Weakening Enterprise Zone and Tax Increment Financing Programs*. Good Jobs First, from http://www.goodjobsfirst.org/pdf/straying.pdf

Talbott, Madeline. 2004. "Using the Big Box Living Wage Ordinance to Keep Wal-Mart out of the Cities." *Social Policy*, 34(2&3), pp. 23~28.

Tanner, Julie and Kimberly Gladman. 2005. *Outside the Box: Guidelines for Retail Store Siting*. Christian Brothers Investment Service, Inc., and Domini Social Investment LLC. from http://www.domini.com/common/pdf/Store_Siting_Guidelines.pdf

Tasini, Jonathan. 2005.4.21. "Wal-Mart's Free Market Fallacy." *TomPaine.com*, from http://www.tompaine.com/print/wal-marts_free_market_fallacy.pdf

Tavilla, Michael J. and Steve DelBianco. 2003.9. "Sales Tax Simplification: Not So Fast-It's Not That Simple." *NetChoice*. from http://www.netchoice.org/Library/SalesTaxReport.pdf

Taylor, Don and Jeanne S. Archer. 1994. *Up Against the Wal-Marts: How Your Business Can Prosper in the Shadow of the Retail Giants*. American Management Association.

Teaford, Jon C. 1990. *The Rough Road to Renaissance: Urban Revitalization in America, 1940-1985*. Johns Hopkins University Press.

Tedeschi, Bob. 2005.6.20. "Click and Pay a Little More: The Days of Tax-Free Online Shopping May Be Over." *New York Times*, Online Edition.

Tedlow, Richard S. 1990. *New and Improved: The Story of Mass Marketing in America*. Basic Books.

Testimony of Peter Lowy. 2001. *E-Fairness: A Level Playing Field for the New Economy, Senate Commerce*. Science and Transportation Committee. from http://commerce.senate.gov/hearings/0314low.pdf

1000 Friends of Wisconsin and the Land Use Institute. 1999. *Wisconsin's Tax Incremental Finance Law: Lending a Hand to Blighted Areas or Turning Cornfields into Parking Lots?* from http://www.1000friendsofwisconsin.com/TIF.shtmlu

Thomas, Ralph. 2006a.1.24. "More than 3,100 Wal-Mart Workers Got State Health Aid." *Seattle Times*(seattletimes.nesource.com).

______. 2006b.2.8. "State Subsidy to Wal-Mart Employees Put at $12 Million." *Seattle Times*(seattletimes.nesource.com).

Thomsen, Mark. 2001.4.17. "Wal-Mart Booted Out of the Domini 400." *SocialFunds.com*. from http://www.socialfunds.com/news/article.cgi/552.html

Tiebout, Charles M. 1956. "A Pure Theory of Local Expenditures." *Journal of Political Economy*, 64(5), pp. 416~424.

Tilly, Chris. 2007. "Wal-Mart and Its Workers: NOT the Same All Over the World." *Connecticut Law Review*, 39(4), pp. 1805~1823.

Tischler & Associates. 2002. *Fiscal Impact Analysis of Residential and Nonresidential Land Use Prototypes*, prepared for Town of Barnstable, Massachusetts. from http://www.amiba.net/pdf/barnstable_fiscal_impact_report.pdf

Tolbert, Charles M., Ⅱ. 2005. "Minding Our Own Business: Local Retail Establishments and the Future of Southern Civic Community." *Social Force*, 83(4), pp. 1309~1328.

Tolbert, Charles M., Michael D. Irwin, Thomas A. Lyson, and Alfred R. Nucci. 2002. "Civic Community in Small-Town America: How Civic Welfare Is Influenced by Local Capitalism and Civic Engagement." *Rural Sociology*, 67(1), pp. 90~113.

Tolbert, Charles M., Thomas A. Lyson, and Michael D. Irwin. 1998. "Local Capitalism, Civic Engagement, and Socioeconomic Well-Being." *Social Forces*, 77(20), pp. 401~428.

Toll, Seymour Ⅰ. 1969. *Zoned American*. Grossman.

Tsao, Amy. 2004.1.28. "The Two Faces of Wal-Mart." *Business Week*, Online Edition.

Uchitelle, Louis. 2006. *The Disposable American: Layoffs and Their Consequences*. Alfred A. Knopf.

UFCW CANADA. 2007. "Wal-Mart Appeal Application Dismissed by Supreme Court of Canada." from http://www.marketwire.com/mw/rel_ca_print.jsp?id=646697

Urban Land Institute. 1982. *Parking Requirements for Shopping Centers: Summary Recommendations and Research Study Report*. ULI-the Urban Land Institute.

U. S. Army Corps of Engineers. 2003. *Regulatory Program: Value to the Nation: Keeping Waters Clean & Clear*.

U. S. District Court for the Northern District of California. 2004.6.21. *Betty Dukes et al. v. Wal-Mart Stores, Inc,; Order Granting in Part and Denying in Part Motion for Class Certification*.

U. S. Equal Employment Opportunity Commission. 2000.1.7. "Wal-Mart Settles Employment Discrimination Claim of Two Applicants Who Are Deaf."

_____. 2001a.5.10. "EEOC Files Contempt Motion against Wal-Mart for Violating Consent Decree in Disability Bias Case."

_____. 2001b.6.14. "Judge Slaps Wal-Mart with Major Sanctions for Violating Court Order in EEOC Disability Bias Case."

_____. 2001c.9.20. "Wal-Mart Agrees to Air TV Ad and Pay $427,500 after Court Finds Retailer in Contempt of Court."

_____. 2001d.10.23. "Wal-Mart TV Ad Tells the Story of Two Deaf Men's Employment Discrimination Claim against the Retail Giant."

U. S. General Accounting Office. 2000. *Sales Taxes: Electronic Commerce Growth Presents Challenges; Revenue Losses Are Uncertain*. Report to Congressional Requesters. from http://www.gao.gov/new.items/g600165.pdf

United States of America, Before the National Labor Relations Board, Division of Judges, Atlantal Branch Office. 2003.6.10. *JD (ATL)-37-03; WAL-MART STORES, INC. and UNITED FOOD AND COMMERCIAL WORKERS UNION, LOCAL 455, CASE 16-CA-20391-001-0*, etc.

Useem, Jerry. 2003.3.3. "One Nation Under Wal-Mart." *Fortune*, Asia ed., pp. 47~56.

_____. 2004.3.8. "Should We Admire Wal-Mart?," *Fortune*, Asia ed., p.56, 58.

Vermont Environmental Board. 1995.6.27. *Re: St. Albans Group and Wal*Mart Stores, Inc., Application #6F0471-EB, Findings of Fact, Conclusions of Law, and Order* (Altered).

Vermont Supreme Court. 1997. *In re Wal*Mart Stores, Inc. and The St. Albans Group*, Supreme Court Docket No. 95~398, August 29.

Verrier, Richard, and Jerry Hircsh. 2007.7.23. "Clerks Ratify Southland Market Pact." *Los Angeles Times*, p. C1.

Veslany, Kathleen(ed.). 2001. *Purchase of Development Rights: Conserving Lands, Preserving Western Livelihoods*. Western Governors' Association, Trust for Public Land, and National Cattlemen's Beef Association. from http://www.westgov.org/wga/publicat/pdr.pdf

Vias, Alexander C. 2004. "Bigger Stores, More Stores, or No Stores: Paths of Retail Restructuring in Rural America." *Journal of Rural Studies*, 20, pp. 303~318.

Vogel, Ronald K. and Bert E. Swanson. 1989. "The Growth Machine versus the Anti-growth Coalition: The Battle for Our Communities." *Urban Affairs Quarterly*, 25(1), pp. 63~85.

Vrana, Debora and Ronald D. White. 2004.2.27. "Workers Greet Deal with Relief despite Uncertainty." *Los Angeles Times*, p. C1.

Wackernagel, Mathis and William Rees. 1996. *Our Ecological Footprint: Reducing Human Impact on the Earth*. New Society Publishers.

WakeUpWalMart.com. 2006. *Crime and Wal-Mart – "Is Wal-Mart Safe?": An Analysis of Official Police Incidents at Wal-Mart Stores*. from http://walmartcrimereport.com/report.pdf

Wall, Alex. 2005. *Victor Gruen: From Urban Shop to New City*. Actar.

Wal-Mart Alliance for Reform Now(WARN). 2005. *Wal-Mart: Real Wage and Turnover Study*. from http://www.warnwalmart.org/fileadmin/WARNstorage/walmart_study_-v2_1_.pdf

Wal-Mart Litigation Project(coordinated by Lewis Laska). 2000.3. "Current Legal Developments Concerning Wal-Mart." *wal-martitigation.com*.

Wal-Mart Watch. 2005a. *Low Price at What Cost?: Annual Report 2005*. from http://walmartwatch.com/img/sitestream/pdf/2005-annual-report.pdf

_____. 2005b. *Shameless: How Wal-Mart Bullies Its Way into Communities across America*. from http://walmartwatch.com/img/features/bully_report.pdf

Walt, Vivienne. 2006.8.7. "Norway to Wal-Mart: We Don't Want Your Shares."

Fortune, p. 18.

Warren, Dorian T. 2005. "Wal-Mart Surrounded: Community Alliances and Labor Politics in Chicago." *New Labor Forum*, 14(3), pp. 17~23.

Washburn, Gary and H. Gregory Meyer. 2004.9.1. "Wal-Mart Hasn't Written Off City; But South Side Plan off the Table." *Chicago Tribune*, p. 1.

Washburn, Gary and Mickey Ciokajlo. 2006a.7.27. "Aldermen Defy Mayor, Anger Retailers." *Chicago Tribune*, p. 1.

_____. 2006b.9.14. "'Big-Box' Veto sticks." *Chicago Tribune*, p. 1.

Washburn, Gary and Dan Mihalopoulos. 2006.9.12. "Daley Vetoes 'Bog Box' Law." *Chicago Tribune*, p. 1.

Washington, April M. 2004a.3.9. "Some Residents Prefer Store to Eyesore." *Rocky Mountain News*(nl.newsbank.com).

_____. 2004b.4.8. "Alameda Site Won't Get Controversial Supercenter." *Rocky Mountain News* (nl.newsbank.com).

Wassmer, Robert W. 2002. "Fiscalisation of Land Use, Urban Growth Boundaries and Non-central Retail Sprawl in the Western United States." *Urban Studies*, 39(8), pp. 1307~1327.

_____. 2003. "The Influence of Local Fiscal Structure and Growth Control Choices on 'Big-Box' Urban Sprawl in the American West." in Dick Netzer(ed.). *The Property Tax, Land Use and Land Use Regulation*. Edward Elgar.

Weaver, Clifford L. and Christopher J. Duerksen. 1977. "Central Business District Planning and the Control of Outlying Shopping Centers." *Urban Law Annual*, 14, pp. 57~79.

Weaver, Clifford L. and Richard F. Babcock. 1979. *City Zoning: The Once and Future Frontier*. Planners Press.

Weinstein, Alan C. 1995. "How to Cope with—or without—"Big Box" Retailers." in Alan M. Forrest(ed.). *1995 Zoning and Planning Law Handbook*, Clark/Boardman/ Callaghan, pp. 579~593.

Welles, Edward O. 1993.7. "When Wal-Mart Comes to Town." *Inc. Magazine*(Inc.com).

West, David L. 2006. *Wal-Mart and Health Care-Condition: Critical*, Revised ed. Center for a Changing Workforce. from http://www.cfcw.org/Wal-MartReport-January

2006.pdf

White House. 1981. "Community Conservation Guidance." in in George Sternlieb and James W. Hughes(eds.). *Shopping Centers: U.S.A., Center for Urban Policy Research*. Rutgers, the State University of New Jersey.

Whitnall, Gordon. 1931. "History of Zoning." *Annals of the American Academy of Political and Social Science*, 155(PartⅡ), pp. 1~14.

Whyte, William H. 1988. *City: Rediscovering the Center*. Doubleday.

Wickersham, James H. 1995. "The Quiet Revolution Continues: The Emerging New Model for State Growth Management Statutes." in Alan M. Forrest(ed.). *1995 Zoning and Planning Law Handbook*. Clark Boardman Callaghan, pp. 449~520 (Originally published at *Harvard Environmental Law Review*, 18, pp. 489~(1994)).

Williams, Norman, Jr. and John M. Taylor. 2003. *American Land Planning Law*, 2003 Revised ed., 8Vols. Thomson/West.

Witten, Jonathan D. 2001. "Carrying Capacity and Comprehensive Plan: Establishing and Defending Limits to Growth." *Boston College Environmental Affairs Law Review*, 28(4), pp. 583~608.

Worden, Amy. 2006.3.2. "Many Wal-Mart Workers Use Medicaid." *Philadelphia Inquirer*, p. A01.

Wright, Deil S. 1988. *Understanding Intergovernmental Relations*, 3rd., Brooks/Cole.

Wysocki, Bernard, Jr. and Ann Zimmerman. 2003.9.30. "Bargain Hunter: Wal-Mart Cost-Cutting Finds a Big Target in Health Benefits." *Wall Street Journal*, p. A1.

Young, Dwight. 1995. *Alternatives to Sprawl*. Lincoln Institute of Land Policy.

Young, Kenneth H. 1996-1997. *Anderson's American Law of Zoning*, 4th ed., 5Vols., Clark/Boardman/Callaghan.

Zelinsky, Edward A. 2006. "Maryland's "Wal-Mart" Act: Policy and Preemption." *Cardozo Law Review*, 28(2), pp. 847~893.

Zellner, Wendy. 2002.10.28. "How Wal-Mart keeps Unions at Bay." *Business Week*, Online edition.

Zezima, Katie. 2006.2.15. "New England: Massachusetts: Contraceptives Must Be Stocked." *New York Times*, p. A20.

Zimmerman, Ann. 2004.3.26. "Costco's Dilemma: Be Kind to Its Workers, or Wall

Street?" *Wall Street Journal*, p. B1.

_____. 2006.3.18. "Morning-After Pill Comes to Wal-Mart." *Wall Street Journal*, p. A2.

Zimmerman, Martin and Ronald D. White. 2006.7.1. "Ralphs to Pay $70 Million for Illegal Hiring Scheme." *Los Angeles Times*, p. A1.

Zukin, Sharon. 1995. *The Cultures of Cities*. Blackwell.

_____. 2003.11.28. "We Are Where We Shop." *New York Times*, p. A43.

_____. 2004. *Point of Purchase: How Shopping Changed American Culture*. Routledge.

阿川尚之. 2004.『憲法で讀むアメリカ史(上, 下)』. PHP新書.

アジア太平洋資料センター 編. 2004.『徹底解剖100円ショップ』. コモンズ.

石川義弘. 2007.『市場原理とアメリカ医療』. 医學通信社.

尾崎哲夫. 2004.『アメリカの法律と歴史』. 自由國民社.

鹿島茂. 1991.『デパートを發明した夫婦』. 講談社現代新書.

建設省都市局 監修. 1993.『諸外國の都市計畫·都市開發』. ぎょうせい.

佐藤肇. 1971.『流通産業革命』. 有斐閣.

猿谷要. 2004.『検証アメリカ500年の物語』. 平凡社ライブラリー.

田中英夫 編. 1991.『英米法辭典』. 東京大學出版會.

(財)地方自治情報センター. 2008.『地方消費税の清算基準に關する研究會報告書』.

ドーア, ロナルド(石塚雅彦 譯). 2005.『働くということ』. 中公新書.

德永豊. 1990.『アメリカの流通業の歴史に學ぶ』. 中央経済社.

原田英生. 1981.「小賣業の動向と卸賣業者-機能·コスト轉嫁の問題をめぐって」.『マーケティングジャーナル』. 第1券 第3号, pp. 41~50.

_____. 1999.『ポスト大店法時代のまちづくり』. 日本経済新聞社.

_____. 2007.「すすむ分權化と大型店問題-東北地方の事例を中心に」.『流通研究』, 第10券第1·2合併号, pp. 79~94.

湯淺誠. 2008.『反貧困-「スベリ台社會」からの脱出』. 岩波新書.

横田增生. 2005.『潛入ルポアマゾン·ドット·コムの光の影－躍進するIT企業·階層化する勞働市場』. 情報センター出版局.

李啓充. 2004.『市場原理が医療を亡ぼす－アメリカの失敗』. 医學書院.

(財)流通経濟研究所. 1992.『米國における商業集積－管理運營とマーケティング·マネジメ

ント』.

_____. 1994. 『米國におけるSC開發事業とディベロッパーの役割－米國のSCディベロッパーの實態調査』.

≪朝日新聞≫. 2003.8.4. "きしむ雇用".

〈영상자료〉

Greenwald, Robert. 2005. *Wal-Mart: The High Cost of Low Price*. Brave New Films.

PBS. 2004. *FRONTLINE: Is Wal-Mart Good for America?*. PBS Home Video (transcription: http://www.pbs.org/wgbh/pages/frontline/shows/walmart/).

Peled, Micha X. 2002. *STORE WARS: When Wal-Mart Comes to Town*. Teddy Bear Films.

▪ 지은이

하라다 히데오 原田英生

일본 사이타마 출생, 도쿄대학교 이학부 졸업, 재단법인 유통경제연구소 등을 거쳐 현재 일본 유통경제대학교 경제학부 교수. 유통론, 유통정책론 전공.

주요저서

『규제완화: 유통의 개혁 비전』(1994, 공저)

『포스트 대점법 시대의 마을만들기』(1999)

▪ 옮긴이

김영기

현 중소기업청 시장경영진흥원 수석연구원, 일본 고베대학교 박사, 일본 고베대학교 항구도시연구센터 학술추진연구원, 일본 경제산업성 중소기업기반정비기구 타운매니저 양성교육 수료.

주요저서: 『도시재생과 중심시가지 활성화』(2009, 공저)

김승희

현 강원발전연구원 연구위원, 일본 고베대학교 대학원 박사, 일본 효고 현립 복지마치츠쿠리 공학연구소 연구원.

주요저서 및 역서: 『도시재생과 중심시가지 활성화』(2009, 공저)
『자연재해와 도시재생』(2013, 옮김)

강성한

현 중소기업청 시장경영진흥원 수석연구원, 일본 오사카 시립대학교 상학 석사, 숭실대학교 벤처중소기업학과 박사 수료.

한울아카데미 1624

지역경제와 대형마트

미국의 대형마트를 둘러싼 공적 제도와 시장주의의 환상

지은이 | 하라다 히데오
옮긴이 | 김영기 · 김승희 · 강성한
펴낸이 | 김종수
펴낸곳 | 도서출판 한울

편집책임 | 이교혜
편집 | 조수임

초판 1쇄 인쇄 | 2013년 10월 25일
초판 1쇄 발행 | 2013년 11월 15일

주소 | 413-756 경기도 파주시 파주출판도시 광인사길 153
(문발동 507-14) 한울시소빌딩 3층
전화 | 031-955-0655
팩스 | 031-955-0656
홈페이지 | www.hanulbooks.co.kr
등록번호 | 제406-2003-000051호

Printed in Korea.
ISBN 978-89-460-5624-4 93320 (양장)
978-89-460-4782-2 93320 (반양장)

* 책값은 겉표지에 있습니다.
* 이 책은 강의를 위한 학생판 교재를 따로 준비했습니다. 강의 교재로 사용하실 때에는 영업부로 연락해 주십시오.